2016年度国家出版基金资助项目

"十二五"国家重点图书出版规划项目

中国科学技术研究领域高端学术成果出版工程

中国科学院自然科学史研究所"十二五"重大突破项目

科技革命与国家现代化研究丛书

Series of Studies in Scientific Revolutions,
Technological Revolutions and the Modernization of Nations

张柏春 主编

科技革命 与日本现代化

Scientific Revolutions,
Technological Revolutions
and the Modernization of Japan

梁波 姜波 著

山东教育出版社
·济南·

图书在版编目（CIP）数据

科技革命与日本现代化 = Scientific Revolutions, Technological Revolutions and the Modernization of Japan / 梁波，姜波著. -- 济南：山东教育出版社，2024. 10. --（科技革命与国家现代化研究丛书 / 张柏春主编）. -- ISBN 978-7-5701-3012-2

Ⅰ. F131.343；D731.3

中国国家版本馆 CIP 数据核字第 2024R89P11 号

策　　划　孟旭虹
责任编辑　任军芳
责任校对　刘　园
装帧设计　晓　沫

KEJI GEMING YU GUOJIA XIANDAIHUA YANJIU CONGSHU
KEJI GEMING YU RIBEN XIANDAIHUA

科技革命与国家现代化研究丛书　　　　　　　　　张柏春/主编
科技革命与日本现代化　　　　　　　　　　　　梁波　姜波/著

主管单位：山东出版传媒股份有限公司
出版发行：山东教育出版社
　　　　　地址：济南市市中区二环南路 2066 号 4 区 1 号　　邮编：250003
　　　　　电话：（0531）82092660　　网址：www.sjs.com.cn
印　　刷：山东临沂新华印刷物流集团有限责任公司
版　　次：2024 年 10 月第 1 版
印　　次：2024 年 10 月第 1 次印刷
开　　本：710 毫米×1000 毫米　1/16
印　　张：30.5
字　　数：392 千
定　　价：148.00 元

（如印装质量有问题，请与印刷厂联系调换）印厂电话：0539-2925659

总　序

现代化和科技革命是当代中国社会的热议话题，也是出版物中的高频术语。现代化是19世纪60年代以来中国的宏大实践，在20世纪30年代成为学者们广泛关注的议题。中华人民共和国在建国伊始就着力推进产业和国防的现代化，并且在五六十年代将现代化逐步具体化为农业、工业、国防和科学技术等方面的现代化。1964年，中央政府宣布以建成"一个具有现代农业、现代工业、现代国防和现代科学技术的社会主义强国"为发展目标。1978年，中央强调科学技术是生产力，是"四个现代化"的关键。此后，"科学革命""技术革命""科技革命"等概念深得学者们的认同。三四十年来，政府和科技界希望国家能抓住"新科技革命"的机遇，且借此实现现代化。那么，科技革命与现代化究竟存在怎样的关系？这正是本套《科技革命与国家现代化研究丛书》试图探讨的核心问题。

现代化、科学革命和技术革命等都是非常复杂的概念。本套丛书中，我们将"现代化"理解为农业社会向工业社会的转变，工业化是这一转变进程中的一条主线。现代化始于西欧，逐步扩展到欧洲其他地区、北美以及亚、非、拉等地，其间伴随着工业强国的殖民扩张和"被现代化"国家的社会转变，包括转变中出现的弊端。我们所讨论的"科技革命"是科学革命和技术革命的简称，是指相对于知识进化而言的重大知识变革。第一次科学革命是指16和17世纪发生在欧洲的科学变革，其主线是由哥白尼拉开序幕，从伽利略到牛顿的物理学、天文学和数学等学科的理论突破及具有现代特点的科学建制化。第一次工业革命与第一次技术革命相伴发生，其主要标志是蒸汽机的发明和应用。历次的科学革命、技术革命和工业革命的成果在全球化的进程中传向世界各地，被人们普遍共享和发展，并影响到当地的知识和社会的转变。现代化、科学革命和工业革命（技术革命）早已成为一些史学家叙事的方法和框架，相关著述浩如烟海。有趣的是，此前学界对科学革命和技术革命的研究主要集中于欧洲，如意大利、英国、法国和德国，而对现代化的研究则主要关注该进程中的后起国家，如日本、中国、印度等。有关欧洲现代化的研究主要集中于早期现代国家制度产生的过程及文化上的现代性等方面。其原因显而易见，科学革命和技术革命主要发生在西方国家，而当以工业化为主线的现代化概念盛行时，西方发达国家已完成了由农业社会向工业社会的转变。然而，无论在西方还是在东方，每个国家都有其现代国家制度的确立及工业化的实现的具体过程，也同样都有现代科学和技术的形成和制度化的不同历程。

中国科技事业发展和现代化建设要求人们理解世界科学技术的发展历程，以求得历史借鉴和启发。李约瑟（Joseph Needham）等国际学者能够研究中国的科学技术传统，我们也应该以自己的眼光审视世界科学技术的发展，提出新的学术问题和见解。1978年以来，中国科学院自然科学史研究所将世界科学技术史列为一个新开拓的研究方向，其重点是西方近现代科学技术史，编著了《20世纪科学技术简史》和《贝尔实验室》等学科史和机构史的著作。为了进一步探讨世界科技史，我们与中国科学院规划战略局领导在2010年春季开始组织研究"科学革命、技术革命与国家现代化的关系"，选择意大利、英国、法国、德国、俄罗斯（苏联）、美国、日本和中国等国家为案例，着力阐释我国社会普遍关注的科技革命、现代化等重大问题，其中涉及发展的路径和模式。这个项目将对科学革命、技术革命的研究扩展到俄罗斯和中国等科学革命或工业革命的非原发国家，探讨"地域性的"科学革命或技术革命以及外力冲击下启动的现代化。一方面，从科学和技术的发展去理解社会的转变；另一方面，从社会的发展去理解科学和技术的变革。对这类复杂问题的探讨必定既有共识，又见仁见智。

经过认真筹划和评议，这项工作被中国科学院批准为"十二五"规划项目，同时被国家新闻出版总署列为"十二五"出版规划项目，并得到山东教育出版社的大力支持。为了实施这项计划，我们邀请中国科学院自然科学史研究所、北京大学、清华大学、美国波莫纳加州理工大学（California State Polytechnic University, Pomona）、意大利卡西诺大学（Università di Cassino）、中国科学院沈阳分院等科研机构和大学的近30位专家学者，开展个案研究和综合研讨。为了完善研究计划，项目组在2012年访问德国马普学会科学史研究所（Max

Planck Institute for the History of Science），与雷恩（Jürgen Renn）所长等近20名西方科技史专家学者讨论这项研究的框架、主要内容、典型案例、方法论、前人工作和资料基础等重要问题。此外，项目组还听取了美国、法国、俄罗斯、意大利、英国等国专家的建议。国际同行的中肯意见对项目的设计和实施很有帮助。

　　科学革命、技术革命与现代化的关系是一个富有挑战性的、视野宽阔的大题目，对这个专题的研究在国际上非常鲜见。我们期望通过探讨这样的题目，能够为学术研究贡献点滴新知识，为读者思考有关问题提供线索。当然，在国内的世界科技史研究积累薄弱的情况下，研究这么大的新题目算是一次冒险的尝试。无论我们怎样努力，《科技革命与国家现代化研究丛书》都会挂一漏万，不过是万里长征的第一步。受研究基础的限制，目前完成的书稿中难免有疏漏，甚至错误，敬请学界同道和读者朋友们不吝赐教。

中国科学院自然科学史研究所

张柏春

2024年3月20日

于科学院基础园区

目　录

引　言

　　作为一个岛国，日本就像一块巨大的海绵，吸吮着四面八方的海水，在第一次浪潮中先饱尝了来自东亚大陆传统文化的滋润，紧接着在第二次浪潮中又汲取了源自西方世界现代文明的营养，"日本人融化他邦之制度及思想自古为巧妙，譬如榨乳不问其牛之种类，必取其甘滋而吸之"（大隈重信，2007b）[796]。可以说，东方孕育了日本的传统文化，西方成就了日本的科技文明，日本在传统文化与科技文明的双重变奏中实现了国家的现代化。

　　从长期的"锁国"到全方位的技术引进，从战争到复兴后的高速增长直至全球化时代的漫长衰退，日本演绎了一个国家从贫穷落后到富裕发达的曲折历程，以及目前陷入的诸多困境。相对于西方世界，中日两国因传统文化同根和地理位置相近，时常相互成为发展和借鉴的镜子。

　　日本曾经遇到的中国正在经历；日本正在遭遇的，我们是否会重蹈覆辙？这恰恰是本书所要探讨和揭示的重要问题。

一、科学革命与日本

现代科学或称西方现代科学，起源于16、17世纪之际的西欧部分地区。作为一种社会过程，科学的发展又包括起源、传播和应用等等不同的阶段。随着殖民主义的兴起，西方科学开始向非西欧地域传播和扩散，并逐步成为国际化的事物。因科学通过技术的转化应用可以带来经济上的利益和现实上的好处，追求科学成为19世纪以来世界各国，特别是经济后发国家的发展目标，而科学和技术在这种发展中时而是渐进的，时而是跨越式的——革命性的。科学功能的发挥推动了人类社会的进步，特别是从传统农业社会向现代工业社会——现代化——的转变。

"科学革命"一语最早于1949年由英国历史学家赫伯特·巴特菲尔德（Herbert Butterfield，1900—1979）在《现代科学的起源》一书中提出，他在书中并没有明确给出科学革命的定义，但对科学革命的作用和结果做了描述："那就是所谓的'科学革命'，它通常与16、17世纪相联系，……那场革命不仅推翻了中世纪科学的权威，而且推翻了古代科学的权威，最后不仅使经院哲学黯然失色，而且摧毁了亚里士多德物理学。"（巴特菲尔德，2017）[013]因此，科学革命一定是带有"革命"的性质，也就是对传统理论或方法进行根本性的颠覆或变革，"革命"影响所及往往超出科学和技术的范围，使得整个国家或世界的思想文化、文学艺术、社会规范以及价值观念等，也会随之发生根本性的改变。

科学史家伯纳德·科恩（I. Bernard Cohen，1914—2003）系统研究了"科学革命"。他以社会革命和政治革命为背景知识，将科学革命划分为狭义和广义两种情况，即科学革命（Scientific Revolution，大写的"科学革命")和科学中的革命（revolution in science）。前者指大规模的科学变革，即"对所有科学知识均有影响的革命"（科恩，2017）[148]；后者又包含两层含义，一层意思是指"较小的革命"，另一层意思指科学进步的模式，即广义的科学革命（scientific revolution）。根据这种分析框架，他认为自17到20世纪以来的四个世纪共发生了四次科学革命（科恩，2017）[ix]。

一般认为，科学革命是指科学理论的根本性变革和整体性的综合，如哥白尼革命、牛顿革命。在科学史意义上，很难说日本有"科学革命"或"技术革命"，充其量只有科恩所说的"较小的革命"或"广义的科学革命"，即便有一些小规模的技术革命，也不是疾风暴雨式的"革命"，称之为"技术革新"或更符合实际。对此，正如启蒙思想家福泽谕吉（1834—1901）所言："我们日本不是文明的诞生地，只能说是文明的侨居地。"（福泽谕吉，2019）[204]因此，"后起的发展中国家有必要遵循现代化的一般规律，走先行现代化的国家所经过的基本路线，但又必须结合本国的国情及新的国际国内经济社会政治环境闯出具有自己特色的现代化道路"（洪银兴 等，1990）[22-23]。将西方科学与传统技术结合、融合以致创新，表现出所谓民族性、本土化是日本现代化的重要特点。

当然，除科学革命外，技术革命也是本书探讨的一个问题，而且技术革命又与工业革命（或产业革命）时常交织在一起。所谓技术革命是指将科学技术理论用于技术创新和产业发展，对人类社会的生活做出了根本性的改变。科学革命和技术革命两者性质不同，作用时间并不完全重叠，存在一定的滞后关系。需要指出的是，本书只是笼统地将"科学技术"组合在一起，其实两者之间有着本质的区别，仅就科学和技术而言，科学主要具有文明属性，而技术具有较多的文化特征——地域性和民族性，如产品的"轻、薄、短、小"，就体现出日本文化的特点。关于科学革命和技术革命的理论探讨有很多（张柏春，2022）[7]，本书无意纠缠于这些"概念"或"次数"的划分；并且，在讨论科学和技术对现代化的作用时，将科学和技术作为一个"整体"，一般不作严格区别，除特殊情况外，只是笼统地采用"科技革命"一语。

1960年，日本科学史家将"科学革命"概念介绍到日本，并于次年出版了《科学革命》一书（日本科学史学会，1961）。1961年，著名科学史家汤浅光朝[①]在《科学史》一书中探讨了日本"科学革命"，认为："在日本科学史中，尝试确定'科学革命'这一特殊时期，至今难以做到。普遍认为，日本科学很显然是从欧洲的科学移植过来的，其情况是完全不同的。但是，正如'产业革命'这样的历史概念，现在也未必就单指18世纪英国的产业革命。像'日本的产业革命'这样的用语，也作为一种普遍性的概念被使用。"（汤浅光朝，1961）[7]

汤浅光朝借鉴英国科学家、科学学奠基人和马克思主义者贝尔纳（J. D. Bernal，1901—1971）将科学革命划分为三个阶段的方法（贝

---

① 汤浅光朝（1909—2005），科学史家，福井县人。1932年东京帝国大学理学部物理学科毕业，此后在日本陆军科学研究所、日本陆军士官学校和日本中央气象台等从事教学和技术工作。1954年任神户大学教授直到1973年退休。著有《解说科学文化史年表》（1950）、《科学史》（1961）、《日本科学技术史大系·通史Ⅰ》（1964）、《日本科学技术百年史（上、下）》（1980、1984）和《简明科学年表》（1988）等著作，是日本科学史学会的创建者之一并担任过12年会长，对1974年在日本（亚洲首次）举办第14届国际科学史大会做出了重要贡献，在日本科学史界具有广泛的影响。20世纪60年代，因提出科学中心转移理论（称"汤浅现象"），成为具有世界影响的科学史家。

尔纳，1981）[212]，将日本从封建社会到资本主义社会的科学革命也分为三个阶段（汤浅光朝，1961）[8-12]，即：第一阶段从《解体新书》出版到开国（1774—1853年），以前野良泽（1723—1803）为核心翻译出版了《解体新书》（1774年），这在日本科学史上具有划时代的意义，是日本科学革命的起点；第二阶段从开国到明治维新（1853—1868年），1856年兼有教育职能的官方翻译和研究西学的机构——"蕃书调所"开设，这是东京大学的前身之一；第三阶段从明治维新到帝国宪法公布（1868—1889年），1873年日本最早的现代学会——"明六社"结成。

1890年，医学家北里柴三郎（1853—1931）发现破伤风血清疗法，成为现代科学史上的标志性事件，表明日本科学家已经开始有了独创性的、具有国际水准的研究成果，这一年也被称为日本现代科学的起点。

除现代科学的发源地以外，所有非西欧国家都是从移植和接纳西方科学开始的，日本也不例外。日本同样抓住科技革命的机遇，首先着力推进工业化，消化吸收科技革命中的先进技术，同时谋求创新和发明，大力发展科学研究和科技教育（张柏春，2022）[9]。自1853年美国海军准将马修·佩里（Matthew Calbraith Perry，1794—1858）到日本至今，日本对西方科学技术的移植、接纳以至独立发展，已历170多年。

二、和式现代化的特点

自20世纪60年代以来，世界上出现了各式各样的现代化理论。现代化的内涵十分丰富，其概念在不同国家、不同学科、不同学者中也是见仁见智，我们无意纠结于其"标准""统一"的概念，但有一点是肯定的，就是现代化"首要的也是最本质的，必须包括工业化的基本内容"（张培刚，1992）[106]。著名历史学家、中国现代化理论的主要开创者罗荣渠（1927—1996）认为，"现代化就是指人类社会从传统的农业社会向现代工业社会转变的历史过程"，甚至直截了当地指出，"'现代化'实质就是工业化，更确切地讲，是落后国家实现工业化的进程"（罗荣渠，1986）[24]。我们认同"现代化"就是传统农业社会向现代工业社会转变的观点，并且将工业化作为这一转变进程中的一条主线，但工业化并不等同于现代化。

我们将日本的现代化称为"和式现代化"，一方面，日本人自称"大和民族"，"和"在日本具有象征意义，就一般的语义而言，和式现代化就是日本现代化；另一方面，日本的现代化过程尽管也伴随着对外战争和侵略，但其内部在现代化过程中所遭遇的"文化抵抗"，远没有像在中国所遭到的"抵抗"那样激烈，因而总体上是平稳地、"和平地"走上了现代化的道路。罗荣渠将东亚现代化划分为日本型、韩国型、中国型三种基本模式，他认为日本型"其特点是没有经历内部衰败并只受到很轻微的半边缘化，通过渐进的改革，直接进入工业化"，"三大类型中只有第一种（日本型）是比较平稳的阶梯式推进。第二、三种都是极不平稳的断裂推进"（罗荣渠，1994）[52]。他所说的"平稳的阶梯式推进"的日本型现代化，也就是和式现代化，在世界现代化的历史上具有很强的代表性和独特性，可以说，日本是东亚现代化的"优等生"。

如果说英国的现代化是内生型现代化的话，那么日本就是外源型现代化——由外来推动力所引发。推动国家现代化进程的因素是多种多样的，本书通过科学技术以及与科学技术要素相关的制度体制、政府作用、民间因素等，探讨日本实现现代化的经验，充分利用最新的研究成果，努力挖掘那些此前易被忽略的独特的新因素，如技术创新投入。日本每一次对技术创新投入的突飞猛进，都使生产效率得到提高，而且每一次快速增长都集中于某些工业部门。"第一次猛增（1901—1917）集中在棉纺工业，特别是纺织联合企业。第二次猛增（1931—1937）集中在重工业和与军火有关的工业"（布莱克 等，1983）[232]。对技术革新连续投资，国外引进的技术得以推广，反过来又导致技术革新的加速，形成良性循环，将有限的资本用在最需要的地方并发挥出更大的作用。

从发展经济学的角度讲，日本的现代化过程是"后发国家"的现代化；而从技术发展的角度讲，日本的现代化过程是"后发工业化"。所谓后发国家是指从现代化国家的发展进程了解现代化本身，包括直接借用先现代化国家的组织结构和管理制度，大量引入先发展国家的资金等来发展本国的经济，完善管理制度、政治体制的国家。工业化是现代化的重要组成部分，但工业化并不是现代化的全部。科学革命和技术创新是工业化的发动机，因此，探讨工业化就必须关注科学革命，研究技术创新，即科学技术和生产技术的根本性变革。

和式现代化是由民间和政府共同发动的，而且以政府发动为主，一定的商品经济、集中统一的中央政权、实行贸易保护，特别是对外扩张是其取得现代化成功的重要条件。日本开国前也是一个以农业为主的国家，农业现代化是日本现代化建设的重要组成部分，其现代化过程离不开传统农业的转型和对工业现代化的支撑，而且工业化在一定程度上是以牺牲农业现代化提高农业科学技术的水平为前提的。现代农业生产能力的增长与科技的依赖程度越发密不可分，提高农业科技水平是提高农业生产能力的重要途径。因此，"明治维新以来，日本在着力推进工业化的同时，大力推动农业技术进步和生产方式变革，农业近代化水平迅速提高。日本农业在国家工业化初期支撑起了几乎所有重负，早期依靠农产品的大量出口换取资金和技术，中期为工业和城市部门提供充足的农产品、廉价的原料和众多的劳动力。所以没有农业生产力的足够发展，日本不可能取得工业化的成功"（李红，2010）[1]。

像西方早期列强一样，依靠战争和掠夺也是日本实现现代化的一个重要因素。甲午战争、日俄战争、抗日战争（日本称日中战争）、朝鲜战争（尽管没有直接参与）等，除抗日战争日本彻底失败无条件投降外，日本几乎在每一场战争中都大获其利（赔款、割地等）或渔翁得利（朝鲜战争），加速了其现代化的进程。甲午战争使日本获得了领土、赔款、通商三方面的特权和巨大的利益，完成了资本的原始积累，逐步实现了资本主义工业化，这是日本现代化进程中的关键一步，"通过甲午战争和日俄战争，到明治末年日本已经发展成与欧美比肩的强国，尤其是日俄战争大大提高了日本的国际地位，欧美人更把日本看作是东方的明星国家"（赵德宇 等，2010b）[194]。甚至，现代西方人对东方的认识常常是以日本为媒介，认为只有日本才能够代表东方。因此，通过不同视角研究日本的现代化问题，就成为一种新的历史观。20世纪60年代以来，包括日本学者在内的国际上许多历史学家试图通过"现代化"的视角取代"资本主义"和"专制主义"的视角，由此形成的对明治维新以及日本现代化的历史叙述，遭到了历史学家远山茂树（1914—2011）等人的批判，如对工业化的过高评价、对现代化与帝国主义关联认识的薄弱、对领导者作用的过高评价和对人民作用的过低评价等等，明确表示需要在任何有关明治维新的阐述中批评政府的政策（遠山茂樹，1971）[6-8]。

因此，概括地说，和式现代化具有如下几个特点：第一，和式现代化是自上而下逐步展开的，政府推动对日本现代化的迅速发展起到决定性作用，这常常是后发国家推动现代化的通常做法；第二，具有留学经历的先进知识分子的思想启蒙活动及其自身的社会实践，在日本现代化过程中起到了重要的推动作用，这一点也常常是后发国家现代化的共同特点；第三，立足本国国情，重点选择国家最急需和短缺的行业领域优先发展，是推动日本现代化快速完成的重要原因；第四，以文化自立为方向，不停留在模仿和移植的水平上，而是有所创造和发展，这是日本能够迅速壮大自己和赶上西方的重要因素；第五，在吸收西方文化过程中，日本传统文化特长得到保持，某些方面在外来文化的影响下还有新的发现，这是形成现代日本文化特点的重要因素；第六，日本吸收西方文化，受到本国时代的、阶级的制约，这一点决定了日本现代化只能按照特有的方式发展。（林鼎钦，1986）[31-35]

作为后发现代化国家，日本在利用科学技术促进现代化过程中尽管具有明显的实用主义倾向，重视技术的引进和移植，早期轻视科学发现，重视军事技术而不是民用技术，等等，但科学技术仍对日本的现代化起到了极为关键的作用，"没有先进的科学技术，便没有现代化的经济。日本正是抓住了科学技术这个推动社会生产力发展的中心环节，把技术改造和技术革新作为重建日本经济、实现国民经济现代化的基本手段，并发挥了在西方资本主义世界独具一格的组织管理职能，从而有力地促进了战后日本国民经济的现代化"（金明善，1993）[320]。可以说，日本极其贪婪且高效地移植引进和消化吸收西方的科学技术，在政府指导和战时军需的拉动下完成了工业的现代化，并于20世纪初跻身帝国主义列强俱乐部。本书主要围绕科学技术在促进日本现代化过程中的功能和作用展开。

三、全书结构安排

本书要回答的基本问题是科学技术（革命）与日本现代化之间的关系，或者说在世界科学技术革命背景下日本是如何实现现代化的。通过科学技术史上的事件、人物和社会进步的各种表征，来反映科技革命与日本现代化间的关系，采用科学技术与社会（STS）的研究方法，贯穿两条主线：一是科学和技术自身的发展演变；二是科学技术与社会的互动关系，即相互作用和相互影响。主要涉及时间跨度自1853年佩里来航至今（2023年）约170年。为清晰起见，全书论述仅简单划分为二战前、后两个阶段，前三章侧重二战前，后两章侧重二战后。根据具体内容，论述不拘时间先后，每一部分的主题既有向前追溯，也有向后延伸。

引言扼要介绍科学革命的基本概念，特别是作者对日本科学技术革命的理解；概括了日本现代化——和式现代化的特点，以及科学革命、技术创新对和式现代化的推动作用。

第一章现代日本的历史形成。介绍了岛国日本在世界地理位置上的特点以及民族国家的起源和形成。西方近代科学在向日本移植过程中出现的种种蹊跷事件，传统文化与西方文明发生激烈碰撞，以儒家文化为代表的传统经验知识向现代科学技术过渡。将装有蒸汽机的海军舰队作为西方实现工业化和现代化的象征，日本面对西方坚船利炮所采取的应对策略，强调思想启蒙和教育对现代化的基础性作用。

第二章现代产业与科学技术。首先论述了武士文化、工匠传统对日本现代科学技术和产业发展的影响，以及最早的现代学术团体——明六社的建立。在明治维新后殖产兴业政策指引下，日本在电气电力业、船舶与海洋运输业、纺织丝织业以及重化学工业等行业迅速实现了工业现代化。与此同时，从19世纪末到20世纪初的一段时间里，整个日本社会民主气氛浓郁、大兴科学之风，北里柴三郎、长冈半太郎和铃木梅太郎等都取得了举世瞩目的研究成果。科学成为一种社会建制，以理化学研究所为代表的现代科研机构纷纷设立。

第三章战争与科学技术。富国强兵是明治维新又一主要政策和指导思想，发展军事技术成为日本现代化的优先选项，发展海军作为优中之优。随着在甲午战争、日俄战争取得的胜利，日本成为西方列强中的一员并向周边国家推行军事侵略和殖民统治。为配合战争侵略在殖民地设立科研机构，并在二战期间最为紧迫的情况下展开战时科技动员，铁路技术和化学化工技术随着战争得到较快发展。核物理学取得突破，汤川秀树在特定历史时期首获诺贝尔奖，提振了日本的民族精神。

第四章劳动力密集型制造的历史性机遇。日本战败后，以美国为首的盟军占领了日本，采取"胡萝卜加大棒"的统治政策，日本经济和社会逐渐走出战争阴影，知识界在一定程度上开始进行反思。借助朝鲜战争中的"特需"政策以及从欧美引进的技术，日本经济在20世纪五六十年代逐渐恢复，在此期间创造了独具特色的质量管理方法，产业技术及其产品逐步获得发达国家的认可，日本人的生活水平也逐渐得到提高。

第五章追赶与超越的代价。20世纪60年代到80年代，日本经济和社会发展进入了高速成长期，在集成电路、计算机、汽车等领域，全面赶超美国、碾压西欧，与欧美的贸易摩擦不断加剧。1985年，"广场协议"的签署成为现代日本的转折点和梦魇，90年代以后至今，日本经济社会陷入"失去的三十年"。但另一方面，在"科学技术立国"政策下，对基础研究等的大规模投入开始得到回报，自然科学领域成果丰硕，科学技术日渐成熟。

全书以"加拉帕戈斯群岛上的和魂"为题作为代结语，从地理及文化的特殊视角对日本技术创新的特点进行了概括和分析。"他山之石可以攻玉"，日本是中国的一面镜子，在建设中国式现代化的过程中，仍然可以作为参考和借鉴。

写作分工：引言、第一至第三章主要由梁波完成，注重现代西方科学技术的移植、日本科学技术的独立以及战争与科学技术的关系；第四、第五章和结语部分主要由姜波完成，侧重二战后日本产业技术发展、与欧美之间的竞争博弈。各部分都经过两位作者的充分讨论并共同进行了统稿。

准备和写作本书期间，恰值全球范围的新冠疫情大流行，世界现代化的进程遭遇了前所未有的挫折和挑战，甚至出现了逆全球化的倾向，这或许也是人类与自然界之间相互关系的一种自我调节吧！新冠疫情流行不过三年多时间，现代化进程也不过几百年的历史，在人类历史长河中不过都是短暂的一瞬，历史的车轮仍将滚滚向前！

第一章
现代日本的历史形成

  19世纪是东亚历史的转折点，世纪之初的日本仍处于农业时代，科学技术和生活水平与工业化前的亚洲其他地区并无二致。然而，日本只用了几十年时间，就取得了欧洲经过几个世纪才达到的成就，"到19世纪末，这个国家的产品和服务总量增长了4倍，其中工业所占的比重至少增加了2倍，而农业在总产量中所占的比例则下降到不足一半"（詹森，2014）[527]。1868年的明治维新是其现代化的发端，日本由此从农业社会向工业社会迈进，整个国家发生了翻天覆地的变化。从意识形态和政治体制看，"大多数日本史学家把这种变化看作为，马克思主义经济发展阶段论框架内的从封建社会向资本主义社会的过渡"（詹森，2014）[527]，政治体制由幕府统治下的地方分权转变为"大政奉还"后的中央集权。在殖产兴业、文明开化和富国强兵政策指引下，日本开始了大规模的政治、经济和社会变革，开启了国家现代化的征程。

现代科学技术是西方国家实现工业化、现代化的重要因素，对于现代化的后发国家而言，移植和引进西方科学技术就成为实现国家现代化的重要手段。如何在传统文化、本土技术的基础上，培育适于现代科学技术生根发芽的土壤——制度体系、价值观念和文化氛围，既是发展本国科学技术的必然要求，也是实现国家现代化的基本前提。曾经奉儒家文化为圭臬的日本，向现代科学过渡并与西方文明发生激烈碰撞，作为西方科学的种子——兰学开始在日本孕育、生长，而日本本土文化日渐式微。

从1853年佩里来航，到1903年长冈半太郎提出原子结构"土星模型"，日本尚处于现代科学技术的移植阶段。在此期间，科学技术与现代化之间的关系还不紧密，科学技术对社会的功能和作用有限。在探讨科学技术因素对日本现代化的影响之前，作为20世纪，甚至21世纪仍然有着重要国际影响力的东方国家，我们先看看自然条件和地理环境等因素是如何造就了现代日本的。

第一节　地理·民族·国家

地理环境是人类赖以生存和赓续必不可少的空间物质条件，与人类经济社会发展之间存在着内在的密切关系。自然地理条件是国家现代化进程中的一个十分重要的因素，日本也不例外，"日本的环境远不仅是日本文明的塑造者，与其说环境风雨无情、经年累月地挖凿出了日本人复杂的生活轮廓，倒不如说环境才是日本文明的产物"（沃克，2017）[10]。

与日本相比，美国与最早实现现代化的西欧，在地理上的接近以及良好的自然条件是其迅速实现现代化的有利因素。日本相距西欧遥远且资源匮乏，这是天然的不利因素，但与英国类似，作为四面环海的岛国，海外运输和远洋贸易却十分便利，这也是日本实现现代化的优势所在。

一、地理位置进退有据

据《日本开国五十年史》描述，"日本四面环海，操舟楫、航巨浸，固其国人生存之所要。……民族栖息其间者，富有活泼进取之气象，以海为家，恒枕波涛而卧之"（大隈重信，2007a）[205]。这确切反映了日本的自然地理和环境特点。日本列岛由自北向南的北海道、本州、四国和九州4座大岛和3900多个小岛组成，总面积37.78万平方千米，相当于中国云南省，或美国加利福尼亚州，再或意大利的土地面积。

在东亚地区，"日本距中国800公里，距最近的韩国仅200公里，远一分则无法吸收经由朝鲜半岛移民传播的文字、佛教与儒家学说等中华文明，近一分则臣服于中国之威势，无法形成独有的语言与物质文化"（斯托克，2020）[001]，大自然的造化，决定了历史与国家的命运。按照美国学者斯托克（Nancy K. Stalker）的说法，日本在世界上的地理位置恰到好处，离亚洲大陆远近适宜、进退有据，既可以避免大陆的兵锋，又可以从容地向大陆学习，似乎多一分或少一分都不行。但这种地理条件，在缺少远洋船舶、海上交通不便的年代，决定了古代日本必然是一个极为封闭的国家，"日本建国后凡二千年，其通交者只有朝鲜、支那等近邻数邦而已"（大隈重信，2007a）[658]。就地理环境的接近而言，从古至今，日本与周边国家的军事冲突或侵略，主要涉及朝鲜（包括今韩国）、中国、俄罗斯，直到晚近以来才涉及美国以及东南亚等国家，而对相距遥远的欧洲，接触较少且鲜有冲突。这是相对外部世界而言的。

在日本列岛内部，平原很少，约75%属山地丘陵，规模不大的山间盆地散布全国，形成各自独立的单元。这种地理结构不利于迁徙，导致社会小共同体长期稳定，逐渐形成了"集团主义"的生活方式和思维方式，"人口密度很大的日本，总是努力构筑其共同体，谋求所有成员的利益，防止其分裂"（傅高义，2016）[6]。从整个日本史来看，公元654年全面学习中国唐朝集权统治和经济体制的"大化改新"，只是历史上的昙花一现。日本历史上曾先后出现过"绳魂弥才""和魂汉才"以及"和魂洋才"的说法，表明日本社会文化发展的一个大致规律：远离大陆的封闭环境，造成了文化核心的稳定性。一旦遇到强有力的外来刺激又会跳跃式发展，外表发生巨变，骨子里的东西仍能保持稳定。这种独特的地理位置，使得日本封建社会在长达200多年的"锁国酣嬉"中高枕无忧，直到1853年"美舰突来，上下震之若炎天之霹雳。于是大和民族尚武之气象，久郁结沉积者蹶然醒起，如洪波之决大堤，沛然莫能御之"（大隈重信，2007a）[182]。中国人出现类似的感觉，却是在1895年中日甲午战争失败的"千年未有之大变局"之时，才"朝野为之震动"。

特殊的自然地理条件，使得日本民族十分迷信，无论是宗教信仰的种类，还是信教的人数都非常之多，而且一个人常常不只信仰一种宗教，所以现代日本年轻人结婚，上午可以去教堂，下午又要去神社。当然，"自从欧洲的科学思想输进了日本以后，那些科学家，应该渐渐和迷信离开，把这种神话用科学的研究方法来重新整理了"（蒋百里 等，2018）[043]。1821年，地理学家、地图学家伊能忠敬（1745—1818）利用西方的科学语言，绘制了包括经纬线的《大日本沿海舆地全图》（也被称为《伊能图》），这是一份精度相当高的实测图，从而使世界得以清晰地了解日本。这幅地图将日本置于英国及其殖民地相同的空间逻辑之中，为日本依据现代世界的逻辑来定位自身开辟了道路。

地理环境因素对工业化和现代化进程所起的促进或阻碍作用，并不是绝对的，人类的聪明才智，特别是科学技术的发展水平等因素，显然更为重要，而且变得越来越重要。

二、民族和国家的起源

日本列岛在旧石器时代晚期出现人类，距今至少有3.8万年，但考古学上可信的证据距今只有约1.8万年，而只是在过去3000年中经历了快速的转变。关于日本主要族群的来源和演化，在历史研究中是个极为复杂的学术问题，观点林立、众说纷纭，代表性的理论就有五种，即"代替说""二重体形说""杂交说""连续说""移民说"（张雅军，2008）[29-36]，但每一种观点都难以单独做出圆满的解释。

据日本学者自己的研究，日本民族或所谓的大和民族并不是在本土产生的，而且也不是单一民族（如北海道的阿依努人和冲绳的琉球人）。既有来自南方的马来人种，也有属于北方的通古斯人种；亚洲大陆上，特别是中国的一些民族，几乎都有混入，即"所谓的日本民族是由异质的诸多民族或种族混合而成的"（江上波夫，1995）[23]，那么生活在日本列岛上的这些人自然就来自其他地方。

　　20世纪50年代，历史考古学家江上波夫（1906—2002）提出"骑马民族论"，"认为在原始时代，有一支强悍的骑马民族，经过西伯利亚、中国的东北和朝鲜半岛的北部而进入日本列岛，征服了原住在列岛上的土著民族，君临其上成为以后日本列岛上的主要人种"（汪向荣，1999）[21]。中国学者汪向荣（1920—2006）的研究为此进一步提出证据，"在旧石器时代的中期之前，东亚大陆，也就是中国和日本列岛之间，并不像现在这样，中间有大海相隔，而是直接相连的，人和动物都可以直接从陆地上往来通过"，"因此在亚洲大陆上的人们，那时就曾把制造石器的方法、技术带到了日本列岛上"。"最初进入日本列岛的，并不是中国大陆上的人种，而是北方的蒙古人种和南方的马来人种。这两种人在日本列岛混血，而成原始的日本人种以后，又不断和外来的人种相混合，成为今日的日本人。"（汪向荣，1999）[6-27]另据"移民说"，在日本历史上的弥生时代（距今2300—1700年之间）有大规模外部移民来自亚洲的东北部或东南部地区，"与日本原住民共同混杂生活"，"在移民扩散过程中……来自亚洲大陆移民的基因优势超过了日本原住居民，逐渐演化为现代日本人"（张雅军，2008）[36]；通过对日本现代人基因研究和古代人母系线粒体DNA研究也得到进一步印证，这一学说近年越来越占据主导地位。

　　最新的古基因组学研究表明①，现代日本人可能存在三重遗传起源，即约1.6万年前至3000年前居住于此的本土绳纹渔猎采集者——在弥生时代种植水稻前的数千年，他们在日本有自己独特的生活方

---

　　① COOKE N P, MATTIANGELI V, CASSIDY L M, et al, 2021. Ancient genomics reveals tripartite origins of Japanese populations [J]. Science Advances, 7: 1-5.

式和文化，以及后来从亚洲大陆移民到日本的弥生农民，而古代日本基因组研究确定了来自农耕时代前后古坟时代东亚祖先的涌入，这三者对日本现代人口的形成都做出了贡献。2021年11月10日，《自然》（*Nature*）杂志在线发表了《三重视角支持泛欧亚语系的农业传播》，从语言学、考古学和遗传学三个学科的交叉研究认为，说日语、韩语、通古斯语、蒙古语和突厥语的现代人有一个共同的祖先——大约9 000年前生活在西辽河流域的农民，将包括日本在内的泛欧亚语系可能的起源中心，追溯到中国东北部新石器早期的农业人群[①]。

总之，不论是日本学者自己的研究，还是其他国家学者的考证，都表明现代日本民族并不是单一的民族，而是来自不同地域和不同人种的混血民族，这已逐渐被学术界大多数人所接受。由此可见，自明治维新以来，日本作为一个现代国家的历史，只有150年左右时间！同时也表明，一个国家的现代化，在人类历史上不过是十分短暂的一瞬！

下面对日本国家的起源和前现代的历史简要加以叙述。日本历史阶段的划分，既不同于中国史，也不同于世界史，主流观点将日本的历史划分为古代、近世、近代和现代，其中有一个独特分期——265年的近世史，大致与江户时代重叠（表1-1）。为方便读者起见，将日本自1868年明治维新以来的"近代"统一称为现代，个别地方为了表述以及适应中文读者的习惯，有时也称为"近代"。本书论述的内容主要从幕府末期（1853—1867）开始，至今大约170年

---

① ROBBEETS M, BOUCKAERT R, CONTE M, et al, 2021. Triangulation supports agricultural spread of the Transeurasian languages ［J/OL］. Nature, 599: 616-621 ［2021-11-10］. https://www.nature.com/articles/s41586-021-04108-8.

的历程，即19世纪下半叶、整个20世纪以及21世纪至今这段时期，全书采用公元纪年。

表1-1　日本历史的一般分期

历史分期		公元年代
古代史	绳纹时代	公元前14500—前300
	弥生时代	公元前300—公元300
	古坟时代（又称大和时代）	300—593
	飞鸟时代	593—710
	奈良时代	710—794
	平安时代	794—1185
	镰仓时代	1185—1333
	室町时代	1338—1573
	安土·桃山时代	1573—1603
近世史	德川时代（也称江户时代）	1603—1867
	幕府末期（简称幕末）	1853—1867
近代史	明治时期	1868—1912
	大正时期	1912—1926
	昭和前期	1926—1945
现代史	昭和后期	1945—1989
	平成时期	1989—2019
	令和时期	2019年至今

资料来源：吴廷璆，1994.日本史［M］.天津：南开大学出版社；罗荣渠，1986.现代化理论与历史研究［J］.历史研究（3）：19-32.

　　一般认为，绳纹时代（公元前14500—前300）是日本历史的源头，因"结绳记事"命名，绳纹土器是这一时期代表性的古代器物。此后又经历了弥生（公元前300—公元300）、古坟（也称大和，公元300—593）、飞鸟（公元593—710）等几个时期，经过原始社会、奴隶社会后进入到封建社会的第一个繁荣期——奈良时代（公元710—794）。

8世纪的奈良时代，日本有了最早用文字记录自己历史的史书——《古事记》和《日本书纪》。在此之前，日本的历史都要根据中国史书的记载，"在中国正史中，最早而且最详尽地谈到日本列岛上事情的，是《三国志》卷第三十《魏书·东夷传》中的《倭人传》，也就是现在一般称之为《魏书·倭人传》的。这篇记载，是迄今为止所能见到的，用文字描述日本列岛上古代事情的最早、最详尽的史料"（汪向荣，1999）[86]。由此，中日两国的交往至今已近2000年。8世纪末，日本开启平安时代（794—1185），这段时间大致相当于中国唐代中后期到宋代中期，但平安时代并不"平安"，诸侯争霸、社会动荡。这是日本文明史的形成阶段，国家的法律和行政管理体制逐步确立。

在精耕细作的农业社会内部，逐渐形成了日本国（日出之国）及其天皇，而且至今天皇家族都是"万世一系"的统治者。镰仓时代（1185—1333）开启了武士统治（幕府统治）国家683年的历史，天皇只是名义上的国家元首。然而，即便是在正统的日本史中，天皇家族早期谱系也时有中断且不符合当时人们寿命的常理，但按照官方的记述，现如今的德仁天皇（1960—　　）已是日本的第126代天皇。1186年，征夷大将军、幕府制度的创建者——源赖朝（1147—1199）取代天皇，掌握了日本军政大权，开始"从朝廷统治到武士统治"，也是日本进入封建社会的标志，地方割据成为这个时代的主流，幕府时代正式开始。此间，日本经历了短暂的同时有两个天皇的南北朝时期。室町时代是日本的第二个幕府（1338—1573），室町幕府传承百年后由于继承权问题再次发生内乱，因此室町时代后期又称战国时代（1477—1573），直到1600年德川家康发动关原之战。在此期间，又经历了一个短暂的安土·桃山时代（1573—1603），从长期纷乱割据的南北朝、战国时代，织田信长（1534—1582）和丰臣秀吉（1536—1598）凭借其经济和军事优势，征服各方诸侯，逐渐实现了日本封建国家的统一。

1603年，德川家康（1543—1616）被天皇授予"征夷大将军"的称号，他建立的治理架构被称为"幕藩体制"，通过两种政治机制治理国家，一是德川幕府，二是大名领导下的"藩"。德川幕府（1603—1868）开启了德川家族265年的统治，因幕府设在江户（今东京），所以又称江户时代。与在此期间战乱频仍的欧洲相比，日本经历了一段相对稳定的时期，促进了经济与文化的发展，逐步形成具有共同文化和地理特征的整体，这也是现代化的孕育阶段。与世隔绝的地理位置，"由于惊人的独立程度，日本发展出了一系列政治、经济与文化制度，这些制度推动了之后日本作为一个近代国家的崛起"（沃克，2017）[132]。即便如此，"江户幕府创造的体制中仍存在着某种固有缺陷，这些缺陷在18世纪末和19世纪显现出来，并最终导致了江户政权的崩溃与1868年明治维新的到来"（沃克，2017）[149]。

1801年，兰学家志筑忠雄（1760—1806）在翻译德国医生恩格尔伯特·坎珀（Engelbert Kaempfer，1651—1716）的《日本志》第六章期间，创造了"锁国"一词（赵德宇，1996）[124]。起初该词还是肯定的、褒义的，但直到19世纪30年代，在兰学家和部分知识分子中才开始使用"锁国"这一概念，真正被一般化、大众化使用是在明治维新以后，而且是在对应"开国"一词下使用的。1853年，幕府解除了对建造远洋航行舰船的禁令，并允许参展商前往巴黎。1866年6月，通过协定关税制度彻底废除了延续了几百年的锁国规定：撤销了在开放口岸进行对外贸易、购买外国舰船和雇佣外籍人员以及日本人出国的所有限制，在法律和制度层面拆除了以往日本与外部世界的重重壁垒，打开了通往外部世界的大门。与锁国相对应，开国的目的或结果，就是转向西方，建设现代民族国家，而工业化、现代化是现代民族国家的一个最为基本的特征，"面对一个以西欧为代表的明显更加优越的'文明'，日本国家对外开放（开国）后面临的任务是实现现代化……"（詹森，2014）[403]。

作为日本封建社会的最后一个幕府——德川幕府，其体制毕竟有历史局限性，19世纪50年代西方各国的军事及经济力量开始进入日本，德川政权的弱点越来越突出，"它无法对全日本征税，有效利用经济资源；亦无法动员人民，举国一致；甚至不能再垄断对外关系。是以到19世纪初，各种社会经济及意识形态的内在冲突已严重削弱德川体制的政治及社会力量"（戈登，2017）[031]。即便如此，一代代幕府将军仍是这一时期的弄潮儿，在日本历史上书写了一幅幅惊心动魄的时代画卷，推动着日本社会的发展。

日本政治体制名义上是君主专制，就像欧洲中世纪的国家一样，而实际上是由幕府将军牢牢控制着朝政，只不过是以天皇的名义行动而已。所谓"幕府"其实就是武士政府、军人政府，尽管日本信史的大部分时期都有天皇存在，但天皇只在较短时间里才是实际的统治者，大部分时间只是傀儡，真正的统治者是"幕府将军"，这是日本历史的一个显著特点。这在一定程度上塑造了日本的政治制度和政治文化，也在某种程度上或推动、或阻碍了国家的发展进程，日本现代化同样受到这种政治体制的影响。最终，"倒幕"运动推翻了德川政权，通过"大政奉还"天皇重新掌握了国家权力，日本开始明治维新。此后日本迅速崛起并在近代成为帝国主义国家，不断发动对外侵略，直到二战失败被美军占领。

以上，为叙述和行文的便利，也避免读者理解上的繁琐和混乱，用非常简略的文字描述了日本进入现代社会之前的历史。但历史毕竟是连续的，断代史研究不是否定、割裂此前的历史，明治维新也不是日本现代化的全部，"大量证据表明，早在'开放'之前，日本经济就已经显示出原始资本主义和原始工业化的要素了。……的确，19世纪早期，日本人或许还不能够流利操持西方资本主义的语言，但在那时他们已经掌握了大部分基本语法知识。这一事实——以及众所周知的日本吸收外来文化的技能——解释了这个国家的经济为何能在20世纪迅速崛起"（沃克，2017）[177]。明治维新后大约只用了40年的时间，日本就成为东亚崛起的新兴列强。

需要说明的是，尽管现代化的概念直到20世纪60年代才出现，但现代化问题在西方意义上的"现代史"时期即已出现。所以不论日本史和中国史如何表述这个历史阶段，本书统一称为现代化时期。

三、传统文化经验知识

我们现在所称的科学，产生于西欧的狭小地域，逐步扩展成为影响整个世界的现代科学，并成为一种公共知识，在西方中心论的语境下用来"教化"整个世界。而技术的历史远远早于科学，可以说自从人类用上了火，就有了技术，在世界上只要有人类的地方就有技术。

原始时期的日本与世界各国一样，直到绳纹时代仍是一个以采集野果、林中狩猎、水中捕鱼为主的采集经济。绳纹末期，受中国大陆和朝鲜半岛的影响，农耕技术和工具逐步传入日本。工具（技术）是农耕经济发达的基础和前提。陶器制造技术是这一时代最为典型的原始技术，因为这些陶器上有精心打造的绳子一样的花纹作为装饰，这也是这一时期被命名为"绳纹时代"的原因。公元前后，日本列岛上进入弥生时代，"农耕经济，虽然只在列岛上比较先进的地区采用，生产工具，也仍然是金石并用，但由于生产的进步，对于先进技术、知识和工具的需要，也比过去停滞时代要急切"（汪向荣，1999）[85]。公元1世纪以后，在大陆先进文明的刺激下，日本列岛以惊人的速度进入到奴隶制社会，日本古代国家在动乱中孕育和产生。

古代日本的发展水平与当时的中国相比，也属于"后发国家"，因此也相应地会跨越某些历史阶段。研究表明，"按照世界史的规律，一般的地区、国家都是从石器时代经过青铜时代而进入铁器时代的；但日本的情况比较特殊，青铜器和铁器几乎是同时传入日本列岛的，在某种意义上说，铁器可能比青铜器还先传入和应用。其原因很简单，密迩着日本列岛的中国，在公元前后，即日本列岛还在使用石器的原始社会时，早就进入了铁器时代。……现在在日本列岛西部发掘出来的铁器，很多都是农具——铁斧等"（汪向荣，1999）[94]。弥生时代后期和古坟时代初期，日本列岛上的先进地区"生产力已日见发展，不再停留在采集经济时代。农耕已相当发达，主要是水稻的种植，并已有旱地作物和经济作物。手工业也已分离出来，铁制工具已用到生产上和制造武器上"（汪向荣，1999）[96]。

因此，日本的科学有两个源泉，首先是公元6—9世纪伴随佛教文化传入日本的中国古典科学，其次是16—19世纪传入日本的西方现代科学。（李廷举，1992）[8]属于汉学体系的中国古典科学，在日本科学史上居统治地位达千余年之久，包括汉方医学、本草学以及公元17世纪在中国传统数学基础上创造的和算等等。

从生物学意义上看，在欧洲人到达日本几个世纪之前，"天花就已经传播到了日本，因此，与印第安人不同，日本人早就经历了欧亚疾病的残酷考验，并形成了免疫力。……面对天花这种地方病，日本人已拥有充足的卡路里来加以对抗"（沃克，2017）[87-88]。而天花等疾病，是导致美洲土著印第安人数量急剧减少的主要原因，以致到了几乎"灭绝"的地步，完成了所谓的"哥伦布大交换"（克罗斯比，2018）。

一般认为，从幕末（1853—1867）到明治维新前期日本科学的历史，就是通过兰学和洋学对西方科学不断摄取、接纳的历史。

第二节　西方近代科学的传入

16世纪日本与欧洲初次"邂逅"，并于19世纪在政治和军事上成功抵御了西方的帝国主义，而且自身很快成为亚洲唯一的帝国主义国家。在科学上，日本以兰学为媒介，完成从古代经验知识向西方现代科学的转变，"兰学是日本科学史上的一个非常重要的转折点"（李廷举，1992）[24]。

一、科学革命前夜遭遇西方

我们前面讲到日本单一、孤立的地理位置决定了其吸收外来文明和思想的重要性，"一个闭关的岛国，他的思想的变动，当然离不了外来的感化。在他自己本身，绝不容易创造世界的特殊文明，而接受世界的文明，却是岛国的特长。我们观察日本的历史，应该不要遗漏这一点"（蒋百里 等，2018）[068]。

1543年，一艘载有葡萄牙人的帆船因遭遇暴风雨，漂流到日本西南部鹿儿岛南端的种子岛，这是日本人有史以来第一次见到"红毛绿眼"的西方人。随着葡萄牙人的到来，天主教耶稣会开始派遣传教士，宣扬西洋文化。起初，因为这些人都是从日本列岛的西南方向乘船而来，受中国将东南亚视为南蛮之地观念的影响，日本将这些人称为"南蛮人"——南方的蛮夷。不论在汉语还是在日语里，"蛮"都带有"蛮荒""野蛮"之意，是相对于"文明"而言的。因而由"南蛮人"所带来的西方文化，在日本被阴差阳错地称为"南蛮文化"或"吉利支丹文化"（葡萄牙语cristao的音译，即天主教文化）（赵德宇等，2010b）[38-39]，这是日本引进包括西方科学在内的西洋文明的第一次高潮。其间，耶稣会传教士为日本带来的西方科学技术，主要有医学、天文学和地理学，作为火器技术的"铁砲"（指火绳枪、滑膛枪）也被引入到日本，而此时的欧洲，一场科学革命正悄然来临。

同是1543年，波兰天文学家、数学家哥白尼（1473—1543）在出版了《天体运行论》一书后不久即去世，由此掀起科学史上的第一次革命——哥白尼革命，这场革命直到17世纪后期才由牛顿（1643—1727）最终完成。也是在这一年，杰出的政治家和军事家、江户幕府首任征夷大将军——德川家康在名古屋附近的冈崎出生。然而，哥白尼革命在这个东方岛国掀起涟漪，还得等到200年以后兰学在日本的兴起。从1549年西班牙人、耶稣会士圣方济各·沙勿略（San Francisco Javier, 1506—1552）赴日本传教，到德川幕府于1639年最后一次颁布"宽永禁令"，南蛮文化在日本轰轰烈烈传播了整整90年后戛然而止，结束了包括西方近代科学在内的西洋文化在日本传播的第一次高潮。然而，一场更大规模的"科学传播革命"正在孕育之中。

有西方学者将1542—1640年这段时期称为日本的"吉利支丹时代"，认为"与欧洲人在种子岛和其他地方的初次邂逅促使日本进入到了第一个全球化世纪，它向东南亚出售武器，种植来自新世界的土豆，向中国明朝出口白银，还体验了从火器、航海辅助设备到天文理论、玻璃透镜的各种新技术"（沃克，2017）[105-106]。对新技术，尤其军事技术的重视，促使领主"国家"林立的日本列岛走向天下一统时代（1560—1603），最终确立了军阀统治的幕府制度。

可以说，因自身文化并无抵抗、排斥的能力，日本对西方科学的引入反倒更少阻碍、更加便利。在兰学之前，日本将所受以葡萄牙、西班牙两国为中心的南蛮文化影响称为"南蛮学"，而将这期间深受中华古代文化，特别是朱子学等影响所发展起来的学问称为"实学"，但这两种文化并没有从根本上动摇日本封建社会的知识传统，难以完成向现代科学的转变，对日本后来的"开化"所起的作用有限。因此，很快就被兰学所取代。

二、西方近代科学的前哨站

兰学是日本现代科学的滥觞，荷兰在历史上曾是影响日本最大的西方国家。江户时代中期，日本的知识阶层中出现了以荷兰语为媒介，研究、摄取西方近代科学的学问体系——兰学。尽管后来逐步扩展到了整个西方社会思想的各个领域，但一开始还是以研究西方近代科学为中心的，就文化上的意义而言，这是继南蛮文化后西洋文化在日本传播的第二次高潮。

在当时，"荷兰是17世纪欧洲在科学上最为发达的地区之一……荷兰科学家比克曼和惠更斯（Huygens）等人是他们所属时代的最为杰出的机械师。相比欧洲大陆其他高等教育中心，荷兰的大学更早地对笛卡尔哲学和牛顿力学做出了响应。……没有任何一个欧洲大陆国家像荷兰一样拥有一个更为自由和宽松的出版以及科学言论的环境"

（雅各布，2017）[214-215]。直到18世纪末期，荷兰的科学和技术才开始走向衰落，这是后话。荷兰东印度公司在长崎设有一个商馆，定期通过长崎的地方政府向德川幕府提交报告，传递西方世界的各种信息，这几乎是那时日本了解西方世界的唯一窗口，"尽管受到一定的限制，但这是直接与西方文明的代表进行接触。正如德川时代的儒学学者从清朝的语言学和历史学学识中获得补益一样，兰学的日本学生也从同时期欧洲和美国的现代科技进步中获益良多"。日本人对兰学"传播的速度、好奇心、热情，和选择的路径，所有这些因素，都预示着日本企图通过吸收和同化西方文明，来完成明治维新的更大雄心"（詹森，2014）[407]。

在医学领域，前野良泽、杉田玄白（1733—1817）和中川淳庵（1739—1786）等人于1774年翻译刊行的全5卷《解体新书》是兰学诞生的标志。他们各自从不同渠道得到荷兰语著作 *Tafel Anatomia*，该书原为德国外科医生库尔姆（Johann Adam Kulm，1689—1745）所著，1734年被译成荷兰语，后由荷兰驻日本商馆的医生带入日本。在译书之前，他们曾实地观察尸体解剖，发现汉方医对人体结构认识的诸多谬误，以及该书对人体描述的详细、准确，便立志将此书译成日文。杉田玄白在《兰学事始》（1815年）中回忆："今天的现场实验观摩，令每个人感到震惊，也让我们至今对人体认识的无知而感觉羞耻。身为医道中人，深受主君们的厚爱，然而对于作为基本常识的人体的真实形态，竟然含糊不清。如果再这样混沌度日，而侈谈医术云云，实在是没脸见人。基于今日的实地观察，大体上搞清了关于身体的真理，今后如果继续行医济世，或许可以在天地之间安身立命吧。"（杉田玄白，2000）[41]以前野良泽为核心的翻译团队，花了整整4年时间，反复修改了11稿，呕心沥血终于完成了《解体新书》的翻译工作。据杉田玄白回忆说，他开始连荷兰语字母都不认识，一切都是从头学起，克服了重重困难。可见《解体新书》的翻译充满了艰辛，其中还存在许多错误，但他们严谨的态度和科学的方法，仍使译本成为一部里程碑式的科学传播著作。在翻译中，杉田玄白等倡导的"实测穷理"——实践与理论相结合的科学方法，不仅为医学也为兰学在其他领域确立了实证研究方法。因为整个翻译过程是结合他们自身的解剖实验进行的，使得西方近代科学的"实验"理念逐步被日本所接受，"他们决心以后将通过实验来寻求答案，通过推理来追求真相，这或许标志着将导向一种真正的转变"（詹森，2014）[91]。随后，西医学各科的基础理论著作陆续被译成日文，通过兰学家们的工作，近代西方医学在日本逐步确立了自己的地位。从医学开始，兰学逐渐扩展到天文学、地理学、物理学、化学和军事科学等诸多自然科学甚至人文社会科学领域，在德川时代晚期广泛流行，对推动西方科学在日本的传播发挥了独特的作用，有关兰学的历史研究，至今绵延不断。

在天文学领域，最为突出的学者是在长崎的兰学家本木良永（1735—1794）。在《解体新书》出版的同年，他翻译了4卷本的《天地二球用法》，首次将哥白尼体系的日心说和地动说介绍到日本。他还将行星译作"惑星"，取其位置游移不定、让人迷惑之意。日语中至今仍称行星为"惑星"，中国近代学者翻译日文文献时也借用了"惑星"一词，直到1859年伟烈亚力（Alexander Wylie，1815—1887）与李善兰（1811—1882）在中国合作翻译《谈天》时，才第一次在中文中使用"行星"一词。本木良永的弟子志筑忠雄对牛津大学教授、牛顿的学生约翰·基尔（John Keill，1671—1721）的天文学著作潜心研究20余年，于1802年编译成《历象新书》，详细介绍了地动说和天体运动的原理，论述了太阳系各项常数及运动规则和法则以及数学基础，还对天文学中的向心力和椭圆运动原理做了图解。他借助于此书的翻译，将牛顿的天体力学完整地介绍到日本，而且独立地建立了与康德（1724—1804）和拉普拉斯（1749—1827）分别于1755年和1796年提出的宇宙起源星云假说相类似的宇宙起源理论，构筑了日本近代天文学及天体力学的理论基础，在消化、吸收西方近代科学的基础上，具有了"革命"性的创新（赵德宇，2010a）[13]，这是非常值得称道的。日本古代从未建立过自己的天文台，考虑到与有着古老天文学传统的埃及、印度、中国等相比日本缺少古代天文学传统的情况，其意义不容小觑！

继医学和天文学之后，当时被统称为"穷理学"的物理和化学，也成为兰学家们译介、研究的内容。1825年，兰学家青地林宗（1775—1833）编译出《气海观澜》，描绘了19世纪初期西欧物理学的状况，物理学在日本开始成为一门独立的学科。1836年，江户时代的著名学者帆足万里（1778—1852）在参考了西欧的物理、天文、化学、动植物、生理、卫生等十余种著作的基础上，编撰成《穷理通》一书（汤浅光朝，1961）[64]，试图将以自然科学为基础的世界观体系化，此书成为日本自然科学史上一部划时代的著作，连到日本的荷兰人也"为江户时代能有如此杰出的学者而颇感惊异"（赵德宇 等，2010b）[44-45]。

若从炼金术算起，化学是一门非常古老的学科，但早期的所谓化学还只是在采矿、冶炼等技术方面的探索，直到18、19世纪，化学才真正成为一门理论科学。1837年，博物学家、兰学家宇田川榕庵（1798—1846）编撰成21卷《舍密开宗》（"舍密"为荷兰语Chemie的日语音译），为日本的化学研究奠定了基础。该书内容包括无机化学、有机化学和分析化学，并以现代化学的核心概念"元素"为中心，论述了化学反应和实验方法。日本的化学研究从一开始就偏重于应用化学，在日本现代化，特别是在后来的重化学工业化过程中发挥了举足轻重的作用，日本人对日常化学用品的开发，几乎达到了登峰造极的地步，这让许多初到日本的外国人感到震惊。

在植物学领域，宇田川榕庵编撰了《菩多尼诃经》和《植学启原》，研究并介绍了瑞典植物学家林耐（1707—1778）的植物学理论，将现代植物学引入日本。在地理学领域，江户时代后期的兰学家、地理学家山村才助（1770—1807）于1803年完成的《订正增译采览异言》，参考著述百余种，是地理学领域的集大成之作；在1618年至1873年的250多年间，日本人关于世界地理（包括地图）和历史的译、著达451种（赵德宇，2010a）[13]。

当然，兰学的译介和研究领域不断扩展，此后甚至扩大到思想、文化、政治乃至生活领域的诸多方面，具有重要的思想解放意义，给此后幕府统治带来了巨大冲击，也为明治维新埋下了伏笔。仅就自然科学领域取得的成果而言，"西方近代科学的主要成就已大体移入日本，以致有日本学者认为兰学促成了科学的新时代"（赵德宇 等，2010b）[45]。兰学在日本科学技术发展史上具有非常重要的意义，没有兰学就没有日本的现代自然科学，"日本古来几乎没有称得上科学的东西，是兰学使日本人开始接触科学"（家永三郎，1980）[161]。以兰学这种特殊形式为媒介，将西方近代自然科学导入日本，为此后的明治维新和现代化打下了重要的科学技术基础和思想文化基础。有学者认为，"如果说明治时代是日本现代化的起飞阶段，那么，江户兰学就是为起飞预设的跑道"（赵德宇 等，2010b）[49]。

江户时代的兰学研究，已涉及科学技术和思想文化的各个方面，规模庞大，当时仅分布在江户、京都、大阪、名古屋、长崎等各大城市及周边地区的著名兰学塾就有34所，累计在学人数有9000余人，"江户时代培养的逾万人的兰学人才是明治时代社会转型过程中的中坚力量"（赵德宇 等，2010b）[73]。此外，在全日本200多所藩校中，有77所开设了天文、地理、化学、物理、数学等兰学课程（赵德宇 等，2010b）[64]。可见，兰学重要性不言而喻。1853年日本开国之后，洋学（或称"藩学"）一词开始流行，尤其明治维新以后结束了锁国状态，已经不再仅仅依靠荷兰语，还可以通过英、法、德、俄等其他种语言了解和学习西方现代科学和文化。因而，从兰学逐步扩展为洋学。

在众多的兰学家中，西博尔德是其中的杰出代表，他也是第一个在科学和艺术上对日本进行系统指导的外国专家。

三、搜集资料的科学"间谍"

菲利普·弗朗兹·冯·西博尔德（Philipp Franz von Siebold，1796—1866，图1-1）是德国维尔茨堡人，出身医生世家。1815年进入维尔茨堡大学学习医学，1820年毕业后进入荷兰东印度公司就立即到爪哇赴任。1823年，作为荷兰贸易商馆的一名医生兼自然调查官来到日本长崎的出岛。

除本职工作外，西博尔德在这里研究日本的语言、历史、地理、动植物、民族志等，充分利用自己的职业优势，搜集日本的各种信息，并

图1-1　西博尔德
（日本国立国会图书馆　藏）

创办了私立学校"鸣泷塾舍","鸣泷塾舍是西博尔德的读书室、研究室、教室、诊疗室,如用现代语可称作'教学基点'和'研究中心'"(赵建民,2002)[70]。特别是在标本采集方面,所涉及的植物、动物、矿物、各种生活用具等非常广泛,成为欧洲日本研究的宝贵资料(石山祯一,2005)[40],著有《日本(NIPPON)》《日本植物志》《日本动物志》等著作,由此成为著名的博物学家。在撰写这些著作的过程中,他还雇佣了一名既通汉语又懂马来语的巴达维亚(今印尼首都雅加达)华侨——祖籍广东大埔县的中国人郭成章作为助手(赵建民,2002)[73]。

西博尔德在日本工作期间的活动已远远超出了一个职业医生的范围,但那时的江户幕府尚处在"锁国"时期,对西方人多有戒备。1828年,按惯例荷兰人每年要向幕府汇报一次工作,西博尔德为此去了一趟江户幕府。在返回长崎后不久,他便准备离境去爪哇,拟带走的物品不仅包括许多动植物和文物,还包括一张严禁携带出境的日本地图,而恰恰是这张地图被日本当局所发现,随后他被控叛国罪并被指为俄罗斯的间谍。经过一段时间的软禁之后,1829年被驱逐并命令不得再次进入日本,史称"西博尔德事件",受事件牵连入狱或受到各种惩处的日本人达60余人(吴秀三,1926)[92-122]。

日本开国后,1859年西博尔德时隔30年后作为外交官再次前往日本,一直工作到1862年。此后,西博尔德的收藏品被荷兰政府收购,成为现今位于荷兰莱顿的国立民族学博物馆的主要收藏品,在某种意义上也成为了殖民主义的历史见证。如今,他作为日本和荷兰历史交往的友好使者被两国共同纪念,甚至为他发行纪念邮票,又成为一段历史佳话!"西博尔德不仅为向日本人介绍西洋学术和知识开发做出了重大贡献,而且将日本文化广泛、详细、正确地介绍到欧洲起了很大的作用，更是欧洲真正进行日本研究的第一人，可堪称其为欧洲创设'日本学'的始祖。"（赵建民，2002）[71]日本人给予西博尔德以极高的评价。

与此同时，日本有关西博尔德的各种著述超过1200件（石山祯一，2005）[39]，这在历史上所有到过日本的欧洲人中无人能出其右，可见其在日本的影响之大，而在他自己的祖国德国和荷兰甚至都没有这么高的知名度。以今天的眼光看，西博尔德向日本介绍以兰学为代表的西方科学技术无疑是做出了重要贡献的，"在日本科学史中，只是在西博尔德抵日之后才开始真正引进了作为近代技术基础的物理学、化学、数学等纯科学"（汤浅光朝，1984）[188]，而且他在植物分类学（有多种植物由其命名）等方面也做出了一些很有价值的研究，这是不容否认的。

伟大的博物学家与窃取情报的间谍，是西博尔德留给世人的两副面孔，"他在长崎的逗留既标示出人们对西方事物的高度兴趣，他获准在长崎建立学院，相当多有能力的年轻学者加入其中；同时也是官方对这种现象发生恐惧的开始，因为官方惧怕这会导致意识形态的颠覆和污染"（詹森，2014）[17]。在殖民地科学的早期阶段，这种情况比比皆是，英国人斯坦因（1862—1943）如此，瑞典人斯文·赫定（1865—1952）也是如此，就连进化论的发现者达尔文（1809—1882），当年也是乘着"贝格尔"号巡洋舰开启了他的考察探险之旅。因此，"在西方国家对外殖民扩张的背景下，西博尔德与同时期其他远赴海外的科学家、探险家的情况类似，既服务于受雇政府的殖民战略，也兼具传播西学的特点"，"西博尔德与兰学界的深入交流，有利于日本近代医学、植物学、动物学、地理学等科学的发展，推动日本文化的近代化"（闫悦，2020）[46]。

第三节 蒸汽机打开锁国大门

日本从传统到现代，是国内与国际因素共同作用的结果，并且外因要通过内因而起作用。仅就内部推动因素来说，导致了日本本土的诸多变化，包括早期资本主义的形成、科学和技术的移植与发展、民族主义的逐步崛起等，尤其是中央政治集权的强化，其标志就是以明治维新为代表的政治改革。明治维新的作用"在于结束了武士阶级的支配地位，并以一种在王权庇护下的中央集权国家形式取代了早期封建制度的分散化结构，而传统王权如今也已转变成了现代君主。明治维新的领导人采取了一系列有力措施，在资本主义体系下增强其国力，并推动他们的国家迅速向地区和世界强国迈进。于是，明治维新便构成了日本、东亚和世界历史上的一个重大事件"（詹森，2014）[289]。

一、明治维新的国际背景

19世纪中叶，随着佩里来航和1858年被迫与美、荷、俄、英、法签订《安政五国条约》，日本传统的农业经济伴随人口增长、自然灾害以及西方冲击而日趋衰败，社会矛盾日益激化，彻底动摇了幕府政权的统治基础。封建统治集团开始分化，整个社会要求变革的呼声高涨，出现了空前的国家与民族危机，终于导致了具有历史转折意义的明治维新。

明治新政府以西南强藩改革派为核心，在天皇名义下立即进行了大刀阔斧的改革。首先在政治上废除旧体制的封建束缚，为发展现代国家创造政治环境；其次在经济上提出积极举措，力推国家现代化建设；最后在思想文化领域提倡"文明开化"，传播西方思想、建立近代学校体制。（李红，2010）[24]明治维新使日本得以迅速解除封建束缚、效法西方，推进工业化、现代化建设，走上了富国强兵的道路。

让我们先回到明治维新前日本面临的国际环境。17世纪后，现代科学在西欧的狭长地带兴起。18世纪，英国工业革命后迫切需要新的原材料产地、扩大海外市场以及寻找新的殖民地。欧洲列强通过两次鸦片战争敲开中国的大门之后，开始把目光投向了东方遥远的日本。18世纪，工业革命首先在英国取得了成功，接着是法国，最后是整个欧洲，以致开始席卷全世界，"不过，当这无与伦比的力量来到东亚时，却是带着罪恶和残忍的铁与火的，那不是太阳的光耀，而是刀光的阴影。尽管如此，它还是难以阻挡与抗衡的"（汤重南 等，2013）[031]。

18世纪后期，科学以前所未有的姿态登上了世界历史的舞台。与16、17世纪西方实验科学和资本主义生产方式各自独立发展不同，"科学的诞生紧跟着资本主义的诞生"（贝尔纳，1981）[280]。"对比起来，18世纪后段就见到科学革新和资本主义革新汇合起来了，而它们的相互作用就释放出许多力量，后来要使资本主义和科学起变化，而随着它们并使世界上所有人民的生活起变化。"（贝尔纳，1981）[298]然而，这种变化是积极的还是消极的就另当别论了，"贪婪和掠夺始终是各种形式帝国主义的本性；科学技术为帝国主义实现其本性，提供了更隐蔽和更'先进'的手段"（梁波 等，2003）[159]。

19世纪末，欧洲各国进入了殖民扩张和帝国主义竞争的阶段；到80年代中期，中东大部分地区、非洲、亚洲，以及太平洋地区都落入西方列强的控制之中。1880年，由于地理位置与欧洲相距遥远，处于东亚地区的中国、日本和朝鲜是为数不多还没有沦为殖民地的国家。然而，1895年中日甲午战争后，中国和朝鲜已经丧失了部分主权，而这首先不是来自欧洲，恰恰是这两个国家的近邻、已经成为亚洲第一个也是唯一一个帝国主义国家——日本的对外扩张。日本从一个欧美的潜在殖民地，逐步成为宗主国，加入帝国主义的行列，积极推行对中国和朝鲜的侵略和扩张政策，并美其名曰亚洲的"觉醒"，以亚洲的"领头羊"自居。

19、20世纪之交，世界舞台已被西方工业化强国所主导，日本明治维新后经过30年左右的发展，最终也成为其中的一员。其标志就是1900年至1901年作为"八国联军"中的一国，与西方列强一道，镇压中国的义和团运动，逼迫清政府签订了丧权辱国的《辛丑条约》，"历史没有让他们失望，1902年以后，帝国主义的日本作为一个关键因素登上了国际政治舞台"（詹森，2014）[707]。到1905年末，随着在日俄战争中取得的胜利，日本成为主要的列强之一，甚至是亚洲的关键强国，这是日本人自半个世纪前被迫开国以来所梦寐以求的！

二、军舰上的蒸汽机

科学技术发展和产业变革相互交织，交相辉映，相得益彰，"从1870年到1895年，在科学以外的世界里标志着现代帝国主义的开始，而在科学之内则标志出伟大的20世纪革命前的过渡时期"（贝尔纳，1981）[292]。蒸汽机车成为文明开化的主要象征。

佩里来航是驾着装有蒸汽机的军舰来到日本的。就处于东亚的日本来说，"柏理提督之来，遂启历史转运之端"（大隈重信，2007a）[51]，这是著名政治家、改革家、教育家、早稻田大学创始人大隈重信在《日本开国五十年史》开篇序论中的一句话，"柏理

提督"即美国东印度舰队司令马
修·佩里准将。佩里打开了日本闭
关锁国的大门，迫使其门户开放并
开启了从封建国家迈向资本主义国
家的步伐（图1-2）。

图1-2　佩里来航纪念碑

　　早在1688年，法国物理学家德
尼斯·帕潘（Denis Papin，1647—
1713）用一个圆筒和活塞制造出
第一台简单的蒸汽机，但这一发明
并没有被实际应用。1698年后，
英国人托马斯·塞维利（Thomas
Savery，1650—1715）发明了蒸汽抽水机，主要用于矿井抽水。1705
年，托马斯·纽科门（Thomas Newcomen，1663—1729）经过长期
研究，结合帕潘和塞维利的发明，运用活塞机构制造出空气蒸汽机。
1765年，瓦特发明了分离冷凝器，对蒸汽机的发展起了关键性的作
用，蒸汽机的效率大大提高。此后，瓦特创造了把飞轮、节气阀和离
心力节速器联合使用的方法，能按稳定速率推动机器，甚至不怕负载
量变得很厉害，这是反馈控制调节的最初范例，也是后来工业自动化
的先导。至此，蒸汽机才逐步走出煤矿，走向英国各地，甚至逐步走
向包括日本在内的全世界，成为工业革命和现代化的标志，"工业革
命主要不是，而在早期几个阶段中肯定不是，科学进展的产物，但某
些科学贡献，显著的如蒸汽机，就成了革命成功中的必要组成部分"
（贝尔纳，1981）[290]。瓦特虽然不是蒸汽机的最早发明者，但他是蒸
汽机的最大改进者。从此，"以蒸汽机为代表的动力革命前所未有地
拓展了生产和流通领域，经济体系从封建主义走向商业主义、资本主

义"（米仓诚一郎，2020）[118]。

1844年，在英国对中国清朝的鸦片战争结束后不久，荷兰国王致信日本政府，要求以更自由的方式解决外国贸易问题，由于日本妨碍了欧洲因产业革命和人口增长所带来的商业诉求的扩张，向日本发出了带有威胁性的警告，"地球上各个国家间的交往正变得日益密切。一股不可抗拒的力量正把她们凝聚在一起。汽船的发明使得相互之间的距离变得更小"（詹森，2014）[251]。明白无误地表明了"蒸汽船"在这场商业和武力扩张中的作用。

蒸汽机在产业发展中具有极强的带动作用，在纺织业上的应用，迫使与它密切相关的漂白液、印染业必须采用新技术，从而促进了化学工业的发展。继纺织业应用之后，蒸汽机在其他部门也陆续被采用，推动了机械制造、煤炭、钢铁以及交通运输业的发展。同时，因为提高热效率的需要，又推动了热力学等自然科学的进步。蒸汽机是科学和技术革命最为典型的成果，它的应用也经历过多次的演变。贝尔纳简洁地归纳了蒸汽机应用的历史，"就像蒸汽发动机，原先为了抽水而发展出来，下一步就采用来为冶炼炉鼓风和打铁，再则代替水轮机来推动机器。再迟些时，蒸汽机装在船舶或运货车上，变成能自己运行，就产生了轮船和火车"（贝尔纳，1981）[342]。蒸汽机作为工业革命的原动力有双重意义：一是作为机械动力取代了水动力促进了棉纺工业的飞速发展；二是由于蒸汽机使用范围（摆脱了水动力的地域条件限制）更大，带动了整个机械行业以及制铁、煤炭开采等制造业的发展。1807年最早的蒸汽船实用化，1829年蒸汽机车开始在英国曼彻斯特和利物浦之间行驶。

一般认为，是美国人佩里敲开了日本闭关锁国的大门，但从科学技术的角度看，恰恰是"黑船"上配备的蒸汽机（此时的帆船成了军舰）叩开了日本的大门！加之用钢铁制成的铁甲船身，因此蒸汽机、钢铁这些工业革命之后的技术成就，其象征意义不言而喻，"19世纪蒸汽机发明所造成的运输和工业革命彻底改变了世界"（詹姆斯 等，1999）[142]。之所以被称为"黑船"是因为船身由铁甲构成，铁甲上涂抹着用于防锈的黑色柏油，因而从远处看整个船体呈黑色。佩里率领的四艘"黑船"分别是："萨斯魁哈纳"（Susquehanna）号2 450吨，可容纳300名船员，1850年才下水服役，是当时美国海军的主力蒸汽军舰，也是佩里到日本的旗舰；"密西西比"（Mississippi）号1 692吨，可容纳300名船员，1839年下水服役。其余两艘军舰分别为989吨的"普利茅斯"（Plymouth）号和982吨的"萨斯托加"（Saratoga）号，两船合计可容纳210名船员，还都是木制帆船，主要作为前两艘蒸汽军舰的运输补给船，兼有测量水深的作用。（洪维扬，2018）[14]此外，4艘军舰共配备大炮63门，而当时整个江户湾沿岸的防御大炮却只有二十几门，力量之悬殊由此可见一斑。实际上，在佩里之前也曾有过多艘"黑船"到日本扣关，"俄国7次，英国11次，美国11次，法国2次，但均未成功"（姜春洁，2017）[18]。

在船舶制造领域，蒸汽机最开始是代替马匹用于排干一个新船坞的积水（1799年），此后被用来驱动连接桅杆和船帆之间用于升降船帆的滑轮组（1801年）。（辛格 等，2004a）[394]1803年，美国发明家罗伯特·富尔顿（Robert Fulton，1765—1815）在巴黎制造了第一台实用的蒸汽机船，并在法国的塞纳河上进行了成功试验；1807年，富尔顿用"克莱蒙特"（Clermont）号桨轮蒸汽船在哈得孙河上取得了商业上的成功；1819年，美国制造的蒸汽驱动轮船"萨凡纳"（Savannah）号横渡大西洋。此后，随着船用蒸汽机的不断改进，远洋航运开始普遍使用蒸汽船。英国"在1838年制造了一艘237吨的螺旋桨蒸汽船'阿基米德'（Archimedes）号，而这又进而激励英国海军部委托制造了'响尾蛇'（Rattler）号军舰（1843年）。这是第一艘装有螺旋桨的海军军舰"（辛格 等，2004b）[99]。蒸汽机的广泛应用，标志着资本主义机器大工业的来临。

1854年3月，在佩里再次来到日本谈判《日美和亲条约》期间，在他赠送给日本的众多礼品中，最吸引日本人的是一件按1：4比例缩小的蒸汽机车模型。为了让日本人见识西方产业革命的成果，佩里命人当场组装、铺轨并实际操作运行。当蒸汽机车在数百双眼睛的注视下缓缓开起来的时候，众人皆瞠目结舌，这神奇的东西也给幕府的官员们留下深刻的印象。

佩里来航事件，首先在日本武士阶层引起强烈反应，刺激了整个国家海防意识的提升；其次，在一些藩里开始出现勘探铁矿和其他工业技术的试验，最终导致了大炮的生产和西式船舶的建造，对日本现代化的发展产生了重要而深远的影响。由于是被迫打开了国门，日本的对外关系很快就与鸦片战争后中国的对外关系变得颇为相似，直到19世纪80年代，日本和当时的中国一样，主要是西方的附属国——"半殖民地"体系，一度也面临着成为西方列强殖民地的危险。美国人佩里对日本历史的影响，只有后来的麦克阿瑟才能与之比肩。自170年前的佩里开始，美国就和日本有了千丝万缕的联系！

对于日本的现代史来说，从门户开放到二战后的占领，从朝鲜战争到广场协议，美国是贯穿日本现代化的一条主线，美国！美国！还是美国！

从佩里来航的1853年到明治维新前的1867年，这15年间即"幕府末期"，是日本社会变动最为激烈的时期。1868年，德川幕府被推翻，恢复了天皇的正统地位，日本开始走向民族复兴的道路，进而实现工业化和现代化。贝尔纳指出，"18、19两世纪有一显著特点，就是机器的胜利。然而在这里，科学的地位仍然比较轻微。……尽管这样，科学因素总是活跃的，而重要性日益增长，为它在20世纪所要取得的领导地位准备了道路"（贝尔纳，1981）[342]。因此，佩里准将率领蒸汽机军舰，迫使日本最终开放，从某种意义上说就是机器的胜利，甚至是科学和技术的胜利。可以说，蒸汽机——机械动力本身，最终转化为社会进步的动力！"从1885年至1890年，是日本工厂动力由水车向蒸汽动力过渡时期，到1890年时，基本确立了蒸汽工厂时代。"（刘天纯，1983）[126]

1893年，日本最早的国产蒸汽机车在英国技师指导下在神户工厂制作完成。此后，1896年在大阪设立了制造火车的合资企业，开始由民间企业制造铁路用蒸汽机车。由日本工程技术人员制作的第一台蒸汽机车——其车轮和车轴等各种零部件都从英国进口，终于在1901年制作完成。（中冈哲郎 等，2001）[48-49]

三、明治维新的新纪元

19世纪初到1868年明治维新为止的半个多世纪，日本思想界关于未来发展战略的争论最为激烈。此时，日本面临西方列强叩关的巨大压力，所处的国际环境也从中世纪的东亚国际社会转变为全球性的国际环境，发生了巨大变化，可谓"山雨欲来风满楼"。

明治时代（1868—1912）的44年，是日本史无前例的大变革时期，既是东亚历史的转折时期，也是日本历史的转折时期，从此日本迈向了现代化的征程，成为世界历史上具有重要影响力的东方大国。此前的日本，在中国人眼里不过是一个"蕞尔小国"，"实现王政复古①的明治元年（1868年），日本还是一个被不平等条约束缚，挣扎在被殖民化边缘状况下的普通东方国家的一员，而到明治天皇驾崩的1912年，日本已然是东方霸主，并且在向世界超一流强国狂奔"（赵德宇 等，2010b）66。

日本作为一个统一的民族国家出现较晚，"直到德川时代，造成了统一的封建制度，才算是造成了现代统一的民族国家基础"（蒋百里 等，2018）046。19世纪中叶，日本内忧外患，有识之士忧国忧民，国家进入了变革的重要历史时期，"当时日本国情外受列强威压，动辄有国交破裂之虞；内忧诸藩之向背，或致乱离。……国家存亡不可测，而志士忧愤渐激越"（大隈重信，2007a）413。在闭关锁国的年代，掌握实权的德川幕府和名誉上的国家领导者——天皇之间尚可相安无事，但面对外国使者，这种畸形的国体就难以招架了。1867年初，反对"倒幕"的孝明天皇（1831—1867）暴毙，其子睦仁（1852—1912）继承皇位，幕府末代将军德川庆喜（1837—1913）维护幕府政权合法性的美梦破灭。随后，他顺应历史潮流，决定将国家的政权"交还"给天皇，史称"大政奉还"。

1868年改元"明治"，睦仁始称"明治天皇"，颁布了一系列新举措，实行明治维新。除最新的"令和"年号外，日本历朝历代的年号，深受中国古典文化的影响，出典都十分讲究。拿"明治"来说，就出自《易经》："圣人南面听天下，向明而治"，明治天皇的年号由此而来。明治维新的"维新"，则出自《诗经·大雅·文王》："文王

---

① 指由日本资产阶级改良派西乡隆盛、大久保利通发动和领导的，有萨摩、土佐、安艺、尾张、越前五藩主和部分藩主及岩仓具视、三条实美等公卿参加的宫廷政变。

在上，于昭于天。周虽旧邦，其命维新。"

鸦片战争改变了东亚的历史，日本遇到的外部压力和中国在鸦片战争中的败北令统治阶层忧心忡忡，整个国家处于风雨飘摇之中，"武士出身的知识分子们从孩提时代起就熟读中国的古代经典，并通过中国的哲学来了解治理诸藩的道路。对于他们来说，中国不单单是外国，而是远远超出日本的巨人，是自己也被包裹其中的世界的中心"（中冈哲郎，2006）[18]。因而，中国在鸦片战争中的失败不但激发了中国人的民族意识，也强烈唤起了日本人的危机意识，他们开始关心英国、关注西方，佩里来航只不过是唤醒这种危机意识的导火索而已。代表着西方科技文明和西方文化的兰学、洋学，也逐步发展成通过多种西方语言研究西洋发达国家的"幕末洋学"。西方的各种思想文化，开始全面冲击日本本土的固有文化，整个社会进入到全面改造和变革的时期。"明治维新是日本近代史上唯一一次成功的革命……"（坂野润治，2019）[6]，这场革命远远超出了政治和社会范围，波及包括科学技术在内的国家的方方面面。在此，简要回顾一下明治维新后发生的一些重要社会历史事件。

1868年3月14日，明治政府公布了实行改革的基本政治纲领——《五条誓文》（汤重南 等，2013）[101]，具体为：（1）广兴会议，万机决于公论；（2）上下一心，大展经纶；（3）公卿与武家同心，以至于庶民，须使各遂其志，人心不倦；（4）破旧来之陋习，立基于天地之公道；（5）求知识于世界，大振皇基。从法律上将中央集权原则固定下来，其中（4）表明放弃"攘夷"口号与外国交往，（5）"求知识于世界，大振皇基"，就是学习西方的科学技术，拉开了明治维新改革和现代化的序幕。

1870年9月，政府公布藩政改革纲要《藩制》，废除了在幕府政权体制下已实行了200多年的封建割据体制——藩制，史称"废藩置县"；翌年8月29日，天皇颁布诏书正式宣布"废藩"，即废封建，罢武士，宣布教育令、征兵令等，整定诸制度，"废藩置县是日本走向近代化途中的一个重要阶梯，……日本由此基本完成了中央集权的体制，这样一来，明治维新政府的核心领导人就可以自上而下地实施他们所要的近代化，对外也能统一一致"（汤重南 等，2013）[110]。废藩置县结束了日本的封建割据状态，建立了中央集权的统一国家，为在全国范围内进行资产阶级政治改革创造了条件。1889年2月11日，《大日本帝国宪法》颁布，这一天也是传说中的第一位天皇——神武天皇登基纪念日，标志着日本在政治体制上进入到现代社会。

明治维新涉及国计民生的方方面面，最早提出的口号就是"富国强兵"，人们开始更多关注工业和西方军事科学，而且"强兵"优先于"富国"，目的是取得与西方列强同样的国际地位，"明治政府的基本政策是文明开化与富国强兵，其目标就是要尽快吸收近代西方文明，使日本成为西方式的现代化国家"（内藤湖南，2018）[iv]。所以，笼统地讲，即便当时的人们或许并未意识到这一点，但明治维新的最终目标就是要实现现代化，将日本建成现代化的国家。因此，"19世纪初……现代化成为日本政治、文化和社会的第一要务。明治的改革家们致力于使日本进入近代，拥有立宪政府、动力十足的蒸汽轮机和二十四小时不间断供电的工厂。受到这些强有力的政策和哲学思想的指引，明治改革家们使日本在19世纪末20世纪初焕然一新。在他们的塑造下，经过不到半个世纪，这一国家就成为一个全球性的经济和军事强国"（沃克，2017）[166]。明治维新的根本目的是富国强兵，而富国强兵的关键又在于发展以工商业为主的新经济，为此需要大量的资金投入，其具体措施就是以征收土地税为支撑的资本积累。与此同时，学习和使用蒸汽动力的农机、化学技术的化肥、生物技术的良种、现代技术的农业气象和水利以及农产品加工等等，为工业现代化创造了各种必要前提条件。

与此同时，日本也采取了与科学技术相关的其他政策措施，如设立工部省（1870年）、创立东京大学（1877年）。1877年，模仿西方国家的博览会，日本举办首届劝业博览会，之后每隔几年举行一次，其大背景正是日本产业革命的展开之际。一方面加紧公共基础设施建设，如铁路、交通、造船等；另一方面对传统产业进行改造，如服装业。汉语中的"博览会"一词系由日本传入，福泽谕吉首次将Exhibition翻译为"博览会"，意指"欧西国家借由此种崭新器物的陈列，以达到相教相学，取他人之长以利己，有如'智力工夫之交易'"。（乔兆红，2011）[152]由此日本成为亚洲最热衷参与和举办博览会的国家，在国内举办各种名目的博览会上千次，直到1970年在大阪举办世界博览会，从而成为亚洲第一个举办世界博览会的国家。通过博览会，日本不仅学习了生产技术，促进了产业发展，同时也引入了西欧文化，"日本跻身于西方列强之林，主要是通过引进西方技术形成强大的制造能力实现的，明治维新的基本理念就是要学习西方发达国家的工业革命经验，建立并强化日本的工业基础。而参与和举办世界博览会是学习引进西方技术的最佳场所。在日本现代化运动从'迟到'到'超越'的前进道路上，日本政府认为，日本必须介入国际性的活动，同时也必须不停地把国际的世界观引进国内"（乔兆红，2011）[158]。

总而言之，明治政府"通过改革建立起比较完整的工业体系，实现了由落后农业国向先进工业国的转变。改革对西方近代文明的传播，启发和激励了国民合理、理智的思考能力和追求科学知识的向上心态，为日本社会的进步创造了条件。明治维新的成功使日本摆脱了民族危机，跻身世界强国行列。同时，为亚洲近邻提供了启迪和经验，对中国也产生了极大的影响。"（李红，2010）[25]

明治维新使日本成为世界上"文明开化"的国家，已经不是单纯为"恢复皇权"的"维新"或"改革"，具有了"革新""革命"的意蕴和作用，甚至可以与1789年的法国大革命相比拟，终成日本现代化的转折点。

在现代化问题上，东西方在科学和技术（尤其是科学）的起点上根本不同。在西方，现代科学技术是原生的事物、"土生土长"，是在原有土壤中自然生长的，这对西方世界的知识分子来说，根本就不是问题的问题。而在东方，现代科学技术是外来的东西，是引进、"移栽"的东西，要解决土壤的适宜性，带有明显的"目的意识"，"目的意识的近代化一般是有计划的近代化，因此也是有选择的近代化。如果说不能什么都一起推进，那么就有一个'先后顺序'的设定问题"（丸山真男，2018）[176]。目的意识的现代化，就是在目的和手段的反复选择中向前推进的，越是后发国家，目的意识越强。

面对西方列强强行叩开国门的现实，当时的日本统治者和知识阶层"上则有不娴政务之朝廷，下则有不通外情变迁之诸侯"（大隈重信，2007a）[103]。对当时的知识阶层，"用一句话概括，可以说这是与高度发达的异质文明发生急剧接触的时代的开始，或者说是文化接触。当然，文化接触是任何一个时代都有的现象，但幕末维新期的'开国'是急剧的、单方面的（输入过超的）文化接触。西洋文化从大开的闸门奔涌而进，于是，翻译和传播异质文化的使命，便落在那个时代的知识分子身上。不仅日本是这样，朝鲜和中国在这一点上也是共同的。文化接触，并不单纯是如何历史地内在地改变传统文化问题，而是对等地横向地文化圈相接触的问题"（丸山真男，2018）[170-171]。其实，对非西方世界的国家来说，包括科学技术在内的文化引进、移植和传播，几乎都是如此。只是在方式上是有意为之，还是被动接受有所不同而已。

任何一种外来文化，都会与本土固有文化冲突并遭到抵抗，这是世界各国、各地区在接受外来文化过程中的共同规律，一般统称为"文化抵抗"，日本接受西方文化的过程也是如此。东西方思想碰撞最为典型的例子就是解剖学。通过解剖来了解人体结构知识，已是当时欧洲医学的一种普遍方法，但日本接受的传统中医学对此却讳莫如深，极力反对通过解剖来观察和了解人体（在中国直到1911年东北大鼠疫时，才由曾接受过英国教育的医生伍连德进行了现代医学意义上的人体解剖），因为这大大超出了日本社会的传统文化和认知观念。

前面我们介绍的医学家杉田玄白曾记载过一则如今已家喻户晓的故事，主人公是一位叫"青茶婆"的老年女囚，1771年4月，她被处死后进行了解剖。（杉田玄白，2000）[39-41]杉田玄白和同事在解剖过程中与库尔姆的《解体新书》进行实际比较，发现在关于心、肺、脾、胃的描述上与中医叙述的人体结构之间有很大的差别。中医的描述被证实非常不准确，如传统中医古籍中所讲的肺之"六叶、两耳"，肝之"左三叶、右四叶"，完全是捏造的。为此，他们感到震惊不已。从中学到西学，从书本到经验，这种认识上的革命性转变，是日本现代化历程中里程碑式的关键一幕！这种转变，足以与哈维的《血液循环论》相比拟。（汤浅光朝，1961）[9]欧洲观念与方法的扩散显然影响到了杉田玄白，虽然没有维萨里（1514—1564）《人体的构造》那般富有开创性，但杉田玄白的翻译和解读对日本的经验主义思想仍然具有突破性的意义（沃克，2017）[160]，在日本这种东西文化和文明的碰撞，不但挑战了科学共识，也预示着日本进入了现代社会的黎明期！

四、拿来主义的全面开放

伟大的社会变革，首先需要思想的引领，"应当看到，尽管日本的现代化是在战后最终实现的，但它的最初启动却起始于明治维新时期，而这一时期的明治启蒙思想，对日本现代化的最初启动则具有直接的现实影响"（金明善，1993）[134]。而且，政府或国家干预对实现国家的现代化极为重要，特别是对像日本这样的后起国家，在通往国家现代化的道路上政府的作用举足轻重，可以说，日本在现代化过程中不论是明治维新时期的富国强兵，还是20世纪初的第一次经济起飞，乃至第二次世界大战战败后在废墟上的二次起飞，日本政府从未缺席，国家或政府是日本现代化的最有力推动者。

和中国一样，"在1853年6月美国的佩里率舰来到浦贺港以前，日本是一个停滞的封建国家"（吉田茂，1980）[4]，正是在日本中央政府强有力的领导和干预之下，废除了封建制度，建立了中央集权的统一政府，打开了与西方进步国家交往之路，引进了西方的政治经济制度及科技，积极推动了教育、金融、交通运输等基本建设，举办了若干与国防有关的基础工业，甚至轻工业，革新了农业，策划、协助及监督了民营企业的发展。（吉元国生，1991）[147]二战结束后，日本政府秉承明治维新的传统，继续积极干预经济生活，如连续制定了10个经济指导计划。当然，过度的政府干预或国家政策也会造成偏离，日本既有这方面的经验，也有教训。

应该说，日本人素有向外部世界学习的文化传统，历史上的遣隋史、遣唐使就是最好的证明。幕府末期，尤其是明治维新以后，日本继承并发扬了这一优良传统，仅在明治时代之前，通过各种方式已有

超过300个日本人登上过外国的海岸。(詹森，2014)[430]

文明开化，由文明和开化两个词组成，是福泽谕吉根据英语civilization翻译过来，是相对"野蛮"而言的。当时的日本人认为，文明单指的是西方近代文明，日本等都是蒙昧或野蛮的民族国家（汤重南 等，2013)[168]，因而向西方（主要是欧美）学习成了日本有识之士的一种共识。

19世纪60年代，幕府及诸藩就已开始派遣一系列使团前往西方，而且越来越频繁和专业化。1867年，首次派出非正式代表参加了在巴黎举办的世界博览会，引起了欧洲人的关注，后来曾担任大藏大臣、被誉为现代日本"资本主义之父"的涩泽荣一（1840—1931）参观了这届博览会。此后，涩泽又在欧洲游历了近两年时间，这次考察对他的一生都产生了重要影响，他在众多领域创办企业超过500家，2024年更换的1万日元新版纸币使用了他的肖像。但在各种外派使团中，对日本现代化影响最为深远的，非"岩仓使团"莫属。

岩仓使团的最初目的是修改日本与美、荷、俄、英、法等5个国家签订的不平等条约——《安政条约》。但最终以彻底失败告终，倒是考察欧美各国制度这一次要目标，却达到了异乎寻常的效果，"在这方面，使节团的成果是巨大的，由于没有量化的标准，很难说对日本近代化起到多大作用，但从日本以后的政策决定、实施及政府要员们的思想意识的变化看，其意义在日本近代化途中恐怕是空前的，在世界上也罕有其匹"（汤重南 等，2013)[123]。可以说，岩仓使团团员及其考察成果，决定了近代日本的发展走向。

1871年12月23日，为"求知识于世界"，日本政府派出了以右大臣（相当于第一副总理）、外务卿岩仓具视（1825—1883，其头像被印在500日元纸币上）为正使，参议木户孝允、大久保利通、伊藤博文（1841—1909）和外务少辅山口尚芳（1839—1894）为副使的政府代表团。当天中午，使节团乘坐美国太平洋轮船公司"阿美利加"号从横滨港出发，横渡太平洋向美国驶去。除48名正式成员外，还有随团前往的59名留学生，其中包括津田梅子（1864—1929）等5名最早的女留学生，共赴12个欧美国家（此外还曾短暂停留过6个国家），进行了为时22个月631天的考察和洽商，史称岩仓使团。数十名政府阁僚和官员出国近两年时间，这在世界史上也颇为罕见、空前绝后。在此期间，他们参观了商会、聋哑学校、博物馆、造船厂、饼干工厂、女子学校、监狱、电报局以及军事演习，涉及欧美社会的方方面面，为日本各领域的现代化做全面的准备。每个成员需要考察的内容分工明确，所到之处，日程总是排得满满当当。

1873年9月13日，岩仓使团一行返回日本横滨。使节团秘书久米邦武（1839—1931）将所见所闻整理集成5部100卷2 109页的私人考察见闻——《特命全权大使美欧回览实记》，翔实记录了从美国到欧洲各国的旅程，按照"政俗、地理·运漕、气候·农业、工业、商业"等内容进行分类。他在报告中写道："（身处）嘈杂的火车中，车轮滚滚，汽笛刺耳，钢铁的味道和猛烈的炉火扑面而来，穿梭于滚滚浓烟。"（沃克，2017）[167]岩仓使团开明治维新之先河，"是明治维新一切近代化改革的原动力"（汪向荣，1987）[12]，主要目的是考察欧美各先进国家在政治、法律、经济、教育各方面的制度理论、法规和推行方法，以便日本加以仿效。顺便说一句，岩仓使团出国所花费用约达100万日元（馬渕浩一，1999）[89]，占明治政府1872年财政总收入的2%以上。

日本人善于归纳、总结，对学习其他各国先进技术和知识的方法一直延续至今，即便在今天，凡日本到国外参加完学术会议的专家学者，回国后都会通过各种形式、各种场合的"发表"（报告），将国外的知识和见闻传达给本国的学者和公民，充分共享各种收获和体会，就整个国家来讲极大地节省了重复学习、考察的费用。

关于岩仓使团的历史地位和对明治维新的作用，有很多研究。归纳起来，主要有以下几个方面：

第一，思想认识的改变。使节团通过考察，对西方世界有了新的了解和发现，在思想上发生了深刻的转变。中江兆民（1847—1901）回忆考察的情景时说，"目睹彼邦数百年来收获蓄积之文明成果，粲然夺目，始惊，次醉，终狂"（孙乘，1983）[122]，现实要远比以前间接得到的西方知识更加丰富多彩、更有实际意义。大久保利通在对欧美的工业和经济体系考察后发现，"英国城市的繁荣发生在蒸汽机的发明之后"（詹森，2014）[433]，他将蒸汽机作为国家繁荣的一个重要标志，佩里来航敲开日本大门的也是蒸汽机驱动的战舰。使节团成员深切地感到，发展工商业才是富国强兵的根本途径，只有富国强兵方能独立自主。

第二，发展道路的选择。在考察的诸多西方国家中，当时的普鲁士王国（主要是现今德国）及其"铁血宰相"俾斯麦给使团留下了极为深刻的印象，他们赞赏其政治和军事制度，认为与日本有许多相似之处，最具有借鉴价值，主张学习普鲁士的集权主义统治经验。历史发展证明，包括走向法西斯军国主义在内，日本在各个方面都深受德国的影响。使节团成员们感觉，在普鲁士找到了从小国走向大国之路，确定了先搞好内政的"内治优先"方针，在总的发展方向与政策上坚定不移地走资本主义道路。

第三，教育变革和人才培养。岩仓使团在考察中认识到，造成日本落后的主要因素还在于东方脱离实际的传统思想以及在这种思想指导下教育的落后。其对欧美各国重视普及教育做法印象深刻，坚定了发展教育和培养人才的信念。他们感到，要想富国强兵，使日本跻身于世界强国之列，就必须培养出大批的实用人才，必须对原有的教育制度和教育内容进行根本的改革。考察最直接的收获是随团出国的留学生，如后来成为日本女子教育先驱的教育家、当时不满7岁的津田梅子，冶金专家大岛高任（1826—1901），教育家、政治家田中不二麿（1845—1909），自由民权运动理论家、政治家中江兆民，等等，这些具有国际化视野和观念的留学生，后来都成为日本近代史上响当当的人物。

第四，岩仓使团的现实影响。岩仓使团成员是由当时政府中最大的实力派担任，他们离开后的中央政府被称为"留守政府"。1873年使团回国后，就否决了留守政府中西乡隆盛一派的"征韩论"，树立了权威。由此，大久保利通一派掌握了政府的实权，他立即设立了内务省并亲任内务卿，不但有组织、有计划地引进先进技术，而且还引进与其相适应的生产方式和组织机构，不仅要解决生产力问题，还要解决生产关系问题。先后在纺织、农产品加工、矿冶、海运、铁路、电讯和造船等方面大规模设立国有示范工厂和矿山。

除岩仓使团外，幕府自1860年至1867年仅7年时间里，先后派遣赴欧美的使团就达6次之多，总人数近300人，足迹遍布欧美各国（表1-2）。这些使节团的目的和任务是相同的：向西方学习。日本前首相吉田茂曾不无悲壮地指出，"日本是在外国的压力下才被迫开放门户的，但是一旦决定开放之后，便在回敬西方的冲击中显示出敢于冒险的气魄和能力"（吉田茂，1980）[3]。

表1-2 幕末派遣欧美使团一览表

时间	目的地	缘由	正使
1860年	美国	《日美友好通商条约》换文	新见正兴
1862年	英国、法国、荷兰、普鲁士、俄国、葡萄牙	谈判延期开放港口	竹内保德
1864年	法国	谈判暂关闭已开放港口	池田长发
1865年	法国、英国	为建制铁所购买机械设备、雇佣法国技师	柴田刚中
1866年	俄国	北方领土谈判	小出秀实
1867年	法国、瑞士、荷兰、比利时、意大利、英国	参加法国万国博览会	德川昭武

资料来源：赵德宇，等，2010b. 日本近现代文化史［M］.北京：世界知识出版社：74.

一次次学习考察活动，从思想上彻底颠覆了日本有识之士对外部世界的认识，后来成为明治时期领导人的井上馨（1836—1915），把上海港内西方舰船的"桅杆林立"视作排斥西方（攘夷）绝不能成功的证据；高杉晋作（1839—1867）则对他在上海碰到的西方人的傲慢无礼和优越感而震惊不已（詹森，2014）[316]。这些都为此后日本的"改革开放"奠定了坚实的思想基础和人才储备，岩仓使团"规模之巨大，人员之重要，历时之长久，效果之显著，影响之深远，在日本史上是没有先例的，在世界史上也是罕见的"（汤重南，1985）[61]。

通过亲自到西方国家考察学习，并能够结合本国实际，从批判和挑战本国固有制度和传统文化开始，日本现代化思想启蒙的先锋和标志性人物首推福泽谕吉！

第四节　思想觉醒与教育先行

一、思想家福泽谕吉

日本面值最大的纸币——1万日元上印有福泽谕吉的头像，探讨日本的现代化，绕不过福泽谕吉。在中、日学术界，常有人将其与被毛泽东称为"睁眼看世界第一人"的中国近代思想家魏源（1794—1857）作比较。魏源的《海国图志》曾给福泽以深刻的影响，甚至可以说福泽是魏源的"粉丝"，但就其对各自国家所产生的影响和实际效果而言，福泽的作用似乎更大些。

福泽谕吉（1834—1901，图1-3）出生于幕府时代产业和商业重镇——大阪的一个下级武士之家，幼年丧父，曾在长崎学过一年的兰学，是明治时期著名的启蒙思想家和杰出教育家、庆应义塾大学的创办者和"明六社"发起人之一。他毕生从事著述和教育，对传播西方资本主义文明和日本资本主义发展起到巨大的推动作用，有"日本近代教育

图1-3　福泽谕吉

之父""明治时期教育的伟大功臣"之称。他察觉到日本传统的国民意识中最缺乏自主人格的精神，认为"一身独立才能一国独立"，没有个人自主性的国家是不能达到自立的；他"把驱散日本的社会和精

神的凝固状态，作为日本近代化（开化）的具体课题，亲自承担起驱除凝固物的按摩师的作用"（丸山真男，2018）[054]。

福泽毫不掩饰自己对西方文明的尊崇，极力倡导"以西洋文明为目标"，认为"现代世界的文明情况，要以欧洲各国和美国为最文明的国家，土耳其、中国、日本等亚洲国家为半开化的国家，而非洲和澳洲的国家是野蛮的国家"（福泽谕吉，2019）[9]。他认为，保护国家的政权必须提高人民的智力，"提高智力的办法固然很多，但是，首先在于摆脱旧习的迷惑，汲取西洋的文明精神。不扫除阴阳五行的迷信，就不能踏上科学研究的大道。……应该坚决汲取西洋文明"（福泽谕吉，2019）[25]。

福泽是一位具有远见卓识的思想家。还在幕府末期，他就参加过对西方世界的学习考察，在去过美国之后又参加了德川幕府组织的由竹内保德（1807—1867）率领的第二个官方使节团。与考察团其他成员专注于局部的、具体的问题不同，福泽在考察中试图抓住的不仅仅是西方世界的科学和技术，而是希望把握西方社会的整体，表现出作为思想家独特的思维方式，"能够超越单纯的个别性问题及其个别处理，超越单纯的法律和政治制度的革新，提出了大胆的、需要智慧性勇气的'精神革命'道路"（丸山真男，2018）[004]。比如，他的同事对火车的尺寸钦佩不已，考察中详细记录下火车的速度、铁轨的宽度和高度等等；而他对铁路公司的构成、银行业的活动以及英国和法国对埃及铁路的联合监管方式更感兴趣。

福泽具有强烈的危机意识和爱国精神。他通过多次对西方世界的实地考察指出："从总的情况看来，不能不说日本的文明落后于西洋。文明既有先进和落后，那么，先进的就要压制落后的，落后的就要被先进的所压制。……同他们的文明相比，知道彼此之间先进和落后的差别，也知道我们的文明远不及他们，并知道落后的要被先进的压制的道理。"（福泽谕吉，2019）[177]当代著名政治思想史家丸山真男（1914—1996）认为："福泽所成长和活跃的时代，正是西洋（包括美国、沙俄帝国）的产业和军事力量以压倒性优势涌向亚洲的东方，而且东亚那以悠久传统为背景的旧制度和旧统治的权威正发着响声、崩溃为瓦砾，由此产生出巨大真空状态的时代。""19世纪以后逼迫东亚'开国'的西方压力，是饱经了西方史上也未曾有过的产业革命实践或正在经历这个实践的列强的压力。这种压力具有不能单纯用狭义的军事侵略来解释的性质，它包含着渗透政治、经济、文化、教育等社会全部领域的巨大力量。面对这种力量的涌来，东亚的日本、中国、朝鲜三国发生了深刻的危机。"（丸山真男，2018）[003-004]表明西方对东方的这种咄咄逼人的压力，是伴随科学和技术革命的产业革命造成的，已渗透到"全部领域"，即国家和社会的方方面面，东方世界各国几乎面临着同样的政治与社会危机。

福泽又是一位通过实际行动开展教育的思想家。1862年，他随同以竹内保德为正使的遣欧使节团，参加了在伦敦举办的第二届万国博览会，这个使团比岩仓使团还早近10年。作为一个思想者和富有责任感的知识分子，在1866—1869年期间，他将对西方学习考察的观感以《西洋事情》为名出版，"一方面，此书意在提升日本对西方的了解和鉴赏；另一方面，通过福泽谕吉的改革设想，也为未来的明治国家提供了一个范本"（詹森，2014）[413]。这是由日本人撰写的首部系统记录西方文明的著作，用通俗易通的大众化语言写成，其思想超越了科学和技术的实用范畴，对日本的现代化具有深刻的启蒙意义。与此同时，福泽的思想也充满争议，即便在日本，二战前后的评价也有所不同甚至差别很大；而因其在甲午战争中的强硬主战论思想，在中国对其评价就更是莫衷一是了。但无论怎么说，福泽仍是一个伟大的思想家，在日本近代思想史上无人能出其右，对日本人现代精神的塑造，具有不可替代的价值。

福泽还是一位注意通过东西方文明对比，唤醒民众的思想家。他指出，"东方人和西方人风气大不相同（日本人民不关心国事）"（福泽谕吉，2019）[148]，"东西洋在学术风尚上也有所不同，西洋各国以实验为主，而我们日本则向来崇拜孔孟的理论。……西洋各国的学术是学者的事业，在学术的推广上，并无公私之别，而只是在学者的社会中；然而我国的学术，却是属于所谓统治者社会的学术，仿佛是政府的一部分"（福泽谕吉，2019）[153]。他认为，"如果把东洋的儒教主义与西洋的文明主义加以比较，可知东洋所缺乏的是有形的数理学和无形的独立心两点"，就是说，东方社会的停滞在于缺乏数理知识和独立精神。

福泽所说的"数理学"其实就是包括数学、物理学在内的西方近代科学，而"独立心"实际上就是我们今天所指的独立思考和原始创新精神，"对于福泽来说，日本近代化的课题，首先是作为文明'精神'的确立问题来把握的。……他把物理学视为学问的原型，并不是轻视'伦理'与'精神'，恰恰相反，他是把物理学作为新的伦理与精神确立的前提。引起他关心的，与其说是自然科学本身或其带来的成果，不如说是更根本的，即创出近代自然科学的人的精神存在方式"（丸山真男，2018）[016]。"他把独立自由的精神与数学物理学的形成作为欧洲文明的核心，这一点生动地说明了他对近代精神的结构具有透彻的洞察力。"（丸山真男，2018）[021]"通过把握物理的'规律'，人的精神便能有力地解开客观自然，并通过将之'技术化'，主体地创造自己的环境。"（丸山真男，2018）[024]福泽深刻指出了日本人缺乏创造精神的原因，"日本人缺少普通人类所具有的朝气而沉溺于停止不动的深渊中。这就是为什么日本在德川统治二百五十年间极少有人敢于创造伟大事业的根本原因"（福泽谕吉，2019）[165]。

福泽甚至还提出了引进和吸收西洋文明的方法论，"汲取欧洲文明，必须先其难者而后其易者，首先变革人心，然后改革政令，最后达到有形的物质"（福泽谕吉，2019）[14]。因此，科学的启蒙，根本上也必须源于思想的启蒙；社会的进步，有赖于走在时代前列的思想者。日本明治政府的领导者在推进工业化的过程中一直提倡一种启蒙思想，即科学、技术和实用知识的进步。

二、从寺子屋到帝国大学

教育是思想启蒙的基础，是文明开化的核心，也是实现国家现代化的前提，因而"技术革命是近代化的关键，而培养和造就一支具有现代科学知识的科学技术队伍又是技术革命的关键"（刘天纯，1983）[130]。在良好的社会经济制度下，国民的文化素质以及由此决定的科学技术水平是一国经济和国家现代化发展的决定性因素，而科技水平和文化素质的高低从根本上取决于国家教育的普及程度。

寺子屋发源于日本室町时代后期（15世纪），是由寺院开办的主要以庶民子弟为对象的初等教育机构，僧侣是当时的知识分子，武士子弟也多在僧寺接受教育，年龄从10岁左右到15、16岁，这些孩子被称为"寺子"。寺子屋类似于今天的小学，教学内容主要以习字、阅读和算盘为主，强调封建伦理，到江户时代末期已达2万多所。随着庶民教育要求的不断提高，就学儿童大量增加，寺院已难以容纳。为此，一些破落的武士、浪人、神官、医生和有能力的庶民等开设了民间教育机构，这些教育机构也被称作寺子屋。因此，从本质上讲，寺子屋主要是以平民子弟为对象，教育水平还处于小学阶段，而且教学内容仍是以传统文化知识和实用的经验技能为主。1872年，明治政府颁布《学制》，标志着日本现代学校制度的诞生，各地纷纷设立小学，寺子屋才逐渐消失。随之，一系列有关教育的法律纷纷出台，极大推动了日本现代教育事业的发展。

日本现代化进程中对教育的重视，在世界上也堪称典范！幕府末期，各藩纷纷学习和效仿德川幕府支持教育的做法，教育工作者到各地宣讲和传播知识，知识分子也因为自己的学识和能力而得到重用。在这一过程中，中国知识和汉字书写也随之得到普及，从武士到平民，似乎人人都能吟诗作赋。18世纪末和19世纪初，平民教育进入到快速发展阶段，私塾（即寺子屋）和教会学校的兴起备受瞩目，"1788年前的那些年里只设立了57所私人学堂（私塾），但在1788年到1829年间则开办了207所，从1830年到德川幕府统治结束，又有796所私塾开办。教区学校（寺子屋）的发展走向与此相同，宽正年代之前有241所；而1789年到1829年间，新设立1 286所；1830年到1867年间又开办了8 675所"（詹森，2014）[58]。

1872年，明治政府将"文明开化"作为自己的国策，强制进行小学义务教育。1907年，与当时的西方列强相比，最落后的日本和最先进的英国，几乎同时普及了小学教育。1930年，日本25岁以上人口中受过义务教育、中等教育和高等教育的比例高达69%。1947年，日本政府制定并颁布了《教育基本法》和《学校教育法》，确定小学6年、初中3年为义务教育，并在全国新建230所四年制大学。到1955年，日本25岁以上人口中，受过高等教育的占3.1%、中等教育的占12.6%、义务教育的占78.3%，三者合计占94%。（李公绰，1988）[124-125]

与此同时，日本开始创办高等教育，目的在于以学术研究与实际应用相结合，培养国家所需要的高层次人才。以1877年创立东京大学（1886年称"帝国大学"，1897年称"东京帝国大学"）为标志，又先后设立了京都帝国大学（1897年）、东北帝国大学（1907年）、九州帝国大学（1911年）、北海道帝国大学（1918年）、大阪帝国大学（1931年）和名古屋帝国大学（1939年），以及在殖民地设立的京城帝国大学（1924年，今首尔大学的一部分）和台北帝国大学（1928年，台湾大学的前身）。日本的帝国大学"是实现国家快速现代化计划所需要的行政官员和技术专家的主要来源。这些学校由国家支持，受国家控制方面像德国，但其技术系科在很大程度上又采纳了英美的模式"（威廉斯，2004）[83]。

需要指出的是，一些帝国大学设立的缘由并不光彩，如京都帝国大学的创立资金正是来源于中日甲午战争所获得的清朝的赔款，而九州帝国大学与东北帝国大学的创立资金则来源于古河矿业的捐赠，捐赠者是为了缓解足尾铜矿矿毒事件的舆论压力才捐赠的，"帝国大学果真是随着帝国的发展而诞生的"；而且帝国大学在理念上强调实用主义，"化学的主要内容是应用化学，而物理学在这点上也相差无几，当时的物理学被认为是与技术紧密相连的、为技术服务的辅助学科。"（山本义隆，2020）[72-73]像水文地质学、地球物理学等与拓展殖民地最为相关的学科备受重视，"从中日甲午战争、日俄战争、再到第一次世界大战的这一过程中可以发现，日本在通过战争扩大控制范围的同时，地球物理学的研究范围也得到了扩大"（山本义隆，2020）[119]。

日本研究生教育也逐步正规化，1887年5月20日公布学位令。自1888年5月7日起由文部大臣分别向法、医、工、文、理5个学科授予博士学位。在整个明治时期，日本全国共授予93名理学博士（表

1-3），许多人取得了重要成就，其中新城新藏（上海自然科学研究所）、斋藤贤道（满铁中央试验所）等曾在中国工作。

除高等教育外，日本政府对实业教育即技术教育也十分重视，将其列为教育改革的重要内容。明治时期的实业教育是与普通国民教育紧密结合的，按照有关教育法规，从中小学教育到高等教育都必须贯彻技术教育方针，并分别设立农业科、商业科、工业科、手工科等，广泛开展技术教育。教育内容广泛，设置课程甚多，包括文、理、工各科，为日本实现现代化培养出了大批中初级技术人才。

表1-3　日本明治时期理学博士（1888—1912）一览表

授予年	数学（*天文学）	物理学	地理物理学	化学	动物学	植物学	地质矿物学（*地理学）
1888	菊池大麓*寺尾寿	山川健次郎		长井长义松井直吉樱井锭二	箕作佳吉	伊藤圭介矢田部良吉	小藤文次郎
1891	藤泽利喜太郎	村冈范为驰田中正平	北尾次郎关谷清景田中馆爱橘	久原躬弦吉田彦六郎	佐佐木忠次郎石川千代松饭岛魁	松村任三斋田功太郎	巨智部忠承横山又次郎原田丰吉
1893		长冈半太郎					
1894				坪和为昌			菊地安
1895					岸上镰吉丘浅次郎五岛清太郎	冈村金太郎三好学	神保小虎
1898			大森房吉				
1899	*平山信				渡濑庄三郎平井正五郎	宫部金吾	中岛谦造铃木敏大塚专一
1900		鹤田贤次水野敏之丞				伊藤笃太郎	
1901		山口锐之助		织田显二郎			
1902		本多光太郎	中村精男	近重真澄池田菊苗	德永重康		
1903	高木贞治			大幸勇吉	松村松年		
1904	*木村荣					柴田桂太	
1905	河合十太郎	三轮桓一郎	今村明恒				

授予年	数学（*天文学）	物理学	地理物理学	化学	动物学	植物学	地质矿物学（*地理学）
1906		田丸卓郎 佐野静雄	日下部四郎太		三宅骥一		
1907		中村清二 本间义次郎				早田文藏	
1908		寺田寅彦			八田三郎	远藤吉三郎	
1909	*新城新藏				池田岩治	斎藤贤道	*小川琢治
1910		木下季吉		真岛利行 片山正夫 小川正孝	饭塚启	白井光太郎 池野成一郎	
1911	中川铨吉 *一户直藏 *平山清次		冈田武松	加藤与五郎 龟高德平 松井元兴	谷津直秀	大野直枝 山内繁雄	
1912	吉川实夫						
合计人数	12	15	8	16	16	16	10

资料来源：湯浅光朝，1961.科学史［M］.東京：東洋経済新報社：114–116.

　　教育改革成为日本实现现代化的基石，完成了国民教育的普及，提高了国民的知识水平；以技术教育或综合技术教育为内容的实业教育，为各行各业的生产培育了技术力量；改进和充实了高等教育，为国家建设提供了创新科技人才。教育改革成为推动日本本国经济发展的内在动力，并且使日本后来居上，战后迅速成为现代工业强国。日本在战后所达到的教育水平，并不仅仅是在战后短期内发展教育的结果，此后经济之所以能够快速起飞，是因为他们已经具备了一支具有较高科学文化素质的劳动大军。

　　进入21世纪，日本不仅普及了高中教育，由于"少子化"问题的出现，现在已经步入了大学"全入"的时代。就是说，日本的高中毕业生只要想进大学，就可以进入大学，都有接受高等教育的机会！

三、工学教育的兴起

工部大学校与东京大学

明治维新初期，为获取欧美先进的科学技术，开展工业技术教育，为产业技术的现代化培养人才，成为当务之急。1857年，以西方教育和翻译外交文献为主的"藩书调所"（后改为"洋书调所"，类似中国清政府于1862年创办的"京师同文馆"）正式开学；1868年，改称开城学校；1874年，又改称东京开城学校，这是东京大学和东京外国语大学的前身之一。

1870年12月，明治政府设立具体推行殖产兴业政策的部门——工部省，内设工学、劝工、矿山、铁路、土木建筑、灯塔、造船、电讯、制铁和制造等寮（类似于司局），这是第一个正式主持殖产兴业的政府机构。其任务是"褒劝百工"，大力发展资本主义工业，重点是铁路、矿山、钢铁、电信等方面，工矿交通事业一律为官办（国营）的重工业，而且与富国强兵目标紧密结合，大多具有军事意义，轻视农业和轻工业。此时，以大隈重信为代表的领导者们，还没有将工业化这个现代化的总目标摆在重要位置。工部省是引进欧美科学技术的核心机关，几乎原封不动地照搬照抄欧美的科学技术，轻视传统工匠和传统工艺技术，主要从士族[①]家庭选拔人才并将其培养成技术士官（即技术官僚），并通过他们移植欧美的科学技术。

1871年，曾留学于英国伦敦大学和格拉斯哥大学、时任工部省少辅（局长）的山尾庸三（1837—1917），向政府提议建立培养工业人才的学校和海外留学制度，并以此为目的创建了工学寮，1877年升

[①] 武士被称为"士族"，藩主和朝廷贵族被称为"华族"，下级武士被称为"卒"。

格为以"培养在工部省任职的工业人才"为宗旨的"工部大学校"。这是一所六年制专科大学，设有土木工学、机械工学、电报学（电气工学）、造家学（建筑学）、实地化学（应用化学）、采矿学（矿山学）、熔铸学（冶金学）以及后来增设的造船学等学科，教授都是英国人。除工部省外，明治时期从事科学技术教育的另一个部门是文部省，几乎与工部大学校成立同时，便创办了日本第一所综合性国立大学——东京大学。

1877年，东京开城学校与原属幕府医学所的东京医学校合并，正式组建了包括法学、理学、文学、医学四个学部的东京大学，这也是目前普遍认为的东京大学的创始之年①。其中的理学部除设有化学科、数学科、物理学科、星学科（天文学）和生物学科外，还设有工学科和地质采矿学科两个工科类学科。1878年，工学科又被拆分成机械工学科和土木工学科，此时的理学部准确地说应该称"理工学部"，但在办学的指导思想上还十分模糊，而这时与东京大学并存的工部大学校，在培养高级工程师方面比东京大学理学部发挥的作用更大，办学理念着眼于应用性的"实学教育"。1879年，首届23名工部大学校毕业生创立了致力于工学发展和联谊的组织——工学会，这是日本最早的工学学术团体，也是如今日本工学会的前身。伴随着日本工学的发展，各领域的工学组织纷纷建立，从1922年起工学会由个人会员制改为团体会员制，现已发展成为拥有约100个团体会员的庞大工学团体，目的是促进工学及工业的发展进步②。

---

① 东京大学曾先后更名为帝国大学（1886年）、东京帝国大学（1897年）、东京大学（1947年），除非特殊情况，本书中一般统称为"东京大学"。
② ［2022-10-17］https://jfes.or.jp.

　　1885年，工部大学校与东京大学工艺学部合并组成东京大学工科大学，也就是如今东京大学工学部的前身，"直至工部大学校和东京大学共存的时代，技术人员教育的主流一直都在工部省的工部大学校"（山本义隆，2020）[35]。1886年，东京大学改称"帝国大学"，"这一年是日本工业革命的开端，即日本的资本主义开始取得实质性进展"（山本义隆，2020）[38]。东京大学成为包括技术官僚在内的日本现代官僚体系人才培养的摇篮。

　　甲午战争、日俄战争以后，日本的产业结构开始从轻工业向重工业转换，为应对产业界的这些变化，社会上改革并提升工业教育、强化科学与工业结合的呼声也越发迫切。与东京大学工科大学创立的同时，一大批高等工业学校和工业学校、手工学校等多个中等工业教育机构纷纷设立。高等工业学校的嚆矢是1881年创办的东京职工学校，其目的是培养"工长"，1901年改称东京高等工业学校，1929年升格为东京工业大学。到1910年3月时，全日本的高等工业学校已达9所，除8所为国立外，还有1909年设立的私立明治专门学校（现九州工业大学）。这些工科院校的设立，成为东京大学工科大学的重要补充，为日本的工业现代化培养了大批专门技术人才。

　　与欧美的工程教育机构（school of engineering）不同，以应用为目标的基础科学研究和教育，是日本各大学工学部的特长。（馬渕浩一，2017）[95]随着产业革命热潮的出现和工学的自主独立，日本的工程技术专家开始做出一些独创性的成就。1888年12月日本公布专利条例，确立了现代的专利制度。（李廷举，1992）[106]

　　当然，日本明治时期将科学研究视为技术的补充、工学教育过于实用化的情况也受到诟病，"与世界观和自然观的涵养相比，日本科学教育中重视实用性的倾向被沿袭了下来。这是日本迅速实现近代化的原因之一，同时也是日本近代化根基浅的原因"（山本义隆，2020）[23]。

除注意培养本国人才外，雇佣外国专家，也是日本推动高等教育、科学研究以及现代化的重要举措。

雇佣外国专家与派遣留学生

明治维新开始后的前30年，日本雇佣了大约2 000名外国人，并给予这些外国专家很高的社会地位和薪酬，如东京大学聘请外国专家的工资占全校总预算的三分之一，每位专家、外籍教员的薪酬比其内阁总理大臣还高出一倍以上。而且，政府给予聘用的外国专家以很高的社会地位，使其受到广泛的尊重，即便是在今日，东京大学校园里仍会随处可见当年聘请的外国专家的塑像或纪念物。表1-4反映了日本政府在1872年至1885年期间雇佣外国人的情况。

表1-4　日本政府按职业雇佣的外国人　　单位：人

时间	学术教师	技术人员	事务人员	工人	杂务	合计
1872年（明治五年）	102	127	43	46	51	369
1873年（明治六年）	127	204	72	35	69	507
1874年（明治七年）	151	213	68	27	65	524
1875年（明治八年）	144	205	69	36	73	527
1876年（明治九年）	129	170	60	26	84	469
1877年（明治十年）	109	146	55	13	58	381
1878年（明治十一年）	101	118	51	7	44	321
1879年（明治十二年）	84	111	35	9	22	261
1880年（明治十三年）	76	103	40	6	12	237
1881年（明治十四年）	52	62	29	8	15	166
1882年（明治十五年）	53	51	43	6	4	157

续　表

时间	学术教师	技术人员	事务人员	工人	杂务	合计
1883年（明治十六年）	44	29	46	8	5	132
1884年（明治十七年）	52	40	44	8	7	151
1885年（明治十八年）	61	38	49	—	7	155

资料来源：梅溪昇，2007. お雇い外国人——明治日本の脇役たち［M］. 東京：講談社：222.

在1873年至1875年外聘专家达到顶峰，超过500人；到1880年时不到最多时的一半，此后逐步减少。按职业划分，技术人员（工程师）和学术教师（包括在陆、海军学校中任职的教师）占大多数，1875年时最多，其中技术人员占40%多、教师占近29%，两者合计占雇佣专家的比重达到70%，可见对专业人员和教师的重视。明治政府期间，教师主要由文部省雇佣，技术人员由工部省及相关部门雇佣，其中教师169名、技师580名，合计约750人，因此明治政府当时雇佣的外国专家总人数在800人左右。1870年创设的工部省雇佣的外国专家最为集中，占总数的72%、约153人，其中来自英国的占68%（104名）、法国的占22%（33名）。（梅溪昇，2007）[223-225]以工业立国为目标的明治政府，雇佣来自英国的技术专家最多也就很自然了。

对外国专家对日本现代化的作用，也不宜夸大，"这种短期雇佣制具体而微地反映了日本现代化道路的特质——吸纳外来的无形资产和思想资源，为我所用，最终离开'拐杖'，自主发展"（唐永亮等，2004）[117]。1899年，日本内阁颁布法令停止了雇佣外国人的活动；到19世纪末，在日外国专家完成了其历史使命，在客观上迫使日本的科学技术自主自立，摆脱对西方专家的长期依赖。

与雇佣外国专家相比，日本更看重自己派遣留学生去西方学习，并将其作为日本的国策。幕末派遣留学生是洋学发展到一定程度和日本民族危机日益深重的必然结果。最早提出去外国留学的是著名思想家、军事家佐久间象山（1811—1864），他深感只靠书本知识是"隔靴搔痒"，主张直接去国外学习。1862年，幕府向荷兰派出了第一批留学生，这也是日本首次向欧美国家派遣留学生，此后各强藩也陆续向英国、美国、俄国和法国等派出了留学生，一些人甚至出于强烈的危机感和求知欲，私自秘密潜往海外。幕末派遣的留学生总数达到153人。（阎庆悦，1989）[51]海外求学对日本留学生的影响是多方面的，有这样一个有趣的例子：1863年，伊藤博文、井上馨等5人受长州藩派遣去英国留学，初衷是为了"攘夷"。乘船经过上海时，井上看到频繁出入于上海港的西方战舰，大吃一惊地感叹道："这些船若一旦闯进日本该怎么办呢？攘夷吗？那怎么行啊！"开始从攘夷论转向开国论。伊藤听罢愤愤地责问井上："出国才四五天就改变了初志，这怎么得了！"其攘夷之志仍很坚定。然而，当伊藤踏上了英国国土，"考察欧洲形势后，方察不可攘夷"。曾经坚定攘夷的伊藤，也完成了由锁国到开国的思想转变。（阎庆悦，1989）[52]

从幕府末期到明治初期，日本科学技术发展的倡导者和决策者大多有海外留学或出访欧美等西方国家的经历。中国在改革开放后也大量派遣留学生和访问学者到海外留学，同样也是采取了类似的措施。日本早期这些有着海外阅历、精通外语的社会精英，其共同点都是有着强烈的、坚定不移的向西方社会学习的决心，他们对此后日本的现代化起到了极其重要的推动作用，"在某种意义上可以说，没有他们，明治维新难以成功。这种状况从一个侧面反映了日本近代化的特征"（阎庆悦，1989）[55]。

通过雇佣外国专家和派遣留学生，日本在引进西方科学技术的同时，甚至将西方的生活方式也一起引进过来。1872年11月，日本颁布的一项法令确定西方服饰作为官方礼服，西服成为政府官员的规定服饰；1876年，又颁布法令，规定双排扣、长礼服为官员在正式场合的标配。（詹森，2014）[439]即便是在今天的日本，不仅是官员在正式场合，就是企业、学校、科研机构，西装革履依然是工作中的标配，而且其坚守的程度甚至超过了西方人！

第二章
现代产业与科学技术

　　对日本来说，西方科学技术毕竟是"舶来品"，如何顺利嫁接、移植到这片东方岛国的土地上，是日本社会各个阶层首先必须面对的问题。明治维新后，大批下级武士成为社会剧烈变动的弃儿，传统"职人"（工匠）也面临着社会转型，一大批接受过"欧风美雨"熏陶的新型知识分子跃跃欲试，开始引领日本社会的文化思潮。

　　大久保利通等明治政府的开明领导人，积极推行殖产兴业政策，包括电气电力技术、船舶与海运业、纺织丝织业以及重化学工业等现代技术和产业迅速兴起。在文明开化、大兴科学之风的社会氛围中，以北里柴三郎、长冈半太郎等为代表的现代科学家，登上了世界科学的舞台，成就了明治、大正时代的科学英雄时代。科学技术开始制度化，一大批现代科研机构纷纷设立，日本学术振兴会等与现代科学技术相适应的学术咨询、资助等机构团体也随之成立，包括唯物论研究会在内的各种社会思想团体纷纷涌现。

第一节 武士、工匠与学术共同体

一、武士文化

有研究认为，"从日本历史说，能够把日本传统和西方文化连接起来而承担中介作用的社会阶层，首先是武士"（唐永亮 等，2004）[117]。在日本封建社会士、农、工、商的传统等级制度中，士即武士居于首位，而手工业者和商人处于最底层。因此，不懂得"武士""武士道"，就难以理解日本人的道德观念和行为准则，"如果不了解封建制度和武士道，那么现代日本的道德观念毕竟是一个不解之谜"（新渡户稻造，2004）[3]。

日本人尚武，但"在德川时代，武士已不仅舞刀弄剑，他们日益成为藩主财产的管理人及各种风雅艺术的专家……"（本尼迪克特，2002）[45]，"日本武士不专贵武勇，其修文学、善诗歌者不少。以仁爱侠义为心，谦让而重名誉，一旦遇敌，互以居所姓名相告，正威荣而争以武术"（大隈重信，2007a）[180]。此外，"同时武士本身也具有靠近先进科学的文化性格。他们刀马征伐，多与武器、战术有很深的联系，使他们对先进的技术特别是军事技术怀有十分浓厚的兴趣，对于自然科学也十分关心"（唐永亮 等，2004）[118]。

丸山真男曾对武士阶层有个极为形象的比喻："武士的权力像橡皮，根据其接触之物的性质而膨胀或收缩。当其向下，即与弱者接触时便膨胀。当其向上，即与上司或权力接触时，便顿时收缩。这个特

61

性就是过去的所谓武士的威势。"（丸山真男，2018）[232]这形象地道出了日本武士的性格以及武士阶层在社会演进过程中的适应性，敬畏强者、欺侮弱者，武士的这种"特性"，何尝不是日本民族性格的一个缩影！对此，福泽谕吉曾予以严厉地批判，他认为武士缺少独立的人格，即"日本武士非独立之个人！"

武士在封建等级制度中介于统治者和被统治者之间，具有两面性。在日本的传统文化中，武士代表了一种英雄的形象，一方面表现了为追求荣誉的进取精神，但另一方面也表明武士为完成臣属义务而具有盲从、驯服的意蕴。从古至今，武士都是一个极为特殊的社会阶层，特别是在剧烈的社会变动中，武士扮演什么样的角色，对日本社会的发展具有深刻的影响。现如今，即使武士阶层早已消失，但在日本社会依然常常能够发现"武士"的影子（如企业的团队精神），甚至可以说"武士道"已经深入大和民族精神的骨髓！

"忠"是武士道德的核心。德川时代的武士能够保证对大名（诸侯）的忠诚，部分原因是大名是通过终身雇佣的制度来维系实现的——现代日本企业不愿裁员、采取终身雇佣制的做法，与此一脉相承。当然，武士对上级的忠诚和奉献传统，后来也成为现代民族主义和军国主义野蛮生长的沃土。幕府末期，随着武士特权的逐渐丧失，武士向何处去，就成为武士阶层必须面对的一个现实问题，而积极学习西方的军事技术就成为他们的迫切需要和现实追求，其中有许多人成为后来明治政府的领导者或启蒙思想家。

从某种意义上讲，明治维新是一群不得志的下层精英掀起的革命——武士革命，"明治维新是由封建体制的末端——下级士族[①]主导

---

① 下级士族，即原来的下级武士。

的，这一点和资产阶级革命有所不同。这个群体打倒了封建体制，但同时，由于他们自身也是封建制度的一部分，最终也须被打倒"（米仓诚一郎，2020）[073]。尽管武士是旧有秩序的精英，但带头攻击旧秩序的，也是这些武士，"在王政复古的风暴和国民维新的旋风中掌握着我国船舵的大政治家们，就是除了武士道之外不知还有什么道德教诲的人们"（新渡户稻造，2004）[96]。

随着日本封建制度的解体，武士的社会角色也发生了转变，从幕末志士转变为维新官僚或企业家。有证据表明，明治时代的企业家很多出身于武士或武士家庭，如三菱财阀创始人岩崎弥太郎（1834—1885）、小野田水泥株式会社（现太平洋水泥）创始人笠井顺八（1835—1919）等。曾经饱受歧视和屈辱的成长环境，造就了他们"不屈的斗志和强大的领导力"，其"动物般"的企业家精神，随着时代的发展而增长。应该说，在日本现代化过程中，武士阶层实现了从武士到企业家或经营者的华丽转身，成为日本资本主义的主角，甚至举足轻重的财阀，主导着日本社会！

"士族阶层既是明治维新的推动者，也是新政府要推翻的封建势力的一部分。在这样的夹缝里。他们走出了一条新路，那就是成为推动明治现代化的企业家。"（米仓诚一郎，2020）[185]因此，日本的武士阶层，无论是在自身的价值观上，还是在历史地位和现实表现上，都具备了推动日本现代化的特征。

在富国强兵政策指引下，先是"强兵"优先于"富国"，使日本走向了军国主义的弯路，二战后不得不回到"富国"优先的道路上，而"殖产兴业"又是"富国"的优先选项，最终取得了现代化的成功。在这一过程中，日本的政治家、思想家、哲学家，最后才是科学家开始登上历史舞台，在波谲云诡的历史洪流中大浪淘沙，成就了今天的日本。然而，始终有一些日本政治家，他们并没有很好地汲取"强兵"导致失败的历史教训，不时泛起沉渣浊水，蠢蠢欲动，妄图重拾"强兵"的老路，这正是日本至今仍难以成为"正常国家"的本质原因！

二、工匠传统

在江户时代，日本一些民族手工业已经达到了相当高的水准，如金、银、铜、铁等的精炼、加工，木制、石制房屋的建造，陶器、漆器、家具、纺织、和纸、木屐等生活消费品的制作，各种木船的建造，清酒、豆酱、酱油、盐等食品的生产，等等。与现代产业相比，这些所谓"落后部门""封建残余"的传统产业，恰恰是由大量手工业者支撑的，一方面这是他们赖以生计的"饭碗"，另一方面他们创造了灿烂的民族文化和生存技艺。虽然他们的贡献很少能体现在政府部门的统计中，但传统产业的贡献却不容忽视，即便是在19世纪末欧洲工业体系已开始大规模向日本移植的1886年，制造业生产数额的95%仍来自以往的这些传统部门。（中冈哲郎，2006）[416-418]

在现代化的早期，包括各种手工业者在内的工匠作用并不明显，但随着现代化的发展，工匠，更重要的是工匠传统，在日本向现代社会的演变中，为发展日本的本土技术做出了卓越的贡献，这一点常常被研究者所忽视。

日本工匠传统的形成有诸多因素：首先，多山和封闭的地理环境导致人们缺少交流的机会，偏居一隅的环境造就了"孤独"的工匠性格。其次，严格的等级制度阻碍了社会阶层的流动，手艺人在诸多无奈中"沉迷于"技巧。日本传统社会等级森严，江户时代将社会人群划分为士、农、工、商四个阶层，德川幕府时代又将"工、商"统称为"町人（市民）"，町人又细分为工匠（日语称"职人"）和商人，"职人"是传统文化和技艺的主要传承人。再次，满足武士日常生活和贵族奢侈生活的需要。江户时代初期的工业主要是城市手工业，目的是为武士阶层的日常生活提供服务，各种工匠集中居住形成一定规模的工匠街，组织体系上形成了严格的"师徒制"。进入19世纪后，工匠们的主要工作是为了满足宫廷和士族的奢侈需求，"京都的工匠们开始专业生产高质量的产品和专供宫廷及高级武士的工艺美术品"（詹森，2014）[530]，这在客观上也培养和造就了一大批"职人"。最后，也可能是最主要的，是日本人对技艺的痴迷到了无以复加的地步，特别是在审美和精神方面，其专注、精益求精、"一根筋"是世界上少有的。

尽管日本的产业革命始于由民间资本创办的机械大工业，但仅靠这些大企业和工部大学校培养的杰出人才，是难以完成的。开始时照搬照抄国外的产业技术，但传统产业的现代化也已同步展开，手艺人、木匠和铁匠们也在进口技术和传统技术的基础上，创造了融合型或仿制型技术，以卧云辰致（1842—1900）和丰田佐吉为代表的"草根发明家"登上了历史舞台。卧云辰致因发明部分使用金属零件的木制纺纱机，于1877年日本第一届劝业博览会上获得一等奖（GARA纺纱机）。出生于木匠家庭的丰田佐吉，于1897年发明了生产棉织物的丰田织机并实现了商业化运营，这家企业就是今天丰田汽车公司的前身。"那些雄心勃勃的传统匠人们，以进口的最新成套设备为模板，制造出人力或水力驱动的、木制或部分金属的、相对廉价且易于传统工匠操作的日西合璧的机器；或制造出相对简单、小型化的仿制品。在地方城市中从事这种国产机器和进口机器零部件制造的中小企业不在少数。"（山本义隆，2020）[49]掌握传统技艺的工匠华丽转身，成为日本现代化的一支重要力量，"轻薄短小"的现代日本产品，或多或少都有"职人"的印记。

明治维新后，新政府废除了身份等级制度，认可了民众职业选择的自由。随着各式劝业机构的建立和专利制度的完善，在引进西方现代技术的过程中，许多工匠不仅转型为工程技术人员，甚至走上创业之路。町人阶层是日本资本主义萌芽和现代化过程中的一支重要推动力量，尤其是手工业者中的工匠，为后来的"日本制造"打下坚实的基础。进入现代社会，工匠已摇身变为"工艺家""设计师""传统工艺士"等新的职业种类。与中国长子传承的保守文化不同，日本家族传承有"婿养子"的传统，即若家中无子，女婿可以入赘继承家业。这种灵活的继承制度让工匠技术传承有了更多的选择，在从工匠转型为企业经营者的过程中体现得尤为明显。（周菲菲，2019）[127]与"科学立国"相比，日本主要是靠"技术立国"的，工匠精神已然成为日本民族精神的一部分。

三、明六社

明治维新时期除殖产兴业、富国强兵外，在思想文化领域实行的重大政策就是"文明开化"。所谓文明开化就是动员民众学习西方的先进科学和文化、实行社会变革，既包括前述殖产兴业与政治、经济、军事、教育改革中有关学习西方国家先进经验的内容，也包括西方资产阶级自由、平等、博爱等启蒙思想在日本的传播，以及西方资产阶级生活在日本的影响等内容。在此期间，出现了一批宣传文明开化的思想团体和思想家，"明六社"就是其中的代表性学术共同体。

日本"近代知识分子的诞生，首先是从身份的制度的锚缆中解放出来，再就是从正统世界观的解释和授予的任务中解放出来"，其重要标志就是明六社的成立——因设立于"明治六年",故称"明六社"。1873年7月,从美国归国的森有礼(1847—1889)模仿欧洲的学会或启蒙活动团体,发起组建了这个日本最早的现代学术团体。尽管起初的创建者中少见科学家的身影,但他们作为哲学家、思想家等为日本的科学革命奠定了重要的思想基础,"明六社可以说起到了启蒙时代尖兵的作用"(日本学士院,1980)[12]。

明六社扮演了日本科学革命推手的角色,最初只有西村茂树(1828—1902)、津田真道(1829—1903)、西周(1829—1897)、中村正直(1832—1891)、加藤弘之(1836—1916)、箕作秋坪(1825—1886)、福泽谕吉、杉亨二(1828—1917)、箕作麟祥(1846—1897)和森有礼共10名会员,大多是幕末和明治初期思想界的代表人物。除西村茂树、福泽谕吉和森有礼外,其他人都与翻译和研究西学的蕃书调所有关,森有礼担任首任会长。一年后会员发展到约30人,新加入的自然科学系会员有辻新次(1842—1915,化学)和神田孝平(1830—1898,数学)等,他们也与蕃书调所有关。

1874年3月起,明六社创办半月刊《明六杂志》,撰稿人都是其成员,这"是日本高级思想杂志的开端"(丸山真男,2018)[169-170]。1875年6月,因政府镇压自由民权运动被迫停刊,《明六杂志》共计出版43期,刊载论文百余篇,涉及政治、经济、外交、社会、宗教、法律、历史、教育、自然科学等各个领域,对当时的日本社会具有广泛而深刻的影响,在日本近现代思想史与文化史上发挥了重要作用。以森有礼的思想观点为例,他将人类文明发展过程分为野蛮、开化之初、半开化和开化四个阶段,他在描述开化时认为,"制器械、兴营造、开矿山、造船舰、扩充车马、改良道路,千工万艺陆续兴隆。在此基础上通商亦开,人们交义日厚,器械精良,益尊工艺品位"(张

艳茹 等，2002）[53]。

作为一个现代学术组织，明六社有这样一些特征：不以官位或年龄论资排辈，是一种平等的学术交流；不局限于小范围的学术团体内部，具有一定的公开性；有明确的目标并定期举办集会和演讲；充分认识到成员们自身具备自由决策的权利，并通过自发地结成学术社团予以实践；尽管成员们各自的政治立场并不相同，但能够体现兼容并包的特征；重视商业利益并追求财务公开，不依附于政府的财政支持，体现了学术团体的独立性。（边明江，2020）[85-86]

《明六杂志》停刊后，明六社也随之解体，但其定期集会仍得以延续。1879年1月15日，在长期受"欧风"浸润的原明六社成员建议下，以这些人为主体发起成立所谓"学术之府"的"东京学士会院"，成为日本教育和学术审议的中枢机构，类似于英国的皇家学会或法国皇家科学院。但此时，日本人对Academy的理解还只限于"学校"的层面，因此东京学士会院创立的宗旨也是以教育问题为中心的。1906年7月，改称"帝国学士院"；1911年，设立了"恩赐奖"和"学士院奖"，前者由皇室出资，后者由三井和岩崎两大财团赞助，这是日本企业赞助科学的开端。1947年12月4日，改称"日本学士院"至今，是日本最高学术和荣誉机构，会员为终身制，定员150人。（日本学士院，1980）[7-10]至今，日本学士院已走过了140余年的历程，现在实有会员130名（2023年）。

尽管明六社的启蒙作用并不彻底，它也不是纯粹意义上的科学技术团体，这一点颇像早期的"中国科学社"或"中华学艺社"，但其对科学技术的启蒙意义不容忽视，成为现代科学技术学术团体设立的先导，对日本现代科学技术的体制化有着重要的标志作用。明六社建立后，日本的医学（1875年）、数学（1877年）、化学（1878

年）、地学（1879年）、地震学（1880年）、药学（1881年）、气象学（1882年）、植物学（1882年）、物理学（1884年）等专业学术团体也纷纷成立，科学技术的体制化逐渐到来。

第二节　殖产兴业与工业现代化

为赶超先进的资本主义国家，明治政府在进行了一系列资产阶级改革的同时，提出了"殖产兴业"的政策主张。殖产兴业意指发展生产、振兴实业，这里的实业主要是工矿企业，包括交通运输和能源生产，进一步延伸为大力发展资本主义经济，推动和加速由农业社会向工业社会转变，实施时间从1870年起至1885年。在此期间，明治政府在产业技术领域实施了一系列有利于科学技术发展的政策措施。在政府决策层面，大久保利通领导的内务省是推动殖产兴业的主要机构之一。

大久保利通（1830—1878，图2-1）来自幕府末期的强藩——萨摩藩（今鹿儿岛县及周边部分地区）的下级武士家庭，曾率领萨摩藩抗击过侵略军，是明治时代最初10年真正意义上的领导者和杰出政治家。他与西乡隆盛（1828—1877）、木户孝允（1833—1877）并称

图2-1　大久保利通
（日本国立国会图书馆　藏）

69

"维新三杰"，曾作为岩仓使团副使赴欧美考察。他从道路交通和基础设施入手，推行地税改革并发行公债，大力倡导和施行殖产兴业的政策主张，发展资本主义经济，在日本是民族英雄式的人物。

交通运输是现代工商业发展的基本前提，不仅能促进生产力的发展，对国家内部市场的形成也起着举足轻重的作用。1870年明治政府决定修建几条铁路线，1872年9月东京到横滨的铁路贯通，明治天皇亲临横滨参加开通典礼。到1873年11月设置内务省时，殖产兴业已取得很大成功，其标志就是铁路的开通。大久保利通领导的内务省纠正了过去工部省偏重发展重工业的状况，"在发展国营大工业的同时，大力扶植和发展民营工业；在重视工业的同时，也要扶植农业和其他产业"（金明善，1993）[11]，以发展农业、产品加工业、海运业等为主，确立了明治维新后实行资本主义化的根本方针。

1874年5—6月间，大久保利通向明治政府正式提出了《关于殖产兴业的建议》，建议书呼吁"大凡国之强弱决定于人民之贫富，人民之贫富则系于物产之多寡；而物产之多寡，又起因于是否鼓励人民之工业，因此，归根结底何尝不是依靠政府官吏诱导奖励之力"（汤浅光朝，1961）[83]，力主"非由殖产兴业入手"不可。从政府公布《五条誓约》到大久保利通提出殖产兴业建议的6年间，逐步制定了一套比较合乎日本国情特点的资本主义工业化方针和政策。

在推行文明开化政策时，有人指责大久保利通过激，他却回答说："在文明开化的问题上，一定会出现过头现象，到那时让后代的政治家去修正好了，如今必须在这个道路上突飞猛进"，"'殖产兴业'的第一步，就是1878年5月发行的创业公债，实际收入为1 000万日元（票面价格1 250万日元）。这1 000万日元大部分都投入了工部省管辖的铁道事业，以及内务省管辖的道路、港湾事业。……因此，流

通网路的扩充，是'殖产兴业'的大前提"。（坂野润治，2019）[110]

殖产兴业政策起初是以国家为主导的，尽管效果不尽如人意，但这符合后发型国家实现工业化、现代化的一般路径。政府在经济发展中作用更为强大，一方面有利于自上而下的政策推行，另一方面也容易偏离方向，走入军国主义的歧路。殖产兴业对日本的经济结构和现代化都产生了极为深远的影响，也为同一时期中国推行洋务运动的失败提供了一个参照系，"日本通过中日甲午战争和日俄战争的胜利不仅获得了满洲的权益，而且还将朝鲜半岛纳入其殖民版图，成为帝国主义国家，也正是在这一时期，日本完成了工业革命。自此以'殖产兴业、富国强兵'为口号的明治时期的近代化暂且告一段落"（山本义隆，2020）[72]。

在当时，殖产兴业是现代化的手段，富国强兵是现代化的目的。在政策执行过程中，明治政府在军事工业、海运造船、纺织业等领域，实施了一系列引进、支持和鼓励发展科学技术的重要举措。产业技术的发展是工业革命的基础和前提，也是实现国家现代化的根本保障，没有产业技术的现代化，就没有国家的现代化。在殖产兴业的政策背景之下，日本明治时期在电力、船舶、纺织等产业技术领域取得了长足进步。

一、电气·电力技术

从蒸汽力到电力的大规模应用，能源动力在国家现代化过程中始终扮演着十分重要的角色，"工业革命的核心，其实就是能源转换的革命"（赫拉利，2017）[317]。日本将蒸汽作为基础动力是在工业革命的初期，而开始使用电动机则是在工业革命的后期，电力逐渐成为经济和社会发展的主要推手。

电气（electrical engineering），是电气工程的简称，狭义上指电的产生、变换、输送、分配和直接应用，又称电力工程。日文中的"电气（電気）"概念更为宽泛，还包括自动化、计算机、电子、通信等所有与电相关的学科。在物理学领域，电学是一门发展较晚的学科，但其应用从一开始就是在科学的指导下进行的，"约自1830年以后，电学开始直接贡献于经济生活，先在通讯形式方面，然后在电镀、照明和动力方面；有两种通讯新方法——电话和无线电报——则在世纪之末才投进来"（贝尔纳，1981）[355]。电气化——电力的发明和应用是第二次工业革命的主要标志。如果说在以蒸汽机为代表的第一次工业革命中，日本尚明显落后于西方的话，对电力的应用几乎与西方发达国家并驾齐驱，其发展速度甚至比西方发达资本主义国家还快。

电报、电话等技术的发明，导致全球信息的高效传递系统的构建。幕府末期，日本已开始向法国订购电信设备，同时派人去英国学习电信技术。明治政府认识到建立有效的全国通信网的必要性，并优先建立和扩充现代邮电系统。1869年，日本架设了第一条连接东京海关和横滨法院的电报线。1878年在东京设立了中央电报局，到1879年建成112个电报局，铺设了总长6 000千米的电报线，基本完成了连接日本国内主要城市的基础电报网布局。1885年建立了统管电信事业的递信（邮电）省，当年完成了连接北自根室、南至鹿儿岛的电信网。1891年设立了以电信、电话应用研究为主的邮电省电气试验所。1897年日本人自己铺设了九州至台湾间866海里的海底电缆；1903年实现了长崎至基隆间630海里的海上无线通信试验，日本人在次年的日俄战争中已有效应用无线通信技术；1912年鸟潟右一（1883—1923）等人发明了TYK式无线电话机。（李廷举，1992）[109]

需要指出的是，电信网建设带有明确的军事目的，为日本侵略亚洲做了准备。以电报局的建设为例，"1894年中日甲午战争爆发时，电报局数量达到726个，电报在战争中起到了重要作用。日本政府通过中日甲午战争的胜利，大大增强了对朝鲜的支配力，分别在釜山、汉城和仁川也开设了电报局。1903年日俄战争爆发时，电报局的数量已达到了2 190个，电报在日俄战争中起到了更加重要的作用"（山本义隆，2020）[66]。

1878年3月25日，工部大学校电信学科（后来的东京大学工学部电气工学科）的外聘英国专家埃尔顿（William Edward Ayrton，1847—1908）与他的学生们一起，点亮了工部大学校讲堂的50盏弧光灯，这是日本最早的电灯，这一天也成为日本的"电气纪念日"。日本的电气化尽管起步较晚，但发展迅速，"到了1935年，日本已经成为世界电气化的领头国家，家庭供电率达到89%，远远高于英国和美国"（沃克，2017）[180]。

1887年，东京电灯株式会社（东京电力公司的前身）火力发电所竣工，开始向附近电灯供电，这是日本电力事业的开端。在明治和大正年间，电力事业的发展经历了市内配电、近距离配电和远距离送电三个阶段。水力发电技术和电力传输技术得到快速应用，"在日俄战争到第一次世界大战之间，日本的电气化由两项技术变革推动：水力发电和高压输电。向公众供电的第一台水力发电机建成于1892年，是一个从琵琶湖向京都供水计划的副产品。……1914年，当福岛县的猪苗代湖水电站与东京连接供电时，电能以37 500伏的高压传输距离228千米，这在当时是世界上最长的输电线路之一"（杜斯，2020）[344]。由此，日本跨入电气化时代。

不过，日本这时的发电技术主要还是依赖进口，"到了1913年，发电业的股本已经达到将近铁路部门的1/3，发电行业是这一时期的高科技行业，但是在第一次世界大战之前，日本几乎所有的发电厂都使用进口设备，并由来自制造厂家的工程师和技术人员监督装配。技术转移效应因此一直微不足道，直到第一次世界大战期间电气工程井喷式增长的发生"（杜斯，2020）[345]。

由于电力事业的发展，动力电气化使各行各业乃至整个社会生活都发生了翻天覆地的变化，大大加速了日本的现代化进程。

二、船舶与海洋运输

日本四面环海，造船历史悠久，但古代的造船技术还很落后。公元630—894年间，日本向中国派出20批次遣唐使，乘坐的都是木帆船，直到明治维新前只有可以在近海航行的小型日式木船。

随着工学教育兴起，日本开始培养自己的造船技术人员。1883年东京大学理学部设立造船学科，1884年工部大学校机械科分出造船科，1888年以后造船专业的毕业生陆续被派往国外学习，这些留学生成为日本最早的造船工程师。日俄战争前后，日本造船不再需要外国人指导了，建造的船舶也从木制向钢铁制、从小船向大船转变。现代化的船舶技术主要表现在两个方面：一是造船材料从木材到钢铁，二是船舶动力从自然风到蒸汽力，这"意味着近代日本船舶走上了从'大和式帆船'向'西洋式汽船'的发展之路，海上交通运输业的近代化自此开始萌芽"（姜春洁，2017）[28]。通过建造"钢制汽船"，实现造船技术的现代化。

由于日本多山的地理环境和漫长的海岸线，跨境运输多通过海运完成，船舶制造业就成为现代化起步的应有之义。作为一个海洋国家，日本向有造船的传统，只是自幕府统治开始，出于各种考虑，长期压制造船业的发展。直到1853年佩里登陆日本，"是岁九月，幕府解大船制造之禁，翌年于相州浦贺造西洋形帆船，名曰凤凰丸。……次以中绝243年而见其造船工之复兴，盖因中外情形使之然也"（大隈重信，2007a）[443]。因此，在外部环境的强大压力之下，幕府不得不解禁造船业。

佩里来航之前，日本就已尝试制造蒸汽船。1844年，在西方各国中唯一与日本有外交关系的荷兰政府，将发明蒸汽船之事告知幕府，并解释说这项发明缩短了各国间的距离，奉劝幕府奉行开国政策。但幕府政权对此置若罔闻，倒是处在边远地区的一些藩主，对此表现出强烈的兴趣。萨摩藩藩主岛津齐彬（1809—1858）对制造蒸汽船兴趣浓厚，找来荷兰的蒸汽机解说书，委托兰学家箕作阮甫（1799—1863）翻译完成《水蒸船说略》一书，对蒸汽的物理性质和作用、锅炉和外轮船的结构，以及蒸汽机的安装方法做了说明（中冈哲郎，2001）[46-47]。以此为基础，岛津齐彬命人在自己江户的藩邸制作了蒸汽机的模型。1855年，一台小型蒸汽机被成功制造并搭载在一艘小船上，组成了日本最早的蒸汽船——"云行丸"，该船船长约16米，为木制外轮船，这让观看试验的藩主们惊叹不已。

造船业的复兴始于购买和制造军舰。1855年，荷兰技术人员提供指导的长崎制铁所（长崎造船所前身）是日本造船技术现代化的起点。作为长期的友好国家，荷兰特派专使忠告日本建立海军的必要性，将一艘名为"观光丸"的军舰送给日本，并在长崎创办海军传习所和制铁处，以训练日本海军。1860年，日本从荷兰购置的海军军舰"咸临丸"驶入美国旧金山，这是最早到达美国的日本军舰，日本实现了名副其实的"开国"。

从造船、航海到远洋，日本在很短的时间里完成华丽转身。1854年，佩里再次抵达日本要求通商，日本政府自知已难以抵御开放的大势，于是在此后5年的时间里，先后与美、俄、英、法、荷等5国签署了通商条约，日本海运业随之复活。从1854年彻底解除"大船制造之禁"到1868年明治维新的15年间，日本买入或制造西式船舶，包括幕府44艘、诸藩94艘，其中由日本造船处生产的汽船1艘、帆船20艘。1875年，民营的"三菱商会"开辟了横滨至上海的第一条海外航线，此后改称"三菱汽船公司"，因运输军需品得力，得到政府的大力资助。因此，"海上大型运输对日本的独立、对现代化和工业化，都是不可或缺的前提条件。明治政府也把扩大海运（利用蒸汽船）看成当务之急"（米仓诚一郎，2020）[166]。

1890年，日本自行设计建造的首艘钢船——"筑后川丸"建成下水，此时日本钢制船不过十几艘，而且都是吨位较小的小型船。（井上洋一郎，1976）[87]1894年，随着甲午战争的爆发，为运送参战的20万人，日本"虽举国中船舶尚觉其不足于用"，于是从国外大量购置船只，造船和海运的重要性凸显。甲午战争结束后的1896年，日本已拥有蒸汽船899艘、总排水量373 588吨，帆船644艘、总排水量44 000吨。为鼓励发展造船和海运业，同时也是为解决战后大量船只闲置问题，政府适时出台了《航海奖励法》《造船奖励法》两部法律，积极开辟前往欧洲和美国的海上航线，更加刺激了日本造船业的发展。到1900年，日本自行制造的船舶已达蒸汽船53艘、总排水量15 308吨，帆船193艘、总排水量17 873吨。

相对于用木材制作的帆船，铁制材料以及蒸汽机用于船舶制造，都出现于18世纪末19世纪初期。据记载，"1813年的（劳氏船）名录中出现了铁揽，1822年出现了一艘蒸汽船'詹姆斯·瓦特'（James Watt，排水量294吨）。1827年的名录中有81艘蒸汽船，1832年的有100艘。……1836年名录中第一次出现了关于'用铁建造'的描述，

1854年……拟定出铁船建造的规范"（辛格，2004a）[402]。

因此，单纯从制造船舶的材料来看，日本虽比欧洲晚半个世纪左右，但其发展和进步的速度之快，令人刮目相看。船舶材料加工技术的进步是造船业发展的前提，也反映了造船业发展的技术水平。1886年时，日本有铁制船67艘，但还没有1艘钢船，但进入20世纪，造船材料却发生了翻天覆地的变化（表2-1）。19世纪后半叶，从铁船制造变成钢船制造，其转折点是1880年西门子-马丁炼钢法的出现，这是推动造船技术发展的重要技术之一，钢的性能得到极大改善，等效的钢板只需铁板厚度的一半，便达到极好的减重效果。（辛格，2004b）[260]与此同时，训练有素的海员数量的消长，与海运业的兴盛关系也十分密切，表2-2是日本当时"海技允准者"（有资格驾驶船舶的海员）数量。

表2-1　日本钢船和铁船数量统计表　　　　单位：艘

时间	钢船	钢铁船	铁船	铁木船
1900年（明治三十三年）	128	9	130	7
1903年（明治三十六年）	190	7	119	14

资料来源：大隈重信，2007a. 日本开国五十年史：上册［M］.上海：上海社会科学院出版社：453.

表2-2　日本海员数量统计表　　　　单位：人

时间	日本人	外国人	合计
1899年（明治三十二年）	13936	302	14238
1904年（明治三十七年）	16886	349	17235

资料来源：大隈重信，2007a. 日本开国五十年史：上册［M］.上海：上海社会科学院出版社：454.

除日本海军的船只外，民用船只的购入和生产也大幅度提高。先后设立了国家支持的民营"汽船公司""邮船公司",而电信和铁路都从"官营"开始,这些船舶大多以蒸汽船为主。到1903年,私营造船企业已达185家,所建造的最大船只——日本邮船会社的"丹波丸"排水量达7 300吨,"为东洋第一之巨船"。(大隈重信,2007a)[466]

可见,随着日本造船业的兴起,极大地推动了日本海运业的发展,而海运业与国际贸易又是唇齿相依的。这一方面是船舶制造技术推动的结果,另一方面随着海运业的兴起,开通了面向欧洲、美国、中国、印度、澳大利亚以及国内的多条定期航线,加速了日本同世界各地的经济贸易、科学技术及文化交流,进一步推动了日本的现代化,"第一次世界大战后,日本已成为仅次于英美的世界第三海运大国,终于完全掌握了本国海运业的命运……(20世纪)70年代中期以后,日本拥有的商船总吨位达3 974万吨,占世界的11.6%,跃居首位"(吴建华,1998)[111]。日本已成为名副其实的船舶、海运大国。

战后相关技术的发展也极大地促进和刺激了船舶与海洋运输业的发展。1956年,因"苏伊士运河危机",航线变更,催生了大型船舶的市场需求。1967年6月,苏伊士运河因中东战争再次关闭,进一步引发超大型造船需求。同期,日本进入高速成长期,进入20世纪60年代与发达国家之间的贸易量增大,海上集装箱运输出现。在国际定期航运速度加快的同时,海运与陆上运输的连接极大地提高了运输效率,国内外的需求同时增大,石油、天然气等大型专用船舶订单激增。

1960年,日本造船研究协会设立了"超大型船结构法研究",用三年半时间完成设计建造的关键技术攻关,并对厚板切割脆性、航运性能和载油摇动等进行研究。1960年之前,日本建造的油轮多数排水量不高;1964年开始,排水量10万吨以上的油轮订单增多。1966年12月,石川岛播磨重工(IHI)建造的"出光丸"排水量达20.93万吨,成为当时世界上最大的油轮。彼时世界上最大的油轮几乎都是日本建造的。

计算机应用扩展到船舶设计领域，1965年已可以通过对图纸进行参数化处理生成船型图；20世纪60年代导入造船集成程序系统——AUTOKON，船舶整体设计也陆续实现了计算机辅助设计（CAD）；70年代后期各企业积极引进生产和资源管理计算机集成制造系统（CIMS）；等等。计算机应用不仅仅限于设计，同时也向提高船舶操作和航行性能领域扩展。1970年建造的"星光丸"，实现了航线装卸以及发动机等各个子系统由计算机控制的自动化，船内劳动强度减轻，安全性和经济性得到提高。此外，将计算机与海军导航卫星系统（NNSS）及雷达等联合使用，实现了预防触礁和船舶的自动化。

日本经济高速成长期间粗钢生产激增，铁矿石和煤炭海上远距离运输量增加。矿产品运输和油轮一样，需要通过大型化降低成本。集装箱船和其他专用船相比，通常要求更高的航速，曲面的船体里尽可能装载更多集装箱，甲板上部通常装载2至5层，高速航行时船的稳定性和集装箱固定成为关键。1960年前后通过产学合作共同研究，得出诸如甲板面积增大可以通过采用双层船体结构、增加横向隔壁抑制船体变形等重要研究成果。

随着日本汽车制造业的发展，汽车出口运输成为海上运输的重要课题。1965年之后，汽车运输船（PCC）需求迫切，1985年日本出口车辆已达到670万台。汽车运输船设计采用9至13层的多层甲板，汽车从船外开到甲板上，活动式甲板设计可调节高度以适应不同高度的车体。考虑回航时经常是空船，航速设计成效率最好的18至19节。1970年，川崎重工完成的第一艘9层甲板汽车运输船，可以装载汽车2 082辆；1978年，鹤见造船厂建造的"神明丸"有13层甲板

（可移动3层），可装运7 000辆汽车。

第二次石油危机后，日本大型造船订单锐减，1978年油轮的建造量减少到高峰期的30%左右。1975年建造的48.433 7万吨"日精丸"成为日本建造的最后一艘超级油轮，三菱重工拥有百万吨的建造能力，但再没有超级油轮的订单，设备削减限制了企业的制造能力和发展机会。（具承桓，2021）[167-172]1978年8月制定的《稳定基本法》，要求企业对过剩设备进行处理，削减5000吨以上设备和船坞数量，并规定禁止增加设备，建造数量由国家确定。在日本削减设备的同时，韩国造船企业开始提高造船能力，抢占日本的造船市场。

近年来，日本造船企业在国家政策支持下，加速推进船厂数字化、智能化，将信息技术与管理模式、建造技术进行融合。日本联合造船（JMU）计划自2022年起未来4年投资400亿日元，向使用机器人和物联网（IoT）的智能工厂转型，同时加强与今治造船株式会社协同，提高采购能力，目标是到2025财年将建造成本降低10%～20%，预计工时数可降低20%～30%。川崎重工计划建立包括销售、采购、设计、生产等各个阶段数据的数据库，并对生产模式进行改造，最大程度缩短建造时间。随着在传统船舶领域竞争力与中、韩差距的扩大，在全球加快推进"碳中和"的背景下，日本未来拟加快向新能源船舶转型并推进商业化，重塑国际竞争力。

时光迈入21世纪以来，中国造船量2009年超过日本、2010年超过韩国，已成为世界上最大的船舶制造业大国，真是"三十年河东三十年河西"！

三、纺织丝织业

18世纪起源于英国的工业革命，是从改进纺织机并以蒸汽机为动力开始的。纺织业是第一次工业革命的主角，"工业革命本身并非起源于重工业和运输业的发展，它来自，也只能来自国内，而且实在是到那时为止所有国家内的主要工业，即纺织工业里的各项发展"（贝尔纳，1981）[299-300]。到1785年，瓦特的蒸汽机在西方已广泛用于纺织业，"正是由于用了蒸汽机来供给纺织工业的原动力，这才把原来分为两股的重工业和轻工业结合起来，并创造了现代工业的那种复合体，从它的发祥地不列颠散播到全世界"（贝尔纳，1981）[302]。因此，纺织业或称纤维产业，与现代产业的发展有着千丝万缕的联系，特别是现代化的后发国家，对于传统行业的改进常常是走向现代化的转折点，其前提是原始的资本积累。

　　日本的产业革命基本上是以轻工业发展为主导、以纤维产业特别是棉纺织业为中心展开的。在工业生产部门中，纤维产业所占的比重从1885年的29.12%到1893年达到了44.51%。（内藤隆夫，2009）[137]与此同时，日本的现代化离不开农业的资本积累，纺织行业又首当其冲，在新技术的推动下，纺织业的生产效率大幅度提高，仅仅几年时间，日本纺织品的质量就超过了进口产品。以蚕丝业为例，19世纪90年代前后，其生丝的出口约占全部出口总额的40%，美国生丝进口的52%来自日本，在赚取外汇方面有力地支持了明治维新后富国强兵政策的实施，甚至有人认为"蚕丝是本国唯一的资源"。（森胁靖子，2010）[163、173]但出口初级产品毕竟不是长久之计，因此建立本国的丝织、纺织工业自然被提上日程。

　　1883年，涩泽荣一集资兴办了民营大阪纺织会社，这是日本产业革命开始的重要标志。大阪纺织会社资金雄厚、规模大、设备新，而且技术先进，拥有10 500枚纱锭的纺织机械，不仅从英国引进了蒸汽机，还事先派人到英国学习纺织技术。随着该企业的成功，带动了整个日本纺织业，这些企业的技术、设备和管理制度都很先进，生产过程中不仅采用以蒸汽为动力的纺织机，而且从1886年起使用电灯24小时昼夜两班轮换工作，这在日本也是最早的。大阪纺织会社的成功，又带动了包括钟渊纺织株式会社等一大批纺织企业的建立。

蒸汽机是科学思想的有意识的应用，将科学和制造业有机结合，而科学在工业革命中所扮演的主要角色正在于此。得益于现代西方科学的传播和应用，日本也得风气之先，将西方现代科学和技术引入到本国的纺织行业中来。受惠于明治政府的经济政策，棉纺织和丝织等重要领域在20世纪初迅速崛起，成为日本早期现代化的支柱产业，为明治时期日本发展军事和工业赚取了大量外汇。在日本织机的国产化中，丰田佐吉（1867—1930）功不可没，他先后完成了木制人力织机（1891年）和动力织机（1897年）的制造并实现了规模化生产，1924年又发明了"G型无停止杼替式丰田自动织机"，实现了日本在织机领域的自立。

1870年，在丝织领域，日本从欧洲聘请专家来日本建立工业化的丝绸厂。1887年，引进法国技术和成套设备，聘请法国技师保罗·布鲁纳特（中文名宝昌，Brunat Paul，1840—1908），建立了有200多名女工的官营大型示范工厂——富冈缫丝厂，该厂成为日本纺织业现代化的标志。其他厂商纷纷仿效，由此还带动了千住制绒厂、横须贺造船所、品川玻璃工厂等企业的设立。丝织业奠定了日本近代工业的基础，被称为"功勋产业"。（周菲菲，2019）[127]

1868年时，日本出口丝绸只有100万千克，1893年出口已增加至460万千克。19世纪80年代，成立了"日本纺织联合会"。1907年，日本生丝产量占全球的27%。1913年，日本丝织业雇佣的工人数已达80万以上。1935年，棉纺生产已经占日本出口的26%、工业生产总值的15%（沃克，2017）[212-213]，"西方的制造技术很快融入了日本，到1914年，日本已成为纺织品的净输出国"（辛格，2004b）[571]。

在引进蒸汽动力上，日本的缫丝业与铁道运输业几乎是同步的。机器缫丝是首个催生出大量工厂的行业，就业者多为年轻女性。这些年轻女性为日本的现代化做出了双重贡献。纺织厂的利润为明治政府推动现代化提供了资金，与此同时，出身贫苦家庭的女工们将薪水寄回家支付地租，地主又将收来的地租投资到其他产业和国家现代化进程中。19世纪70年代，明治政府开始建立工厂，并雇佣意大利和法国的工人传授技艺，缫丝厂普遍使用机械缫丝机，日本现代缫丝业开始扬帆起航。

就像英国工业革命早期大量雇佣童工和女工一样，在机械化的日本纺织业和缫丝业中，操作机器的主力是年轻女工。在日本丝织业工作的劳动力90%是女工，丝织厂空气中弥漫的纤维，极大地损害了女工们的健康，其中危害最大的是"肺结核"，成为"大众杀手"。"从军事力量几乎为零的幕府末期和明治初期，经过快速的近代化，到昭和全面战争时期，日本成为与欧美实力相近的军事大国，在这一过程中，农村的年轻女性劳动力始终肩负着赚取外汇的重任"（山本义隆，2020）[47]，这在日本的许多文学和影视作品中都有十分生动的反映。

在大规模生产提高效率的同时，不论是丝织业还是纺织业都带来了严重的工厂环境污染，极大地损害了工人的身体健康，这似乎带来了与现代化与生俱来的"现代病"，"作为明治时期出口创汇优等生的缫丝业和代表日本工业革命的纺织业，起码在明治时代的后半期都是'超级黑心企业'"（山本义隆，2020）[55]。

明治末期，女工结核病已成为一大社会问题。1903年，明治政府组织了对纺织厂工人的工作状况的调查。在1899—1902年间因健康原因解雇的689名工人中，有一半是患"呼吸道疾病"，而其中又有一半是患结核病，这还是在这种疾病被社会污名化、医生很少诊断为结核病情况下的结果。鉴于当时的医疗水平，结核病在很长一段时间里被误传为"遗传病"，因此一旦得病会有损个人和家庭的声誉。根据医生们的调查，丝织厂去世的女工中一半死于结核病，患者一旦被解雇回到家中，更加剧了该病在全国范围的传播，成为全国性的流行病，这是当时纺织工业甚至是工业化面临的最为严峻的健康挑战。（沃克，2017）[214]结核病之所以会在日本全国范围内蔓延，主要原因是人们视其为遗传性疾病，患病女工隐瞒不报，怕给家族带来耻辱和不幸。

尽管德国细菌学家罗伯特·科赫（Robert Koch，1843—1910）已在1882年发现了结核杆菌，但在日本，关于结核病的污名化和遗传病谣言仍持续了相当长的时间。科赫因结核病的研究，获得1905年的诺贝尔生理学或医学奖。此后，科赫的日本学生北里柴三郎被派往德国学习和研究细菌学，取得了非凡的成就，甚至差一点儿就获得了诺贝尔奖。1891年，科赫开发的第一批结核菌素输入日本，日本军方、大日本私立卫生会以及东京大学等单位开始进行临床试验，促进了日本在科学和医学领域的细菌学革命。

四、重化学工业

所谓重化学工业是能源、冶金（钢铁、有色金属）、机械制造及建材（水泥、玻璃）等重工业和酸碱、化肥、纤维等化学工业的总称。重化学工业化是工业化发展的必经阶段。

日本重化学工业正式起步于第一次世界大战之后。早期的重化学工业几乎就是军事工业的同义语，钢铁、机械、化工等领域的发展都是推动"强兵"的结果。化学工业始于军方火药、炸药的自给自足政策，一方面陆军分别于1867年和1882年在东京板桥和长野岩鼻创办了火药制造所，海军也于1885年在东京目黑创办了火药兵工厂；另一方面是出于引进造币技术的需要，在大阪开设造币局，并新建了硫酸、碳酸钠、煤气和焦炭的制造工厂。（山本义隆，2020）[90-91]

19世纪90年代以后，日本现代工业开始为传统产业提供支撑，如为农业提供化肥，为手工纺织提供棉纱和染料，这使得传统与现代产业的生产率都得到提高。由于传统生产活动在整个经济中占有很大的比重，因而它的扩张与发展仍是经济增长的主要原因。尽管新兴的工商业依然弱小，但因其生产率最高、增长最快，扩张也最为迅速。

进入20世纪20年代，随着日本"现代部门的扩张，它们需要吸收生产率较低的传统部门的资源以进行新的更多的生产。这种资源转移的程度越深，总产出的增长越快。……但是在第一次世界大战前，现代部门仍然是一个被传统经济哺育的婴儿，而并未像之后那样成为经济增长的引擎"（杜斯，2020）[335-336]。

一般认为，日本经济的发展经历了战前以劳动密集型的轻纺工业为主的产业结构，迅速地实现了资本密集型的重化学工业化，进而又快速地转向技术密集型的高技术工业化。但不论是在哪一阶段，都离不开科学技术的作用，而且越是往后，科学技术所起的作用也越大。科学技术，特别是现代工业技术，对日本现代化的作用功不可没，甚至可以说，没有科学技术的现代化，就没有日本的现代化。有学者指出，到了"19世纪80年代中期，明治维新已初见成效，经济基础设施的建设也已经起步。尽管人们的经济活动与生产方式几乎还没有受到现代技术与组织的影响，但是在日本未来所要依赖的工业、贸易和金融业中，已经播下了现代经济的种子"（杜斯，2020）[331]。

现代科学技术在日本重化学工业化过程中是如何发挥作用的呢？

这里仅就煤炭、钢铁和水泥等行业的情况做些论述。

煤炭开采

2002年，随着资源枯竭，日本仅存的两座矿山——太平洋煤矿（北海道钏路市）和池岛煤矿（长崎县外海町）闭坑，标志着日本国内采煤行业的彻底消失（草野真樹，2002）[2]。前面谈到，能源动力是产业革命和现代化的基石，而煤炭是当时船舶和火车的主要动力燃料来源。在世人眼中，日本是个能源、资源贫乏的国家，尤其是石油、煤炭以及各种金属都极为匮乏。但在日本历史上并非一无所有，矿山开采甚至曾盛极一时，为日本现代化奠定了重要的能源动力基础。

日本文献关于煤炭的最早记载，是1469年在三池郡稻荷村发现的"燃石"。17世纪下半叶，日本筑前、长门地区的居民用煤炭代替柴草作为家用燃料；18世纪初，濑户内地区将煤炭当作制盐的燃料使用（小田野純丸等，2007）[118]；江户末期，已开始将煤炭作为燃料提供给外国商船。在此期间，受所谓"南蛮文化"的影响，日本与煤炭开采有关的"矿山学"或称"技术学"（一种经验科学或实学）逐步成熟（杉本勋，1999）[118]，但在明治维新前，本国的采煤技术乏善可陈。

像大多数现代工业技术都来自西方一样，日本的现代采煤技术也是从聘请外国专家开始的。1695年发现的长崎高岛煤矿，煤质优良，但采矿方法十分原始。1868年，苏格兰船医、贸易商格洛弗（Thomas Blake Glover，1838—1911）与高岛煤矿的所有者佐贺藩签订了高岛煤矿的开采协议，但因与矿工发生争议（这也是日本近代史上最早出现的劳资纠纷），1874年明治政府收归国有后，改由岩崎弥太郎担任社长的"三菱商会"经营，格洛弗仍然担任顾问。高岛煤矿在日本战后经济复苏中曾发挥过重要作用，直到1986年关闭。

　　19世纪后期，由于能源动力对煤炭的需求量快速增长，煤炭开采能力也随之大幅提升。1874年日本全国的煤炭产量为21万吨，到1890年已上升到300万吨以上，1919年时更是达到了3 100万吨。（沃克，2017）[197]由于二战期间的迫切需求，1941年煤炭产量最高达到5 647万吨；随着1945年日本战败，产量急剧下跌到2 230万吨。战后，在美国占领军天然资源局的帮助下，日本邀请美国煤炭地质和矿山安全等方面的技术专家进行调查指导，同时派遣煤矿技术调查团赴美国学习考察，并引进美国的大批采煤机械和房柱采矿法，但因美、日两国煤田生成的地质条件不同，这些机械多半并不适宜日本的煤矿（草野真樹，2002）[5-6]，日本采煤机械化进展缓慢。与此同时，日本政府针对煤炭、钢铁行业采取倾斜政策，1961年煤炭产量恢复到战后最高的5 540万吨。（小田野純丸 等，2007）[134]20世纪60年代后期，与苏联合作引进"掩护支架采煤法"，不但提高了出煤效率，地下开采的安全防护能力也大幅度提升，日本的采煤业走上完全机械化的道路。1976年，采矿业实现了距离采煤机20米的远距离操作，而且因操作者远离煤尘发生源，劳动环境也得到了改善。（清水拓，2014）[9-11]

　　在日本煤炭开采领域，出生于中国大连的浅井一彦（1908—1982）是为数不多的具有国际影响力的采矿技术专家，对现代日本采煤技术的发展做出了重要贡献。他于1932年毕业于东京帝国大学法学部英法科，后赴德国学习冶金学和矿山学，1945年返回日本，同年12月创建"煤炭综合研究所"并任所长。1951年开始，他从德国引进先进技术和设备，在日本普及和推广长壁采煤法；1955年，他因"房柱采矿法和长壁采矿法引进和普及中的采煤技术创新"，获得日本首届全国煤矿技术会奖。1961年，以"关于煤炭加工利用的研究"获京都大学工学博士学位。1967年，浅井一彦首次合成了一种有机锗化合物

（Ge-132），并发现其具有抗癌活性，引起化学界和医药界的广泛关注；1969年，设立浅井锗研究所，晚年专注于元素锗的研究（草野真树，2002）[7-16]。作为一名科学家和工程师，浅井广泛的学术爱好和跨学科研究令人称道。

随着20世纪50年代中东、非洲以及中国等地大型油田的陆续发现，国际能源结构发生了巨大变化，日本产业界所需燃料也迅速从煤炭转换为石油，1962年在日本石油首次超过煤炭，成为能源供给的主要来源。但煤炭至今仍是支撑日本经济的主要能源，占能源总量的四分之一左右，而且全部依赖进口，仅2013年进口的煤炭就达2亿吨[①]。

煤炭开采技术包括排水、通风、照明、运输、爆破、安全、采掘等多个环节，其中矿山安全和采矿方法最为重要。在日本采煤业取得惊人发展的同时，也为安全事故以及环境问题留下了隐患，如1914年位于九州的方城煤矿发生爆炸，导致687人遇难，这是日本历史上最大的煤矿安全事故。1963年，三井三池煤矿发生爆炸，又导致458人丧生，该矿直到1997年3月30日才完成历史使命最后关闭，2015年与其他22个明治时代的工业遗迹一起被列入世界文化遗产。

钢铁

在重化学工业中，钢铁产业尤为重要，因为钢铁是机器生产的基本原材料，大规模钢铁生产对现代机械文明比任何其他因素贡献都要大，然而这却是由于战争需要直接促成的。1854年克里米亚战争期间，英国发明家和工程师贝塞麦（1813—1898）发明了一种来复线（rifle）大炮，却找不到能够制作此类大炮炮膛中沟槽（来复线）的铁，不得不去从事钢铁生产的研究，最终发明贝塞麦炼钢法。

---

① ［2022-10-19］http://www.jcoal.or.jp/worldheritage/03/05/.

　　日本的现代钢铁企业也是从引进西方技术开始的。甲午战争后中国清政府对日本的巨额赔款，成为日本发展钢铁产业的最大建设资金，最典型的就是利用1 920万日元战争赔款，于1897年开工建设、1901年建成的位于福冈县远贺郡八幡村的官营八幡制铁所。其全套设备和技术都从德国引进，起初以中国湖北大冶铁矿的矿石为主要原料生产，后又使用日本从中国和朝鲜殖民地掠夺来的铁矿石，这是日本大规模使用大型高炉炼铁的开端。因为生产过程中的焦炭质量不过关，开始时并不顺利，经过技术改良，直到1904年才稳定生产出合格的生铁（铣铁）并炼制钢材。八幡制铁所的成功，带动和促进了日本钢铁产业的发展，为日本战后成为世界钢铁强国奠定了基础。

　　1934年，八幡制铁所与釜石矿山、富士制铁等6家民营企业合并组成日本制铁公司。1950年，日本制铁公司被拆分成八幡制铁、富士制铁两家钢铁公司和日铁轮船公司及播磨耐火砖公司。1970年，八幡制铁和富士制铁两家公司再度合并，诞生了新日本钢铁公司（简称新日铁），成为世界上最大的钢铁公司之一。中国改革开放后，新日铁参与了中国宝山钢铁总厂的建设。2012年，新日铁与住友金属工业株式会社合并，成立了新日铁住金株式会社，现为日本最大的钢铁公司。

　　八幡制铁是日本钢铁工业发展的缩影，透过其发展历程，可以看到影响日本钢铁工业发展的一些重要因素，如地理位置、国民性格、战时国家垄断、原有工业基础等。战后风云变幻的国际环境，也为日本钢铁业提供了机会，尤其是1950年爆发的朝鲜战争和1965年的越南战争，美国订购的军需品中70%与钢铁有关（刘霁堂，1996）[98]，这两场战争犹如一剂强心剂，大大刺激了其钢铁工业的发展。

　　技术进步始终是影响日本钢铁工业发展的关键因素，这里既有先进技术的引进，也有自主技术创新，在引进和创新之间，更注重创新。在引进方面，如1951年引进美国带钢连轧技术，1953年引进奥地利纯氧转炉炼钢法，1957年引入顶吹转炉炼钢技术，等等，而且在策略上也是重技术引进，轻设备引进。在创新领域，1973年的石油危机，迫使日本较早研究节能型炼钢工艺和新的钢材类型；发明连续锻造技术、回收废热发电技术和利用炉顶压发电技术，使吨钢能耗率降至世界最低；日本也是世界上在冶金行业最早采用计算机控制的国家。到20世纪70年代后期，日本的"钢铁产量差不多同美国并驾齐驱，钢铁工厂比美国效率更高、更现代化。1978年世界22座大型高炉之中，日本占了14座，而美国不到三分之一。现代化、高效率的日本钢铁工业，在美国以及其他市场上，使美国瞠乎其后"（傅高义，2016）[9]。

钢铁行业与汽车、造船等需求产业关系密切。日本发明的连续淬火机，能够制造高张力超薄钢板，为汽车工业的崛起奠定了基础；高强韧钢的开发，为造船业建造超大型油轮和深海潜器提供了保障，以及为电力行业制造大型节能变压器提供了可能，等等。

水泥

水泥的发展史就是人类利用石灰的历史。水泥产业与钢铁、非铁金属、化学等一样，属原材料产业之一，在生产过程中需要大量消耗能源和资源，而且会排放大量的二氧化碳。水泥在日本属"窑业"，而窑业还包括玻璃、陶瓷等行业，类似中国的"建材"行业。日本最早的水泥生产企业建于1873年，即官营的工部省深川水泥制造所（俗称深川工厂），由工部省"大技长"、化学工程师宇都宫三郎（1834—1902）设计，他被誉为日本水泥国产化的"第一功臣"。

日本的水泥生产技术也来自西方。1824年10月24日，英国建筑工人约瑟夫·阿斯谱丁（Joseph Aspdin，1779—1855）发明了硅酸盐水泥——国际上称波特兰水泥（Portland Cement）并取得了专利权。1875年，深川工厂采用英国技术在日本成功生产出波特兰水泥，作为水泥生产关键技术设备的烧制炉，采用源自英国、被称为"德利窑"的瓶窑（或称竖窑，Bottle Kiln）。1884年，德国人狄兹赫（Dietzsch）发明了狄兹赫立窑（Dietzsch Kiln）。日本后来的两家最大水泥生产企业——小野田水泥和浅野水泥，都与深川工厂有很深的渊源。

1880年，笠井顺八在山口县小野田设立小野田水泥制造株式会社（简称小野田水泥）；1883年工厂建成后，宇都宫三郎亲自到小野田水泥给予指导，并接收该企业技术研修生到深川工厂学习技术、接受培训。1884年，深川工厂因经营困难出售给浅野总一郎（1848—1930），这成为浅野财阀的基础。1903年和1909年，浅野水泥和小野田水泥分别引进了最初由英国人弗雷德里克·兰瑟姆（Frederick Ransome，1817—1893）发明的更先进的回转窑（rotary kiln），瓶窑和立窑才逐渐退出历史舞台；1922年，小野田水泥最后一座创业期建立的德利窑停炉，水泥生产企业迅速转向回转窑时代，因此立窑在日本存在的时间并不长。（高林二郎，2015）[40]根据原料处理的方法不同，水泥生产方式又分为干法和湿法两种，现如今干式回转窑是世界水泥生产方法的主流。

小野田水泥创业于明治政府财政紧缩、经济最不景气的年代，直到1886年日本迎来第一次产业振兴高潮，伴随民营铁路建设、纺织企业成立、政府官厅以及军事基础设施的建设，对水泥的需求大幅度增加。小野田水泥先是聘请德国技师并在新工厂中全面采用来自德国的回转窑技术，但因相关技术不配套，导致"水土不服"，并未达到预期的效果，而且起初聘请的德国技师也是个"水货"。

这些失败的教训，让笠井顺八痛下决心，决定派自己聪慧的次子笠井真三（1873—？），亲赴德国学习水泥行业的科学技术。笠井真三也没有辜负父亲的期望，经过6年刻苦学习，于1896年在慕尼黑大学获得博士学位，奠定了坚实的专业基础，此后为家族企业的发展做出了卓越的贡献。1918年，笠井真三子承父业成为小野田水泥第三任董事长。类似笠井真三的例子，成为日本各个行业摆脱简单模仿、掌握国际一流技术的必由之路，"为了掌握新技术，提高经营能力，明治的企业家们大量地把自己的子女和职员派往海外留学……即便在小野田水泥这个山口县的小小士族授产企业里，企业家们也具有高度的国际化视野，他们明白自己肩上的现代化使命"（米仓诚一郎，2020）[114]。这与当今中国社会里，许多私营企业家将自己的子女送到国外留学，然后回国继承家族企业，如出一辙！

总之，日本人在各种水泥生产制造技术中本身的创新乏善可陈，几乎都是"拿来主义"，鲜有自己的发明创造。但这并未影响日本将外来技术向其殖民地的扩散，1908年小野田水泥在中国大连市周水子设立了大连分公司，1928年大连分公司的年产量已超过20万吨。（國吉喜一，1933）[80]

以上，我们简要叙述了日本殖产兴业过程中对西方产业技术的移植和引进。在现代产业技术迅速兴起和快速发展的同时，整个社会对科学技术也越来越重视，日本的现代科学技术也迎来了黄金时代。继早期以引进、移植西方现代科学技术为主，开始进入自主和独立研究的阶段，尽管整体情况尚不尽如人意，但在某些领域已迈入世界科学技术的前沿，并逐渐赢得了国际性的声誉。

五、工业化与公害问题

前面我们曾谈到，重化学工业化是国家现代化的主要内容之一。除煤矿外，在资源领域，有色金属开采对工业化也起到十分重要的作用，足尾铜山就是日本最著名的有色金属矿山之一。

早在1610年栃木县上都贺郡足尾町当地的两个农民就发现了矿床，此后足尾铜山便作为江户幕府直辖矿山正式开采。但到江户后期，因为传统的手工技术只能开采位于地表部分的露天矿，无法将埋藏较深的地下矿石挖掘出来，当地的铜产业陷入低迷的状态。

1877年，古河矿业创始人古河市兵卫（1832—1903）在银行家涩泽荣一支持下接手足尾铜矿，他充分认识到技术的重要性并率先引进现代矿业技术，推动矿山的现代化转型。例如，足尾铜矿是日本最早使用电力的铜矿，1890年建成水电站后便用电力进行排水、提升和照明，1892年在矿区建成日本第一条电气化铁路，1895年矿山卷扬机全部实现电气化，1897年电解精炼铜在日本首获成功。（山本义隆，2020）[57]

日本企业主要动力从水力和蒸汽动力转变为电力是在20世纪之后的事，可见足尾铜矿的创新性和先进程度。该矿江户时代鼎盛期的年产量曾达到了1200吨左右，最高时占全日本铜产量的四分之一以上。江户末期产量逐渐减少，已接近闭坑停产状态。这里出产的铜，除向中国和荷兰出口外，曾作为江户时代通用货币——宽永通宝的造币原料。明治维新后依托于铜与铜电缆的电气化技术，对工业化至关重要。

然而，由于矿区持续的扩建破坏了自然环境，疾风骤雨过后矿场排出的砷、铬、铝、硫酸等有毒有害物质顺流而下，水中漂浮着大量死鱼。洪水流经的土地寸草不生，人赤脚在洪水里踩过之后，立刻红肿起来。在洪水里泡过的牲畜也接连倒下。周边不断有居民中毒后因肝功能障碍、肾功能障碍等死亡，当地征兵体检中50人仅有2人合格。据统计，共有1 000余人因此非正常死亡。最早的环保人士、当地出身的众议员田中正造（1841—1913），为反对矿毒而奔走呼号。然而直到1972年古河矿业才承认对此负有责任，并于翌年关闭了足尾铜矿，但其冶炼厂继续运营到20世纪80年代。1973年古河矿业与受害者达成和解，而采矿业留下的伤痛至今没有消失。（淺木洋祐，2016）[1-6]

2011年3月11日的东日本大地震后，渡良濑川下游再次监测到铅含量超标，这块伤痕累累的土地或许永远都难以恢复。足尾铜矿矿毒事件被认为是日本公害问题的起源，足尾铜矿后来成为牺牲农业发展工业、牺牲公众利益发展经济的典型。1908年著名作家夏目簌石（1867—1916）的小说《矿工》就是以该矿矿工真实经历写成的。在是否要保护农民免受矿毒问题上，近代初期的社会关系中偏向于重视农民。但在明治时期以后的富国强兵体制下，尽管科学家已查明足尾铜矿是中毒的罪魁祸首，然而政府保护的是矿山而非农民。被政府控制的直接相关专家（冶金工程师）被迫保持沉默，或不能直面因果关系而站在了矿山的立场上。（木本忠昭，2014）[72]

工业化、现代化是否必然要付出环境破坏、生态失衡的长期代价，一直是现代化绕不开的话题。公害就是对公共利益的侵害，在日本行政领域出现"公害"一词，是在1943年警视厅《公害及灾害取缔规则》及1949年东京都《事业所公害防止条例》等行政法规上，1955年以后成为日常用语。1955年开始日本经济进入了前所未有的增长阶段，20世纪50年代后期实际经济增长率平均达到8.8%，60年代初期为

9.3%、后期为12.4%。在经济高速增长的同时，人命攸关的公害事件频繁出现，产业活动造成的大气污染、水质污染、土壤污染、地表下沉、噪声、震动、恶臭是7类典型公害。1966年公害报告总数达2.502万件，其中空气污染占24.2%、水质污染占10.7%、噪声占37.3%、臭气占17%。

从1955年到1964年的10年经济高速增长期间，日本能源消耗量翻了3倍，能源的主要构成也从煤炭转向石油，煤炭和石油的占比分别从1955年的49.2%和19.2%转变到1965年的27.3%和58.0%。大气污染范围更加广泛、更加严重，以硫氧化物为中心的污染形态正在发生变化。造成大气污染的原因很多，电力生产过程产生的污染最严重。战后煤炭一直是日本的主要能源来源，空气因含有大量与煤炭燃烧有关的烟尘和烟雾而受到严重污染。由于油烟和烟气被送上天空的高度越高，气流就越稳定，越容易扩散，从1970年左右开始增加烟囱的高度，但这只能降低污染源附近地面污染物浓度，反而导致污染扩大，并不是根本的解决办法。后来开发了收集烟尘的除尘器，废气处理也有了进展。

20世纪50年代，中东和非洲相继发现大油田，全球石油供应充裕。二战后一段时间，日本进口受到外币配额制约。1962年原油进口自由化开始后，日本的能源政策转向比煤炭更便宜、更稳定、更方便的石油。石油在日本能源供应中逐渐超过煤炭，1973年石油占日本一次能源的近80%。电力生产的原料从煤炭变成了石油，煤烟减少了，但石油中所含的硫氧化物、汽车排放的氮氧化物和碳氢化合物，以及氮氧化物和碳氢化合物发生化学变化形成的光化学氧化剂增加了，而且其中含有大量的白色烟雾，成为污染空气的主要原因。

随着拥有汽车的人数逐年增加，交通事故的死亡人数也随之增加。1970年因交通事故死亡的人数达到16 765人，创历史之最。除了交通拥挤问题之外，汽车尾气造成的空气污染已成为一个重大的社会问题。1996年5月居住在东京环路7号线等主干道附近的居民针对大气污染造成哮喘等伤害提起诉讼。2002年10月东京地方法院判决日本政府、东京市政府、日本公路公社和汽车制造企业负有损害赔偿责任，原告和被告均不服判决，分别向东京高等法院提起上诉，2007年以建立救济制度等为条件达成了和解。

反映最多的公害是噪声，1966年的统计中占比为37.3%。噪声主要有两个来源，即工厂（61%）和施工现场（11%）。1968年，日本制定《噪声限制法》，针对不同地区对安静程度的不同需求，制定了白天、早晚和夜间噪声指标。1955年开始，日本大力推进工业基础设施的公共投资，在资本投资和出口的带动下重化工业化进程得到推进。1955年公布了发展石化工业的措施，掀起了在沿海地区建设大型工业园区的热潮，沿海工业区成为造成严重工业污染的因素之一。

1948年美国教育视察团来日，认为以日本大学工学部为中心的技术教育和美国相比落后，应尽快设置新学科的研究领域是化学工程学和卫生工程学。直接对化工厂生产发挥作用的化学工程学，迅速在全国的大学工学部建立；和生产没有直接关系的卫生工程学，1964年最早在京都大学设立。然而化学工业给日本带来的并不仅仅是经济的繁荣，同时也带来了严重的环境公害，水俣病就是最为典型的化学污染公害事件。

1953年，日本南部沿海的熊本县水俣湾附近居民发现了首例怪病，症状初始是口齿不清、步态不稳、面部痴呆，进而耳聋眼瞎、全身麻木，最后精神失常、身体弯成弓状嚎叫死去。经调查分析，查清是因食用水俣湾里含有甲基汞的鱼而造成的。鱼之所以会带有甲基汞，是因为被排入水俣湾里的工业废水里含有甲基汞。废水即来自附近创办于1908年的日本氮肥公司的一家新工厂，这是一家具有世界影响力的化学化工企业。该公司并没有立即采取强有力的对策措施，而只是变更了排水路径，继续扩大生产，结果导致污染继续扩大。令人震惊的是，为查出毒物的成分进行有效治疗，负责发病患者治疗的熊本医院希望企业能提供包括各类化学用料等生产操作的详细信息，也遭到企业的拒绝，一些信息时至今日仍不为外界所知。

水俣病事件成为日本现代化发展史上最为著名的环境污染事件，在国际上也是众所周知，对这一事件所引发的科技界社会责任以及技术伦理等问题的讨论，至今不绝。科学史家山崎正胜认为，日本的科学技术人员出身武士家庭居多，搞科研是为了出人头地，道德感滞后，导致对社会责任的漠视。日本的历史证明，许多人身伤害其实是明治以来日本快速工业化导致的后果。（沃克，2017）[202]

不论是足尾铜山矿毒事件还是水俣病事件，都不可避免地造成环境严重污染，人口出生率下降、河流死鱼漂浮、渔业大幅减产，甚至导致与纺织行业紧密相关的养蚕业迅速凋零，成为国家现代化过程中的"副产品""文明病"，这些问题在后发国家现代化过程中不断重复上演。即使在今天，世界快速发展造成的碳排放引起的气候变化等问题，仍然是国际社会共同关注的问题，有时甚至成为国际冲突、政治博弈的焦点。对于日本这样一个四面环海的岛国，全球气候变化导致的冰川融化、海平面上升等全球性改变，将会更加直接地影响到日本并造成其毁灭性的损失（如福岛核电站事故）。毫不夸张地说，日本现代化的消极后果依然影响着当今日本的发展以至其国际地位。日本作为世界第三大经济体，对构建人类命运共同体，自然也有不可推卸的责任！

第三节　科学的英雄时代

日本的有识之士很早就看到了科学技术的力量，明治维新伊始系统学习西方的现代科学技术，并将其作为推进现代化的利器。幕末思想家、最早认识到知识就是力量的日本人佐久间象山认为："全世界之形势，自哥伦布依靠究理之力发现新大陆，哥白尼发明地动说，牛顿归纳重力引力之实理，三大发明以来万般学术皆得其根底，毫无荒诞之意，全部真实。由是，欧罗巴洲及亚美利加洲次第面目一新，创制蒸汽船、磁电报等，实夺造化之工，其状可怖可愕。"[①]在当时的历史条件下，这样的远见卓识是十分难能可贵的。

在19世纪末20世纪初的一段时间里，日本科学技术出现了一个朝气蓬勃的英雄时代！以"科学"之名设立的机构如雨后春笋，甚至有人提出要设立国家层面的"科学院"。"所谓科学院不光是狭义上的自然科学、工程学，应该涉及更广义的一般科学、文化。为了在东方确立永久的和平，我们一直翘首以盼设立这种广义上的科学院。"（會田軍太夫，1943）[229]

一、从移植到独创：大兴科学之风

1903年日本第一代物理学家长冈半太郎（1865—1950）提出原子结构的"土星模型"，标志着以引进和移植为主要内容的日本第一次

---

① ［2022-10-23］https://baike.so.com/doc/6461963-6675651.html.

科学革命的结束和具有独创性科学研究的开始，由此至1949年汤川秀树获日本首个诺贝尔奖这段时间，科学史家汤浅光朝称之为日本第二次科学革命，日本现代科学进入独立发展的时期。

现代科学观念深入人心，人们对其顶礼膜拜，他们对每一位来自西方科学大师的传经布道都充满敬意，为数不多经过欧美严格训练的本土科学家开始走上世界科学的舞台，以致重理论而轻实用的唯科学主义思想蔚然成风，"日本科学家在抽象理论的研究上花大力气而轻视实用科学，想以此证明自己国家的文化更优越"，这甚至到二战结束后还令美国派往日本的科学顾问团感到不可思议。与此同时，因军国主义和殖民政策，"日本明治维新时期的国家目标——'富国强兵'或多或少都影响了日本科学研究的特点，并使国家的研究方向指向工业和军事上的应用"（冈本拓司，2006）[39]，科学发展步履维艰，有限的技术应用集中于军事目的，对产业的促进作用并不显著，科学技术与国家现代化之间的关系若即若离。

19世纪60年代之后的半个世纪时间里，英国、法国、德国、意大利以及其他欧洲国家与美国一起，逐渐成为政治集中化和经济现代化的"现代国家"。现代国家不但要拥有强大的军事力量，还要具备支撑其现代国家的科学技术，而与其相应的科技体制也随之形成。在此前向英、德、法等西方发达国家派遣留学生，邀请外国专家到日本任教或担任政府部门顾问等间接引进和发展本国的科学技术措施之外，直接发展自身的科学技术，建立现代科研体制和创办科研机构开始提上议事日程。

作为后起之秀的现代化国家，"在1868—1912年，即明治天皇统治的45年间，日本逐渐取得了一个现代国家几乎所有的要素……"（詹森，2014）[668]，通过模仿、引进、移植和自主创新，也逐步建立起现代科学技术体制。这种体制，一方面强化了国家层面上对科学技术的投入，另一方面也有利于海外扩张中对科学技术的动员，使得科学技术更加紧密地与国家的总体利益和现代化进程联系在一起。汤浅光朝指出，"现代之所以能够称得上现代，就是因为科学革命。之所以有可能从封建制度转换到资本主义，是因为有了现代科学"（汤浅光朝，1961）[226]。在此阶段，日本的科学完成了由移植向独立自主的转换，科学作为一种制度也得以确立。长冈半太郎提出的原子结构"土星模型"、铃木梅太郎在脚气病研究中发现的维生素B1和池田菊苗发现的"味之素"，都是这一时期科学领域的代表性成果。日本科学由此与国际接轨并日渐成熟，其标志就是汤川秀树对介子的发现。在此期间，就学科领域而言，与科学革命第一阶段集中于生物学方面不同，物理学领域的成就最为突出。

但是，由于日本逐步从以财阀为代表的垄断资本主义，演变为军国主义并推行殖民侵略政策，科学技术发展也出现了挫折和反动。虽然客观上科学技术有一定程度的"二次传播"和扩散，但总体上，科学技术在殖民地的移植是被动的和畸形的，其植入过程阻碍了殖民地国家（如中国）和地区的科学技术发展。

在日本科学技术发展的早期，留学生发挥了极为重要的作用，而且他们已经有了独创性的研究并在国际科学界开始崭露头角。在20世纪初期，日本留学生的质量以及他们所取得的成就，甚至与美国在西欧的留学生相比也毫不逊色，这一点常常被人们所忽视。在当时，美国的大学生也是以能到欧洲留学为荣，即使是在美国本土毕业的博士，也要经过在欧洲的训练才能回国取得相应的职位，这与今天的美国有很大不同。与欧洲相比，那时美国的科学技术在国际上尚属二流。

前面谈到，日本启蒙思想家很早就认识到了科学技术的价值，并向整个社会传播和阐释这种理念，"科学文化向社会展现了科学的价值及社会功能，使得科学的社会地位不断提升，具有了广泛的社会影响和社会内涵，为科学体制化赢得了社会支持，使科学参与到改变社会文化和社会制度结构的进程之中"（武晨箫 等，2021）[106]。现代科学以一种社会文化的形式，逐步被全社会所接纳以致蔚然成风。

现代自然科学产生于西欧，科学后发国家无疑都要经历移植和引进的过程，而在这一过程中，科学的思想启蒙和制度设计有着特殊的意义，也是不可回避的必经阶段和必然要求。尽管日本并没有严格意义上的科学革命，技术革命也是在有限的范围和领域内偶尔出现，但是作为一种社会建制的科学技术体制，的确经过了一个从无到有、从小到大、从内到外的长期塑造过程。明治时代政治家中的先驱者和启蒙思想家，共同推动了日本科学技术体制的构建，尤其是崇尚科学的社会文化氛围的形成。

科学体制化是科学发展的组织条件和制度保证，包括专业学会的建立、学术期刊的创办、大学专业和教师岗位的设置，以及科研管理组织的设立，而"科学文化与科学体制化本质上具有伴生共变的关系。……科学文化的传播使得社会对科学精神、科学方法以及科学的内在价值和社会功能有更加深刻的认识，营造了有益于科学发展的社会氛围，为科学体制化的顺利推进提供了前提和保障"（武晨箫 等，2021）[106]。但与科学先行国家以科学家的民间主导有所不同，作为后发国家的日本，其科学技术体制化是以政治家的官方行政措施为主导的，启蒙思想家与政治家的相互协调、相互协作是日本科学体制化和现代科学文化建设的重要特点。这种体制化模式，也为此后日本推行军国主义过程中进行"科学动员"埋下了伏笔。

明治时代的日本，从天皇到政府高级官员，大兴科学文化之风，政治家们发现，"'文明开化'是实现'殖产兴业'和'富国强兵'的前提：西方的军事优势来自工业革命带来的产业技术优势，产业技术优势源于现代科学思想，培养本国科技人才是当务之急。由此，学习西方科学不再是个人兴趣，而成为一种由政府推行的集体行为"（武晨箫 等，2021）[109]。而大正时代的民主化运动将此推向了高潮。

大正天皇的统治期（1912—1926）前后不过15年的时间，但在日本现代史上是一段难得的学术民主和经济繁荣时期，被称为"大正民主期"，这是其间科学技术发展的重要政治背景，电力技术是这一时期发展最为迅猛的领域。

1911年，日本水力发电超过火力发电，国家制定了《电气事业法》；1913年，工业用电超过民用需要，随着电化学工业的飞速发展，电力极度缺乏。1930年，猪苗代水电站建成并实现超高压远距离输电，此时工业动力的电气化率从30%提高到90%。大型电网的形成，使企业更为便利地使用电力并实现聚集，从而出现了大型工业区——工业地带，1925年仅阪神（大阪、神户）、京滨（东京、横滨）、中京（以名古屋为中心）和北九州四大工业带的产值就达到了全国的65%。但电力的大规模应用，夜间劳动和连续工作常态化，工人（尤其是女工和童工）的劳动强度加大，纺织女工结核病频发，社会矛盾加剧，产业合理化运动的呼声日益高涨，大正民主运动应运而生。科学家们也不甘寂寞，高峰让吉、田中馆爱橘（1856—1952）等人提出了寄希望于科学技术的自立运动，理化学研究所就是在这样一种背景下诞生的。

在东北帝国大学，后来成为京都哲学学派主要成员之一的田边元（1885—1962）最早开设了《科学概论》（1918年）课程，开辟了科学方法论领域，帮助国民追求"真"的科学思想。1922年，爱因斯坦、伯特兰·罗素（1872—1970）、玛格丽特·桑格（Margaret Sanger，1879—1966）夫人等著名的和平主义者到日本访问，受到学术界和民众的追捧。生物学者山本宣治（1889—1929）借助桑格夫人访日之机发起节育运动，在京都劳动学校讲授生物学，为日本性教育做出了巨大贡献。各种科学杂志相继创办，造就了石原纯（1881—1947）、寺田寅彦（1878—1935）、小仓金之助（1885—1962）、冈邦雄（1890—1971）等一代优秀的科学启蒙思想家。与此同时，工程技术领域的人士也不甘示弱，内务省技师宫本武之辅联合青年技术人员，创办了旨在追求"工程技术人员觉醒、团结、社会机会均等"的技术团体。大河内正敏等作为国产奖励运动的领袖，也组织了摆脱外国技术与倡导民族技术的团体。在此后不久的20世纪40年代，这些团体都成为国家科学技术政策的智囊。

科学家-工程师运动从20世纪20年代开始，波及全世界35个国家，其目的是对抗法西斯主义，拥护和平和民主主义。可以说，提倡民主与科学的中国五四运动，也是这场世界性运动的一部分。但日本的这场运动与国际上的科学家-工程师运动并无关联，与当时日本国民普遍关心的问题相脱离，完全是孤立的，因而此后走上了协助战争的道路。

自明治到大正（1868—1926）的近60年间，是日本科学从移植走向独立的过渡时期，涌现出一些具有国际水准的科学家并取得了若干世界公认的研究成果。这里，我们先简要介绍一下汤浅光朝对日本科学家的时代区分，他将截止到20世纪50年代末的科学家大致划分为以下甲、乙、丙三个群体或三代人。（湯浅光朝，1961）[109-110]

甲：过渡时期的科学家——他们在日本国内接受汉学和兰学的教

育，他们是"翻译科学家"或"启蒙科学家"，如前面提到的福泽谕吉，那时还将物理学称为"穷理学"，将化学称作"舍密学"，以今天的眼光看，他们不是严格意义上的科学家，充其量是现代科学的传播者、推广者。

乙：科学界的英雄们——从外国大学毕业或曾留学，即便是在日本国内的，主要也是在外国专家（教师）的培养下接受的教育。

丙：英雄们的追随者——后英雄时代，第三代科学家群体是真正在日本的研究室里做出了成就的科学家，现代科学向日本的移植工作基本完成，开始结出自己的花朵和果实。

其中，甲和乙之间并没有师徒关系。甲是"日本造"，乙是"外国造"；乙是日本最初的专业科学家群体，是按现代科学家的"生产方式"培养的。乙和丙之间有师承关系，丙也是"日本造"。当然，甲、乙、丙科学家群体之间总有些中间过渡人物，有时很难严格加以区别。

我们这里所指的明治·大正时代的科学家，就是这些"外国造"的科学界的英雄们，即第二代科学家。他们在日本都是所属专业的先驱者，是缔造了日本"科学的英雄时代"的一群人（表2-3），主要出生于幕府末期的1851至1859年之间，明治维新到来时大多在8到18岁，他们都是在呼吸着"开国的新鲜空气"中来到这个世界的，比福泽谕吉、西周等明六社的启蒙思想家们（包括过渡时期的科学家）小20岁左右，差了整整一代人。而在日本科学革命的高潮中（1890年前后），他们恰恰是在年富力强的时期，经过明治时代、大正时代，作为学术界的元老长期占据着支配地位。

表2-3　明治时代科学英雄时代的代表人物

学科领域	姓名	生卒年	出身学校	主要地位和业绩
医学	北里柴三郎	1852—1931	熊本医学校、东京医学校（现东京大学医学部）、柏林大学	发现血清疗法、传染病研究所所长
	青山胤通	1859—1920	东京大学、柏林大学	青山内科、医科大学校长
气象学	北尾次郎	1853—1907	柏林大学、哥廷根大学	东京大学教授（农学部）
	中村精男	1855—1920	东京大学、柏林大学	中央气象台台长
物理学	山川健次郎	1854—1931	耶鲁大学、东京大学	理科大学校长、东京大学校长
	田中馆爱橘	1856—1952	东京大学、柏林大学	东京大学教授，地磁测量
化学	高峰让吉	1854—1922	大阪医学校、大阪舍密学校、东京大学、格拉斯哥大学	发现肾上腺素、高峰淀粉酶
	樱井锭二	1858—1939	东京大学、伦敦大学学院	理科大学校长、帝国学士院院长、学术振兴会首任会长
数学	菊池大麓	1855—1917	剑桥大学	理科大学校长、东京大学校长、文部大臣、帝国学士院院长、理化所所长
	藤泽利喜太郎	1861—1933	东京大学、伦敦大学、柏林大学、斯特拉斯堡大学	东京大学教授、帝国学士院第二部部长
天文学	寺尾寿	1855—1923	东京大学、巴黎大学	东京天文台台长
地质学	和田维四郎	1856—1920	开成学校（东京大学前身之一）	地质调查所所长、八幡制铁所长官
	小藤文次郎	1856—1935	东京大学	东京大学教授、岩石学

续　表

学科领域	姓名	生卒年	出身学校	主要地位和业绩
植物学	矢田部良吉	1851—1899	康奈尔大学	东京大学教授
	松村任三	1856—1928	东京大学	东京大学教授
动物学	箕作佳吉	1857—1909	庆应义塾、东京大学、耶鲁大学、约翰霍普金斯大学、剑桥大学	理科大学校长，发生学
	石川千代松	1861—1935	东京大学、弗赖堡大学	东京大学教授（农学部），进化思想普及

资料来源：湯浅光朝，1961.科学史［M］.東京：東洋経済新報社：111；https：//www.weblio.jp。表中所指的"理科大学"指东京帝国大学所属的理科大学，相当于东京大学现在的理学院（部），不是现今的"东京理科大学"。

从明治末期到大正时代，这些受到西方教育的现代科学家脱颖而出，承担起引领日本科学革命的重任，其代表性科学家有：北里柴三郎、高峰让吉、长冈半太郎、铃木梅太郎和池田菊苗等人，他们毫无例外地都受到过现代西方教育和训练（外国造），甚至曾长期在西方世界从事科研工作。但即便是菊池大麓、樱井锭二等第一代日本科学家中这些优秀人物，"回到日本后，作为科学家看并未做出值得称道的创造性工作。日本还是科学的不毛之地"（湯浅光朝，1961）[134]。类似的情况，在中国第一代自然科学家中也不鲜见，他们的主要工作是"译介"和"传播"，还很难做出原创性的工作，但即便如此，他们的工作依然有重要意义，是科学传播、转移不可或缺的环节。

下面就让我们来认识几位"科学英雄时代"的著名日本科学家。

二、北里柴三郎与细菌学

当2001年日本政府提出第二期《科学技术基本计划》时，其中的一个目标就是从2000年起的未来50年内，要争取获得30项诺贝尔奖。这一计划刚刚公布时，全世界的科学家一片哗然，连日本国内也到处都是质疑之声。然而，截至2022年，日本人已经在自然科学领域获得20次诺贝尔奖，甚至有了日本诺贝尔奖"井喷"的说法。但如果仔细研究日本人获诺贝尔奖的历史，或许就不会感到惊讶了。

早在1901年诺贝尔奖首次颁奖时，北里柴三郎就获得提名，甚至差一点儿就获得了首届诺贝尔生理学或医学奖。那么，北里柴三郎是何许人也呢？

北里柴三郎（1853—1931，图2-2），现在的熊本县阿苏郡人，细菌学家、免疫学家、医师。日本医学从中医向西医转换的标志性人物，也是最早被世界公认的日本现代医学家，被誉为"日本现代医学之父"（田中祐理子，2020）。日本在为数不多的学科领域具有革命意义的成就，其中早期最为著名的就是他的细菌学。北里属大器晚成的人，1871年18岁时进入熊本医学校（现熊本大学医学部），1874年21岁时进入东京医学校（现东京大学医学部），直到1883年30岁毕业，随后进入医务省卫生局工作。

图2-2 北里柴三郎
（日本国立国会图书馆 藏）

1885年受政府派遣，北里赴德国留学，1886年1月进入柏林大学细菌学家罗伯特·科赫（1905年因肺结核研究获诺贝尔生理学或医学奖）的实验室学习细菌学。1888年开始在德国的医学杂志发表研究成果，1889年成功培养出导致破伤风的芽孢杆菌（这一年也是日本第一次科学革命大致结束的一年），1890年发现了破伤风抗毒素，从而开创了血清疗法[1]。北里从35岁到41岁年富力强的黄金时期在科赫门下学习和工作了6年，从而登上了细菌学领域的世界舞台。日本人由此在世界上开始做出独创性科学贡献，他也成为远东国家日本开国后第一位被全世界所熟知的科学家，在日本的科学革命中具有极为重要的标志性意义！

1890年，北里与德国同事埃米尔·冯·贝林（Emil von Behring，1854—1917）共同研究，认为通过注射含有抗霉素的血清可以实现对破伤风的免疫，而这种抗霉素是在暴露于破伤风杆菌环境下的动物血液中产生的。这年他和贝林将此方法用于白喉和破伤风的治疗，发表了《关于动物白喉和破伤风免疫机制》这篇具有里程碑意义的经典论文[2]，开启了血清学新领域。本来北里也获得了首次诺贝尔奖的提名，但当时还没有后来可以多人同时获奖的规定，因此北里与诺贝尔奖失之交臂。以今天的眼光看，北里完全有资格与贝林同时获得诺贝尔奖，至今仍有很多日本人对北里没能获奖耿耿于怀。连著名科学史家汤浅光朝也认为："当时，在科赫的手下，肠伤寒菌发现者加夫基（Georg Theodor August Gaffky，1850—1918）、白喉菌发现者贝林、从事细菌化学的艾利希（Paul Ehrlich，1854—1915，1908年获诺贝尔生理学或医学奖）等优秀人才一起共事，北里并不亚于他们。贝林

---

[1] ［2022−10−27］www.kitasato.ac.jp/jp/kinen-shitsu/shibasaburo.

[2] BEHRING E, KITASATI S, 1890. Über das Zustandekommen der Diphtherie-Immunität und der Tetanus-Immunität bei Thieren［J］. Deutsche Medicinische Wochenschrift, 16：1113−1114.

因白喉血清疗法在1901年获得首届诺贝尔生理学或医学奖，但此项研究是将北里在破伤风菌上的研究应用在了白喉菌方面。1891年，贝林和北里在《德意志医学周报》上联名发表了论文《免疫的成立及其应用》。以此为基础，血清疗法以及免疫学取得了发展。北里是名副其实的创始人。"（汤浅光朝，1961）[116]尽管并无证据表明存在种族歧视，但在西方人的眼里，恐怕并不待见这位来自东方的科学家，日本当时的科学以及整个国家都还不具备如今的国际地位。

1892年10月回到日本后不久，在福泽谕吉等人的支持下，北里创建了隶属大日本私立卫生会的"私立传染病研究所"（今东京大学医科学研究所）并任所长，率先在日本开展对传染病和细菌学的研究。1894年5月，在中国香港发生淋巴腺鼠疫期间，他与青山胤通（1859—1917）等人赴疫区开展实地调查，并于6月独立分离出了鼠疫杆菌。

北里的出身并不显赫，父亲是一个小村子的村长，12岁起就开始跟随当地的"儒者"学习汉学，对中国、中医并不陌生。1910年底至1911年初，在中国东北地区曾爆发过一场罕见的大鼠疫（肺鼠疫），在伍连德（1879—1960）的带领下，仅用了3个月的时间就控制住了疫情。1911年4月，为总结抗击东北鼠疫的经验在沈阳召开的"万国鼠疫研究会"上，北里和伍连德担任这次在中国举办的首次国际医学学术会议的大会共同主席。可见，北里在当时医学界的国际影响力。伍连德是中国现代著名的医学家，是中国防疫医学、海关检疫等的开创者，也是中华医学会的主要创始人之一，是第一位获诺贝尔奖提名的中国人。与小自己27岁的伍连德相比，此时的北里已是享誉世界的医学家，从某种意义上也象征了当时中日之间在医学领域的差距。

1914年，北里创办的"私立传染病研究所"被强行移交给文部省并归属东京大学管理，北里与以青山胤通为首的东京大学教授阵营一向不睦，原研究所人员集体辞职，北里又创办了"私立北里研究所"（今学校法人北里研究所，北里大学的母体）并担任首任所长。1917年，他在庆应义塾大学部创立医学科（后称医学部）并任部长；1923年，创建全国性的"大日本医师会"（现日本医师会）并担任首任会长；1924年，被封为男爵。北里还曾担任日本学士院院士、贵族院议员、英国皇家学会会员以及美国和德国一些学会的名誉会员等。

北里在日本是家喻户晓的人物，2024年发行的1000日元新版纸币印上了北里的肖像，这也许是对他最好的纪念吧！

三、高峰让吉与高峰淀粉酶

图2-3　高峰让吉

高峰让吉（1854—1922，图2-3），生于日本加贺国（今石川县高冈市）、卒于美国纽约，家境殷实。日本和美国应用化学家，荷尔蒙——肾上腺素的发现者，父亲高峰精一是加贺藩的太医、中医。高峰让吉自幼就表现出在外语和科学方面的才能，出生那年恰好赶上美国海军准将佩里迫使日本向西方开放。

1879年，高峰让吉以第一名的成绩毕业于工部大学校应用化学科，是该校的首届毕业生，立志于农业化学。1880年赴英国格拉斯哥大学留学，1883年回国后进入农商务省工务局，1884年作为日本代表参加了在美国新奥尔良举办的世界博览会，由此开始关注人造肥料。1887年，在涩泽荣一、益田孝（1848—1938，三井物产社长）和大仓喜八郎（1837—1928，大仓财阀创建者）等人的支持下，他成立了"东京人造肥料会社"，即后来的"日产化学"，随即于第二年辞去官职，致力于企业的技术指导和经营，为此后日本的化学肥料工业打下了良好基础。

1890年，高峰移居美国并在新泽西州克利夫顿建立了一所实验室——高峰发酵研究所，后来加入美国籍。1894年，他从大米中分离出一种淀粉水解酶，与1833年法国化学家佩恩（Anselme Payen，1795—1871）离析出的第一种已知酶——淀粉酶类似，现通称高峰淀粉酶（Taka-Diastase），并发明将其用于工业过程的淀粉水解剂的应用方法。

高峰起初的居住地芝加哥是当时美国为数不多的肉制品产地，有大量的家畜内脏需要处理。1900年，通过对动物内脏（牛的副肾）的结晶提取，他从肾上腺离析出一种物质——肾上腺素（adrenaline），从而无意中成为世界上最早提取出纯激素（荷尔蒙）的人，并于1901年获得了发明专利。肾上腺素被用于过敏性休克治疗以及升压剂、止血剂等，对现代医学的发展做出了重要贡献。这也是日本人的科学能力获得国际承认的一个突出例子。

1913年，高峰在日本建立了享有"高峰淀粉酶"独家经营权的三共株式会社（现日本第一三共株式会社）并担任首任社长。1919年，为发展日本的铝制品，创办了与铝行业有关的多家企业。因此，高峰既是科学家、发明家，同时也是企业家、实业家，这一点与中国的化工专家侯德榜颇为类似。高峰既有东方人的特点，又显示出十足的西方色彩。他是日本早期为数不多的通过科学技术实现产业报国的先驱者，在美国生活长达40年，最终客死他乡。另一位在美国的日裔细菌学家、生物学家野口英世（1876—1928）与高峰让吉的情况类似，他因"梅毒螺旋体"的发现而名垂科学史，旧版1000日元的纸币上印的就是野口英世的头像。

高峰让吉的肾上腺素、高峰淀粉酶，北里柴三郎的破伤风血清，秦佐八郎（1873—1838）与人共同发明的梅毒特效药洒尔佛散（606，即二氨基二氧偶砷苯）等，这些由日本人做出的世界级发现和发明，全部都是他们在外国的研究室完成的。而长井长义（1845—1929）的麻黄素（1885年）、铃木梅太郎的维生素B1（1910年）的发现，与其说是在回到日本之后做出的，毋宁说只是他们在国外研究的继续。这些事实表明，此时的日本仍缺少相应研究的领导者，其研究环境也缺乏独创性研究的氛围。而北里柴三郎归国后完成的唯一重要成果，只有归国后不久于1894年发现鼠疫菌，显然也是国外工作的一种延续。

尽管在日本第二代科学家中也出现了像北里柴三郎这样的优秀人物，但就整体而言，他们所做出的成就不多，特别是回到日本以后几乎都是以教育和行政为主，很少再从事具体的研究，加之各种人际关系也多有不顺（如北里与东京大学医学团体的纠葛），因而做出的成绩有限。像高峰让吉这样又重新去美国并取得成就，或许是个例外。

表2-4　日本第三代科学家群体代表人物

学科领域	姓名	生卒年	主要业绩
数学	高木贞治	1875—1960	证明克罗内克猜想（类域论）（1920年）
天文学	平山信	1867—1945	小行星"东京"及"日本"的发现（1900年3月6日）
	木村荣	1870—1943	纬度变化Z项（木村项）的发现（1902年）
	平山清次	1870—1943	发现小行星族（1918年）

续 表

学科领域	姓名	生卒年	主要业绩
物理学	长冈半太郎	1865—1950	磁偏角研究（1889年）；有核原子模型理论（质子的发现，1903年）
	本多光太郎	1870—1954	ＫＳ钴钢（吉左卫门钢）的发明（1917年）
地球物理学	大森房吉	1868—1923	大森余震公式（1899年）；长周期地震仪（大森式地震计）的制作（1907年）
	冈田武松	1874—1956	梅雨论（1910年）
化学	池田菊苗	1864—1936	发明味素（1908年）
	铃木梅太郎	1874—1943	维生素B1的发现（1910年）——农学出身
生物学	池野成一郎	1866—1943	发现裸子植物苏铁的精子（1896年）
	藤井健次郎	1866—1952	在染色体中发现十字双重螺旋结构（1926年）
	外山龟太郎	1867—1918	关于桑蚕遗传的研究（培育一代蚕种，1906年）——农学出身
地理学	山崎直方	1870—1927	日本现代地理学创始人之一
医学	山极胜三郎	1863—1930	人工诱发癌症（1915年）
	藤浪鉴	1870—1934	在片山地区，发现日本血吸虫（1904年）
	志贺洁	1870—1957	痢疾杆菌的发现（1897年）
	秦佐八郎	1873—1938	与艾利希共同发现梅毒特效药洒尔佛散（1909年）
	稻田龙吉	1874—1950	韦耳氏病原体的发现（1915年）

资料来源：湯浅光朝，1961. 科学史［M］. 東京：東洋経済新報社：188-189.

继北里柴三郎和高峰让吉等第二代科学家之后，以长冈半太郎等为代表的第三代科学家群体（表2-4），巩固了日本在国际上的科学地位，并扩大了日本科学的国际影响。日本甚至开始邀请爱因斯坦等世界一流科学家到日本交流访问，扩大了现代科学在日本公众中的传播，直接影响到二战前后日本一代科学家（如汤川秀树）的成长。

四、长冈半太郎与原子物理学

长冈半太郎（1865—1950，图2-4），长崎人，在理论物理学和实验物理学两方面均卓有建树。1887年毕业于东京帝国大学后留校任教，1890年成为副教授。1893年至1896年赴德国留学，先后向赫尔姆霍兹（Helmholtz，1821—1894）、玻尔兹曼（Ludwig Edward Boltzmann，1844—1906）、普朗克（Max Planck，1858—1947）等人学习，最早的代表性成果是关

图2-4 长冈半太郎

于磁偏角的研究。他在日本科学史上具有崇高的地位，在现代物理学家的系谱中占据着第一把交椅，甚至被誉为"日本的牛顿"和"日本物理学研究的全部源泉"（湯浅光朝，1961）[192]，完全超越了日本第一代物理学家山川健次郎等前辈，而后来的仁科芳雄、汤川秀树等人都深受其影响。

按科学史家汤浅光朝的划分，长冈属于日本第二代物理学家——在接受了西方教育的老师培养下在本土成长起来的。一开始在江户时代封建儒家思想影响下接受启蒙教育，之后转向现代物理学研究，像许多曾接受过传统教育又转向现代科学的学者们一样，对于抛弃传统

文化投入新领域，难免产生疑惑甚至犹豫不决。杨振宁曾经对自己获得诺贝尔物理学奖对中国人的意义时认为，"我一生最重要的贡献是帮助改变了中国人自己觉得不如人的心理作用"。对于选择物理学研究，同为亚洲人的长冈曾经有过激烈的"思想斗争"，在进入东京大学物理系之前，专门研究了中国古代的科学史，就是想弄清东亚人是否也有能力在科学上做出原创性贡献。对于一个生活在明治时代早期的年轻中学生来讲，自然科学毕竟是西方的舶来品，如果作为日本人（亚洲人）注定无法胜任的话，他就不会愿意把生命耗费于此。最终他认定，亚洲人在自然科学方面也是具有天赋的，而且自然科学是衡量文明的标准，东西方可以共享，他把中国人视为拥有东亚传统的文化同胞，而非西方人那样的竞争对手。

尽管日本当时在物质上仍然贫弱，长冈和他的老师、日本第一代物理学家田中馆爱橘都相信亚洲人在道德操守上优于西方人。他们互相鼓励，决心无论在国内还是国外都要努力工作，希望有一天他们真的能够在知识上击败"白人"。1888年，长冈在给田中馆的一封信中坦言："在工作中，我们一定要有广阔的视野、敏锐的判断力和对事物的透彻理解，不能屈服，不能有一丝的松懈。……没有理由让白人在每个方面都如此超前，如你所说，我希望我们能在10或20年之内打败那些白人：我才不想在地狱里用望远镜去看我们后代的胜利。"

20世纪日本的现代物理学始于长冈半太郎。1904年，受电子的发现者（也是后来质子的发现者）、英国物理学家汤姆生（Joseph John Thompson，1856—1940）"葡萄干布丁原子模型"的启发，长冈在英国的学术刊物《哲学杂志》（*Philosophical Magazine*）上发表了他的"土星型原子模型"，这个系统包括"大量相同质量的以等角度间隔排在圆周内的粒子，这些粒子之间的斥力与它们之间距离的平方成反比"，以及"以相同平方反比定律吸引着周围其他粒子的一个大质量粒子"，对质子的存在做出预言。

1911年，出生于新西兰的英国实验物理学家卢瑟福（Ernest Rutherford，1871—1937）公布了著名的原子核结构行星模型，其核心理论与长冈模型极为相似，但卢瑟福的首次报告对长冈的贡献却只字未提。3月20日，卢瑟福在给长冈的信中说他早就知道有一个土星模型："你将会看到我所采纳的原子模型结构与你在几年前的一篇论文里提到的结构有些相似。虽然那个时候我还没有查阅到你的文章，但是我记得你确实写过这方面的文章。"也是这一年，卢瑟福在他《哲学杂志》上的专论里首次提到了长冈的早期工作。在此前不久3月11日的信里，另一名英国物理学家布拉格曾要卢瑟福查阅长冈的论文，但卢瑟福认为不过是一个"小日本"的工作，忽略掉了！他没有对长冈模型给予足够的重视，西方学者对于后发国家科学家的鄙视态度由此可见一斑！这也是后发国家科学家遇到的普遍情况，是"欧洲（西方）中心论"在科学技术领域的具体体现。

长冈提出"土星型原子模型"后，受到保守派前辈物理学家的打压，他停止了"没有实证的长冈模型研究"，对此他深感后悔。而在他的众多弟子中，仁科芳雄深受以尼尔斯·玻尔（Niels Bohr，1885—1962）为代表的哥本哈根学派自由学风的影响，为日本物理学界带来了自由之风，影响了此后朝永振一郎、坂田昌一等一大批物理学家。晚年的长冈，因反复开展"从水银（汞）变成金"的实验并发表了研究成果，也遭致了许多批判，成为其学术生涯的瑕疵。

可以说在20世纪初期，日本个别物理学家的研究已经达到了国际水准，为整个20世纪日本物理学的发展奠定了良好的基础。除原子结构的"土星模型"外，长冈还在磁偏角研究等方面做出过重要贡献，曾任大阪帝国大学首任校长、日本学术振兴会理事长、帝国学士院院长等职。

以上，我们讨论了日本早期医学家北里柴三郎、化学家高峰让吉和物理学家长冈半太郎等人的情况，他们都是日本科学技术史上各领域的开拓者或创始人，奠定了日本现代科学技术发展的基础，为20世纪日本科学技术的快速发展，以及21世纪赢得国际地位都做出了杰出的贡献。

在日本科学革命达到第一次高峰后不久，又有一批自然科学领域国际水平的成果陆续出现。1900年，天文学家平山信（1867—1942）在东京麻布天文台首次发现了被国际承认的两颗小行星，后来分别被命名为"东京"和"日本"。1906年，遗传学家外山龟太郎（1867—1918）在遗传学领域最早以实验证明蚕的遗传服从孟德尔规律，利用杂种优势培育一代杂交蚕种，对蚕业生产做出重大贡献，成为桑蚕遗传学的奠基人。在此期间，最为重要的科学成就是铃木梅太郎发现了维生素B1和池田菊苗发明了"味之素"。

五、铃木梅太郎与维生素

铃木梅太郎（1874—1943，图2-5），静冈县人。1896年毕业于东京帝国大学农科大学（现东京大学农学部）农艺化学科，毕业后留校任教，1900年成为副教授。1901年至1906年在瑞士和德国学习有机化学并从事蛋白质研究，此间于柏林大学师从德国有机化学家赫尔曼·费歇尔（Hermann Emil Fischer，1852—1919，因

图2-5　铃木梅太郎

对糖类和嘌呤的合成研究1902年获诺贝尔化学奖），铃木与费歇尔的关系同北里与科赫的关系颇为相似，他们都遇到了最优秀的导师。铃木1906年回国任盛冈高等农林学校教授，1907年成为东京帝国大学教授，从20世纪初期到40年代，作为日本杰出的科学家和科学行政家，在学术界具有很高的威望。

以稻米为食物的日本人，自古以来就深受脚气病（beriberi disease）的困扰，明治时代以后，大米，尤其是白米（精碾的大米）作为主食的习惯已普及全国，因而脚气病也遍布各地，甚至被称为"江户病"（不只是在日本，18至19世纪在中国，以及在东南亚一带每年约有几十万人死于该病）。在明治、大正年间（1868—1926），脚气和结核是日本人的两大国民性疾病。1909年，以陆军军医总监森鸥外（1862—1922，也是著名的作家、翻译家和评论家）为会长，成立了"临时脚气病调查会"，会员来自医学、农学、药学等各相关领域，铃木梅太郎也是其中成员之一。当时，关于脚气病的成因众说纷纭，传染说、中毒说、比例说等等不一而足，铃木就是在这种背景下开始了他的研究，并且"当时在世界上首次提出，除蛋白、脂肪、碳水化合物和无机元素外，还有一些对生命而言是必不可少的微量营养物质"（岛尾永康，1998）[228]。

1909年，铃木梅太郎发表了《关于鸟类脚气状疾患研究及白米食品的价值》的研究论文。此前已有人发现吃糙米比吃精加工的抛光白米更少患脚气病，所以他提出了营养"缺乏症说"，认为"米糠中含有抛光白米里缺少的特别丰富的无机成分，米糠中这种成分相当于抛光白米的20多倍。因而找出这些无机成分的化合物，尽可能不改变原有形态并将其分离出来，如果将它调配添加到白米中，就可以达到与米糠同样的（防治）效果"（铃木梅太郎，1943）[45]。

1910年，铃木终于从米糠中提取出了这种对脚气病有疗效的营养物质（鈴木梅太郎 等，1911）[4-17]，起初称硫胺素（thiamine），后来证明这就是维生素B1。尽管铃木的报告比波兰人卡西米尔·冯克（Kazimierz Funk，1884—1967）早10个月，但国际上通常认为后者最先发现维生素B1，这除了因铃木原创论文是用日语发表而不为西方人知晓外，也与冯克在维生素研究上范围更加广泛不无关系。这是人类发现的第一个维生素，"阐明了被称作日本'国民病'——脚气病的真正原因，在世界营养学说史上也开创了新纪元"，铃木梅太郎也因此被列为首次评选的"日本十大发明家"之首[①]。

维生素B1与肾上腺素、高峰淀粉酶一起，成为明治时期日本科学家创造的三大药品，"可以说，日本科学家在世界头脑奥林匹克竞赛中，即便是与欧洲的科学家竞争，也绝不逊色……"（湯浅光朝，1961）[211]。当铃木的论文被翻译成德文时，并未说明这是一种新发现的、人类从前未知的营养素，因此这项重要发现没能得到太多宣传和公众的更多了解，加之日本科学当时在国际上的地位不高，这一诺贝尔奖级的研究成果并没有得到国际学术界的广泛承认。即便是在日本

---

① 日本政府历史上曾于1930年（昭和五年）、1939年（昭和十四年）两次评选过当时最具代表性的十大发明家。1930年评选出的10人分别为：铃木梅太郎（维生素B1的发现和制造方法）、杉本京太（日语打字机）、御木本幸吉（珍珠养殖技术）、山本忠兴（机械式扫描电视接收机）、密田良太郎（水银避雷器）、蛎崎千晴（牛疫苗）、岛津源藏（蓄电池）、本多光太郎（特殊合金钢）、田熊常吉（真空热水锅炉）、丹羽保次郎（图片传真机）。1939年评选出的10人分别为：三岛德七（MK钢）、大河内正敏（活塞环）、冈村金藏（油母页岩干馏法）、梅根常三郎（赤褐铁矿选矿法）、棚桥寅三郎（无机药品的制法）、安藤博（多极真空管）、浅尾壮一郎（光电管）、古贺逸策（水晶振动子）、冈部金治郎（磁控电子管）、朝比奈泰彦（樟脑），其中冈村金藏的油母页岩干馏法和梅根常三郎的赤褐铁矿选矿法是在日本侵华时期的抚顺和鞍山完成的。

参见［2022-10-06］ttps://www.weblio.jp/wkpja/content.

国内，铃木的发现也不受待见，学术界直到欧美出现维生素研究热才逐渐醒悟；而在工业界，即使将维生素生产的专利许可给企业，生产出的产品也无人问津，企业也嫌麻烦不愿生产。科学史家汤浅光朝曾感叹："这一事实表明，日本的科学还没有达到成人（水平）吧。"（湯浅光朝，1961）[213]

1917年，铃木参与了理化学研究所的创建并担任室主任、主任研究员。1937年6月至1941年11月，任伪满洲国大陆科学院院长。

六、池田菊苗与味之素

图2-6　池田菊苗

池田菊苗（1864—1936，图2-6），京都人，化学家。1895年进入东京帝国大学理科大学（现东京大学理学部）化学科，日本第一代化学家樱井锭二指导了他的毕业论文。1889年毕业后继续读研究生，1891年成为东京高等师范学校教授，1896年担任东京帝国大学副教授。

1899年，池田菊苗赴德国莱比锡大学留学1年半，师从物理化学创始人之一奥斯特瓦尔德（Ostwald, Friedrich Wilhelm, 1853—1932）。1901年底回国成为东京帝国大学教授，1902年获理学博士学位。1907年，在原有的甜味、酸味、咸味、苦味4种基本味觉基础上，开始进行他称之为Umami（鲜味）的分离研究。1908年，他发现了海带成分中具有鲜味的谷氨酸钠并申请了"味之素"发明专利。此发明被评为"日本十大发明"之一，甚至被誉为"诺奖级"的发现；1909年5月，"味之素"开始由铃木制药所（现味之素株式会社）生产和销售。1913年，池田任日本化学会会长。1917年，作为发起人之一参与了理化学研究所的创立并任化学部部长。

味之素（味の素，Ajinomoto）就是味精，其主要成分是谷氨酸钠，早在1866年德国人里德豪森（H. Ritthasen）博士就从植物蛋白中提取出来，但当时在欧洲既没有批量生产，更没有人想到把它作为食品添加剂。池田能够发现"味之素"，他的夫人功不可没。

1907年的某一天，池田夫人带着池田助手的一群孩子去逛一个展销会，购买了北海道特产——海带（此时中国尚无海带，海带于1927年从日本传入中国），晚餐上用海带做的清汤鲜味扑鼻，自然成了当晚的话题。"海带里含有带鲜味的东西，这种东西化学成分究竟是什么呢？想把它从海带中提取出来，抱着这样的愿望和目标，就勇往直前地开展研究。于是，终于查明了海带中鲜味的'本源'是谷氨酸（$C_5H_9NO_4$）盐。"（湯浅光朝，1961）[218]

1908年4月，池田和助手栗原喜贤（1882—1962）终于从海带中提取出这种叫谷氨酸盐的结晶并申请了专利，因它可大大提高菜肴的鲜味，故将其命名为"味之素"，并发现了用小麦和脱脂大豆做原料的提取方法，这种调味料迅速传遍全世界。由此，"鲜味"成为食物的五大基本味觉之一[①]，日语"うま味"一词的罗马字母发音——Umami，也成为国际通用语。前面提到铃木梅太郎的老师德国化学家费歇尔是氨基酸化学的开拓者，他在研究中记述过谷氨酸呈弱酸味并具有特殊的味道。作为理化学研究所同事的铃木梅太郎曾对池田的研究评述道："池田先生所做的工作本应是自己分内的（专业），不是

---

① 继池田发现谷氨酸之后，有人又发现两种新的鲜味成分：干鲣鱼片中含有的肌苷酸和干燥香菇中含有的鸟苷酸。

玩笑话，他的确干得很漂亮。我也曾尝过谷氨酸，但没有去尝谷氨酸盐。"（芝哲夫，2004）[568]铃木梅太郎或许感到自己错过了机会，多少有些酸溜溜的味道。

味之素的发现，一方面表现了日本在国家现代化过程中特有的技术创新，另一方面更重要的是迅速将其产业化，体现出科学技术的经济价值。此时，日本人自己的发明被工业化的产品还比较少，世界水平的发明被工业化的更是凤毛麟角。在20世纪早期的日本科学史上，味之素也是为数不多的独创性发明，技术史家、技术评论家星野芳郎（1922—2007）认为："池田的发现立即就被铃木三郎助工业化了，这就是所谓的'味之素'。因为制造方法是独创的，生产设备也是独有的，即使在化学技术体系中并没有那么重要的地位，但也作为日本化学技术中少数独创的产品，可以说应该给予高度评价。"（星野芳郎，1956）[113]池田发现味之素，似乎有一定的偶然性，其实这是他长期从事科研工作并坚持自己信念的结果，所谓"机会只垂青有准备的头脑"，他将"学而不思则罔，思而不学则殆"这句孔子的名言，作为自己人生的座右铭。（芝哲夫，2004）[569]

与味之素相关还有一段插曲。1921年，当时一个叫吴蕴初（1891—1953，化工专家、实业家）的中国年轻人，购买了一瓶当时全世界只有日本才能生产的味之素进行研究，很快搞清了其成分。1923年8月，他采用与日本完全不同的工艺，在酱园老板张崇新和前清举人张逸云的支持下于上海建立了"天厨味精厂"，以谷物（面粉）为原料提纯，取"味中精华"之意称之为"味精"①，注册商标

---

① 据说最初池田也想将商品名叫作"味精"的，只是鉴于生产企业老板铃木三郎助的提议和坚持，才采用了"味之素"一名。

"佛手"（至今仍在使用），获北洋政府农商部颁发的发明奖。中国产味精上市后，在当时抵制日货的高潮中，仅3年时间就使日本味之素在中国失去了80%的市场。1925年，吴蕴初将自己的生产工艺公开，在英、美、法等化学工业发达国家申请了专利并获批准，这是历史上中国化学产品第一次在国外申请专利。此后，佛手牌味精打入欧洲等海外市场，日本味之素在东南亚的市场也逐渐被价格低廉的中国味精取代。自1992年以来，中国的味精年产量一直稳居世界第一。（黄继红 等，2020）[168]

第四节　科学成为一种社会建制

贝尔纳在《历史上的科学》一书中就科学的各个侧面进行了详细的考察，他认为科学在现代世界中具有5个主要的方面，即"科学可作为（1）一种建制（insititution）；（2）一种方法；（3）一种积累的知识传统；（4）一种维持或发展生产的主要因素；以及（5）构成我们的诸信仰和对宇宙和人类的诸态度的最强大势力之一"。并且，"在以上所列各形象中，科学作为建制和作为生产要素的二种形象，几乎是专属于现代的"（贝尔纳，1981）[6]。我们讨论科学技术与国家的现代化问题，也主要是从这两个方面探讨其对国家现代化的作用。

一、科学的制度化

制度化是指群体或组织的社会生活从特殊的、不固定的方式向被普遍认可的固定化模式转化的过程，是群体与组织成熟、规范、有序的标志。科学的制度化（Insititutionalization of Science）是指科学作为一种社会组织的设立以及科学家作为一种专门职业被社会承认，包括研究机构、学术团体、奖励与振兴团体以及职业学会的建立等等。

科学的制度化在世界范围内肇始于19世纪，源于产业革命对技术的需求以及法国大革命中科技人员对国家和军事的重要性，在日本发端于1917年理化学研究所的建立。杰出的科学史家广重彻（1928—1975）认为，"如果从制度化科学的观点看，日本落后于欧美并不太晚，大概只有50年左右的差距吧"（廣重徹，1973）[43]；西方学者也印证了这一观点，"尽管从欧洲的科学革命到西方科学输入日本几乎相隔了3个世纪，但从西方科学制度化的建立到日本科学制度化建立所花的时间只有半个世纪"（威廉斯，2004）[83]。所以，日本科学的制度化并不太晚。

第一次世界大战（1914—1918）被称为化学家的战争，这除了因为毒气开始在战场上使用外，还有交战各国为确保化学药品的开发而疯狂奔走，积极发展化学工业。不仅是传统军事技术的投入，还要求科学家们也走上战场，将科学技术作为一种社会体制力量进行动员，科学家从组织上投入战争中。其时，日本的染料、医药品几乎全部依靠从德国进口，战争期间科学技术的弱点暴露无遗，一些有识之士呼吁发展本国的化学工业，"因此科学家宣传这次大战作为化学战的意义，还强调这一时的繁荣若是很快恢复到往常的情况，又要被欧美垄断资本的技术所压倒，所以不论在富国上还是在强兵上，都有必要让日本的科学技术能够自立"（杉本勋，1999）[386]。

科学体制化（Systematization of Science）是科学制度化发展的一个新的阶段，即科学成为整个社会体制大系统中的一个子系统，一方面科学已经渗透到了社会生活的各个侧面，另一方面科学活动也必须依存于社会体制。科学体制化概念的倡导者广重彻认为，其基本标志就是科学、产业、国家的一体化（李廷举，1992）[183]，而且从科学的体制化程度看，日本并不落后于西方国家。与科学的制度化是一种自组织过程不同，体制化更多体现着科学与社会各要素之间的一种互动。日本的科学体制化萌芽于第一次世界大战，二战期间开始形成。在此之前，日本的政府、军队和企业都是各自独立开展研究开发活动。但由于第一次世界大战的爆发，来自欧美先进国家的工业品进口停止了，作为重化学工业的基础，人们为此对科学技术的期待大大提高，这是日本科学技术迅速发展的重要背景。

到20世纪20年代初期，日本逐渐确立了以文部省所辖的帝国大学附属研究机构的基础性研究，以农商务省等国家行业部门的试验研究机构进行的试验研究或开发研究，以及介于两者之间的理化学研究所的现代日本的研究体制，"标志着技术国家主义制度在日本的确立"（吉冈齐，1991）[132]。近代日本一直以技术国家主义为目标，明治时期"技术"的内容仅仅是"技术传习"，没有自身的研究开发，这种状况到大正时期出现了重大转机。

在第一次世界大战前后，技术在推行军国主义的过程中所起的作用越来越重要。第一次世界大战是人类历史上最早的"科学战"，除毒气外，飞机、坦克、潜水艇等也是以这次大战为契机，作为新式武器而巩固了自己的地位，科学技术动员也是从这次大战开始的。为不断开发新式武器并改进原有武器，日本军事当局不断扩大研究开发机构的规模，并使其体制化。

广重彻认为，由于日本科学体制化较早，所以总体而言，日本科学并不是像一般人想象的那样与欧美各国存在天壤之别，他详细分析了其中的原因指出："第一，尽管日本（科学）出发晚是事实，但晚的并没有那么夸张。16世纪日本开始接触西洋的时候，西方人发现日本有并不亚于自己的高级文明。自那以后的250年锁国期间，日本停滞、而西洋一直在进步的想法是一种错觉。即使在西欧，在物质文明或生产力发展这一点，从16、17世纪到18世纪末这段时间几乎也没有变化。急遽的变化开始于产业革命以后。与之相比，日本不过迟了50年左右。即便西洋的工业能力很出色，但就是在19世纪中叶，日本以往的产业仍有可以与之配套衔接的种类。电气工业和合成化学工业逐渐从这时开始。第二，幕末、明治时期日本导入的不是伽利略、牛顿或者波义耳、哈维时代的科学，是已被制度化的科学。像起初注意到的那样，制度化的科学是19世纪的事，这对日本来说不过晚了50年左右的时间。而且，科学的制度化、专职化要求对科学的客观规律和体系进行整理、统一。……恰逢其时，日本移植的已经是所谓教科书化的科学。"（廣重徹，1973）[80-81]而且，他认为日本除了占尽天时，因为距离西方遥远反倒在地利上也是幸运的。

除科学的制度化外，"技术的制度化"也同样重要。在明治维新前后，各种技术人员"传习所""工技生养成所""修技学校"等的纷纷设立，以及国家层面的"帝国大学工科大学"的设立，促进了工程师群体的形成，其中许多人逐渐成为各个领域具有决策权力的"技术官僚"，决定着日本科学技术政策的走向，这甚至比后来科学的制度化都更为重要。（中冈哲郎，2006）[433-445]

二、国立研究机构的创立

日本从第一次世界大战开始到结束，接连不断地创建了各种研究机构，如1915年创设海军技术本部，1919年创设陆军技术本部和陆军科学研究所，1923年创设海军技术研究所，等等，在十几年的时间里，就确立了军事科学技术的研究体制。20世纪20年代，由于当时世界性的裁军形势和政府的财政困难，日本也曾一度缩减军备，但因为武器水平的提高，反而促进了研究体制的完善。因此，第一次世界大战是日本科学技术体制化出现的时期，让人们认识到推动科学研究和技术开发是国家的重要职能，随之军事在产业中所占的比重明显增加。表2-5列出了从第一次世界大战到"九一八"事变前，日本设立的国立试验研究机构。从广重彻的研究中我们看到，日本国立试验研究机构也包括在其殖民地的桦太（即萨哈林岛）厅农事试验所、水产试验所，台湾总督府中央研究所，朝鲜总督府水产试验所、林业试验场、燃料选矿研究所、农事试验场，以及关东厅农事试验场、蚕业试验场、水产试验场，等等。

表2-5　从第一次世界大战到"九一八"事变前（1914—1930）
日本设立的国立试验研究机构

设立年月（官制公布时间）	机构名称
1914年6月	蚕业试验所
1915年9月	海军技术本部
1916年3月	传染病研究所
4月	畜产试验场
7月	递信省船用品检查所
1917年3月	理化学研究所
1918年4月	丝绸试验所、海军航空机试验所
5月	临时氮研究所

续　表

设立年月（官制公布时间）	机构名称
6月	桦太厅农事试验所、水产试验所、电气试验所
9月	大阪工业试验所
1919年4月	茶业试验场、陶瓷器试验所、陆军技术本部和陆军科学研究所
1920年8月	燃料研究所、海洋气象台和高空气象台
9月	营养研究所
10月	海军舰政本部、专卖局中央研究所
1921年4月	园艺试验场、兽疫调查所
5月	朝鲜总督府水产试验所
7月	航空研究所（附属东京大学）
8月	台湾总督府中央研究所
1922年3月	林业试验场
8月	金属材料研究所（附属东北大学）、朝鲜总督府林业试验场
9月	内务省土木试验所
10月	朝鲜总督府燃料选矿研究所
1923年3月	海军技术研究所
1924年12月	内阁印刷局研究所
1925年11月	地震研究所（附属东京大学）
1926年10月	化学研究所（附属京都大学）
1928年3月	工艺指导所
7月	关东厅农事试验场、蚕业试验场、水产试验场
1929年3月	水产试验场
9月	朝鲜总督府农事试验场

资料来源：廣重徹，1973.科学の社会史［M］.東京：中央公論社：91.

第一次世界大战期间，日本掀起"科学技术热"，进入20世纪20年代后期，"殖民地科学"开始走向日本科学技术的舞台，并日益成为"新潮流的代表"。（吉冈斉，1991）[135]以殖民地自然资源的生物、地学等自然科学研究为主的，以殖民地的经济、社会状况研究为辅的"殖民地科学"，在日本的科学技术体制中逐渐占有重要地位。除早期设立的"满铁中央试验所""地质调查所"等以外，又在中国、俄罗斯、朝鲜和南洋等地大批设立殖民科研机构。1924年在朝鲜设立了京城帝国大学，1928年在中国台湾设立了台北帝国大学。进入20世纪30年代，"殖民地科学"的研究、调查体制被进一步强化，地理上也从"远东"扩展到包括中国台湾在内的南洋诸岛的所谓"南方"。

殖民地科学是日本科学技术体制化过程中所特有的现象，尽管它只是帝国主义军事经济扩张的"副产品"，并不占主导地位，但"殖民地科学"却是日本科学技术体制的重要组成部分。起初，帝国主义对科学技术体制的政策影响主要表现在日本国内，在殖民地地区的研究调查机构的建立和发展处于次要地位。1931年"九一八"事变爆发后，日本在殖民地的科学技术被进一步强化。由此，日本的重化学工业规模显著扩大，产业界对研究开发的投资也大幅度增加。政府、军队和大学等各个部门也重新调整研究开发体制。以应用科学为主的科学教育与研究，成为日本发展现代科学技术并应用于产业的一个特点，如工业化学之于化学工业，"化学教育，当初时尤注重于工业化学"（大隈重信，2007a）[621]，日本最早的一批化学家多属工业化学等领域，如高松丰吉（1852—1937）、高山甚太郎（1857—1914）、高峰让吉等。而更为实用的药物化学，甚至在德川幕府时期就已经进入日本，农艺化学等的情况就是如此。因此，最早建立的研究机构——理化学研究所也是如此，其目的就是迅速为其化学、化工产业发展培养人才、提供服务。

理化学研究所就是在这样一种历史背景下设立的。在众多的国立科研机构中，理化学研究所独树一帜，前面介绍的长冈半太郎、铃木梅太郎以及本多光太郎（并称"理研三太郎"），都出自这个研究所。

三、理化学研究所

2016年12月1日，在日本福冈市举行的一场新闻发布会上，主办方宣布（山根一真，2019）[1]：理化学研究所前一天接到国际纯化学和应用化学联合会（IUPAC）通知，正式承认该所森田浩介团队人工合成的第113号元素，元素名称为nihonium，符号Nh，汉语译作"钅尔"。这是当代日本科学史上里程碑式的事件，113号元素也是首个由亚洲人发现的元素并被载入元素周期表，而此时理化学研究所即将迎来百年诞辰。

第一次世界大战期间，由于西方国家对日本实行了化学工业品禁运，造成原材料短缺，因此，理化学研究所设立的直接原因是为了化学工业振兴。考虑到仅有化学不够全面，于是制订了包含物理学在内的理化学研究所的建设方案。

1917年3月20日，在高峰让吉、涩泽荣一、菊池大麓、樱井锭二、长冈半太郎等人的提议支持下，名义上是民间，实为半官半民的财团法人理化学研究所（Institute of Physical and Chemical Research）（图2-7）正式设立。汉语原意应为"物理学和化学研究所"，日语简称理研（RIKEN），在日本的地位类似于中国科学院，是日本最大的自然科学综合研究机构。

理研生逢其时，而理研的发起者和创始者们"全部是与明治国家一起成长起来的人，主观上、客观上乃至体制上，完全是（与国家的发展理念）一体化的人们"（廣重徹，1973）[94]。研究所设立之初，就反复强调科学研究要为产业发展做贡献，确立了基础与应用研究相统一的正式方针，这是日本科学研究体制现代化过程中的一个重要特点。单就一个科研机构而言，理研无疑获得了巨大的成功，取得了一系列重要科学成就。截至1945年，共发表日语论文2004篇、西文论文1164篇，取得日本专利约800项、外国专利200项；1935年时，已有两成专利实现了工业化。（廣重徹，1973）[95-96]

图2-7 设立在东京市本乡区驹达的财团法人理研一号馆（山根一真，2019）[32]

在理研发展史上，第3任所长大河内正敏（1878—1952）功勋卓著。他1903年毕业于东京帝国大学工科大学造兵（兵工）学科，1908年起先后到德国、奥地利自费留学，1911年33岁回国后成为东京帝国大学教授，1918年成为理研研究员。1921年担任理研理事、评议员、所长，直到二战结束后的1946年，执掌理研长达25年时间。

大河内正敏对理研的贡献主要有三个方面：一是在研究所组织管理上建立了现代研究室制度。例如建立全权赋予研究室负责人人事权、预算权的"主任研究员制度"（1922年），构筑了理研科研组织管理的基础。二是将研究成果产业化。倡导"基于科学的工业振兴——'科学主义工业'",致力于发明创造的工业化,1927年研究所设立"理化学兴业株式会社"。在其掌管理研期间,1939年曾拥有63家企业(含121间工场)构成的产业集团,被称为"理研康采恩"。三是培养和造就了一大批杰出的科学家,而且建立了长久的人才吸引、发现机制,影响所及以至今日。诺贝尔奖获得者汤川秀树、朝永振一郎、利根川进等都是理研的主任研究员,野依良治曾任理事长。本书涉及的许多日本科技史上的重要人物,如长冈半太郎、铃木梅太郎、喜多源逸、仁科芳雄(第4任所长)等也都是理研的重要成员,在诸如原子核、宇宙射线、加速器等领域取得了举世瞩目的研究成果。可以说,理研的历史,几乎就是日本的半部科技史。

顺带说一下,大河内正敏还是伪满洲国大陆科学院的主要设计者。1934年7月,他与技师藤泽威雄共同向伪满洲国当局提出建设方案;1935年3月,"大陆科学院"正式成立,大河内正敏兼任顾问。(梁波,2006)[185]

1948年,理研一度改组为企业——株式会社科学研究所,曾任满铁中央试验所所长的佐藤正典,在1956年至1958年担任株式会社科学研究所的社长。(佐藤正典,1971)[299]1958年,理研恢复了特殊法人"理化学研究所"的传统名称。2015年4月,理研与"物质材料研究机构(NIMS)""产业技术综合研究所(AIST)"一起,变更为日本仅有的3家"特定国立研究开发法人",作为国立科研机构改革的试点机构,日本政府给予这3家研究机构更大的支持力度和自主权。

理研的设立,既是日本科学技术制度化的开端,也是日本科学技术发展史上的重大标志,在日本的科技革命和国家现代化过程中具有举足轻重的意义。如果说,日本科学技术现代化过程离不开一所大学——东京大学的话，那么也绕不过一所研究所——理化学研究所。借助日本第一次科学高潮打下的基础，20世纪日本整个国家对现代科学技术的全面引进和转移也开始被提上日程，而现代科学技术在日本传播的起点之高、范围之广、影响之大都是许多后发国家难以企及的，在这一点上日本也同样走在了中国的前面。

四、学术振兴会与唯物论研究会

科研经费是科学研究的基本保障和必要前提，也是世界各国科研机构发展过程中的一个永恒主题。因此，除直接设立研究机构外，建立国家资助学术研究的组织，自然摆到了重要的议事日程。1927年5月，应日本陆军要求，政府内阁设置资源局，这也是后来建立总力战体制的起点。1930年，世界性的金融危机波及日本，主要发达国家为渡过危机开始推行产业合理化运动，日本的产业合理化政策将重点置于科学研究。

1932年12月28日，由天皇赐予的150万日元、政府补助的100万日元，再加上来自财界的其他赞助，在学术界各方代表共同发起倡导下，作为应对世界性经济危机的重要措施，以振兴学术、统一研究资源为目的的"财团法人日本学术振兴会"（简称学振）正式设立（山中千寻，2021）[63]，它是日本研究开发体制扩大的重要标志之一。广重彻认为，学振的设立是日本科学史上划时代的事件，并以此为契机开始了学术界的现代化。（廣重徹，1965）[156-157]2003年后，学振改为文部科学省直属的独立行政法人，作为外围团体主要负责对科学研究的资助（这一点类似于中国的国家自然科学基金管理委员会）和国际学术交流，是学术研究资助事业的核心机构。首任理事长为日本现代化学的先驱者樱井锭二，在学振创立之初，"研究经费分配最多的前三个研究领域分别是航空燃料，无线通信，原子核、宇宙放射线"（山本义隆，2020）[115]。

作为科学研究的资助部门，学振主要有两个特点：一是研究资助的金额高。在其设立之前，文部省、农商务省和学士院等执行的年度资助预算都在10万日元以下，而1933年学振第1年的资助预算就达到50万日元，从1938年开始突破100万日元。二是作为国家配合产业、军事需要的赞助机构，资助许多与政府、军队、大学和企业有关的大型研究计划。执行这些计划的单位是设在学振的特别委员会以及各种分支委员会。30年代前期各年度，整个日本支出的研究费是5 000万日元，尽管学振提供的研究费只占日本全部研究预算的1%，但由于这种计划方式的大规模导入，显著地提高了日本的研究水平。此外，学振不仅支持自然科学研究，也鼓励人文社会科学研究；资助对象还面向研究生，对年轻科研人员的培养也大有益处。

然而，这时的"科学振兴是以强化军事国家为目标的"，统一资助科学研究体制的建立，也为此后日本国家层面的战时科学动员做了铺垫。与学振设立的同时，20世纪30年代，日本政府急速强化了对各种社会思潮，尤其是对马克思主义言论和思想的镇压，白色恐怖笼罩整个日本。1932年6月，特高警察在全国各地大肆逮捕共产党员，国粹主义甚嚣尘上，甚至有议员提出废除度量衡米制而恢复日本传统的度量衡——尺贯法。（廣重徹，1973）[131-132]

也是在1932年，一个重要的民间学术团体在日本诞生。由冈邦雄、户坂润（1900—1945）、三枝博音（1892—1963）、小仓金之助、服部之总（1901—1956）、永田广志（1904—1947）、本多谦三（1898—1938）等7人，发起成立了马克思主义研究团体——唯物论研究会。早期的40名成员中有很多学院派的自然科学家，每月出版

《唯物论研究》杂志。1929年至1932年，恩格斯的《自然辩证法》被翻译成日文出版（加藤正 等，1929，1932），提高了科学家们对马克思主义的关注。1935年2月起出版《唯物论全书》。1938年，存在了仅5年的唯物论研究会被迫解散，但对日本科学思想的普及起到了重要作用。

1941年4月22日，仍以原唯物论研究会的创始人为骨干，成立了日本科学史学会。该学会"当时正处于国粹主义倾向飞扬跋扈的情况下，也可以说为马克思主义者及自由主义者在政府镇压之下提供了以'科学'名义活动的避难所"（杉本勋，1999）[402]，唯物论研究会的主要成员后来很多成为科学技术史家。因此，在成立之初，日本科学史学会带有明显的左翼色彩。

第三章
战争与科学技术

　　江户时代末期，幕府和诸藩越发感到西方军事技术和科学的重要性，"一个比较强调科学技术的社会一定是一个正在急剧变化的社会，这种变化无疑对社会所有的建制都有影响"（李克特，1989）[28]。他们纷纷延揽兰学家从事西方著作的翻译及兵制的改革和武器装备的引进，"兰学热"迅速升温，并逐渐扩展和上升到研究西方军事科学、社会科学和政治思想的"洋学"阶段。西方知识的来源也逐步从荷兰语知识扩展到英、法、德、俄等多种西方语言和知识的阶段，其重要特征是重视社会实践。"洋学"可被称为2.0版的"兰学"，其将西方科学、技术广泛地应用于社会实践。

第一节　富国强兵

　　富国强兵既是日本现代化的首要目标，也是最早采取的措施，现代化的核心是产业现代化、工业化以及军队的现代化、西化。在顺序上本是从"富国"着手的，然而"在近代日本的进程中，富国强兵从重在'富国'，不知不觉地变成重在'强兵'，渐渐变为'强兵富国'，最后陷入'强兵贫国'"（丸山真男，2018）[180-181]。因此，首要问题是寻求军事现代化。军事技术和军工产业是富国强兵的基本前提，军事现代化是国家早期现代化的重要组成部分。在岛国日本的各军种中，海军又是最优先的选项，发展海军先从造船开始。与此同时，其他军事技术也得到了相应发展。

　　明治初期的军事工业，主要以两大陆军工厂和两大海军工厂为代表，即东京炮兵工厂（1879年）、大阪炮兵工厂（1879年）、筑地海军兵工厂和横须贺海军工厂，它们都是从政府接管的幕府企业演变而来的。这些军工企业经过一段时间的发展，到19世纪80年代已成为国营企业的中心，在日本实现资本主义工业化的过程中发挥了主导作用。

一、军事技术的引进

　　早在1840年，军事家、近代制炮技术鼻祖高岛秋帆（1798—1866）就开始在兰学发源地长崎讲授兵学——军事学。鉴于清政府在鸦片战争中的失败，他向幕府上书建议："清国为欧军所破者，古式兵器不能敌新式武器故也。日本苟不改兵器战术，则亦不可全其国防。宜速行军制之大改革。"（大隈重信，2007a）[182]高岛秋帆率先从荷兰购买了铳炮（古代金属管形射击火器的概称），并教授弟子学习使用。由此，幕府及诸藩开始重视西式武器的生产制造，纷纷建立"铳炮制造处"，从起初的滑口炮到后来的施条炮（线膛炮），继而改进火药，设立"火药制造处"。在军事组织方面，按西方模式设立"三兵队"，即步兵、骑兵和炮兵；建立军衔制度，为日本的军事现代化做了初步的准备。高岛秋帆译有《高岛流炮术传书》。

图3-1　韭山反射炉

1853年，深得高岛秋帆真传的地方官江川英龙（1801—1855），在静冈县韭山建造了用于铸造铁炮的反射炉（图3-1）。反射炉是一种通过火焰直接加热物料以熔炼金属的冶金炉，在当时是制造铁炮的关键技术和核心设备。随后，各藩也纷纷仿效，铸炮约360门。很快各藩掀起了一场声势浩大的"大炮铸造运动"（中冈哲郎，2006）[20]。依靠反射炉的制炮技术，还带动了耐火砖、水车、钻孔台等相关技术的发展。

1857年，日本聘请荷兰军医鲍姆培（Pompe van Meerdervoort，1829—1908）举办西方医学讲习班，开设物理、化学、解剖、人体组织、生理、病理、内科、外科、眼科、药剂等课程，全面引进西方医学，特别是军事医学。陆军军医领域的创始人松本良顺（1832—1907）、桥本纲常（1845—1909）等均是其门下，到1862年讲习班培养了130多名学员并在长崎建立了日本第一所现代西式医院。（赵德宇等，2010b）[68-69]

到1864年，日本通过横滨港进口了大约1万件武器。在幕府政权彻底垮台之前，横滨和长崎这些港口进行的军火走私是最为有利可图的贸易来源，而来复枪是其中最主要的走私品。因此，"近代日本完全是从军事技术方面开始学习欧美科学技术的。……当时学习的主要是技术（军事技术），只有在学习技术的过程中迫不得已才去学习科学。"（山本义隆，2020）[3]战争本身就是技术与技术之间的较量，包括军事技术在内的技术移植和引进，为明治维新做了重要的物质准备。

明治政府确立了英国式的海军体系和法国式的陆军体系后，海、陆军纷纷加快了建设的步伐，对发展军事自信满满，"日本人民富于爱国之心，又有忍耐之性，是最适于兵士。施以欧洲最新之军事教育，足以成精锐之军队"（大隈重信，2007a）[44]。这与崇尚武士道精神的日本民族传统和民族性格不谋而合。

改善技术装备是日本军事改革的重要内容之一，包括扶植本国的军事工业和引进国外先进军事技术，以及直接从国外购买军事装备。1875年，日本制造出第一艘大型军舰"清辉"号，还从英、德、法、荷等国家购买了大批先进的武器。由于引进西方国家的先进军事技术，日本军工生产的数量和质量都得到迅速提升，1880年已能生产性能较好并适合日本人体型的短杆步枪——村田[①]式非自动步枪，以及各种口径的大炮。

1543年，葡萄牙人将热兵器鸟铳传至日本大隅种子岛，不过10年时间就传遍日本全国，在此之前日本只有弓、矢、刀、枪（长槊）等

---

① 村田经芳（1830—1921），日本第一代枪械设计师，村田式步枪的发明者，陆军少将。

冷兵器。因此，"强兵"在武器装备方面先是热兵器的引入和改进，其具体表现就是军事工业的兴起。军事工业不同于一般的工矿企业和民用工业，是由陆、海军省掌管，而且始于"殖产兴业"之前，但二者又密不可分，"因为军事工业不仅是日本引进西方资本主义国家先进生产技术和设备最早建立的，而且为'殖产兴业'过程中的其他产业制造了许多机器设备"（金明善，1993）[11]。

骑兵在历史上曾经是最为辉煌的军种之一，直到19世纪末骑兵仍然有特殊的军事价值，而军马是骑兵战斗力的基础。以军马繁育养殖为例，改良马种、培育沉稳有力快速的军马，成为明治维新后日本政府的当务之急。军马生产首先将改善和种、引进洋种、增大马匹体型作为重点。在军方的强力介入下，日本各地方政府加大了洋种马引进、强制阉割公种马等工作，传统的日本马匹迅速减少。通过将当地土马与法国佩尔什马交配进行培育，北海道钏路优质种马成为日本唯一农马兼军马的优质品种。1897年北海道公种马开始向日本内地大量输入，为此后日俄战争提供了大量优质军马。

由于对军马的重视直接刺激了日本现代兽医学的建立，作为"副产品"，军马的各种急性传染病、慢性疾病、感染症成为兽医研究的主题。明治初期，德国流派的兽医学传入日本，经过半个多世纪的消化、整理，奠定了日本现代兽医学的基础。（李红，2010）[108-109]以往，人们很少关注与畜牧业技术相关的军事技术，但在日本的影视作品中其实每时每刻都能看到"东洋马"的身影，而由此发展起来的兽医学、兽医技术，与以731部队为代表的生物武器部队密切相关。而人畜共患传染病研究也由此开始，现代遗传学研究的顶尖科学家大多出自兽医学领域，这一点常常被人们所忽视。

二、海军与横须贺造船所

四面环海的日本，将海军的军事改革放在首位，"强兵"实际上是从打造一流海军开始的，这与曾称霸世界的其他西方列强如出一辙，"苟究其历史，则足以知世界商务之争竞，其胜败之决，恒在乎海军之力"（大隈重信，2007a）[45]。江户后期的军事理论家林子平（1738—1793）在《海国兵谈》一书中认为，"首先要知道海国既有易遭受外敌入侵的弱点，也有易御敌于国门之外的优势……要抵御外敌入侵，就要靠水战，而水战的关键是大炮"（刘景瑜，2020）[90]。

近代日本海军与海军教育初创于幕府末期。1853年德川幕府解禁大船建造令，开始推进近代西式海军建设步伐，将海军教育作为优先选项（表3-1）。1854年，荷兰军舰"森宾"号到达长崎，舰长菲比尤斯（Fabius）建议幕府参照欧式海军创立日本海军，此举被称为"近代日本海军教育之滥觞"。1855年，菲比尤斯还建议加强海军教育，将"森宾"号（150马力、6门大炮、720吨排水量）赠予幕府并改称"观光丸"，这是日本近代海军的第一艘舰船，他以这艘军舰为场所进行现场教学，此举成为日本海军教育的发端。同年7月29日，幕府邀请"森宾"号海军大尉佩尔斯·里肯（Pels Rijcken，1810—1889）和他22人的教师团队，到长崎开办海军传习所，他们也是日本最早聘请的外国专家；学员由幕府和各藩指派，达129人。（刘景瑜，2020）[92-93]讲授内容包括数学、测量学、机械、航海造船技术、炮术、地理、历史以及实战演练方法等等，这一时期的许多海军将领如胜海舟（1823—1899，幕府海军创始人）、榎本武扬（1836—1908，曾建立虾夷共和国并自任总统）等均出自这个传习所。他们掌握了当时最为先进的海军知识和技术，军事武器和军事方法成为此时引进西方科学技术的主流。通过聘请西洋教官、建立海军学校和派遣留学生，幕府末期培养了大批海军人才。这期间，仅军事译著就达262种，为日本西式军队体制建立和军事技术发展奠定了基础，也为甲午战争战胜清朝北洋水师埋下了伏笔。

表3-1　幕府及各藩创办的海军讲习机构及课程设置

藩名	设立年份	机构名称	课程内容
加贺藩	1854	壮犹馆	西式炮术、马术、航海、测量
幕府及诸藩	1855	长崎海军传习所	航海术、（帆船）运用术、造船学、船具学、测量学、发动机、算术、炮术、大炮训练、骑马训练、步枪训练、步兵训练
幕府	1857	军舰操练所	测量及算术、造船、蒸汽机、船具运用、帆船训练、海上炮术、大小炮船训练
佐贺藩	1858	三重津御船手稽古所	兰式海军传习
长州藩	1861	博习堂	兵学科（野战筑城术、戍营内则、行军定则、先锋队勤务、小战术、战斗术、将帅术、其他），海军科（帆船及诸具制造术、帆船运用术、军舰内则、军舰运用术、算术、测量术、航海术），海陆兼用炮术科（射炮术、弹道论、弹药制造、守城法、攻城法、海岸防御法、军舰战法）
萨摩藩	1864	开成所	海军炮术、海军操练、海军兵法、陆军炮术、陆军操练、陆军兵法、筑城、其他
土佐藩	1866	开成军舰局	蒸汽机学、船具运用、算术测量学、海军炮术
萨摩藩	1866	海军所	——

资料来源：湯浅光朝，1961.科学史［M］.東京：東洋経済新報社：84-85.

佩里来航后，创建现代海军成为日本的当务之急。有识之士很早就萌生了海权意识，1842年11月第一次鸦片战争尚未尘埃落定，佐久间象山就提出《海防八策》，提醒国民西方列强在侵略中国之后下一个目标很可能就是日本，必须把铸大炮、造军舰、兴海军作为当务之急——"海防之要，在炮与舰，而炮最居首"。建设海军，首先必须造船，所以海军的发展，离不开造船。

　　1865年，德川幕府在法国帮助下建成横须贺制铁所，同时还在横滨设立法语学校。这与曾国藩、李鸿章创建的中国最早的军工企业——江南机器制造总局同年，是明治初期日本唯一的官营造船厂，主要制造军舰。横须贺制铁所历经横须贺造船所（1871年）、横须贺海军造船所（1886年）、横须贺海军造船厂（1897年）、横须贺海军工厂（1903年）等名称，本书统称"横须贺造船所"。1947年，这里改为美国海军舰船修理厂，目前横须贺海军基地是美国海军在西太平洋地区最大的基地，同时也是第7舰队司令部的驻地。

　　起初，横须贺造船所是作为"幕府海军"修船及舰船制造的工场而设立的，幕府和诸藩当时都认为，只要有了"坚船利炮"，就可以与西方列强对抗，所以简单地确立了从西欧购买军舰、大炮、枪支成品的方针，而且此时已在长崎等地开始建立船舶修理厂（长崎制铁所）。然而，会做买卖的西欧军火商卖给日本的不是旧东西、就是二流产品，结果，幕府末期的日本"变成了世界上最大的旧式枪支和老式船舶市场"。幕府逐渐感到，这种只靠进口现成东西的做法是不能实现军备现代化的，必须引进现代的工场组织，还必须自己干才行。但光靠自己也不行，必须像长崎制铁所那样，先引进必要的成套机器设备和工程技术人员，然后再由本国人来运行，于是正式确立了借助所谓"外聘专家体系"来实现技术引进的方针。（関根政美，1978）[76]采取何种引进方式，是后发型国家现代化要面对的共同课题，日本在此期间同样走过弯路，也是通过一次次试错而逐渐走上正轨的。横须贺造船所的工业引进方法，成为日本早期工业化的基本模式。

建设海军、独立造船，一开始遇到的就是人才问题。在当时的日本，人们普遍认为海军是个身份低下且"隔着一层船板就是地狱"的危险职业，是除医学外与洋学有关工作中最为下贱的工作，不用说高级武士，即便从中下级武士中选拔人才都很困难，这成为创建现代海军的最大障碍。（関根政美，1980）[41-42]为建设造船所，根据时任法国驻日公使莱昂·罗休（Léon Roches，1809—1901）的建议，幕府聘请了法国海军的士官和海军工场技师、职工和事务员约40人，将工场建设、运营和技术指导完全委托给他们。幕府邀请刚刚结束了在上海的业务回到法国、时年仅有28岁的海军士官维尔尼（François Léonce Verny，1837—1908）担任造船所的技术总监，并得到了法国政府的支持。由此，日本海军开启了有组织的现代造船事业，这成为日本迈向工业化的一个突破口。

横须贺造船所筹建期1年、建设期3年，共4年完成建设，每年预算达60万美元，总计240万美元，这么庞大的经费是财政困难的幕府政权难以承受的，以致成为幕府政权垮台的一个原因。与此同时，在横须贺造船所建设过程中，面对西方文明、现代文化与日本传统社会的文化、价值观，不同社会文化背景下的外聘法国人、日本武士职员和平民职工三者之间出现了尖锐的对立和冲突。这种冲突直到明治维新10年后，外聘的法国工程技术人员全部退出，对以士族为中心的管理模式加以限制，并逐步将管理权交由日本人后才最终得以解决。因此，如何引进现代化工场的组织模式，也是西方技术引进过程中的一个不可忽视的重要方面。横须贺造船所的建设过程，不仅对日本海军，而且对整个日本现代技术的引进都具有很强的示范意义。

　　由此，日本成为帝国主义列强俱乐部中的一员，明治维新富国强兵的目标得以实现。如前所述，海军的发展与商船的建造存在密切的关联，自然地理条件决定日本拥有世界上长度名列前茅的海岸线，这一点常常被人们所忽视。就海岸线长度而言，日本绝对是个大国，这在世界进入海洋时代后其优势更加凸显，为包括军舰在内的船舶制造提供了天然条件，"时势一变，有维新之更革，政府乃尽力于海运之业"（大隈重信，2007a）[45]，而造船技术又为日本的现代化提供了难得的机会。

　　日本军方对军备自给自足的渴望以及造船业的军事需求，是日本现代化过程中机械工业、重化学工业发展的主要推动力，自上而下地同时推进军事和产业的现代化是日本资本主义发展的特征。为满足军队对武器自给自足的渴望，日本四面八方寻找资源，这也是其最终走向军国主义、侵略亚洲周边国家的重要原因。

　　除制造军舰等船舶外，日本海军在现代化过程中还深度参与过其他领域的技术开发工作，如为实现舰船燃料的自给，1905年日俄战争中设立的德山海军燃料厂在日本最早从事煤液化研究（梁波，2009）[508-509]，以及后面提到的委托京都大学开展的"杀人光线计划""F研究"等等。

三、陆军与炮兵工厂

　　如前所述，战争刺激了科学技术的快速发展，而这种作用是通过发展军事工业实现的。一些科学家往往通过在军事工业任职，或在军事学校接受教育而参与战争。现代化学之父拉瓦锡是法国兵工厂"火药管理处"的主管。法国炮兵学校是在18世纪中唯一系统地教授科学的地方。（贝尔纳，1982）[248]日本的情况也是如此，一方面军方通过自己的研究机构来发展军事技术，另一方面通过委托大学和民间研究机构来改进武器装备。

日本海军在甲午战争后确立了在军界的优越地位。相比之下，尽管起步并不晚，日本陆军的现代化却比较缓慢，甚至有人嘲笑"日本陆军是用第一次世界大战式的寒碜武器参加了太平洋战争……武器和物力低劣的日本陆军，全靠将士的'精神威力'，其结果是步兵以肉搏攻击应对坦克和用战刀、'玉碎'等面对机枪阵地，这种狂热的战斗场面不断在各地展开"（服部聪，2008）[25]。但实际情况并非如此，至少在第一次世界大战爆发时，日本与欧美陆军的水平已不相上下，中日战争时期的日本陆军更非不堪一击。

东京炮兵工厂起源于1870年3月设置的造兵司。同年，"东京造兵司"正式接收幕府政权经营的"东京关口制造所"，征缴该厂的"泷野川反射炉"并将其运抵东京小石川厂区。1871年，该厂负责枪弹、炮弹生产的"火工所"投产；1872年，负责枪炮改造和修理的"铳工所"和"大炮修理所"陆续兴建。1879年，正式更名为"东京炮兵工厂"。

1923年，东京炮兵工厂在日本关东大地震中损失惨重，遂将大部分生产设备拆迁至福冈县小仓市的下辖分厂——小仓工厂，到1935年拆迁结束，此时原厂址仅剩余"火工枪弹厂"。东京炮兵工厂从仿制欧美发达国家武器装备，到逐步实现日本陆军武器装备现代化、制式化，为日本军国主义对外实施武装侵略起到了重要的支撑保障作用。

日本陆军的另一个骨干企业是大阪炮兵工厂，始建于1870年。最初隶属由长崎制铁所的机械、技师及职工转移过来而设立的兵部省造兵司，其间多次更名，通称"大阪炮兵工厂"（三宅宏司，1985）[19]。

该厂主要从事以火炮为主的武器生产，直到1945年二战结束时解体，存续达75年之久，先后雇佣德国、英国的技术人员作为顾问，尤其是在5名意大利技师的具体指导下，1885年初成功完成19厘米口径铸铁加农炮的制造，开创该厂大口径铸造的先河，而且每年可生产24门这种加农炮。（三宅宏司，1985）[26-27]与此同时，由于当时民间的机械生产能力薄弱，大阪炮兵工厂作为官营企业也接受民间委托，制造了很多蒸汽机、车床等民用机械产品。

除陆、海军四大兵工厂及军内的其他研究机构外，很多军事技术的开发工作是由军方或代表政府的技术院对外部进行的委托研究，如日本旧陆军的航空器研究，就曾先后委托给东京帝国大学航空研究所和中央航空研究所。日本的航空工业从20世纪初开始引进、模仿，直到30年代才开始独自进行机体、发动机等的设计。1932年，日本最早的纯国产发动机——三菱A-5型92式400马力发动机，被装备到92式侦察机上，这是日本陆军最早的国产战机。在此后很长一段时间里，还要靠招聘的外国技师指导，并按照德国的组织管理模式，以财团形式组建相应的研究所。

以上介绍了日本陆、海军在现代化过程中对科学技术的利用。在陆军和海军发展的同时，"重工业与机器制造业中的大部分发展，都直接或间接地与国防有关，这往往来自政府的推动。第一次世界大战被认为是一个分水岭，因为在这之后，现代部门虽然就占总产出的比例来看仍然很小，但它已经可以自我维持，并且开始为进一步发展提供动力"（杜斯，2020）[336]。

1894年至1895年的中日甲午战争，日本战胜中国并吞台湾之后，被欧洲国家承认为现代国家；而1904年至1905年在中国领土上进行的日俄战争，也是以日本的胜利终结的。两场战争的胜利，极大地鼓舞甚至膨胀了日本的民族士气和民族精神，"在大多数日本人看来，战胜俄国，就像在此之前战胜中国一样，证明了建立现代制度，尤其是实行宪政的效果是好的"（布莱克 等，1983）[177]。

第二节　科技动员与殖民地科学

20世纪初，日本的军事现代化基本完成，在第一次世界大战中又坐收渔翁之利。在此前主要以引进西方军事科学技术的基础上，开始了独立自主的军事和国防研究，"为了利用现代技术的潜力，陆军和海军成了科学和技术的资助者"（布莱克 等，1983）[202]。

最先开展的科学研究活动是在光学领域并带动了相关产业的发展，陆军（1906年）、海军（1913年）从试制军用光学器械开始。日本当时的技术水平极低，甚至如果将测距仪、潜望镜这些高级器械拆解后，竟然无法重新组装。但第一次世界大战刺激了日本在本国进行制造的需求，海军造兵厂从1914年开始试制，到1917年已能自己制造测距仪，陆军从1916年起开始生产炮队镜，等等。

1917年，在海军支持下设立的光学武器生产企业——日本光学工业株式会社，现如今成为世界上著名的照相机和镜头生产企业，1988年更名为尼康（Nikon）株式会社。在此期间，值得关注的是来自大学的科学家开始为军方提供技术指导，东京大学物理学教授长冈半太郎、中村清二（1869—1960）等都曾被聘为光学武器开发项目研究人员（称作"嘱托"研究人员）。一战结束不久，日本设立了陆军技术本部和陆军科学研究所（1919年）、海军技术研究所（1923年）。1942年，设立陆军技术研究所。（河村丰，2018）[203]

与此同时，以一战为契机，日本军方的航空技术研究也得到强化。1909年以气球研究为名设立的"临时军用气球研究会"，作为陆、海军共同的研究机构，在航空理论、机械、结构、气象等多方面开展了广泛的基础调查研究。1918年在东京大学设立附属航空研究所，同年4月设立海军航空机试验所（后并入海军技术研究所），1919年建立陆军航空部和从事有关航空问题科学研究的陆军航空学校。东京大学附属航空研究所的研究人员，不仅有来自大学的教授、副教授，还有陆海军将校以及其他技术人员。许多超前研究都来自军方，而不是民间企业或研究机构，并且民间研究机构还接受了许多来自军方的委托，最典型的例子就是海军德山燃料厂和满铁中央试验所关于燃料的研究。

1931年9月18日，关东军在中国沈阳悍然发动"九一八"事变，揭开了第二次世界大战的序幕；1937年7月7日，日本军队又发动了卢沟桥事变，开始全面侵华；1941年12月7日，日本海军袭击了美国海军太平洋舰队夏威夷基地珍珠港，太平洋战争全面爆发。从此，军国主义者将日本彻底带入了战争的深渊，整个国家陷入战争状态，社会各界都成为战争机器的一部分，科学技术领域也同样陷入了战争的漩涡。

一、战时科技动员体制

1941年5月，日本内阁会议通过的《科学技术新体制确立纲要》提出，要形成"具有日本特色的科学技术"，其宗旨就是利用在殖民地掠夺的资源开展自主技术的研究开发，"对于受'资源小国'困扰的日本当局者来说，优先保障资源胜过一切，因而从伪满洲国建立到南下用兵，以及建设'大东亚共荣圈'，全都以掠夺资源为首要目标"（山本义隆，2020）[131]。1942年1月，作为"科学技术新体制"运动核心设立的技术院，首任总裁由曾任鞍山制铁所所长的工学博士、政治家井上匡四郎担任，技术院相当于日本内阁的"技术参谋大本营"。

这场"科学技术新体制"运动，不但受到了科学界元老们的欢迎，甚至连之前对此进行过批判的数学家小仓金之助等人也表示积极拥护，科学家们在此表现出了令人难以置信的反转态度，而此后许多人积极主动地前往殖民地开展"大旅行"和"现地研究"也就不足为奇了！在殖民地建立殖民科研机构，就成为实现这一目标的主要措施，以后藤新平为代表的殖民统治"精英"，就是具体的践行者。

由此，经过日本殖民统治者之手，西方近代科学的传播从资料搜集的第一阶段，进入到第二个阶段——殖民地科学（梁波，2006）[8]。所谓殖民地科学是指帝国主义者以科学技术为手段，推行侵略政策和殖民统治，掠夺财富和资源，在其殖民地所运用、移植和发展的科学。（梁波 等，2000）[35]台湾总督府研究所、满铁中央试验所、大陆科学院等就是日本在中国发展殖民地科学的代表。

工程技术知识分子出身的技术官僚是日本科学动员的主要推动者。后发国家在现代化过程中重用技术官僚是一种普遍现象，"在明治时代，日本工业和专业生活中的著名人士通过家庭和友谊与政界领导人保持着密切的关系，在整个国家领导层中，他们的利益是完全一致的"（布莱克 等，1983）[198]。那么，科学技术专家是如何影响政府领导人决策的？

　　1918年，帝国大学工学部毕业生、官办技术学院教员、陆海军技术人员、中央政府机关的技术官僚及私营企业技术人员共同组建了"社团法人公政会"（山本义隆，2020）[101]。该组织成员包括大河内正敏、井上匡四郎（1876—1959）、斯波忠三郎（1872—1934）、今泉嘉一郎（1867—1941）、加茂正雄（1876—1960）等众多毕业于东京大学工学部、拥有工学博士学位的技术精英。他们起初的目的主要是提高和改善技术人员的地位和待遇，改变低人（文官）一等的状况。伴随着战争体制的强化，真正确立技术人员的地位，竟然首先是在1935年设立的殖民科研机构——大陆科学院实现的，这里将"所员称为研究官，在序列上属事务文官，可以说，自大正时代以来技术官僚的梦想在（伪）满洲国终于实现了！"（廣重徹，1973）[147]

　　1937年10月，根据日本陆军的强烈要求，将原资源局与规划局合并，在内务省设立了"企画院"（也作企划院），它是国家总动员的中枢机构，负责制定《国家总动员法》。企画院作为推进战时统制经济的总参谋部，拟定经济政策和制订物资动员计划，其核心成员都是被称为"革新官僚"的经济官僚，尤其是技术官僚。1938年12月，作为针对中国政策一元化领导的核心部门，又设置了"兴亚院"，企画院和兴亚院成为战时科学动员的核心。此后，围绕战时科学动员又成立了"全日本科学技术团体联合会""财团法人科学动员协会"等一系列技术团体。1940年4月12日，日本政府批准《科学动员计划纲要》，以便在战时确保研究人员和科研物资的调度和分配。1941年5月27日，内阁通过了由企画院起草的《科学技术新体制确立纲要》，战时的科学技术新体制渐趋形成，作为其中的一项具体措施，1942年2月1日国家统一的技术行政机构——技术院正式成立，其"总裁"的职权与内阁大臣相当。

在此期间，还曾有人多次提出组建国家统一的科学行政机构——科学院，如"帝国科学院"或"国立综合科学院"的设想（廣重徹，1973）[160]，为此于1942年12月28日设置了"科学技术审议会"。因此，"科学动员"实质上是"技术动员"。对于技术官僚们热衷于为科学动员"国策"服务的行为，也遭到了以石原纯为代表的基础研究科学家们的激烈反对，他认为这是"以高度功利主义的态度来发展科学技术，而不是为获得知识追求知识"（布莱克 等，1983）[289]。但在战时背景之下，这种声音显得微乎其微。

图3-2 宫本武之辅

在此，简要介绍一下日本技术官僚的代表人物——宫本武之辅（1892—1941，图3-2）。1917年毕业于东京帝国大学工科大学土木工程系，曾任土木工程师、企画院副院长，1937年起任东京帝国大学工学部兼职教授。

兴亚院从一开始就下设了技术部，由宫本武之辅担任部长，他这种从一名普通技师成为政府官员的情况，在以往是不可想象的。1920年，鉴于当时技术官僚待遇普遍明显低于文官的情况，他以政府内的青年技术人员为主，发起组织了"日本工人俱乐部"和"技术者运动"，目的是改善工程技术人员的工作和生活待遇。作为这场运动的领导者，他为日本现代工程技术人员社会地位的提升做出了巨大贡献，是昭和时代日本技术领域的一位风云人物，为"技术院"的设立也立下了汗马功劳，他主张：日本科学技术的性格就是适合日本资源和环境条件的技术。第二次世界大战后，日本科学界的指导者大多出自战时科学动员时期的中心人物。

以上，我们对日本现代科技体制建立过程中，科学技术对日本现代化进程所起的作用进行了论述，特别是对战时科技体制与日本殖民侵略和帝国主义的关系进行了分析。

1945年8月6日，美国向广岛投下了原子弹。9日，苏联红军出兵中国东北向日本关东军宣战。15日，昭和天皇裕仁（1901—1989）宣布日本无条件投降，第二次世界大战的东方战场落下了帷幕。9月5日，作为日本战时科学技术动员体制的核心部门——技术院被废止，战时研究员制度也随之终结，标志着战时科学技术动员体制的彻底解体。美国派出以物理学家、麻省理工学院院长卡尔·泰勒·康普顿（Karl Taylor Compton，1887—1954）为团长的科学情报调查团前往日本，实地调查日本战时军事研究和科学研究能力，其调查报告的评价是：日本在新技术开发方面远远落后于美国和德国，作为例外，在化学战、气象、电离层测量、火箭开发领域中能够看到进步之处。（中山茂，1995）[54]随后，根据盟军最高司令官的指令，原子能、航空、雷达等军事研究被禁止，与此有关的研究所、学校、学科，或被解散，或转向其他研究用途，到1946年春天，日本科学动员的历史彻底画上了休止符。（廣重徹，1973）[216]

日本的科学动员最终以失败而告终，但其战时研究在某种程度上为战后科技体制所继承，如为开发原子弹而进行的核物理学研究为此后和平利用原子能也打下了一定基础。同时，有识之士开始反思日本科技发展中存在的问题："科学动员的最大遗产之一是努力破除了学术界的前现代性……在那种清一色的国粹主义时代，有关科学技术与欧美相比处于劣势的问题，谁也不言语"。（廣重徹，1973）[219]

二、殖民地企业与科研机构

除陆、海军在日本本土对科学技术的开发利用之外，日本在海外的殖民地企业，作为配合殖民侵略的准军事组织，也起到了国家"代行机构"的职能，一方面残酷掠夺殖民地资源，另一方面为维护殖民统治、配合殖民侵略，在殖民地举办各种文化、教育、卫生和研究设施，总部设立在中国大连的南满洲铁道株式会社（简称满铁）就是这类机构的典型代表。

说起满铁，必须从20世纪初使日本成为国际列强的另一场战争——日俄战争结束谈起。1905年，日俄战争以日本的胜利告终，根据《朴茨茅斯条约》，俄国将长春（宽城子）至旅顺口之间的铁路及其所有支线以及该地区所属的一切权利、特权及财产和铁路所属的煤矿，全部无偿"转让"给了日本。当年12月23日，又根据中国清政府与日本缔结的《北京条约》，清政府承认俄国将一切权利和财产"转让"予日本，这样日本就攫取了在中国东北的特殊权益——南满铁路的经营权。考虑到中国东北的战略地位，日本政府和军方主张优先发挥南满铁路在军事上的功能，对南满铁路实行国营。为此，1906年6月7日，日本政府根据第142号敕令设立了满铁，首任总裁为台湾总督府民政长官后藤新平；11月26日在东京召开成立大会，总部设在东京。1907年3月5日，将满铁总社迁至大连；4月1日，正式营业。

满铁不是一般的铁路运输企业，而是负有特殊使命的"国家代行机构"，除了经营南满铁路及其附属企业外，兼有调查中国物产、自然资源以及为侵华政策提供军事、政治、经济、社会等情报的特殊使命。满铁的建立，首先是日俄两国争夺在中国东北和朝鲜的势力范围的结果，它是以不平等条约为依据，并且是在损害中国权益的情况下设立的，"资本主义愈发达，原料愈缺乏，竞争和追逐全世界原料来源的斗争愈尖锐，那么占据殖民地的斗争也就愈激烈"（列宁，1964）[74]。开发和占领殖民地，是日本发展资本主义和实现国家现代化的重要手段。满铁的使命就是"经营满洲"，即在中国东北实行政治上的侵略和经济上的掠夺。为了实现这一目的，后藤新平从上任伊始，就提出了一系列推行殖民统治的政策主张，具体举措包括兴建殖民科研机构、文教和卫生设施。对此，后面还将详细讨论，这里简要介绍一下与铁路建设本身关系密切的铁道技术研究所。

1922年3月17日，为满足铁道技术发展的需要，满铁在大连沙河口创立了"技术研究所"，后几经更名，一度隶属于满铁中央试验所。1945年日本战败前称"满铁铁道技术研究所"，职员总数超过600人，在二十几年的发展中，也曾取得过一些重要成果，在此仅举几例（梁波，2006）[151-166]：

（1）采用米制：该所通过负责满铁工业品规格调查，为满铁统一标准起到重要作用，在1919年就开始使用"米制化法"，推广国际公认的计量标准，早于日本国内（1921年）；

（2）创造人工低温：1933年9月，该所在地下建成容积达3.49米×3.99米×3.97米的大型超低温试验室，最低冷却温度可达零下74摄氏度，在1936年荷兰举办的第7次国际冷冻会议上，被确认为当时人工世界的最低温度；

（3）"亚细亚"号机车以及高寒地区的机车研究：协助满铁"亚细亚"号机车的研究、设计、试验和运行，该车于1934年完成试运行，最高时速达120千米（西泽泰彦，2000）[5]，这可能是该所历史上取得的最大技术成果。

铁路是国家的经济命脉，一旦被殖民者所占有，就成了一条吸血管。据有关学者的研究，日本帝国主义者利用以满铁为主的殖民铁路线，疯狂掠夺中国资源，"从1931年'九一八'起到1945年它投降的15年间，经过铁路从中国掠夺的矿产资源，煤达4亿吨，铁9 400万吨，铅920万吨，页岩油500万吨，氟石90万吨"（宓汝成，1980）[648]。因此，通过攫取殖民地资源来发展本国的现代化，在这一点上，新兴的日本帝国与老牌的西方列强并无二致，"实际上，日本在1904—1905年的日俄战争中，由于保障了来自满洲的铁矿与煤炭的供应，最终确保了制铁制钢，造船、机械工业的发展条件"（山本义隆，2020）[70]。

满铁中央试验所

如果说1896年3月31日在台湾设立的"台湾总督府制药所"（梁波，2006）[62-67]，是日本在殖民地设立的最早殖民科研机构的话，南满洲铁道株式会社中央试验所（简称满铁中央试验所，图3-3）就是日本在中国大陆设立最早的殖民科研机构。

图3-3　满铁中央试验所

满铁中央试验所是日本在中国设立的殖民科研机构之一，其规模之大、历史之长、成果之多，都堪称近代日本殖民研究机构之最。该所甚至比1917年在日本本土设立的理化学研究所还早整整10年，"日伪时期满洲的工业，特别是化学工业的历史，与该所的科研活动有着密不可分的关系。可以说，离开中央试验所，就不能理解日伪时期满洲的殖民地化学工业"（韩健平 等，2006）[6]。

满铁中央试验所是根据满铁首任总裁后藤新平的提倡，于1907年10月12日在大连设立的，1908年7月正式运营。（满铁会，1992）[1]起初隶属关东都督府，称"关东都督府中央试验所"，目的是中国东北地区的殖产及卫生方面的分析、试验；1910年4月20日移交满铁，改称"满铁中央试验所"。其间几经演变，到1945年时，有人员1 000人，其中高级研究人员200人；有150个研究项目，预算约1 000万日元，和日本国内的理化学研究所不相上下（岛尾永康，1998）[234]；"所内共有实验室114个，小型实验工场10余处，拥有各国出版的化学书籍11 000多册，各国出版的杂志9 000余册"，被称为"当时东亚一流的化学科研机关"（顾明义 等，1991）[293]。在运行近40年（1907—1945）里，共发表研究报告约1 000份，基于该所研究成果直接创办的企业有20家。到日本战败时该所共获发明专利349件、实用新型47件，总计达396件。（满铁会，1986）[501]

在满铁中央试验所15任所长中，丸泽常哉（1883—1962，图3-4）是一位富有正义感的化学家，被同事称为"科学家的灵魂"。1907年7月，丸泽常哉毕业于东京

图3-4　丸泽常哉

帝国大学工科大学应用化学科，曾先后在日本舍密制造株式会社、东京工业试验所、九州帝国大学工作。1911年，赴德国柏林工业大学留学，1914年回国后历任九州帝国大学、旅顺工科大学和大阪帝国大学教授。

1937年4月至1940年10月，丸泽常哉担任满铁中央试验所所长，表现了出色的管理和领导才能。1945年7月，在日本战败前夕，丸泽再次出任满铁中央试验所所长。1945年9月，苏联红军接管满铁中央试验所，丸泽指示全体所员，"中央试验所作为超越意识形态的人类共同财产"，应该将"包括研究成果在内的一切财产全部交还"。

1949年9月，在更名后的大连大学科学研究所所长屈伯川（1909—1997）的挽留和劝说下，丸泽成为最后被留用的满铁中央试验所10名日本科学家之一。（丸沢常哉，1961）[80]战后，作为殖民科研机构的科学家，丸泽曾做过深刻的反省，他说："因为我对政治经济无知，所以成为侵略中国的帮凶。"（丸沢常哉，1979）[217]

在满铁中央试验所众多的研究成果中，抚顺页岩油技术开发算是最为成功的一项，"在中央试验所的历史上的确是最具代表性的研究"（佐藤正典，1971）[93]，与日本殖民侵略有着深刻的历史关联。

抚顺页岩油技术开发

能源是日本现代化过程中不可或缺的重要因素，在战时其重要性更为突出，"无论是明治时期，还是战前战后，日本都在列强主义、大国主义思想的驱使下，不断追求以能源革命和科技进步为支撑的经济发展"（山本义隆，2020）[1]。太平洋战争爆发后，美国开始对日本禁运，日本石油储备枯竭，为战争机器寻找替代能源迫在眉睫。在此情况下，战机和战舰的发动机燃料，是日本战时体制下最为重要的科学研究。（梁波，2010）[355-367]

油页岩是一种重要的矿产资源。在大规模发现石油之前，从油页岩中提取页岩油是生产人造石油的主要方法；随着天然石油资源的日益枯竭，从油页岩中提取页岩油的技术，又重新引起人们的关注。日本侵华时期，满铁下属的抚顺煤矿和中央试验所，对油页岩进行了大规模的研究开发，直至生产。

早在1909年，在抚顺煤矿开凿大山坑时发现了能"燃烧的石头"。被称为"满洲化学工业之父"的中央试验所化学家铃木庸生（1878—1941）[①]等人最早对其进行了分析，当时测定的含油率是2%。此后，以满铁中央试验所木村忠雄[②]为首的小组，开始了对抚顺油页岩真正有计划有组织的研究。满铁中央试验所和抚顺煤矿经过多年努力，发明了"抚顺式干馏法"，并于1926年10月26日获得日本专利。在1939年日本第二届发明家评选中，主要发明人冈村金藏因此被评为日本十大发明家之一。（石桥弘毅，1950）[46]

抚顺式干馏炉（图3-5）是抚顺式干馏法中最为关键的设备，1930年6月，在德国柏林举办的第二届世界动力大会上，受到同行的高度评价。（水谷光太郎，1938）[23]抚顺式干馏炉作为世界上页岩油生产的一种成熟的定型炉型，具有如下优点（侯祥麟，

---

① 铃木庸生，日本化学家。1903年毕业于东京帝国大学化学科，1907年任关东都督府嘱托（即特聘人员），1909年进入满铁，1911年兼任中央试验所应用化学科科长，1923年任日本理化学研究所研究员、室主任，1933年任日本化学会会长。

② 木村忠雄（生卒年不详），1918年毕业于九州帝国大学工学部应用化学科，1929年出版《油母页岩工业》（中日文化协会，昭和四年十二月发行）一书。据说"油母页岩"这一名称就是在他提倡下开始使用的。资料来源：［日］山本裕.满铁オイルシェール事业——1909—31年.三田学会雑誌.2003年1月，95卷4号：178注（4）.

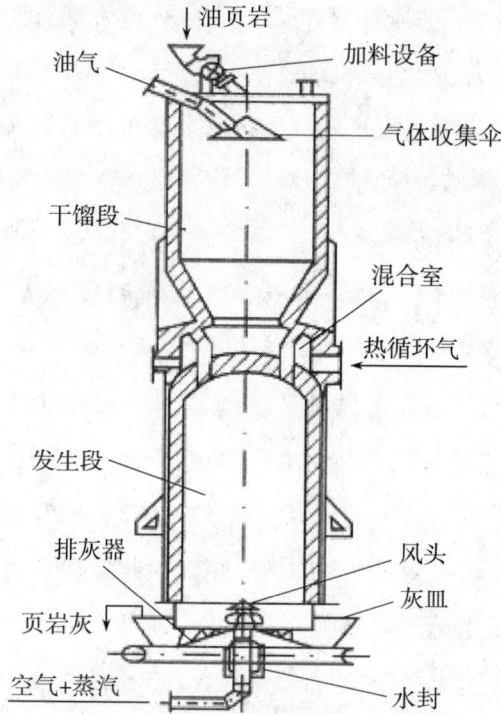

图3-5 抚顺式干馏炉

资料来源：钱家麟 等，2006.世界油页岩资源利用和发
展趋势［J］.吉林大学学报（地球科学版）（6）：878.

1984）[101]：（1）能处理低品位贫矿油页岩，最低可处理含油4%的
油页岩；（2）热效率高，可达65%～70%；（3）产品产率较高，油
收率可达75%～85%；（4）结构简单，维修方便；（5）页岩块度
的适应范围较宽，8～35毫米和35～75毫米的油页岩，均能正常生
产；（6）操作容易掌握，能长期运转。

从20世纪30年代起，日本人先后在抚顺建成以油页岩干馏提炼石
油和以煤炭高压加氢制造石油的3个炼油厂，原计划年产页岩油100万
吨，实际只建成年产30万吨的能力。从1930年到1945年日本投降，平
均年产页岩油20万吨，1942年最高年产页岩原油25.7万吨（申力生，

1988）[221]，而当年日本本土的原油产量也只有26万吨（石崎重郎，1979）[151]。

大陆科学院

1932年3月1日，日本侵略者在中国东北地区扶植的傀儡政权——伪满洲国在新京（今长春）成立。1935年3月22日，伪满洲国设立了大陆科学院（图3-6），它"是在国务总理大臣直接领导下的、以资源开发利用为目的的综合性研究机构，除自身从事研究外，也接受委托研究，并且向研究技术人员的培养、一般科学知识的普及迈出了第一步"（大陸科学院，1939）[1]。

图3-6　大陆科学院本部主楼

大陆科学院成立之初，只有生物化学、农产化学、林产化学、无机化学和有机化学5个研究室。1937年接管了原滨江省哈尔滨文物研究所，称为"大陆科学院哈尔滨分院"。同年2月18日，该院又下设"马疫研究处"，主要研究如何治疗和预防马的传染病。1938年初，原属满铁的兽疫研究所和地质调查所一并移交给大陆科学院（矢島道子，2006）[68]；同年12月，该院又接管了原伪满民生部的卫生技术厂。经过几年的经营，大陆科学院1942年时已拥有：17个研究室（后又增设6个）、4个试验室、4个试验场、一个分院和4个所属研究所（处、厂），在册职工808人，建筑面积62 627平方米。（董光璧，1997）[588]截至1942年，共进行了364项研究。

大陆科学院的建立，使日本在中国东北地区的各种殖民科研机构逐渐统一起来，标志着日本殖民地科研体系的确立。大陆科学院是综合性的研究机构，其综合性之强，即使日本本土的理化学研究所、东京工业试验所也无法与之比拟，在"化学方面的研究是大陆科学院的一个强项，尤其是有机化学与无机化学，不仅其研究队伍阵容强大，而且它们的研究业务在全院也是非常出色的"（晓宇 等，1991）[107]，"既是伪满最高的科学研究机构，也是伪满最大的科研系统之一。在研究新中国成立以前东北地区科学技术的发展时，不能不涉及大陆科学院存在的历史"（晓宇 等，1991）[96]。

大陆科学院里有为数不多的几位中国本土科学家，如生物化学研究室副研究官[①]张宪武（1905—2000）和何芳陔，有机化学研究室研究士林耀堂（1912—1994），以及电气化学研究室委任官试补杨藏岳。（大陸科学院，1939）[15-22]张宪武曾于1937年发表有关大豆根瘤菌的研究，是中国土壤微生物学的奠基人之一，曾任中国科学院沈阳应用生态所副所长。其余几位后来都去了台湾，林耀堂在台湾大学任教期间曾为以后的诺贝尔化学奖得主李远哲讲授有机化学。（梁波，2006）[189]

---

① 副研究官、研究士、委任官试补，均为伪满时期科研机构的研究职衔，最高为研究官。

大陆科学院仅存在了10年，先后有过4位院长，农业化学家铃木梅太郎曾担任院长（1937年6月至1941年11月在任）。1945年日本投降后，该院由国民党中央研究院接收。

三、殖民地科学的光与影

不论是台湾总督府研究所、满铁中央试验所，还是大陆科学院，都是日本以推行现代化之名的殖民侵略过程中的畸形产物，尽管在这一过程中存在科学技术的二次传播（或被动传播），也在一定程度上促进了科学技术的扩散，但这并不能掩盖其为帝国主义服务的特征和本质，总体上违背科学技术发展规律，阻碍了科学技术进步。

首先，殖民科研机构的根本目的是为帝国主义的侵略和掠夺服务的。在日本帝国主义推行"大陆政策"的过程中，其研究项目大多与殖民侵略密切相关，许多课题直接来自军方的委托。时任满铁中央试验所副所长的佐藤正典，在《从适宜的地理条件看满洲的化学工业》一文中曾专辟"从国防上看满洲的化学工业"一节（满洲化学工业协会，1940）[14]，文中毫不掩饰地写道："现代战争就是科学战，战争中需要数量庞大的机械武器和化学武器，所需原料和材料从广义上看，都来自化学工业。"钢铁要通过鞍山、本溪、抚顺和大连的企业来生产，飞机和其他军需器材所需的铝和镁，要由设在抚顺和营口的"轻金属工业会社"及"满洲镁工业会社"来经营，而"为了确保东洋和平的满洲头等重要的工业"——人造石油工业，除了以抚顺的油页岩为原料生产外，还要通过煤液化工业的发展来保证。

其次，日本殖民科研机构以应用研究和生产性开发为主，基础研究寥寥无几且水平一般。起初主要模仿欧美和日本本土，后逐步转向自主开发和创新应用，主要是为殖民统治服务，为军国主义服务。

满铁中央试验所的研究项目，几乎都围绕着资源开发进行并最终工业化，"它在发展旅大殖民地工业进程中，对如何合理配置资源以解决资源不足问题，如何解决企业方向的选择问题，如何解决从资源到产品，从产品到商品转化中技术手段的科学论证问题等，起着关键性的作用"（顾明义 等，1991）[160]。殖民科研机构的某些应用研究成果较为突出，如鞍山的制钢制铁，抚顺的页岩油提取、铝镁工业，等等，都是利用当地资源开展的技术开发，有一定的独创性。

再次，日本殖民科研机构既是殖民地科学技术体系的一部分，也是日本科技体制的重要组成部分。殖民科研机构的历史既是宗主国的科技史，也是殖民地的科技史。作为战时科学动员体制的一部分，殖民地科学与日本本土的科学技术研究相互配合、遥相呼应、联系密切，将具有长远战略意义的基础研究设在国内（如回旋加速器），而把应用研究及有害有毒的科研项目设在殖民地及其附属地区。（梁波，2006）[248]满铁总裁曾设想在北京也设立自然科学研究机构，将东京的理化学研究所、新京的大陆科学院、上海的自然科学研究所和大连的满铁中央试验所统合起来，建立一个大的综合性研究机构，并且把大连作为中心。（佐藤正典，1975）[3]

最后，殖民科研机构在组织体系、规章制度、科研选题、人才培养、成果转化，以至于专利制度和保密制度等方面较为完备和系统化，具备了现代科研的组织形式和制度结构。另外，在学术氛围、人才培养、学术交流、科研管理等方面，也有一些独到之处。

此外，战时日本在殖民地大力发展殖民地科学的同时，却完全被排斥于欧美科学界之外，那种只是向欧美购买专利的"拿来主义"时代结束了，不得不靠本国科技人员的自力更生，这在客观上促进了日本科学的自主与独立，从而摆脱对欧美科学技术的依赖。

四、二战前的产业发展

军、官、产、学联合或协作是指日本军方、政府、企业以及大学之间的合作技术开发，其中的产、学合作更是历史悠久，最早可追溯至明治时代初期。民间企业与大学的产学协作最初是通过各大学的附属研究所进行的，如东北大学金属材料研究所（1919年设立）、东京大学航空研究所（1918年设立）、京都大学化学研究所（1926年设立）、大阪大学产业科学研究所（1939年设立）等，这些研究所在各自领域都是处于尖端地位的研究机构。（沢井实，2016）[4]

起初，军方与大学之间的联系并不紧密，许多大学教授对于军方的委托态度消极，1931年"九一八"事变之后，这种关系出现了变化，"进入战时期，不但陆海军的各种试验研究机构急速膨胀，官公私立试验研究机构来自陆海军的委托研究也增加了。同时，官公私立试验研究机构的研究员作为陆海军的兼职人员，或者被录用为海军技师而直接参加这些机构的研究开发活动的机会增加"（沢井实，2016）[6]。二战后期，已不仅仅是对研究者个人的动员，还将官公私立研究机构整建制地作为陆海军研究机构的分所、研究分室。例如：1944年11月末，海军技术研究所的电气、电磁波和音响3个研究部，在研究所外部设置的研究分所、分室就有37处，海军聘用的非正式职员约达300名。

因此，在战时超越军、官、产、学各研究机构的"共同研究"活动极为盛行，除陆、海军部内部的合作研究外，大日本航空技术协会、研究邻组、战时研究员制度、学术研究会议以及日本学术振兴会都是战时军、官、产、学开展共同研究的场所或形式。所谓"研究邻组"是超越以往的由民间企业、大学和官立研究机构等组成的共同研究单元，由顾问、召集人、组长和组员构成，仅1942—1943年度就结成了70个这样的"研究邻组"，科技人员总数达到1 558名。所谓战时研究员制度是指由来自军、官、产、学各方代表组成的研究动员会议（会长是内阁总理大臣，副会长是技术院总裁）决定重要研究课题（"战时研究"），任命从事这些课题研究的人（"战时研究员"），努力确保研究所需的各种条件和研究费用。（沢井实，2016）[7]

随着战后陆、海军的解体，尽管作为这种体制最大资助者的日本"军"方已不存在，但"产官学"合作研究开发体制的成功经验，还是被延续下来。

铁道技术

交通是现代化的先导，"日本地势多山河，交通多赖脚力"（大隈重信，2007a）[414]，所谓闭关锁国也与彼时的交通不便有关。不仅锁住"海外"，甚至国内各地之间也相互封闭，"盖锁国之形势不仅以防海外，各藩亦互相闭锁，多数小锁国，相依而成一大锁国也"（大隈重信，2007a）[416]。1869年日本遭遇灾荒，东北地区的粮食运不出来，发展交通越发迫切，"事实上，促使明治政府下决心敷设铁路的直接原因是'米输送'"（祝曙光，2007）。

1825年英国建成世界上第一条铁路，明治政府的领导者很快认识到铁路的重要性，"铁路被视为一国文明和富强的标志"（山本义隆，2020）[44]，但在修建铁路之前，日本先引入的是汽船，行走于横滨、神户和长崎之间。1854年，佩里第二次到日本，据说带去了1∶4仿真的铁路模型，其中包括一台小型蒸汽机车、几节车厢和几英里长的铁轨，这份礼物代表了西方工业革命的机械"奇迹"。直到20世纪初，全世界所有铁路几乎都以蒸汽机为原动力。

1872年9月12日，明治天皇主持了日本第一条铁路"（东）京

（横）滨铁路"的隆重落成仪式，标志着日本公用铁路的开始，从此每天有火车往返于东京与横滨两个城市之间。做出建设铁路的决定充满曲折，既有来自政府官僚的反对声音，也有不同的技术方案选择，但"几乎从一开始，明治政府就十分重视运输业与通信业的发展，部分原因在于它们所具有的商业价值，更重要的则是它们在维护统治和国内治安上的作用。……经过英国公使巴夏礼（Harry Parkes，1828—1885）的协助，日本第一条铁路的建设得到了大英帝国在资金、原材料与技术上的援助"（杜斯，2020）[338]。1874年，大阪和神户之间的铁路也正式开通。

明治政府为建设铁路投入了大量资金，仅1870—1885年的15年间，铁路投资近1 430万日元，占工部省"兴业费"全部投资的49%。（中村隆英 等，1977）[46]这些都是明治维新后殖产兴业的结果，到1906年时，全日本的铁路里程已超过5 000英里。

在铁路建设的过程中，由于技术官员缺乏，设立技术人才培养机构一事由此被提上日程。1873年8月，在工部省下设立工学教育机构——工学寮，由格拉斯哥大学毕业、25岁的英国人亨利·戴尔（Henry Dyer，1848—1918）任教务长，学生大多来自明治维新后失业的武士家庭。这为武士转身为工程技术人员开辟了一个渠道，而他们中的许多人毕业后又成为技术官僚或实业家，左右着此后日本社会的发展和现代化进程。

在经济和军事上，"关于铁道建设的目的……，是将朝鲜的大米及木材运往日本，而将日本的棉布等制品运往朝鲜，而从军事层面上来说则是为了确保日本能够迅速向亚洲大陆派遣军队。甲午战争中铁道在军队输送上起到了巨大作用。鉴于此经验，日本在将俄国设定为假想敌而着手扩张军备时，必然也意识到了纵贯朝鲜的铁道在军事上的重要性"（山本义隆，2020）⁶⁷。这为向中国大陆进行军事扩张也做好了准备。

在思想观念上，"抵抗与接纳"是后发国家现代化过程中的一个永恒主题，铁路（技术）的引入也莫不如此，"铁路之布设，固为前代未有之企图，朝野不怿者甚多……异论百出，物情汹汹"（大隈重信，2007a）⁴¹⁸。有人认为，铁路建设大兴土木是涂炭生灵；也有政府官僚认为，此时修建铁路为时过早，而且为修建铁路向外国借贷是卖国行为。沿途驿站怕失去饭碗而大加诋毁，陆军方面甚至不允许进行陆地测量，等等，不一而足。

在技术方面，"明治维新之前，日本民族所缺者不在道德精神之要素，而只在近世物质之文明如科学及技术等是也"（大隈重信，2007a）⁸⁵⁻⁸⁶。初期引进的西方铁道技术是一盘"大杂烩"，来者不拒，既有英国的技术（主要在本州），也有德国的技术（如九州和四国），甚至还有美国的技术（如北海道）。（堤一郎，2006）¹¹¹从起初引进国外的电气机车到自行制造电气机车，逐步完全实现铁道技术国产化，并向殖民地移植、推广。铁路的延长还刺激了对煤炭的需求，促进了对矿业及其矿山设备的开发，带动了相关产业的发展。

在生活方式上，铁路极大地改变了人们的时间观念、距离观念，甚至行为方式，"无论是当时还是之后，铁路对日本经济发展的贡献都是巨大的。铁路的通行大大减少了运输费用，从而推动了地区专业化，提升了劳动力流动性，并使所经过地区的人们普遍受益。铁路还增强了政府监管的范围与有效性，并培养了一大批工程师和技术工人"（杜斯，2020）³⁴⁰。当时东京至横滨这段铁路，火车用时仅53分钟，而徒步行走则需要10小时左右，即使用人力车也需要大约7小时的时间。当时"速度"成为新闻媒体的热词，火车被称为"给人类插上翅膀"的交通工具，改变了日本人的时空观念。（斯托克，2020）[248]不同于以往乘船时间的随意性，火车是按照列车时刻表运行的，而且开车不等客，人们开始按分钟计时。此时，钟和手表刚刚在日本出现，1892年专门生产挂钟和怀表的"精工舍"设立，不久钟表就成为无处不在的日常生活用品，这自然也促进了轻工业的发展。而且，由于城市铁路的快速发展，此前作为城市主要交通工具的人力车，在20世纪30年代也几乎销声匿迹了。

总之，铁道的出现和延展，极大地推动了日本本土的资源开发和城乡商品流通，促进了农业生产的商品化和区域化，加速了传统经济结构的解体和现代产业的发展，也加快了对殖民地的资源掠夺和军国主义侵略的步伐。然而，日本早期的铁路技术都是引进和消化西方的技术，自身的技术乏善可陈，直到1964年连接东京和大阪之间的东海道新干线高速铁路系统的建设，日本在这一领域才有了独创性贡献。此后，随着遍布全国的公路交通网和高速公路的建设，日本的交通运输已实现了现代化。

合成氨与化肥工业

在自然科学诸领域中，化学与社会生活联系最为紧密。从19世纪开始，以化学为基础的产业首先从染料合成和纯碱工业发展起来。20世纪上半叶，其他自然科学部门的研究者主要还是在大学里，而化学家们已经认识到了化学发展与产业发展和国家现代化之间的密切联系，如德国很多优秀的化学家已从20世纪初就开始转到企业研发部门中，大学与产业界的联系更为紧密。

日本现代化学的发展，也得益于大学、研究机构与企业之间的密切合作，化学和化工技术的进步极大地促进了国家现代化的进程。起初，推动化学工业现代化的重要研究机构都是由农商务省创立和运营的（龟山哲也，2011）[55]，最典型的是"临时窒素研究所"和"陶瓷器试验所"，"窒素"即汉语中的"氮"。对化学工业发挥技术指导作用的机构是1900年设立的工业试验所（1918年改称东京工业试验所），如今是日本产业技术综合研究所的一部分。

日本现代化学和化工技术发展初期，合成氨和纯碱是两种最重要的化学工业品和基础化工原料，其原创技术几乎都出自西方发达国家。

大约1万年前，原始农业开始出现，人们在开垦土地的过程中通过焚烧植物产生草木灰在无意间起到了施肥的作用。农业上广泛使用氨态氮肥（包括硫酸铵、氯化铵、碳酸氢铵等）是基于德国化学家尤斯图斯·冯·李比希（Justus von Liebig，1803—1873）发展起来的农业化学。19世纪中叶，以氨为原料的氮肥的大规模生产和使用是农业资本主义发展的重要推手，合成氨工业成为重要的产业。硫酸铵因含有氮、硫两种营养元素，主要用作氮肥，同时也是世界上重要的硫肥之一。19世纪后半叶，硫酸铵生产也成了重要的产业，化肥生产是硫酸的最大消费源。

由于工业照明的需要，瓦斯灯开始被广泛使用，氨气是生产瓦斯带来的副产品。20世纪以来，氨主要用于生产氮肥和复合肥料，少量用作其他化工原料。1908年，德国物理化学家弗里茨·哈伯（Fritz Haber，1868—1934）用高温高压的方法，发明了通过空气中的氮气直接合成氨的方法，因此获得1918年的诺贝尔化学奖，但他也因为毒气的发明而备受诟病。1909年，德国巴斯夫公司的工程师卡尔·博施（Carl Bosch，1874—1940）改进了哈伯的方法并于第二年获得专利授权，1913年实现了合成氨的工业化生产并建成年产9 000吨的合成氨厂，为此他于1931年也获得诺贝尔化学奖。此后约50年间，全世界出现了不下10种合成氨的新方法，如法国的克劳德（Claude）法、意大利的卡萨勒（Casale）法和弗塞尔（Fauser）法、美国的NEC法和日本的东京工业试验所法（简称东工试法）等各种方法，但这些方法本质上都是对哈伯-博施法的改进。人类从此摆脱了依靠天然氮肥的被动局面，由于氮肥的价格下降并且可以大量生产，加速了世界农业的发展，这是现代化工技术形成的突破性标志之一。

　　日本对化肥需要迫切的根本原因是人口增长对粮食的需求，当时化肥，尤其是氮肥是农业发展不可或缺的条件，这是全社会的共识。日本经过产业革命到1910年前后逐步成为资本主义社会，人口从1872年的3 480万人增加到1900年的4 436万人，增长了27.5%，粮食供给成为重要问题①。1887年，东京人造肥料会社（现日产化学）创立，开始生产过磷酸钙。此后，日本从国外引进硫酸铵、氰氨化钙、合成氨等生产技术，实现了化肥的国产化。

　　20世纪前半期，日本还缺少在化学工业中占有核心地位的硫酸铵、合成氨等生产技术，于是就引进了各种生产硫酸铵和合成氨的方法。1908年，被称为"电气化学工业之父"的野口遵（1873—1944）从德国购得氰氨化钙的专利权，创办了日本氮肥株式会社（CHISSO，简称日本氮肥，又称智索株式会社），1909年在熊本县水俣村（现水俣市）建厂开始生产氰氨化钙，1914年制成硫酸铵。1923年，从意大利引入卡萨勒法合成氨的专利权，在宫崎县延冈建成日本最早的合成氨厂，规模达到日产合成氨5吨，后几经扩建，该厂发展成为日产40吨合成氨、年产5万吨硫酸铵的日本最大硫酸铵工

---

① 本邦の窒素化学肥料歴史（戦前編）.［2022-09-26］bsikagaku.jp/f-knowledge/knowledge41.pdf:1.

厂。到20世纪30年代，该企业已发展成为拥有29家子公司的"日氮康采恩"；后在殖民地朝鲜大规模投资，全面控制当地工业企业，被称为"朝鲜工业之王"，成为新兴的野口财阀。2011年，该企业改称JNC株式会社。

日本现代化学工业的兴起与殖民侵略息息相关，合成氨工业在殖民地朝鲜得到了长足发展。日本氮肥作为化工领军企业带有明显的殖民色彩，与满铁在中国的情况相比有过之而无不及。该企业从"赴战江发电站"建设开始进入朝鲜，1926年设立朝鲜水力发电公司，1927年以资本金1 000万日元创立了朝鲜氮肥株式会社（简称朝鲜氮肥）[①]。

1930年，朝鲜氮肥在朝鲜北部咸镜南道建成联合企业——兴南工厂（图3-7），其合成氨产量在当时居世界第三位；年产硫酸铵50万吨，居日本第一；年产各种肥料合计60万吨。整个兴南工厂从甘油、苏打、碱等的制造，到铝、镁、火药等化学制品的生产，无所不包。（梁波 等，2008）[209-210]1936年时，日本氮肥全部固定资产金额为

图3-7 朝鲜氮肥兴南工厂全景（1940年左右摄）

---

① ［2022-11-01］bsikagaku.jp/f-knowledge/knowledge41.

2.7亿日元，其中在朝鲜的资产金额就达1.53亿日元，占到企业全部资产的56.7%，可以说，日本氮肥经营活动的基础在朝鲜殖民地。（表3-2）因此，"近代日本的高速发展，是建立在朝鲜、中国等周边各国的牺牲，尤其是对这些国家进行掠夺的基础之上的"（依田憙家，1997）[89]。日本氮肥标榜的"CHISSO的技术，技术的CHISSO"（梁波 等，2008）[代序1]，是以牺牲殖民地人民的资源、健康和生命为代价的！战后，"日氮康采恩"在朝鲜的全部工场和资产被朝鲜和韩国接收，丧失了全部财产的80%以上，得到了其应有的下场。除朝鲜殖民地以外，1935年满铁的子公司——满洲化学工业株式会社还曾在中国大连建立年产6万吨合成氨、18万吨硫酸铵的工厂。

表3-2　日本的硫酸铵生产量和朝鲜氮肥株式会社的生产量　单位：千吨

年份	1932	1933	1934	1935
日本全国硫酸铵的产量	683	717	805	964
日本氮肥产量	321	327	358	403
朝鲜氮肥产量	267	273	304	344
硫酸铵在朝鲜的消耗量	165	184	213	274

鉴于日本氮肥延冈工厂取得的成功，许多企业纷纷引进国外技术生产合成氨。（表3-3）1924年铃木商店（现三井化学）从法国引入了克劳德法，1928年大日本人造肥料（现日产化学）从意大利引入了弗塞尔法，1931年住友肥料（现住友化学）从美国引进了NEC法，1934年矢作工业（现东亚合成）从德国引进了伍德（Uhde）法，1937年日本焦油公司从德国引进了哈伯-博施法等不同合成法，通过引进技术建设了一大批合成氨企业。

表3-3　日本合成氨方法分类与国产化情况

	方式	压力/atm	温度/℃	合成管出口NH^{3}浓度/%	企业名称		工厂所在地	生产起始时间
					设立时	现名称		
低压法	伍德法（德国）	90～150	400～500	8～12	矢作工业	东亚合成化学	爱知县名古屋	1933.12
中压法	哈伯-博施法（德国）	200～350	500	10～15	日本焦油	三菱化学	福冈县黑崎	1937.9
	NEC法（美国）	250～350		10～15	住友肥料	住友化学	爱知县新居浜	1931.4
	东工试法（日本）	200～300		10～15	昭和肥料	昭和电工	神奈川县川崎	1931.3
	弗塞尔法（意大利）	200～300		10～16	大日本人造肥料	日产化学	富山县速星	1928.3
高压法	卡萨勒法（意大利）	600～800	500	20～25	日本氮肥	旭化成	宫崎县延冈	1923.10
	克劳德法（法国）	900～1000	500～650		克劳德氮肥	三井化学	山口县彦岛	1924.10

资料来源：化学史学会，2019.化学史へ招待［M］.東京：株式会社オ一ーム社：205.

　　日本本国合成氨生产技术的独创性发明，是1931年昭和肥料（现昭和电工）采用的由东京工业试验所开发的"东工试法"，因其与国防相关，所以在项目实施过程中也得到了陆军和海军的大力支持，并且是作为日本最初采用"官学军"体制的大型研究计划。（龟山哲也，2013）[547]20世纪初期，对于以外国技术为主流的日本化学工业，"东工试法"摆脱了对国外技术的依赖，提振了日本对国产技术的自信，对此后日本发展独立的化学工业具有重要的示范作用。

　　根据战时公布实施的《敌方专利权处理要点》，取消了对交战敌国的专利保护，规定日本人可以申请包括炸药及其原料等在内的专利使用权，为日本企业开发和生产军需品扫清了知识产权的障碍。合成氨在二战前作为制造硫酸铵的原料被使用，1941年硫酸铵的产量最高达124万吨。而二战期间，合成氨又被用作生产硝酸铵等炸药的原料，在硫酸铵生产中的用量迅速减少，"日本的化学工业最初是作为'国策产业'被扶植起来的，特别是处理氮的化肥工厂可以直接变身为制造炸药的工厂，所以化肥工业实则是'国防产业'"（山本义隆，2020）[98-99]。

纯碱技术

人类用碱的历史甚至可以追溯到公元前，那时使用的是含碱的草木灰或天然碱。进入现代社会，纯碱（碳酸钠，Na_2CO_3）工业是重要的基础产业之一，作为化学纤维、纸浆、石油化学、肥皂洗涤剂等的主要基础原料，被称作"化工之母"，与百姓生活有着密切的关系，其生产水平是衡量一个国家现代化学工业水平的指标之一。

世界纯碱工业始于18世纪末，随着工业的需要和制碱原料的改变，纯碱生产技术得到迅速发展，装置趋向大型化、机械化、自动化。在纯碱工业发展史上，法国人尼古拉斯·路布兰（Nicolas Leblanc，1742—1806，1791年发明路布兰法）、比利时人欧内斯特·索尔维（Ernest Solvay，1832—1922，1861年发明氨碱法）、中国人侯德榜（1890—1974）等都做出了突出的贡献，但因对技术转移的限制和专利保护，各国在现代化过程中都不得不走自主创新的道路，像侯德榜在中国1939年发明侯氏制碱法（联合制碱法）一样，日本人在制碱领域也进行了国产化技术的独立探索。

自1881年开始，日本大阪造币局、东京印刷局作为官营事业开始制造作为基础原料的纯碱。因为铸币需要用硫酸对原材料进行精制，所以造币局很早就从英国引入了硫酸生产技术，而且达到了日产5吨的规模。作为对过剩硫酸进行消化的一环开始制造纯碱，这是日本纯碱工业的开端。印刷局也是为了生产纸币和债券用的原料而开始自己生产纯碱的，这些纯碱的生产均采用引进的路布兰法。因此，明治时期的纯碱工业和硫酸工业之间有着密切的关联。

从原理上通过电解食盐水得到纯碱在19世纪初即被发现，但大规模制碱是19世纪60年代电动机出现、有了廉价的电能之后，尤其是各式各样隔膜电解槽的发明，为大量生产纯碱提供了可能。1892年，美国化学工程师汉密尔顿·杨·卡斯特纳（Hamilton Young Castner，1858—1898）使用汞为阴极、石墨作阳极来电解食盐水，并分别于1896年和1897年在美国和英国建厂，才开始用电解法大规模生产纯碱。第一次世界大战期间，日本几乎同时引进了索尔维的氨碱法和美国的电解法，这些技术都来自先进的西方工业国，日本只是对已有方法做出某些改良而已。

1896年，原东京造币局所属的硫酸工场改称"关东酸槽株式会社"，纯碱的生产也从官营改为民营。在此之前的1889年，民办企业"日本舍密株式会社"在山口县小野田设立，同时生产硫酸和纯碱。但截至1914年，日本的纯碱产量还不到本国消费量的10%，相对于进口量3.3万吨，作为日本当时纯碱企业代表的"关东酸槽"和"日本舍密"——时称"东有关东酸槽，西有日本舍密"，两家企业用路布兰法生产的纯碱不过1 800吨。因此，很快就有数家企业进入到纯碱生产领域，如1892年为生产硫酸和纯碱而设立的大阪硫曹株式会社（下谷政弘，1981）[4-5]，不仅生产纯碱类产品，还将产能过剩的硫酸用于制造过磷酸钙肥料，因为生产过磷酸钙所需的硫酸用量大、肥料销路好，竟将全部力量转入到肥料生产中，以致停止路布兰法纯碱的生产，这是最终导致企业陷入困境的一大原因。当然，就纯碱生产技术来说，此时在欧美各国路布兰法已被氨碱法所取代，仍采用路布兰法的日本纯碱生产企业，根本无法与来自海外的进口产品竞争，所以只能通过用硫酸生产过磷酸钙肥料而苟延残喘。这种情况一直延续到第一次世界大战前。因此，后发型国家的现代化如果一味地靠技术引进是不可能长久的，如果不能够进行自主创新，最终必将被新的技术所取代，日本早期对纯碱制造方法的引进就是如此，中国改革开放初期对一些国外技术的引进也有类似的情况。

第一次世界大战期间，日本纯碱工业的对外依存度大增，使用30多年的路布兰法生产终于退出了历史舞台，电解法纯碱的时代已经来临，日本曹达株式会社就是在这种情况下开始了电解法生产纯碱。1920年，出身福岛县的中野友礼（1887—1965）在新潟县创立了"日本曹达株式会社"。被称为日本纯碱电解法先驱的中野友礼只有高中文化，作为京都帝国大学理学部助手进入化学研究室，师从电解法纯碱研究权威吉川龟次郎从事碱电解研究，1913年取得中野式食盐电解法即盐溶液法（水平式隔膜电解槽）专利，这一发明奠定了后来"日曹康采恩"发展的技术基础。电解法有两种，一种是水银法，另一种是隔膜法，因原材料的不同，各有优势。中野式电解法属于后者。20世纪70年代以来，由于水银法导致的水俣病等环境污染成为国际问题，各国逐渐向隔膜法转变，1976年日本政府废止水银法而全部采用隔膜法，1986年以后日本开发的离子交换膜法成为主流技术。（化学史学会，2019）[222]

因此，日本纯碱技术发展是化学技术创新中技术与社会相互作用的典型，表明技术的进步和迭代是永恒的，只有审时度势，一个国家的现代化才能够平稳顺利地进行。20世纪60年代，氨碱法又一度被电解法所取代，但目前氨碱法仍是化学合成法的主流，产品占全球纯碱产量的45%。截至2002年，日本全国的纯碱制品产量已超过1 000万吨。

1949年，随着汤川秀树因预言了介子的存在而获得诺贝尔物理学奖，日本科学技术与现代化的进程经过短暂的过渡，科学技术伴随经济快速成长步入了第三个阶段——继生物学、物理学之后，化学开始迈入世界科学的前沿。1951年，福井谦一提出了直观化的前线轨道理论，并于1981年获得诺贝尔化学奖，成为日本乃至亚洲的首个诺贝尔化学奖获得者。

二战结束后，科学研究的一个突出特征是体制化，科学研究和技术开发成为国家层面上一种有组织的国家行为，"大科学"时代已经来临，通过科学技术促进经济社会发展，成为20世纪后半叶世界发展的主旋律。

第三节　二战前后的物理学和化学

在第一代启蒙学者和科学家胼手胝足、艰苦创业的基础上，随着科学技术的制度化，日本现代科学发展进入到第二阶段的独立期，或由本土科学家主动移植，或在西方科学的冲击下被动接受，日本出现了第二次科学高潮。

以爱因斯坦为代表的西方科学家和以仁科芳雄为代表且经过西方训练的本土科学家，成为日本科学的普罗米修斯，他们将现代科学的火种带到了日本，在半个世纪左右的时间里，渐成燎原之势。由于其军事应用价值，物理学呈现出飞速发展的局面，"由于科学技术被视为应用物理学、应用化学的代名词，所以它当然会被直接运用到军事上。这其中包括改良与开发枪炮、船舶、车辆、火药以及通信技术。在产业近代化与军事近代化齐头并进的日本，从一开始，科学技术的肩膀上就同时挑上了产业与军事的担子"（山本义隆，2020）[80]。

一、走向战争的科学家

现代战争，除了人的因素之外，很大程度上取决于武器装备等战争手段的优劣，"战争，而且只有战争才能使各国政府痛感到科学研究在现代经济中的极大重要性"（贝尔纳，1982）[252]。贝尔纳进而指出："科学事业有很大一部分被用于纯破坏的目的，而且现代战争的性质由于应用了科学发明，已经变得空前可怕。……在几乎所有国家里，科学家们被征召为军事工业工作，而且被归入在战争到来时从事各种军事工作的人员之列。"（贝尔纳，1982）[241]进入21世纪，随着机器人和人工智能技术的发展，包括无人机在内的各种自主无人系统正在成为战场上的主角，军备生产从传统上的重化工业企业，向规模未必很大的高技术企业转移。

毋庸讳言，日本的工业革命和现代化与对外战争和殖民扩张这些外部因素有着密切的关系。1897年，日本棉纺织品出口首次超过进口，很大原因是由于中国在甲午战争失败后被迫开放了更多的港口，当时的日本企业家也积极将资本投入机器生产。1897年，钢铁行业根据日本军方的需求建立八幡制铁所，1901年正式投产，成为日本重工业成功发展的第一步。与此类似，造船工业发展也得益于建设海军的需要，日本政府支持船厂建造商船，以便用于对朝鲜和中国的侵略。（詹森，2014）[703]科学技术人员也随之开赴殖民侵略的最前线，充当帝国主义、军国主义的马前卒！

二战期间，以军队和革新官僚为主导，日本逐步完成了总力战体制的建立。就时间而言，所谓日本战时科学技术体制特指自1931年"九一八"事变至1945年日本战败为止，日本全国的"科学技术动员"，它是总力战体制的一部分，要求科学技术全面为战时服务。长期以来，学术界对科学、科学家参与战争的历史多有禁忌，随着国际科学史界关于"殖民地科学"研究的逐步深入，进入21世纪，关于战时科学技术体制的研究才逐渐多起来。

作为日本科学技术动员中枢而设立的技术院（其前身为企画院）、大学等教育研究的主管部门文部科学省，以及动员军内外科技人员进行研究开发的日本陆军和海军等，构成了日本战时研究开发体制的主体。（水沢光，2013）[65]一般来说，日本战时科学技术动员总体上是失败的，由于盲目和不尊重科学技术规律，尤其是各个部门之间缺乏组织和协调，尽管投入很大，效果并不理想，不但没有为日本人赢得战争，反而加速了日本军国主义失败的进程。

1939年，在企画院内部设立了科学部，专门负责科学动员，将科学动员完全置于国家统一管理和控制之下，军方将领和高层技术官僚建立了以科学家和工程技术人员为对象的动员体制，整个科学技术界迈入战争的无底深渊。1941年，总力战体制达到了巅峰，科学成了全社会的"热词"，科学家成为战时的"娇子""宠儿"。在科学动员的狂热氛围里，研究者和工程技术人员备受推崇，全社会掀起了理工热潮，连姑娘们找对象都喜欢找理工科出身的技术人员。大阪帝国大学、名古屋帝国大学分别于1931年和1939年设立了理工学部与医学部，九州帝国大学也于1939年增设了理学部。1940年至1945年，与自然科学相关的高等教育机构理学部数量增加了两倍以上，"科学家的春天已经到来"（山本义隆，2020）[139]。

因此，这种对科学技术极端功利主义的追逐，终究走向了科学的反面，"高呼科学动员、科学振兴的这一时代同时也是侵犯学术自由、反文化主义、反知性主义横行的时代"（山本义隆，2020）[122]，必然遭到有正义感的科学家的反对。数学史家和数学教育家小仓金之助对此进行了批判，他列举了当时日本科学发展存在的问题："（1）具有强烈的模仿性；（2）对军事相关科学的过度重视；（3）在大学及自然科学家中存在浓厚的官僚作风；（4）学术界中存在封建工会学阀以及派系"。他进而指出："日本社会残留的封建性、前近代性是法西斯主义滋生的温床，必须将之扫除。"（山本义隆，2020）[124]然而，对于已进入军国主义、法西斯统治的日本，整个社会陷入了一种极度疯狂的状态，这些言论显得苍白和无力。狂热的国家主义者让整个社会变为一潭死水，反对战争的声音被彻底淹没了！战争期间，日本军国主义者强化对科学技术的利用，一方面在本土发展军事技术，另一方面在海外推行"殖民地科学"，在中国的台湾、大连、上海、新京（今长春）等地设立了大批的殖民科研机构，而且这些机构与日本国内的科研机构遥相呼应，成为战时"科学技术总动员"的重要一环。

当然，科学技术与战争之间在历史上就存在着密切的关联，"大部分重要的技术和科学进展是海陆军的需要所直接促成的。这并不是由于科学和战争之间有任何神秘的亲和力，而是由于一些更为根本的原因：不计费用的军事需要的紧迫性大于民用需要的紧迫性，而且在战争中，新武器极受重视。通过改革技术而生产出来的新式的或更精良的武器可以决定胜负"（贝尔纳，1982）[241-242]。由于战争时期不惜代价、不惜成本，因此，从某种意义上说，战争是科学技术快速发展的"催化剂"，是在特殊情况下对科学技术的促进和应用。

然而，科学技术在战争中成为政治、军事的"婢女"，科学家也被卷入其中，甚至常常自觉或不自觉地成为战争的帮凶，"在战争期间，科学家们第一次发现自己成为各自政府不可或缺的人物，而不是可有可无的人物了"（贝尔纳，1982）[251]。甚至连英国著名的《自然》杂志在第一次世界大战期间的一篇社论中都呼吁，"我国应该有一支科学部队"。科学、科学家就是在这样一种状态中，自觉或不自觉地走向了战争。

二战时期的日本军事技术，早在明治时代就已开始孕育，那时日本的兵工厂主要有东京炮兵工厂和大阪炮兵工厂，这里的"炮兵"指"大炮和兵器"。二战前，日本陆海军曾有"四大兵工厂"之说，即东京炮兵工厂、大阪炮兵工厂、横须贺海军工厂和石川岛海军工厂。这四所兵工厂，是日本现代军事技术的发源地，在军事现代化的历史上有着举足轻重的地位。特别是在两次世界大战中，与人们通常的理解不同，日本"在战争期间，不论科学还是教育，均以前所未有的规模和速度向上突进"（李廷举，1992）[111]。

二、仁科芳雄与原子核物理研究

图3-8 仁科芳雄

仁科芳雄（Nishina Yoshio，1890—1951，图3-8），冈山县人，核物理学家，曾师从长冈半太郎、卢瑟福和玻尔等人。1918年他以第一名的成绩毕业于东京帝国大学工学部电气工学科，随后以进修生身份进入理化学研究所鲸井恒太郎（1884—1935）研究室，进而从研究所被派遣到海外留学，并在长冈半太郎的建议下改读物理学。

1921年10月至1922年8月，仁科进入英国卡文迪许实验室，在著名物理学家卢瑟福指导下学习原子物理学，尽管在此期间他没有发表一篇论文，但掌握了X射线光谱学和散射实验等技能，为此后进入玻尔实验室和制造加速器打下了坚实的基础。1922年11月至1923年3月，仁科在德国哥廷根大学跟随数学家戴维·希尔伯特（David Hilbert，1862—1943）短暂学习。1923年4月起至1928年10月，他在群英荟萃的丹麦哥本哈根理论物理研究所（1965年改称玻尔研究所）跟随著名物理学家玻尔进行了长达5年半的学习和研究。

1928年，与瑞典物理学家奥斯卡·克莱因（Oskar Klein，1894—1977）联手提出以狄拉克方程式表示康普顿散射的克莱因-仁科公式（Klein-Nishina formula），奠定了仁科在国际物理学界的地位。（刘素莉，2010）[81]在此期间，他与来自世界各国的顶尖物理学家，如海森堡、狄拉克等人结下了深厚的友谊，为此后将量子力学引入日本起到重要作用，推动了日本传统物理学向现代物理学的转变。（段士玉等，2012）[21]从上述经历看，仁科是一位具有浓郁国际化色彩的物理学家，使得日本在现代化的关键阶段，将物理学推进到国际水平。

仁科的贡献除了自身的研究外，就是将最新的量子力学理论引入日本，促成了当时几位顶级物理学家访日，并亲自培养了包括汤川秀树、朝永振一郎、坂田昌一等一大批后来杰出的物理学家，有"现代日本物理学之父"之称，是日本现代物理学承上启下的关键人物。1928年12月10日，仁科从留学8年之久的欧洲回到了自己的祖国，其间并未获得物理学专业的任何学位，同早期中国学者陈寅恪在欧洲游学的情况颇为相似，这与近年来国内某些机构过分强调学历学位更是有着本质的区别。在20世纪20年代的数年间，仁科长期居于20世纪新物理学研究的最前沿，并将"火种"带回日本，而且这个"火种"在日本呈燎原之势、熊熊燃烧。（汤浅光朝，1961）[268]

1929年8月至9月，回到日本的仁科首先邀请了海森堡和狄拉克，在他们6天的演讲中，仁科全程陪同并现场翻译，在难理解处加上自己的解释，他们共同为听众奉献了多场高水平的学术盛宴。"这次仁科的亮相也同样震撼了日本物理学界，大家可以清楚地看到，仁科对新兴量子力学的理解确实远在本土科学家之上。在东京最后一天的演讲现场，日本物理学权威人物长冈半太郎做了动情的发言。他希望大家记住，海森堡和狄拉克在他们二十几岁的时候已出色地建立起一个全新的理论体系，而日本科学家却还在亦步亦趋地拾人牙慧，日本学生依然只知道记笔记和模仿，这一切都糟糕透顶。"（刘素莉，2010）[85]

海森堡和狄拉克的日本学术之旅，影响所及大有当年爱因斯坦访日之势，可谓盛况空前，这恐怕也是一个现代化国家逐步走向成熟的标志。刚刚从京都帝国大学物理学专业毕业的朝永振一郎（1906—1979）也赶到现场听讲，这个胆怯的年轻人，在36年后成为继汤川秀树之后第二个获得诺贝尔物理学奖的日本科学家，实现了长冈半太郎等前辈们的夙愿。顺便说一句，海森堡回程途经上海，参观了中央研究院物理研究所，甚至还被聘为名誉研究员。

此外，同样受仁科之邀，放射性专家乔治·德·赫维西（George de Hevesy，1885—1966，因发明同位素放射性示踪方法获1943年诺贝尔化学奖）于1931年3月至4月，波尔一家于1937年4月至5月，也都访问过日本，这些学术交流活动，对日本物理学的发展都起到了积极的促进作用。玻尔也是在返程之际，应清华大学物理学院院长吴有训（1897—1977）的邀请，于1937年5月20日至6月7日访问了中国的上海、杭州、南京和北平等地，在一些大学和中央研究院做了7场演讲，对东方哲学发生兴趣并获取灵感，他甚至将阴阳太极图作为自己家族族徽的核心图案。（王洪鹏 等，2006）[605-610]

1931年7月，仁科成为理化所主任研究员，理化所为其设立了独立的研究室，吸引了全日本最优秀的人才，规模最大时曾超过100

人。仁科研究室继承了波尔研究所的学术传统，注重理论研究与科学试验的结合，采取共同研究的方法推进研究计划，研究室内外共同合作取得了一系列前沿研究成果并培养了一大批精英人才。汤浅光朝认为，"在其后的15年时间里，尽管是在所谓15年战争（即中国所称的抗日战争）的最坏时期，以仁科研究室为中心，日本的物理学基本上达到了壮年的境界。虽然在回旋加速器等实验装置方面稍晚一步，但在理论层面已经迈入先进国家行列，在基本粒子研究等某些领域已经处于国际领先地位。在战后的基本粒子理论研究群体中，被誉为'领军人物'的汤川秀树、朝永振一郎、坂田昌一、武谷三男，都是在仁科研究室成长起来的"（汤浅光朝，1961）[268-269]。

1937年4月，在欧内斯特·奥兰多·劳伦斯（Ernest Orlando Lawrence，1901—1958）建成世界首台加速器后的第5年，仁科芳雄主持的日本首台小型回旋加速器建设完成。1944年，他又主持完成了第二台大型回旋加速器的建设。战后的1945年11月24日，这两台加速器被驻日盟军司令部（GHQ）下令沉入太平洋1 200米深处。（山根一真，2019）[042]

许多日本人一直强调自己原子弹受害者的身份，但二战期间日本曾经研发原子弹的历史却很少被提及，甚至被人遗忘，仁科就是原子弹研发的实际负责人，并且以仁科芳雄名字首个日语字母命名为"二計画"①（中文有时以其姓的首个罗马字母译作"N计划"），该计划甚至被称为日本版的"曼哈顿工程"。60英寸大型回旋加速器建造是该计划的基础研究部分，核武器研制是应用研究，不排除科学家们为争取科研经费从事理论研究的"小算盘"，"日本的战时动

---

① 二計画：以仁科日语姓ニシナ（Nishina）首个字母的片假名"二"（读音Ni）命名的计划，不是汉语数字的"二"。

员与当时欧美的动员有所不同，也伴随着基础研究的振兴"（山崎正勝，2011）[92]。原子弹研发是由陆军和海军分别进行的，而两方面都希望有仁科这位享誉世界的核物理学家的参与。

关于仁科开展原子弹研究的情况，原子弹研发史研究专家山崎正胜有过详细的论述。1940年夏季的某一天，时任理化所研究员的仁科，在通勤列车二等车厢里遇见日本陆军航空技术研究所所长、陆军中将安田武雄，向他透露了准备着手研制原子弹的想法，这就是日本研发原子弹的开端。第二年4月，航空技术研究所正式委托理化所开展关于原子弹的研制，正是仁科（与安田）的特殊关系，才奠定了理研和日本陆军合作的基础（山崎正勝，2011）[8-9]，该计划实际上直到1944年才正式在陆军航空本部技术部立项实施。从1941年4月的基础研究算起，到1945年8月日本战败，前后不过4年半时间。1942年初夏，除陆军关于原子弹研发的N计划外，海军技术研究所技术大佐伊藤庸二也找到仁科，以"物理恳谈会"的名义，委托仁科等人探讨制造原子弹的可能性，最后得出结论"即便是美国，在这场战争中利用原子能恐怕也是困难的"，转为实施利用强电磁波的"杀人光线计划"。（山崎正勝，2011）[18-26]但到1944年10月，海军又另行委托京都帝国大学的荒胜文策（1890—1973）牵头组织了"F研究"（以裂变的英语Fission的字头命名）——铀、原子能的利用，后边将提到的汤川秀树、坂田昌一都是该项目的"战时研究员"。（山崎正勝，2011）[44-47]

在此期间，为配合相关计划的实施，日本军方还在各地寻找作为原子弹原料的铀矿。据战后一些日本地质学家的证词，从原满铁地质调查所分化出来的满铁调查部矿床调查室"在满洲的海城（三台沟），1938年由坂本峻雄、池田早苗发现了铀矿床"，关东军司令部组建了"关东军稀（有）元素调查班"，由"满洲稀元素株式会社"

等企业进行开采，"……采出的铀精矿用拖拉机运送到奉天的机场，再用军机空运至东京……"，而且其中有一部分就是被送往了理化所。（矢岛道子，2006）[96-97]但这其中因战争期间的信息封锁，许多事情都已成了不解之谜。战后，进驻大连的苏联红军曾多次盘问原满铁中央试验所研究员广田钢藏，也主要是因为他参与过有关铀研究和作为远距离火箭炮原料的高浓度过氧化氢研究。（廣田鋼藏，1990）[39]

不论是N计划还是F研究，都是围绕着原子弹研发，因此在当时格外受到重视。有这样一个插曲：虽然不是正式成员的武谷三男（1911—2000）也参加了仁科领导的N计划，但因其曾参与日本左翼技术论小组（研究会）的活动，1944年5月被特高警察逮捕，但还是由于核武器研发的身份，终被释放。（山崎正勝，2011）[90-91]

因此，尽管在国际上针对日本人最终是否研制出原子弹有许多传闻，如日本在朝鲜"兴南原子弹爆炸试验"报道（山崎正勝，2011）[274-277]，以及"日本的核野心之所以遭遇失败，仅仅是因为缺少金属铀和钚"（吕勒，2013）等说法。科学史家广重彻认为，日本物理学家对研发原子弹积极性不高，加之没有统一的研究计划、规模小、原材料极度缺乏以及工业能力不够等原因，所以从一开始就决定了日本造不出原子弹（廣重徹，1973）[218]，否则第二次世界大战的历史也许会被改写。

在这一过程中，作为物理学家的仁科，扮演了十分关键的角色。对于日本核武器开发的失败，山崎正胜不无感慨："这对于仁科等研究者来说也许是幸运的。如果能得到丰富的铀资源，并给予充分的开发时间，他们或许由于核武器（开发成功）而成为了加害者。"（山崎正勝，2011）[92]他还认为，仁科没能研制出原子弹是因为技术路线的错误。

三、爱因斯坦到访对日本的冲击

1918年第一次世界大战结束后，科学研究和国际交流逐渐恢复正常，诺贝尔奖评审委员会也开始重新工作，这才有了爱因斯坦的亚洲之行以及迟到的诺贝尔物理学奖。

爱因斯坦（1879—1955）是继哥白尼、牛顿之后科学史上最伟大的科学家。然而，在爱因斯坦尚未获得诺贝尔奖时（他是在去日本的船上得知获1921年诺贝尔物理学奖的消息），日本就邀他访问讲学，这是大正时代日本科学史上的一次重大事件。抛开其中的商业运作不谈，就日本社会各界对现代科学的认识程度有所提高而言，也值得称道。爱因斯坦的日本之行，不仅在科学界，以致在整个日本社会都掀起了一股现代科学技术传播的旋风，被称为"爱因斯坦冲击"。

1922年10月8日，应日本新兴的出版社——改造社的邀请，爱因斯坦夫妇乘坐日本邮船"北野丸"从法国的马赛港出发，经过40天的旅行于11月17日抵达日本神户港，物理学家长冈半太郎、石原纯等人上船迎接。日本各大报纸第二天纷纷刊登了爱因斯坦到达日本的消息，由此在全日本掀起了一股"爱因斯坦热"。11月18日在他到达东京站时上千人前去迎接，有人高呼"万岁、万岁"的口号。他原计划在日本只停留1个月（实际是43天），但一直到12月29日才从神户港登上邮船"榛名丸"离开日本，这与日本方面的高规格礼遇不无关系。

访问中除专题学术讲座外（图3-9），爱因斯坦分别在东京、仙台、名古屋、京都、大阪、神户和福冈等7个城市，做了8场普及性报告。虽然每场门票不菲，但最多时听众竟超过3 000人。由于时间安排过于紧凑，搞得爱因斯坦疲惫不堪，最后甚至提出"抗议"。尽管如此，他还是参加了与许多青年学生的见面会、欢迎会，"除北海道外，几乎与日本全土的学生都有了直接接触的机会"，在早稻田大学访问时，上万名学生一起迎接爱因斯坦。所到之处都是欢迎的人群，人们都想一睹大师的风采，因为大正天皇患病，就由皇后代为召见。新闻记者跟踪采访，诗人们为爱因斯坦献诗，连他用过的草稿纸、讲课的黑板都有人收藏。从学生到市民、从官员到皇室，人们竞相观看介绍相对论的电影。日本东北帝国大学的几名教授甚至创作了三幕六场的《相对性理论戏剧》。

图3-9　爱因斯坦访日期间与日本学者合影（东京小石川植物园，1922年11月29日）

爱因斯坦对日本的访问，其影响已经远远超出了物理学界、科学界的范围，日本科学史家金子务将其称为"爱因斯坦效应"。与表面的、大众化的"爱因斯坦热"相比，学术界显得更为理性。归结起来，他的日本之行对日本科学界和现代化进程的影响有如下几个方面（梁波，2005）[284-289]：

首先，促进了相对论在日本的传播，对日本物理学的发展产生了直接的影响。早在爱因斯坦访日之前，日本已有学者对相对论做了介绍和研究，有些工作还很深入。第一位接触爱因斯坦的日本人是物理学家和科学史家桑木彧雄（1878—1945，日本科学史学会首任会长），他从德国留学回国后，于1911年发表了《相对性原理中的时空观》论文，此后还发表了许多从认识论角度研究相对论的著作，著有《爱因斯坦传》。还有被称为"日本相对论第一人"的石原纯，是"当时少数几个懂得相对论的人"，他在1909—1918年的10年间共发表科学论文38篇（全部为德文），其中与相对论有关的27篇，对相对论在日本的传播贡献卓著，在爱因斯坦访日期间，他是学术翻译，后来转向诗歌创作并改行作科学记者。爱因斯坦访日之后，日本的相对论研究更如雨后春笋、蓬勃发展，为理论物理学研究打下了良好基础。

其次，改变了日本人的科学观，特别是对一代日本青年的熏陶和启蒙，间接促进了科学研究的体制化。日本科学史家金子务认为，"应把爱因斯坦来日本的1922年，看作日本人最初将科学作为有血有肉的思想来认识的值得纪念的一年"，而此前只是把科学作为赶超西方的"单一的实学工具"（金子务，2005）[469]。数学家、科学普及的开拓者小仓金之助认为，"……爱因斯坦的来访，毫无疑问给予青年人的刺激，对日本的数学和物理学的发展带来了相当大的影响"。实验物理学的先驱菊池正士（1902—1974）说："爱因斯坦博士来日本演讲的时候，我还是高中三年级的学生，虽然我没有亲耳聆听，但从那时起，唤起了我对相对论的兴趣，对后来研究物理学有很大的刺激。"（金子务，2005）[357]日本第一位诺贝尔物理学奖获得者、当时还只是初中生的汤川秀树，直到17年后才见到爱因斯坦，他在回忆录中写道："……尽管这时（相对论）对我来说还是对牛弹琴，但不知不觉中爱因斯坦的名字进入了我的耳畔。在我的潜意识里，以理论物理学为方向，或许就是从这时渐渐开始的。正因如此，升入新年级后，对物理实验热心起来。"（金子务，2005）[365]与此同时，以爱因斯坦来访为契机，一大批科学启蒙杂志相继创刊，报纸开辟科学专栏，日本进入科学普及的快速发展时期。

20世纪20年代前后，正是日本的科学研究从科学家的个人研究向制度化和企业化转换的时期，人们开始认识到企业发展、军事需要等越来越依赖于科学技术的进步，包括理化学研究所、东京工业试验所等一大批国立和民办研究机构相继设立都与此不无关系。

再次，对整个日本社会的思想和文化产生了广泛而深远的影响。人们把爱因斯坦比作同时代列宁式的革命性人物，因为他在物理学、科学领域的创造，绝不亚于当时领导苏联人民进行社会革命的政治领袖列宁。爱因斯坦访日当年也是日本学生运动、工人运动和知识分子运动高涨的一年，刚刚成立的"全国学生联合会"致信爱因斯坦："我们对（爱因斯坦）教授在世界大战中，对资本主义国家及其发动的战争的彻底反抗态度，表示由衷的敬意。"（金子务，2005）[127]"日本无产者同盟"给爱因斯坦发电报，请他发表对帝国主义政府的看法，他在回国的船上回信表示，"日本存在着由于人口过剩而引发的工资低廉化和军国主义化的危险"（金子务，2005）[135]。当时还在东京帝国大学读研究生的唯物主义思想家、技术史家三枝博音，不久发表了其处女作《相对论中包含的哲学问题》；京都大学学生、后来的哲学家户坂润在爱因斯坦的影响下，毕生从认识论和存在论的角度对空间问题进行探索；经济学家福田德三（1874—1930）以相对论为武器，开展社会政策的研究；等等。

与此同时，相对论也成为普通大众茶余饭后的"消费品"，有人甚至将年轻男女之间的恋爱称之为"相对性散步"。由此可见，人们对爱因斯坦理论已经达到了何等痴迷的程度，这可以说是国家现代化过程中科学传播的一个经典例子。

继以北里柴三郎为代表的生物学（主要是细菌学）最早走上国际舞台后，以长冈半太郎为代表的日本物理学研究也开始在国际上崭露头角并掀起了日本现代科学革命的第二次高潮。在1922年爱因斯坦访问日本后，1929年海森堡（Werner Heisenberg，1901—1976）和狄拉克（Paul Dirac，1902—1984），1937年玻尔也在日本全面侵华前受邀访问了日本。这样，代表20世纪物理学两大最高成就的相对论和量子力学的代表人物都到日本传经布道，极大地推动了日本现代物理学的发展，影响了日本几代物理学家，其影响所及甚至一直持续到今天！

四、汤川秀树：首位诺奖获得者

1929年，在海森堡和狄拉克到日本访问讲学的时候，汤川秀树和朝永振一郎都还是刚刚毕业的大学生，他们"带来的欧洲物理学的现代气息强烈地刺激了汤川秀树等一批日本年轻科学家，汤川是其中走得最快最远的佼佼者"（刘素莉，2010）[91]。汤川秀树是日本第一位诺贝尔奖获得者，在特殊的历史年代他成为日本的民族英雄，在二战日本无条件投降后、整个国家处于低谷的情况下，他的获奖起到了振奋民族精神的作用，极大地提高了日本人的民族自信心和自尊心。这一

图3-10 汤川秀树

点，与杨振宁、李政道获得诺贝尔奖对中国人所起的作用，有异曲同工之处。

汤川秀树（1907—1981，图3-10），东京人，理论物理学家。其父小川琢治（1870—1941）是著名地质学家、地理学家和汉学家，他因入赘汤川家而改姓汤川。汤川秀树1923年考入京都大学预科，高中毕业后进入京都大学

物理系，1929年毕业后留校任教。1932年，英国实验物理学家詹姆斯·查德威克（James Chadwick，1891—1974）发现了中子，美国物理学家卡尔·戴维·安德逊（Carl David Anderson，1905—1991）发现了正电子，以及随后的原子核的分裂，这些成就的取得大大鼓舞了汤川。

1933年，汤川转到大阪帝国大学，在1934年的数学物理学例会上递交了一份研究报告，用数学的方式分析提出了核力是一种交换力，它通过交换介子发生作用，介子是传递核力的中间媒介物。至此，汤川是第一位预言介子存在的物理学家，这一年他28岁。

1937年4月，汤川参加了玻尔访问日本的学术演讲会，但"极富哲学修养并喜欢进行哲学思考的玻尔在日本更倾向于谈论哲学问题。年轻的理论物理学家汤川秀树在玻尔演讲之后曾向他介绍自己的新发现——介子理论，但玻尔只是淡淡地回应了他，这个发现在12年后为日本赢得了第一个诺贝尔奖"（刘素莉，2010）[86]。此时，年轻的日本物理学和同样年轻的物理学家，并未得到玻尔的认可。

汤川秀树影响所及，甚至波及到当代日本理论物理、物性物理、天体物理等领域的许多他孙辈的物理学家。他的获奖，标志着日本现代科学技术独立期的完成，以及第二次科学革命高潮的结束。伴随着20世纪五六十年代经济的起飞，日本现代科学技术开始进入快速成长期。

五、坂田昌一：与毛泽东的邂逅

坂田昌一是与汤川秀树、朝永振一郎等同代的物理学家，都是仁科芳雄的门生，且相互之间也多有研究合作。但坂田却是在中国学术界乃至普通百姓中知名度最高的日本科学家，在中国的影响所及不但超过汤川、朝永等诺贝尔奖获得者，甚至超过许多国际上的大牌科学家。这除了源于他在粒子物理学领域的杰出成就外，主要还是因为他受到了当时中国最高领导人毛泽东的关注和他们之间基于哲学思想的交流。

自1963年以来，中国光是讨论坂田的物理理论、自然辩证法思想以及与毛泽东的交往等相关论文就有近百篇之多，在中国这是任何一位日本科学家所无法比拟的。若不是他英年早逝，也许还会演绎出更多与中国之间的故事；即便在他去世之后，他的妻儿仍在续写中日友好交流的篇章。（刘金岩 等，2015）[55]

坂田昌一（1911—1970，图3-11），东京人，理论物理学家。他1933年毕业于京都帝国大学理学部物理学专业，先后任职于理化学研究所、大阪帝国大学、京都帝国大学；1942年成为名古屋帝国大学教授，创建基本粒子研究室，终生从事基本粒子理论研究，在发展介子理论和基本粒子结构模型方面做

图3-11　坂田昌一

出了重要贡献，是汤川秀树介子理论第2篇至第4篇核心论文的共同作者，也是"名古屋学派"的掌门人。1942年，坂田与同事井上健提出"双介子"理论，预言了新介子π和新中微子ν_μ；1948年，π介子被实验证实，而有关中微子的预言也被近年来的实验所证实。

1949年，坂田开始研究基本粒子的结构问题。1955年，他提出强相互作用粒子的复合模型——坂田模型，认为基本粒子只有质子、中子和超子，所有强子都是由这3种基本粒子及其反粒子复合出来的

"复合粒子"，后进一步发展为"名古屋模型"。坂田模型为基本粒子模型研究开辟了道路，也为其对称性研究打开了大门，更为重要的是为1964年默里·盖尔曼（Murray Gell-Mann，1929—2019）和乔治·茨威格（George Zweig，1937—　）各自独立提出"夸克模型"奠定了基础，其中茨威格在自己的论文中引用了坂田模型，而盖尔曼的论文则忽略了坂田的工作。坂田还主张，夸克不过是基本粒子的一个层次，其下层结构仍有无限存在的物质，他称之为"无限层次论"。

虽然坂田昌一此前提出的模型被推翻，他仍全面支持夸克模型，而且对盖尔曼和茨威格都有重要影响，但1969年的诺贝尔物理学奖只授予了盖尔曼，评审委员会成员伊瓦尔·沃勒（Ivar Waller）教授对坂田未能获奖深表遗憾。1970年9月，汤川秀树曾恳切细致地写信告知沃勒，坂田被推荐为诺贝尔奖候选人时正卧病在床，此后病情明显恶化，3周后去世。汤川告诉沃勒，如果能给坂田授奖，或许会给他带来很多荣誉和鼓励吧[①]。这是日本科学家又一次与诺贝尔奖失之交臂的例子。令人欣喜的是，坂田晚年招收的两名弟子小林诚和益川敏英因在1973年提出对称性破缺机制和预言第三代夸克的存在，获得2008年诺贝尔物理学奖。

与物理学家的身份相比，坂田作为社会活动家的影响力也毫不逊色，"他是一名反对发展核武器的科学家，还是左派社会活动家和中日科学交流的推手，是第一个未经日本政府允许而访问中国的理论物理学家。他的工作不仅受到中国科学家的尊重，还受到毛泽东的推

---

① ［2022-10-30］https://www.weblio.jp/wkpja/content/坂田昌一_坂田昌一の概要.

崇"（刘金岩 等，2015）[39]。

1956年，受时任中国科学院院长郭沫若的邀请，参加完在瑞典斯德哥尔摩举办的世界和平理事会特别会议的坂田及日本代表团一行，经苏联到中国访问，于5月3日到达北京，23日途经上海返回日本，其间周恩来总理会见了他。这是坂田的第一次中国之行，除参观考察外，还多次举办学术演讲，他在记述此次访问的《北京日记》中写道："讲演中提到，日本核物理的发展就是学问与封建制度和殖民主义作斗争胜利的成果，还论说了在物理学发展中起到作用的武谷（三男）'三阶段'理论，讲述了复合模型方法论提出的背景。"（刘金岩等，2015）[41]访问期间，有关方面还将毛泽东的《矛盾论》《实践论》两本著作送给了坂田。郭沫若还托他带回中国科学院给汤川秀树、朝永振一郎等十几名学者访华的邀请函，回国后他力促此次访问。1957年5月至6月，由朝永振一郎任团长的日本物理学家代表团来中国访问并进行学术交流，中日双方签订了《关于中日两国物理学界的学术交流备忘录》。遗憾的是，因国际政治因素的影响，坂田和汤川秀树此次都没能来中国访问，而且汤川终生也未到过中国。

坂田的主要著述有《物理学和方法》和《科学家和社会》两部论文集，其中不少是阐述自然科学领域内的唯物辩证法思想的，如《新基本粒子观的对话》等，这也是他与中国学术界和国家领导人交往的重要切入点。1963年8月，毛泽东已认真阅读了《自然辩证法研究通讯》从俄文转译的坂田"基本粒子的新概念"一文，对坂田在基本粒子研究中运用唯物辩证法取得的成功十分赞赏，批注给予高度评价，并指示《红旗》杂志于1965年6月根据原文重译发表了坂田《关于新基本粒子观的对话》（即《基本粒子的新概念》，后又出版了单行本）一文。根据毛泽东几次谈话内容撰写的"编者按"中写道："在编者按语中着重阐述了万事万物都是对立的统一的思想，与此同时，并号召我国自然科学工作者要在各项工作中运用辩证法，反对唯心主义和形而上学。"（坂田昌一，1965）[19]在此前后，毛泽东多次与中国物理学界、哲学界的有关人员探讨这一问题。（徐涛 等，2008）[94-95]

1964年8月22日，以坂田昌一为团长、由61名团员组成的日本科学家代表团，应邀出席"北京科学讨论会"，这是坂田第二次，也是最后一次到中国访问，也正是这一次，中国最高领导人接见了他。8月23日下午，毛泽东接见参加北京科学讨论会全体代表，他当场对坂田在基本粒子研究中取得的成果表示祝贺，这是此次坂田中国之旅最为精彩的高光时刻。第二天，毛泽东在住处召见周培源和于光远，从坂田的文章讲起，系统地谈了他对自然辩证法的一些见解，此后在中国的自然科学和哲学工作者中立即掀起了学习和运用辩证法的热潮。（朱洪元 等，1965）[9-15]《红旗》《自然辩证法研究通讯》《解放日报》《文汇报》等报刊组织了专栏讨论，全国各地举办了多场座谈会、报告会，有些会议甚至达到六七百人规模，大家一致认为："坂田昌一等在基本粒子理论方面取得领先世界的成绩，与其自觉运用唯物辩证法分不开，我们要赶超世界先进科技水平，必须充分运用我们特别优越的条件，在科学研究中自觉学习并运用毛泽东思想。由此，在科学界掀起了自觉运用唯物辩证法指导科学研究，赶超世界科技先进水平的热潮。其中，最有代表性的是层子模型的研究。"（段伟文，2020）[5]

1966年夏，在北京召开的物理学讨论会上，中国物理学家经过创造性工作，根据物质无限可分和不同层次相对不可分的辩证原理，提出了基本粒子的"层子模型"。随后，参加此次会议的巴基斯坦著名物理学家阿卜杜勒·萨拉姆（Abdus Salam，1926—1996，因电弱统一规范理论的贡献，1979年与温伯格、格拉肖共同获得诺贝尔物理学奖），将该理论在美国召开的第十二届高能物理国际会议公布，引起了史蒂文·温伯格（Steven Weinberg，1933—2021）、谢尔顿·李·格拉肖（Sheldon Lee Glashow，1932— ）在内的世界物理学家的广泛关注。1977年，在美国举办的第七届粒子物理学专题讨论会上，格拉肖提议"把构成物质的所有这些假设的组成部分命名为'毛粒子（Maons）'，以纪念已故的毛泽东主席，因为他一直主张自然界有更深的统一"。虽然作为一个科学概念，"毛粒子"一语并未得到科学界的广泛认同，但作为一种认识自然界过程中的哲学思想，仍然值得铭记。

　　尽管后来这些趣事与坂田本人并无关系，但其起始点均来自他那篇论文以及与毛泽东的"邂逅"，坂田无意间参与和推动了唯物辩证法在中国的发展，在特定时期甚至刺激了中国理论物理学的研究，"唯物辩证法及自然界的辩证法是不是好哲学，在很大程度上取决于有没有自然科学家自觉运用唯物辩证法和自然界的辩证法进行科学研究并取得重大研究成果，从而使唯物辩证法和自然界的辩证法得到丰富和发展"（段伟文，2020）[5]，他在唯物辩证法的影响下所取得的科学成就，无疑是一种支持和证明。坂田起到了让中国政治领导人的科学观走向世界的桥梁作用，也成就了国家现代化过程中政治与科学互动的一段佳话，有研究认为，"坂田昌一是一位对中国友善的物理学家。他在世界观与方法论上认同马克思主义，尤其是恩格斯的《自然辩证法》，称得上是资本主义世界里的左派科学家。他热心于世界和平运动，同情曾被殖民的发展中国家，对自己了解不算多的苏联与中国充满善意"。"他的哲学观点在中国的影响甚至比在日本还大。他在中国成了一位唯物主义科学家的样板。"（刘金岩 等，2015）[57-58]他在思想上成为毛泽东的"知己",这恐怕就是中国人对坂田昌一充满敬意的主要原因吧!

前面介绍了仁科芳雄、汤川秀树、坂田昌一等许多从事纯基础研究的日本物理学家,也许有人会问,这些物理学家对促进日本的现代化究竟有何意义和作用?我们认为,他们的意义和作用,可能更多地体现在营造科学研究的学术氛围和提振日本民族精神方面,科学技术观念的变革也是现代化的一个重要组成部分。进入21世纪,日本人获诺贝尔奖出现"井喷"现象,都与此密切相关,这也反映了科学技术的继承性特点。

六、京都化学学派的形成

化学,尤其是工业化学成为日本战后发展最为迅猛的学科,这一方面有赖于以往在战前和战时的研究基础,另一方面也是因为日本能源资源的极度匮乏。喜多源逸、福井谦一以及他们作为主要成员的京都化学学派,也由此应运而生。

喜多源逸(1883—1952,图3-12),奈良人,化学家。他1903年9月进入东京帝国大学工科大学(相当于工学院)应用化学科,毕业时的指导教授为河喜多能达(1849—1925,曾任日本工业化学会会长)。喜多源逸1906年毕业后

图3-12 喜多源逸

以研究生身份留校任教,1907年成为讲师,1908年升任副教授。

尽管喜多源逸本身从事的是应用化学,但在教学理念上他始终强调,"即便搞应用也要打好基础,不论是应用化学家还是理论化学

家，都应该培养合格的能够进行研究的人才。即使在应用化学教研室，也必须开展高水平的独创性的研究"。"化学工业发展的根本在于（理论）研究。"（古川安，2010）[1-17]在此期间，因与河喜多能达在教学理念上的龃龉，喜多1916年辞去东京帝国大学应用化学科教职，前往京都帝国大学工业化学科。他在新的教学氛围中如鱼得水，彻底贯彻自己的教育理念，开一代新风，奠定了京都大学在日本乃至世界化学领域的国际地位。

1918年底，在京都帝国大学工作两年后，喜多受文部省派遣，赴美国麻省理工学院、加州理工学院和法国巴斯德研究所先后留学两年，于1921年初回到日本并升任京都帝国大学教授。1922年1月，在樱井锭二的推荐下，喜多被任命为理化学研究所14名主任研究员之一。根据理化学研究所的主任研究员制度，在京都帝国大学内设置了"理研喜多研究室"，其后京都学派的樱田一郎、儿玉信次郎等许多重要人物，作为研究生、助手或兼职人员均出自这个研究室。理研将科学研究与工业生产紧密结合的"理研精神"，与喜多提倡的"自由风气、重视基础研究以及产业化的学风"理念高度契合。1930年，喜多成为京都帝国大学附属化学研究所的第二任所长，仿照理化学研究所采用"研究室制度"，建立了类似理化学研究所的"主宰所员"制度，取得了良好成效，培养出大批的杰出人才。

喜多在京都帝国大学任职期间，开创了日本工业化学领域的"京都学派"（或称"喜多学派"）①，以其独特的优良学风和传统，培养和造就了战前以及战后日本一代又一代化学家。在他的徒子徒

---

① 京都学派最早指西周等人创立的哲学学派。

孙中包括樱田一郎[1]、堀尾正雄（1905—1996）、李升基[2]、小田良平（1906—1992）、儿玉信次郎（1906—1996）、宍户圭一（1908—1995）、古川淳二（1912—2009）、新宫春男（1913—1998）、冈村诚三（1914—2001）、福井谦一、鹤田祯二（1920—　）、野崎一（1922—2019）、野依良治（1938—　，有机化学家），以及战前的小川亨（1893—1969）、阿部良之助[3]等等，可谓人才辈出、枝繁叶茂。其中福井谦一和野依良治分别获得1981年和2001年诺贝尔化学奖。截至1942年喜多退休，其领导的"喜多研究室"共计发表学术论文543篇，内容包括醋酸纤维素（乙酰纤维素）、醋酸纤维素以外的纤维素衍生物的制造和组成及性质、黏胶（viscose）、纸浆等相关研究。在日本人造纤维的勃兴期，京都帝国大学以喜多为首的纤维素化学研究得到快速发展，他的许多学生毕业后到人造纤维生产企业工作，1924年日本人造纤维的产量已居世界第一位。（古川安，

---

[1] 樱田一郎（1904—1986），京都人，高分子化学家。1926年毕业于京都帝国大学工学部工业化学科，"京都学派"主要成员和日本高分子化学的主要奠基人，是日语"高分子"一词的确立者，1939年与李升基、川上博等共同开发出日本最早的合成纤维——维尼纶。1961年任高分子学会会长，1968年任日本化学会会长。

[2] 李升基（1905—1996），朝鲜化学家，生于日本殖民统治时期的朝鲜全罗南道。1931年毕业于京都帝国大学工学部工业化学科，1944年担任京都帝国大学教授。日本最早的维尼纶开发者之一，在世界上合成了第二个合成纤维。二战结束后回到朝鲜，担任首尔大学工学部长。朝鲜战争爆发后携全家去北朝鲜，领导聚乙烯醇的工业化开发，曾任朝鲜科学院咸兴分院院长并荣获朝鲜"人民科学家"称号，1986年曾到中国访问。参见：李突. 献身祖国的人民科学家——记朝鲜维尼纶发明家李升基博士. 瞭望周刊. 1986（21）：35-36.

[3] 阿部良之助（1898—1980），1923年毕业于京都帝国大学工学部工业化学科，1928年6月进入满铁铁道技术研究所工作。1931年满铁研究机构调整后转入满铁中央试验所，后担任燃料科（课）长、副所长。

2012）[3-4]

学派是以超人魅力、在学术研究及组织运营中表现卓著的杰出科学家为核心，有着共同的价值理念和学术风气，在人才培养和成果产出方面在某一时期产生了重要影响的科学家共同体。以喜多为旗手的京都帝国大学（后改称京都大学）应用化学研究共同体，在日本现代化学史上创造了一系列具有国际水准的研究成果，在工业化学领域形成了著名的"京都学派"。京都学派在本质上就是研究者对基础研究的重视，这为此后福井谦一、野依良治等在化学领域的理论创新打下了坚实基础。

与作为"研究者"相比，喜多更是一位优秀的"研究组织者"和学术领袖。他在担任京都帝国大学工学部长期间（1939年至1941年），将原工学部化学系只有4个讲座[①]的工业化学科，扩充为工业化学科、燃料化学科（1939年）、化学机械学科（1940年）和纤维化学科（1941年）共计4个学科22个讲座的规模。他执掌京都帝国大学附属化学研究所期间，该所人员达到284人，在合成纤维、人造石油、合成树脂以及合成橡胶等领域都取得了重要成果。截至1949年，其名下发表的论文达140篇、综述32篇，而以"理研喜多研究室"等名义发表的论文总数超过600篇，这在20世纪上半叶绝对是一个高产的学术共同体。（古川安，2010）[10-11]

1950年，喜多成为日本化学会会长，还曾任1949年设立的浪速大学（现大阪府立大学）的首任校长等职。喜多在日本工业化学领域所创立的京都学派，以"重视基础研究的工业化研究"著称于

---

① 日语为"講座"，是日本大学里最基本的教学或研究组织，类似于中国大学里的教研室。

世，汲取物理学等其他领域灵活自由的研究风气，注重与产业界的积极合作。京都学派在喜多的率领下，在第二次世界大战前和战争中都与国防重要物资的生产相关，作为国策得到了产业界的支持和政府的指导，在合成纤维、人造石油、合成橡胶等诸多领域，得以大规模推进。在他去世后，京都大学工学部继承了这些优良传统，京都学派又在高分子化学、催化化学、量子化学等相关基础研究领域不断开拓进取，在化学领域为日本培养了大批优秀的人才，福井谦一就是其中的杰出代表。

福井谦一（1918—1998，图3-13），奈良人，量子化学家[①]。他1941年毕业于京都帝国大学工业化学科（1966年更名为石油化学科），1945年任该校燃料化学科副教授，1951年升任教授。1971年任京都大学工学部长，1982年从京都大学退休后受聘担任京都工艺纤维大学校长，1983年任日本化学会会长。1995年任日本学术振兴会会长等职。

图3-13 福井谦一

福井因在1951年提出化学反应过程的理论研究——直观化的前线轨道理论（frontier orbital theory），于1981年获得诺贝尔化学奖，既是日本，也是亚洲首个诺贝尔化学奖获得者。他曾获日本政府文化勋章，其代表作为《图解量子化学》。他在获奖演说中表示，喜多源逸是"我的终生导师"，对喜多的感谢溢于言表。福井获得诺贝尔化学

---

① 该部分重点参考了下文，其他引用不再另行说明：[日]古川安，2014.燃料化学から量子化学へ——福井謙一と京都学派のもう一つの展開[J].化学史研究，41（4）：181-233.

奖，一方面标志着"京都学派"在国际上确立了自己的地位，另一方面也表明日本的化学从20世纪50年代起成为继此前日本生物学（包括细菌学、免疫学在内）迈入国际舞台后，紧随日本物理学家开辟的道路，也开始跨入了国际科学技术的先进行列，为日本依靠科学技术实现现代化进一步奠定了基础。

福井曾就读于京都帝国大学工业化学科，其研究生导师为喜多源逸的门生儿玉信次郎（1906—1996）教授，他是"喜多主义"的忠实继承者，既重视实验应用，也重视理论研究，是日本人造石油开发的领军人物。在人造石油领域，儿玉信次郎是日本煤液化中如何使用催化剂、使用何种催化剂的重要推手。（古川安，2010）[9-10]

很多人对出身于工学部的福井的成长经历感到非常不可思议。美国科学史家詹姆斯·巴塞洛缪（James R. Bartholomew）曾以福井为案例，就科学技术在与日本固有历史结合中的情况加以说明认为[1]，欧美人在传统上将科学和技术加以区别，而明治维新以来日本人在接纳西欧现代科学和技术的过程中区别并不严密。理学不仅仅是自然科学，还包含技术乃至工程学在内。这在制度设计上的表现就是，东京大学诞生时，其理学部既有数学、物理学以及行星科学，与化学科一起还包含工程学科。而在京都帝国大学从创立之初也长期以理工学部之名存续，在同一学部进行科学家和工程师的培养。因此，在工学部能产生像福井这样本应在理学部成长的理论科学家，这反映了日本特有的知识风土（文化）。可能正是因为这些原因，在福井获得诺贝尔奖时有报道误将其认作"物理学教授"，甚至有人问他是不是汤川秀

---

① BARTHOLOMEW J，1994. Perspectives on Science and Technology in Japan: The Career Fukui Ken'ichi [J]. Historia Scientiarum，4：47-54.

树的学生。（古川安，2017）[140]

　　京都学派对基础研究的重视也给福井谦一带来了深刻的影响，喜多忠告福井，"喜欢数学就能干化学"（当时的倾向是，对于理科学生而言，讨厌数学的就去学习化学），"为了把应用做充分，首先要做基础"，等等。这使本来擅长数学的福井，最终选择了京都帝国大学工业化学科，除了喜多源逸对数学、物理等相关基础学科的重视，也反映了喜多领导的京都学派兼容并包的学术风气。福井尽管是工业化学科的学生，但他在这里可以尽情地徜徉于数学和物理学的海洋之中。他毕业后留校成为燃料化学科的教授，却又培养出了量子化学领域的优秀人才，这与前述喜多倡导的学术理念密切相关。因此，在获得诺贝尔化学奖时，他盛赞恩师喜多在京都学派树立的"稀有自由的学风"。当然，福井与喜多两家的远亲关系，在一定程度上也为福井的成长带来益处。

　　福井对物理学已经用数学表述、而化学还没有如此且偏重经验感到不满，认为将来要将化学"数学化"，建立"数理化学"，而在他1938年入学时"量子化学"概念尚未引入日本。受物理学家提出量子力学的影响，化学家们后来提出了"量子化学"的新领域，这其实就是福井曾经设想的"数理化学"。福井是一位富有传奇色彩的科学家，初中时喜欢历史和文学，梦想长大后成为一名历史学家；到了高中时又开始喜欢数学而讨厌化学，认为化学只是经验性的学问，缺少数学的逻辑和严谨，希望上大学后学习像物理学那样的数理学科；作为工学部燃料化学科的负责人，却提出了前线轨道理论这样的基础化学理论，为日本培养了大批理论化学家；而作为理论化学家，又获得了约200项专利；等等。这些成就的取得，是以喜多源逸为首的京都学派优良学风养成的结果。

在汤川秀树获得诺贝尔物理学奖两年后（1951年），福井即提出了30年后获得诺贝尔化学奖的理论，标志着日本科学技术发展史从此前的"物理学时代"进入到"化学时代"，"日本的化学研究水平第二次世界大战后已接近世界水平"（广田襄，2021）[264]，至今日本的诺贝尔化学奖获得者已经达到8人。而且，化学在促进日本国家现代化中所发挥的直接作用，恐怕远远超过了物理学。

第四章
劳动力密集型制造的历史性机遇

　　1945年8月15日日本宣布无条件投降，成为二战的战败国。以美国为主导的联合国军开始占领日本，有学者认为这是"黑船"再次登陆日本——"按照美国的意愿强行再次开国"。1945年至1952年的占领是日本历史上唯一被置于外国势力支配下的7年，对日本国运的影响之大之深直至今日才逐渐被认识。

　　如果说战败投降击碎了日军的军国主义美梦，那么占领期间美军实施的"非军事化"诸政策，包括审判战犯，开除军国主义政治家、大学教授及企业经营者公职，解体财阀、没收财产等带来的压力，控制言论和媒体进行的"将战争的罪恶感根植于日本人意识中"的宣传带来的恐怖感等，击碎的则是全体日本国民的自信心。美军对日占领的最高原则是"要优先考虑美国的利益"（中山茂，1995）[46]，按照美国的利益重建日本。

　　《波茨坦公告》发表后，日本政府通过瑞士向美国发出的乞降书中附带了一个条件——不要废黜皇室。美国的回复实际上答应了日本的条件，日本的投降不是无条件而是有条件。二战结束后不久，《每日新闻》进行的一项民意调查显示，有85%的人支持天皇制度，保留天皇最大限度地消除了日本人对美国的仇恨。

为了推动日本的民主化进程，美国派遣各种使节团来日，在实地调查的基础上提出重建计划或举办各种培训活动，从教育改革到农村改革，从提高产品质量培训到科学研究机构的重建，日本从美国带来的"科学"和"民主"上看到了希望。朝鲜战争带来的"特需"刺激了日本经济增长，1955年前后国民收入超过了战前的最好水平，由此揭开了经济高速增长的序幕。经历了冰火两重天的日本对美感激之情溢于言表，对美依存的文化意识形成了。随着日美媾和条约以及日美安保条约的签订，日本成为东西方意识形态对立的桥头堡。1951年4月1日麦克阿瑟在离任演说中称，"日本在遏制共产主义方面令人钦佩的表现证明，日本有望对亚洲的演进产生非常有利的影响"。

战后日本时任首相铃木贯太郎（1868—1948）在一次广播谈话中称，"战争期间最大的短板是科技，今后要在科技上下功夫，无其他路可走"。战后日本政界开始散布"日本败在了科学上"的言论，为逃避战争责任寻找借口。但科技对产业的重要性在当时得到了广泛认可确是事实。"特需"结束后的1955年，日本政府在《经济白皮书》中总结了这样的认识：维持增长，技术创新至关重要。

由于战争对日本的基础科学研究人员的影响不大，很多科学家在战争期间找到了最好的研究时间。在德国留学的朝永振一郎（1906—1979）在二战爆发后被迫返回日本，于物资和信息紧缺的环境中全身心投入到理论物理的研究中。在此期间，朝永振一郎完成了"超多时理论"。日本战败后的第4年，战后废墟上的百姓食不果腹，为了生存拼尽全力时传来了京都大学教授汤川秀树（1907—1981）成为日本第一位诺贝尔奖得主的新闻。汤川当时年仅42岁，在亚洲人中是继印度作家泰戈尔（1861—1941）和物理学家拉曼（1888—1970）之后的第三位诺奖得主，日本全国上下为在理论物理学这个深奥的领域能获此殊荣感到非常骄傲，极大地激发了国民的自信心。

第一节　胡萝卜加大棒

　　早在第二次世界大战尚未结束时美国就已着手研究战后日本的处理问题了。1942年，美国总统命令陆军和参谋总部成立了秘密研究机构——战略局。在1943—1944年间完成的《日本的行政文部省》报告中，提出把消灭日本军国主义的教育制度作为基本方针，把农地改革和经济改革作为实施再教育的必要前提，教育对象不仅是青少年而是包括了全体人民。

一、对美依存的形成

　　1944年12月，由于战后日本的处理问题涉及外交、陆军以及海军等众多部门，为强化协调合作，美国政府成立了由国务院及陆军、海军组成的协调委员会（State-War-Navy Coordinating Committee，简称SWNCC），每周召开一次研讨会，讨论研究战后占领区的政治和军事问题，SWNCC事实上成为决定日本占领政策的最高机关。

SWNCC的远东分会（SFE）制定了著名的"在远东逮捕和审判惩办战犯"的SWNCC-57/3号文件，经杜鲁门（Harry S. Truman，1884—1972）总统批准后立即将这个文件作为逮捕、审判、处罚主要日本战犯的命令发给了驻日盟军最高司令道格拉斯·麦克阿瑟（Douglas MacArthur，1880—1964）。1945年8月15日，日本天皇宣布无条件投降。9月2日，在停泊于东京湾的美国军舰"密苏里"号上举行了日本投降签字仪式。

SWNCC的远东分会（SFE）下设盟军最高司令官总司令部（GHQ/SCAP，以下简称美军），任命美军总司令麦克阿瑟担任盟军总司令，负责占领日本。进驻日本的包括中国和苏联等战胜国在内的联合国军人数最多时达43万人，但由于当时的中国仍处于内战状态，苏联的注意力集中在东欧，中国和苏联并未能实施占领，对日本的占领事实上成了美国和英国的占领。

美军进驻日本后，1945年9月22日发出了第四号命令，成立由150名美军和900名日本民间工作人员组成的民间信息教育局（CIE），目的是让各个阶层的日本人彻底了解战败的事实和战争的罪行、现在以及将来的苦难和穷困、军国主义的责任以及联合国军实施占领的理由和目的。（有馬哲夫，2015）[128-133]CIE执行第四号命令对日本实行再教育政策，包括对日本的宗教和新闻媒体等进行管制。被任命为首任局长的克米特·戴克（Kermit R. Dyke）于1917年加入美国陆军，第一次世界大战期间在西部战线从军，归国后在美国全国广播公司

（NBC）等媒体工作，之后担任全美广告主协会会长，由于和麦克阿瑟相识，于1942年重返陆军。

SWNCC制定的《战后初期美国对日政策》（SWNCC-150/3）指出，为确保日本不再成为美国及世界的威胁，要从教育制度中根除军国主义和超国家主义。1944年末，SWNCC在讨论基础上完成的报告书（SWNCC-162/D）做出最终结论：战后对日本实行再教育及端正方向。日本人具有屈服权威、不敢反抗权威及逆来顺受的性格。要利用书籍、教科书、杂志、电影、收音机、各种演讲、讨论会等手段，引导全体日本人自发地端正方向。（越智博美，2016）[21-23]

1945年8月6日和8月9日，美军分别在日本广岛和长崎投下原子弹后，8月15日昭和天皇亲自宣读诏书，接受《波茨坦公告》。同意无条件投降的诏书通过日本放送协会（NHK）的广播电台播出后，日本全国笼罩着失望和恐怖气氛，但这只是开始而已。

1945年12月7日，美国政府发布了赔偿特使埃德温·鲍莱（Edwin Pauley）的临时报告《日本立即赔偿计划》，提出要对日本工业进行彻底的非军事化。未遭损坏的军用工厂转为民用工厂的重工业设施，只能维持在和平经济活动所需的最低水平，其余的工厂被指定为战争赔偿物，要求日本政府拆除所有飞机制造厂和陆海军工厂。1946年1月20日，美军接着发布了《关于日本飞机制造厂、工厂和研究实验室的管理、控制和维护的备忘录》（SCAPIN-629），将389家工厂指定为战争补偿对象。根据这份备忘录，中岛飞机等飞机制造厂被置于美军的控制之下，日本的飞机制造遭禁。

《战后初期美国对日政策》明确提出要驱逐日本军国主义和极端民族主义领导人，于是，被日本人视为占领期最大的恐怖事件发生了。1945年10月，美军陆续发出了驱逐高级警官、特警以及军国主义和极端民族主义教师的命令。接着在1946年1月，下令将不适合从事公共服务的人员开除公职，包括战犯、职业军人、超国家主义团体成员、大正翼赞会①等政治团体的干部，海外金融机关及开发组织的干部，殖民地官员以及其他军国主义者。1947年1月，开除人员范围扩大到了战前和战争期间的主要企业、军工产业、思想团体的成员及大额捐款者。到1948年5月为止超过20万人被开除公职。包括称原子弹违反国际法的自由党党首鸠山一郎（1883—1959），要求美军削减占领费用的吉田茂内阁的大藏大臣石桥湛山（1884—1973），以及反共农民运动指导者片山哲内阁的农林大臣平野力三（1898—1981）等政界名人，因为对美军持忤逆态度也被开除了。

《战后初期美国对日政策》还指出，在商业以及生产上处于支配地位的产业财阀和金融财阀是日本军国主义制度的支持者，必须进行分割处理，如此才能彻底消灭军国主义。对此日本政府最初态度消极，随着形势发展也不得不积极配合。日本商界大为震惊，对财阀解体进行抵制并试图通过自行改革来逃避解体，但美军态度坚决。1946年8月，美军成立了控股公司清算委员会进行解体工作，至1947年9月分5个阶段将83家公司指定为控股公司。除了四大财阀（三井、三菱、住友和安田）总部外，浅野、大仓、野村、片仓等中小财阀的总部也被解散，并根据企业改组法制定重建计划，所持有价证券被移交给控股公司清算委员会后向公众出售，财阀的核心组织被消灭了。与此同时，财阀家族的56名成员被勒令处理掉持有的股票并辞去公司职务，同时参与过战争的人员被开除公职。大约有1 500名大公司及商

---

① 1940年10月12日，第二届近卫文麿内阁为推进"新体制运动"而建立的法西斯政治组织，1945年6月13日自行解体。

界人士辞去了职务，各公司的管理层也进行了改组。

被称为"财阀解体美女"的艾尔诺亚·哈德利（Elenor M. Hadley）是美军参与制定财阀解体政策的主要人物之一。哈德利曾留学日本，在学习日语的同时担任英语教师。她1943年结束哈佛大学博士课程后进入美国国务院，1946年4月调到美军工作。哈德利主张要根据本国政府的命令制定彻底的解体计划，得到了麦克阿瑟的赞同。她亲自深入各公司总部进行现场调查，让日本人感到威严和恐惧。其他美军官员到来后通常会找日本女演员接待，然而温柔接待对哈德利完全不适用，据说三井和住友财阀对哈德利恨之入骨。

随后，由于共产主义的发展壮大，美国对日占领的政策开始转变，解散财阀工作并未彻底完成就草草结束了，83家控股公司中被解散的只有三井、三菱等28家。《集中排除法》指定的325家公司中，分散化小的只有12家。1947年秋天，哈德利回到美国完成中断的博士课程。驻日美军情报人员认为，财阀解体会导致日本经济实力降低，解体财阀是美军内部的共产主义者的阴谋，于是向本国政府报告哈德利是危险人物，哈德利因此被列入政府的黑名单，失去了在政府的工作。

二、媒体管制

第二次世界大战之前的日本是一个长期实行言论管制的国家。明治时期制定实施的《新闻法》和《出版法》对新闻出版进行严格控制，政府设立的检查部门拥有禁止发行及查收出版物的权力。

1931年"九一八"事变后，日本军方的话语权不断增强，开始禁止刊载批评政府和军方的文章。1940年12月，成立了政府直属的情报局，对全国的言论、出版及文化活动进行管制，电影、唱片、话剧等也被列入管制对象。战争期间，日军禁止刊登未经日军大本营许可的消息，禁止发表对军方不利的言论。1941年制定实施的《国防保安法》及《言论出版集会结社等临时取缔法》对媒体做出了最严厉的规制，禁止新闻记者采访战争，泄露重要机密事项要被判处死刑等。

1938年5月，随着《国家总动员法》的实施，日本全国进入了战争状态。收音机进口开始被禁止，使用收音机要进行登记，禁止收听国外的广播电台，否则将被视为间谍行为被特高警察逮捕。取缔可以接收国外电台的全波和短波收音机，使用中波频段的国营性质的日本放送协会（NHK）成为唯一可以收听的广播电台。

1942年2月，美国战争情报局（OWI）组建了美国之音（VOA）广播电台，开始面向日本进行日语广播。由于发射台距离日本太远只能用适合远距离传播的短波波段，而日本国内又禁止接收短波，于是自1944年美军占领塞班岛后，开始用中波频段进行日语广播，这样日本国内的收音机就可以接收了。日军担心塞班岛战役大败的消息传到国内，紧急实施干扰措施，美军的广播则随时更改频率避开干扰。美军进驻日本后取消了短波接收禁令。

美军认为，日本国内媒体在军方控制下成为战争的宣传工具，根除日本军国主义需要对媒体进行管制。美军对日本的占领原则上是通过日本政府间接管理的形式进行的，但在媒体管制上美军采取的是直接介入的方式。（右崎正博，1974）[476]

1945年9月10日，美军发出16号命令（SCAPIN-16），明确保障言论自由，但禁止批评美军。9月19日发布了33号命令（SCAPIN-33），对新闻和出版行为做出10项具体规定，即新闻必须严格符合事实，禁止引起公共安全混乱的报道，禁止发表对美军虚伪破坏性的批判，禁止发表导致对占领军不信任和怨恨的报道，禁止发表未公开的有关美军动向的报道或者议论等，违反者将被视为违反占领军命令，要接受军事审判。同年10月9日起，由美军的民事情报局（CIS）和民事审查部门（CCD）开始对报纸杂志进行出版前审查。到了1948年时，美军组成了共有370名美军人员和5 700名日本籍临时工、总数8 000多人的庞大的审查队伍。（久冈贤治，2020）[99-100]所有的报刊文章都要进行检查，检查量仅报纸文章每天就多达5 000篇，检查对象还包括了电报、信件等。

为了确保所谓的言论自由，美军颁布了《日本出版法》，严禁发表任何批评占领军的文章，或引发对美军不信任或表示愤怒的文章。美军从政府机关、图书馆、书店等查出了包含有关战前和战时欧美殖民统治的研究书籍7 769册，并进行没收处理。由于刊登了批评美国投下原子弹的文章，《朝日新闻》成为第一个受处分的媒体，美军下令该报停业2天。1948年5月27日，《日刊体育》刊登了一篇报道日本国内举办美式裸体展览的纯娱乐性消息，美军认为有损美国形象，总编辑因此被判劳教1年、罚款7.5万日元。由于美军严令禁止有关原子弹爆炸的报道和相关内容的出版，导致战后很长一段时间里日本人并不了解原子弹造成的破坏的全貌，美军占领结束后，与原子弹爆炸相关的文章和出版物开始急速增加。

美军控制了日本媒体的核心机构——日本放送协会（NHK），开始实施"战争罪宣传计划"，目的是将罪恶感根植于日本人的内心。（江藤淳，1989）[225]1945年12月9日，开始播放10集电视节目《真相》。《真相》是由美国民间信息教育局制作的纪录片，主要内容是战争期间日军的屠杀犯罪行为，每周日晚8点开始持续30分钟。日本全国的报纸和广播电台也刊载、播放同样内容的系列文章或者录音节目。由于电视和广播是反复播放的，所以在很长的一段时间内几乎每天打开电视或者收音机就可以看到、听到，让日本人感到十分恐怖。

美军士兵战争期间用的娱乐工具——16毫米电影机在战后被大量淘汰，数量达1 300台以上。1948年10月25日，美军民间信息教育局在日本全国开展"视觉教育计划"（身崎とめこ，2013）[141-153]，向学校提供电影机和电影胶片。由于胶片内容都是与科普教育相关的，又被称为"CIE教育电影"。大部分电影胶片是在美国国内制作的，也有少量来自英国。占领军进驻日本后美军民间信息教育局即开始策划并委托日本的电影公司制作新的电影。日本全国的教育机构都可以申请借用美军民间信息教育局提供的电影胶片和电影机，但借用电影机要求每个月至少要放映20次以上。

电影时间长度数十分钟，英语电影都已被翻译成日语，让不擅长英语的日本人感到很亲切。内容以科普为主，如水力发电、火的原理、健康从清洁开始、火的化学、防鼠、美国自然博物馆、儿童博物馆、十二指肠等。到1951年时美军民间信息教育局提供的电影清单中有299个电影节目。美国大使馆媒体文化交流局（USIS）也配合活动搜集电影胶片，1959年USIS提供的影片数量达279部。战后初期的日本尚无视觉教育，电影播放和收看效果都非常好。据德岛县的统计，1949年1月到1951年5月间共上映电影6 539次，总计观看人数达2 348 062人，仅仅关于"火"的2个电影上映次数就累计达66次，累计观众20 396人，对战后日本的视觉教育的发展影响很大。（柴一実，2003）[10]

三、以书籍为武器

1941年12月7日日本偷袭珍珠港的美军基地之后，美国对日本宣战，全国进入战争状态。1942年1月，美国图书馆协会（ALA）机关刊物发表了总统罗斯福的署名文章指出，图书馆是传播民主主义的重要机关，让书籍成为人类获得自由的武器是图书业各位的责任，图书馆协会深受鼓舞并立即行动起来，由该协会制定的"图书馆和战时体制：国家纲领"提出：

（1）在各图书馆开设战时信息中心，发布政府发表的战时动态；

（2）通过向市民及国防从业人员提供信息来强化防御体制；

（3）军用图书馆设施的扩充；

（4）建议联邦教育局图书馆服务部门率先开展服务；

（5）建议制定战后图书馆计划；

（6）强化与其他国家的文化合作，制定战后图书馆计划；等等。

此后，美国图书馆协会成立了国际关系特别委员会（IRB）负责具体落实。1942年4月，在美国图书馆协会的支援下，墨西哥开设了美国模式的图书馆，同时美国陆续向拉美国家各地图书馆赠书10万册。在第二次世界大战期间和之后，开设图书馆和赠书活动遍布欧洲、亚洲和美洲地区，风靡一时。

美军民间情报教育局成立之初即任命菲利普·基尼（Philip O. Keeney）为图书馆政策官，任务是改革日本图书馆的制度，诸如制定图书馆民主化的长期计划、向图书馆员提供支援、培养图书馆员、改善图书馆活动等等。图书馆不仅是一个服务机构，也是打开通向美国的文化之窗以及对日本进行文化改造的工具，同时也是让日本人理解民主的平台：任何一个公民都有权利接触所需要的信息，没有人能够拦得住他。为此，美国民间情报教育局首先制定了《图书馆法》，授权地方政府建立公共图书馆并禁止公共图书馆收费，同时筹划开设新的公共图书馆。日本的公共图书馆计划得到了美国图书馆协会的大力协助。

1946年3月16日，位于东京有乐町地区的一间由茶馆改建的图书馆向市民开放了，读者蜂拥而至。因图书馆是由美军民间情报局（CIE）开设的，所以又被称作CIE图书馆。战后半年有余，对日本人来说很难想象在饥荒遍野的焦土之上会出现图书服务。此后，CIE图书馆陆续出现在日本全国主要的城市。1951年第23个CIE图书馆在北九州开业。美军占领结束后图书馆更名为美国中心（American Center），成为美国政府外务省的海外机构。

CIE图书馆和当时日本国内的仓库式管理、守卫人员态度冷淡的帝国图书馆完全不一样，采用开架阅览方式，对科技人员来说，科学杂志的阅览十分方便。1947年10月1日出版发行的《日本读卖新闻》报道称，每日来馆人数600人，书籍4 000册，杂志500种，报纸35种，内容涵盖了技术和医学等方面，甚至还有时尚杂志。科研人员从全国各地奔赴东京，目的地就是唯一的海外信息窗口——CIE图书馆。

日本在第二次世界大战爆发后被世界孤立，科学界和国外的联系也被中断了，日本成为一座科学孤岛。科技人员在CIE图书馆接触到了最新资料，对欧美在此期间取得的技术进步大吃一惊。战争结束让科技人员自身陷入了茫然若失的状态，甚至有人开始谈论"科学无用论"。CIE图书馆为科技人员打开了通向国外的信息之门，结束了战时封闭的状态。CIE图书馆不仅为学术研究提供了宝贵的资料，也为企业的研究开发打开了技术引进之门。随着形势的安定，民间科研人员开始陆续回到了原来的岗位，首先要做的是搜集信息，填补空白期。

通过美军安排到日本访问的亲善团成为日本科技人员了解外部世界不可多得的机会。获悉访问团要来的消息后，各大学和研究机构迅速成立接待委员会，安排各类演讲会和讨论会。会场座无虚席，每个人都仔细地做记录，担心漏掉一个字。为了获得国外的信息，很多人寻找各种机会设法和美军内部的科学技术人员接触，拿到一个美军自用的电子产品如同打开了一条技术引进的路。由于科技类图书在战争中被烧毁或者因涉嫌军事秘密而被美军没收，于是许多个人拿出手里的书籍资料，想方设法复制给其他人，外文版书籍则组织人力进行翻译。但有些技术资料原版价格昂贵，拿不到版权无法出版，于是大家就手抄，一时间盗版横行。

CIE图书馆不仅是为市民开设的一般性图书馆，也是战后科技人员获取技术信息的最重要来源之一。很多科技人员从图书馆提供的出版委员会报告（Publication Board Reports，简称PB报告）上找到了直接用于产品研发的重要技术信息，让战后许多的技术人员难以忘怀。第二次世界大战结束前，美国总统杜鲁门下令组建调查团对战争期间包括德国、日本在内的敌国科学研究情报进行搜集整理，没收了庞大的技术文件，后经美国国会图书馆整理后公开，即所谓的PB报告，联合国军最高司令部的各类调查报告也被收录其中。1947年PB报告被送到日本的CIE图书馆。1952年5月27日，《日本经济新闻》报道称PB报告在学术界刮起了旋风，被日本的科技人员视为海外科学技术之集大成。

1934年创立的富士胶片公司当时的乳剂制造技术落后于德国的爱克发（AGFA）公司和美国的柯达（KODAK）公司。为了追赶，富士胶片公司想尽各种办法获得增加感光度的技术，但都未能成功。1945年4月，英美军调查团进入德国爱克发公司的工厂，扣押了全部技术资料并对员工进行调查，资料后来被收录到PB报告后被公开。富士胶片公司获得了卤化银乳剂制造方法的详细信息，为日后日本照相产业的形成和发展奠定了重要基础。

日本国会图书馆花巨资3亿日元买下了总量达400万页的整套PB

报告的胶片文档，自1953年开始在日本全国主要城市设立了10个PB报告利用中心。胶片版PB报告的广泛利用，意外地促进了战后日本胶片阅读器产业的发展。

CIE图书馆不仅为日本人了解美国文化以及获取科技信息打开了一扇窗户，同时也深刻地改变了日本的图书馆理念。来自美国的、富有专业素养的女馆长的工作风格和气质也给日本的图书馆界带来了无法想象的影响。前面谈到的CIE电影胶片清单里有很多介绍图书馆的电影胶片，用科普的形式细致讲解图书馆的各个工作环节，诸如图书的整理、向来馆人员介绍图书、帮助来馆人员寻找图书，甚至包括如何向儿童介绍图书，还包括接待客人的姿态、语言、手势等，非常详细。强调图书馆员的职责是满足利用者学习的愿望，这和当时日本的图书馆完全不一样。

为了让美国式的图书馆根植于日本，CIE还在庆应义塾大学文学部设立了图书馆学院（Japan Library School），派遣罗伯特·吉特勒（Robert L. Gitler）等5名美国专家通过翻译进行授课，使用英日对照教材。美军占领结束后，1952—1956年间图书馆学院获得了洛克菲勒基金的资金支持。随着庆应义塾大学出资比例增大，日本籍教师也逐渐增多，1967年日本图书馆学院更名为图书馆与信息学专业，成为日本战后培养图书馆人才的基地。

1954年日本图书馆协会又通过了《图书馆权利法案》，明确保障公民自由接触资料的权利。到了1989年日本公立图书馆增加到了1 843家，按当时1.2亿人口计算，平均6万多人就拥有一座图书馆，这个数据还不包括分馆。到了2021年日本图书馆协会的统计显示，日本的公共图书馆已达到了3 316家。

四、教科书与美式民主

美军为了全面改革日本的教育制度，请美国的教育家出谋划策。美国教育使节团是由美军发出邀请以政府派遣的方式出行的，使节团成员都是美国著名的教育家。同时，日本政府也组建了由大学校长和教授组成的委员会，配合使节团的工作。

1946年3月5日，以纽约州教育长官乔治斯·托达德（George D. Stoddard）为团长、由27位教育家组成的第一个教育使节团抵达日本。使节团撰写的调查报告提出了一系列教育改革建议，包括引入美国的民主教育、废除军国主义国史、修身及地理教育，还包括禁止使用旧版教科书，等等。

1870年日本发布了《大教宣布之诏》，定神道教为国教，将天皇作为现人神，从而正式建立了国家神道。恢复了古代的祭政一致原则，在中央政府中设置了与内阁太政官同等地位的神祇官，后来改名神祇省和教部省。为祭奠所谓为国战死者，由国家出资建造了靖国神社和祭奠前辈天皇的明治神宫、平安神宫等宗教设施。

1940年，政府又以所谓的日本皇纪2600年为由设立了神祇院，再次确认了神道的国教地位。从明治政府成立起到1877年西南战争结束，日本确立和巩固了以天皇为中心的中央集权政府，建立起军国主义的经济基础。与此同时，建立了军国主义的武装和警察、监狱，并开始对外实行侵略扩张。从日本军国主义之父、陆军大臣山县有朋（1838—1922）发布《军人训诫》和《参谋本部条例》的1878年至发动甲午战争的1894年，日本在政治、军事、经济、文化思想各领域均确立起了军国主义体制。

1950年8月抵达日本的第二个教育使节团是由美国全国教育联盟

书记威拉德·吉文斯（Willard E. Givens）任团长的5人小组。此次使节团在对第一次报告的进展和结果进行审查的基础上，对中小学教育管理、教学方法与师资培养、高等教育、社会教育、民族语言改革等重要教育问题（如教师协会、职业教育、民办学校教育、德育和精神教育等）提出了补充建议。这些建议对二战后日本的教育改革产生了直接且重要的影响。（佐藤秀夫，1991）[12-13]

由于美军下达的与教育相关的四大命令明确禁止旧版教材再版使用，日本文部省不得不开始紧急准备新教材，美军民间信息教育局则要对教材进行彻底检查。由于很多教材来不及准备，1947年5月颁布的《学校教育法》规定可以使用教科书以外的图书。因此，美军开始在日本全国设立了美国教育文库（AEL），目的是希望尽快由民间完成教科书的编写（柴静子，2002）[55-61]，图书由美国和驻日美军免费提供。

从1947年3月到1950年8月间，在香川师范学校、金沢高等师范学校等开设了20家美国教育文库，文部省和美军民间信息教育局教育科也设有同样的文库。1947年7月时仅香川师范学校接收的美国教材数量就达337册，加上美军寄赠的595册，图书总数达到了1 332册。由于这些教材都是英文版的不便使用，于是从1948年5月开始美军出面斡旋翻译版权。外国出版社通过美军与日本出版社进行版权交易，由日本出版社组织翻译。由于想翻译出版的日本出版社很多，于是采取抽签方式，翻译速度极为迅速，到了1949年9月已有385种书籍翻译完成。

全美科学教育协会会长、哥伦比亚大学教授杰拉德·克雷格（Gerald S. Craig）认为，"我们不能无视民众对民主的需求，民主主义者一定需要科学"。事实上，科学时代的民主主义依赖言论的自由和研究的自由。由克雷格撰写的《科学的教室》于1949年出版后畅销，累计销售达10万册，为战后日本理科教育改革做出了巨大贡献。（柴一实，2003）[45-46]美军民间信息教育局主导编撰的《小学生科学》《木曽科学知识系列》等教材极力灌输美国的自由、民主和科学的思想。美国的教材成为战后日本审定教科书的范本。

美军进驻日本后即遵循《波茨坦公告》精神在政治、经济、社会等领域对日本进行大刀阔斧的改革，急速推进非军事化和民主化。1945年10月4日，美军发布了《废除对政治、民权及信教自由的限制指令》。根据该命令，战前实施的《治安维持法》《宗教团体法》等旧法令、敕令全部被废除，特高警察等国家政治警察组织也被解散，战争期间被拘捕的反战、反政府人士被无条件释放，日本共产党因此恢复了合法身份。

1922年7月成立的日本共产党是日本各政党中历史最为悠久的政党，自成立之初就一直在努力反对大地主、大财阀政治，反对日本军国主义，反对战争。因此日本共产党在战前一直是非法的存在，总书记德田球一（1894—1953）从1928年开始坐了18年牢狱，而另一位领导人野坂参三（1892—1993）也只能远走他乡，战争年代的大部分时间都是在中国延安的窑洞中度过的。日本共产党在1946年的战后首次选举中获得了5个席位，到了1949年的大选时议席猛增到了35席。据称，德田球一重获自由后兴奋地跑到美国占领军门前致谢，认为没有美军的"民主化"政策，日本共产党就不可能获得自由。日本共产党的"大跃进"有来自美军中的社会主义和共产主义者在政策制定上的影响。从驻日盟军总司令部（GHQ）工作人员构成上看，美国人以外的304名外国人中，来自苏联及具有卫星国背景的职员占比达28%，是占领军中最大的左派集团。（久冈賢治，2020）[098]

　　日本共产党重新获得合法地位之后，战前分化出来的两大左翼势力之一的讲座派在选举中大胜，而劳农派的社会党一度执政。1946—1947年间，由于美军支持成立工会，加入工会人数比例飞速上升到40%，工会组织的罢工运动频繁发生。工人运动主要以21个不同产业工会组成的全国性组织"产别会议"（产业类别的工会会议）为主导，斗争十分激烈，形势一度对社会主义力量非常有利。在此背景下，1947年2月1日产别会议决定发动"二一总罢工"，动员了官、公、民（公务员、公共部门和民间部门）各界人士上百万人，资方已经放弃抵抗，社会党和日本共产党甚至已经准备着手联合执政，建立东亚首个社会主义政权了。同时期在毛泽东领导下中国共产党在内战中取得了优势，美国政府开始担心东南亚会成为共产党的天下。美国政府内对日本有着较深了解的少数派人物，包括战前美国驻日使领馆外交官和工作人员以及部分日本研究专家开始粉墨登场。他们中的许多人认为，应该把日本建设成为美国服务的亚洲工厂，抵御共产主义的防洪大坝，对解散财阀的占领政策持批判态度。这些人通过1948年6月成立的游说组织——美国日本问题委员会（ACJ），利用新闻周刊等媒体宣传停止解体财阀、恢复旧体制中的重要人物职权，在此背景下，美军占领政策开始向反共产主义方向逆转，之后下达了停止"二一总罢工"的命令。

　　1949年7月19日，美军顾问爱尔斯（Walter Crosby Eells，1886—1962）在新潟大学开学仪式演讲中提出要将宣扬共产主义思想的教授全部解除职务（俗称"爱尔斯声明"）。随后陆续出现了解雇共产党教授的事件，并逐步扩大到整个教育界。到1950年为止，全国小、中、高校被解除职务的人员达2 000多人，全国大学教授联合会和日本学术会议均发表声明表示反对。1950年5月3日，麦克阿瑟暗示要让日共成为非法政党，5月30日发生了民众与占领军冲突的"人民广场事件"后，6月6日首相吉田茂（1878—1967）收到了麦克阿瑟的书信，日本政府会议做出决定，对日本共产党中央委员24人以及机关报《赤旗》干部17人开除公职，德田秋一等6名共产党议员失去了议员资格。

第二节　知识界的反映

一、科学家与民主主义

1946年1月19日，来自日本全国各地的200多名社会科学和自然科学工作者聚集一堂，举办"民主主义科学家协会"（简称民科）成立大会，数学家、科学史家小仓金之助被推选为第一任会长。其他核心成员还有战前已存在的唯物论研究会中被视为马克思主义的科学界人士。创建人名单中还出现了汤川秀树、朝永振一郎、江上不二夫（1906—1982）等著名科学家的名字。成立大会上宣读了美军民间情报局发来的贺信。

民科批判非合理的封建学术体制，提出大众科学的目标是民主主义科学的建设。民科创立时拥有7个专业委员会，即哲学、政治经济、自然科学、历史、艺术、教育以及农业。在自然科学专业领域成立了量子论研究会、理论生物学研究会和科学史谈话会等分会。民科还创办了《大众科学》杂志，发表了许多有关民族文化振兴、大众科学振兴等文章。初期的主要会员基本上集中在东京及周边地区，之后陆续在京都、大阪、名古屋等地设立了分部，半年后扩大到了广岛、福冈、新潟、仙台、北海道等地区。1949年末的全盛时期，民科在日本全国拥有110个分部。民科初期的会员都是各个领域里的科学家，他们渴望有自己的民主化学术组织。

哈利·凯利（Harry C. Kelly，1908—1961）是驻日美军主导科技政策的核心人物，曾是麻省理工学院的放射物理学家。1947年凯利安排美国学术界咨询团对日本科学界进行调查后完成了建议报告。美军一直怀疑日本人会藏匿军用设施，担心日本人的报复和反抗，因此对日本人一直保持强硬态度。美军期待凯利能揭露出日军的秘密研究。或许是因为凯利是个科学家而非军方人士，他对日本科学界问题的处理方式和军方有所不同，严肃之外多了几分同情，这让日本人感动不已。

凯利调查后最终做出决定，把1878年成立的日本学士院改组为荣誉机构，解散1920年成立的日本学术研究会议和1932年成立的日本学术振兴会。凯利决定创建日本版的美国国家科学院（NAS）——日本学术会议（SJC），重建日本科技界。1946年春，凯利走访了各地大学，就成立新的科学组织征求意见。凯利耐心听取日本科学界的意见，为组建新的学术组织奔走，这让日本科学家直至今日仍对其念念不忘，甚至将凯利誉为"日本科学的杰出大使"。凯利去世后一部分骨灰被安葬在日本的名人墓地——多磨陵园仁科芳雄的墓旁，这里还安葬着朝永振一郎等名人的遗骨。

受战后民主化运动影响，日本科技工作者也希望能建立民主化的学术机构。过去的学士院留给他们的印象是养老院化、权威的空洞化以及软弱无力，甚至有些神秘。1948年7月，日本学术会议法案获得通过后，日本学术会议于1949年1月20日宣告成立。210名会员由全国的研究人员直接选举产生，然后再由总理大臣象征性地任命，被称为"学者的议会"。科学家们想摆脱政治的影响、保持学术独立性的梦想终于得以实现。

成立于1863年的美国国家科学院以理工为主，作为独立的非官方、非营利组织独立于政府之外向决策者和公众提供咨询意见。略有不同的是，日本学术会议不仅包含了自然科学也纳入了社会科学，其中包括后来的民科中有左翼倾向的马克思主义学者。这些学者甚至占据了主导地位，这让日本政府十分不安。另外，日本学术会议是官方机构，直属于内阁总理大臣。之所以要这样安排，原学术会议成员、东京大学教授生驹俊明认为："美国为根除日本军国主义，要把民主主义植入日本社会思想形成的根基。"

日本学术会议首任会长、应用化学家龟山直人（1890—1963）在成立大会上说，科学虽然力量强大，但不能用来榨取和破坏，要用其善。学术会议发表声明，誓言要深刻反省此前日本科技工作者的态度，为国家和平复兴和增进人类福祉做出贡献。作为日本科学界对内对外的代表，要体现科学对国计民生的重大责任，确保学术自由和言论自由，与为致力于人类和平的国际学术界一起，为学术进步而竭尽全力。

战前基础研究主要集中在帝国大学这一封建官僚式的国家机构里。封建式的身份关系、学阀裙带关系、封闭的"讲座"等阻碍了研究的发展。科技工作者大部分时间是在研究室和教室里度过的，或许正是因为这个缘故，科技工作者想到的民主首先是研究室和教室的民主化。教授一人独裁式的讲座阻碍了研究人员的思想自由，需要破除，研究室和教室需要民主地运营。

　　1946年1月24日，物理学家坂田昌一（1911—1970）教授所在的名古屋大学粒子论研究室召开会议，提出要对研究室的运营进行改革，必须给予研究人员思考的自由，研究室的工作不是简单的每个成员的工作相加之和。为此，需要组织化和保障个人的自由，提出研究上的所有问题由参加研究室会议的全体成员来决定。每次学会集会的时候，学会之间会互相汇报和讨论研究内容，并且一起讨论下次集会之前应该研究的内容。各大学也开始效仿进行研究体制的改革与整顿，每所大学都组建了自己的研究室，进行日常的讨论和研究。以汤川秀树为首的京都大学基础物理学研究所也进行了同样的改革，这被视为二战后学术研究民主化的开端。

　　日本学术会议成立之初即表明了要对参与战争的行为进行反思，今后绝不从事以战争为目的的科学研究。1954年学术会议提出了原子能和平利用"自主、民主、公开"的三原则。随着日美军事同盟的推进，日本政府面临来自美国的压力，开始主张科学技术在军事上的有用性，开始对学术会议的主张表示不满。1956年5月，日本政府在总理府内设置了科学技术厅，旧学术会议和科学技术行政协议会（STAC）随之被废除，学术会议通往行政的唯一通道被切断了，政府期待科学技术厅取代学术会议。1981年政府的审议会开始增加，而日本学术会议对政府的回应开始锐减。1984年，政府修改了学术会议议长的选出办法，即把直接选举改为首相任命。之后，学术会议会员的产生方法又多次被迫修改，政府介入程度开始加深，学术会议逐渐被孤立了。

　　二战后，战前面向学生的科普杂志——《科学》于1945年首先实现了复刊，同年科学类新杂志《金属》和《科学之友》创刊。进入1946年，《国民科学》《科学公论》《民主主义科学》《我们的科学》

《科学的世界》《科学与艺术》《自然》《文化人的科学》《自然科学》等科学类杂志如雨后春笋般开始创刊。1947年创刊新科学类新杂志更是达到了高潮，几乎每天都可以看到一本新创刊的科学类杂志。

从内容上看，新创刊的杂志反映了学术界对重建科学的关心和期待，如刊载于《国民科学》上的科学史家三枝博音的《和平与科学》，哲学家古在由重（1901—1990）的《科学的精神和新日本的建设》，以及《自然》杂志创刊号刊登的仁科芳雄的《日本再建和科学》等文章。很多科学类杂志的文章并没有限定在自然科学上，《国民科学》刊载了科学论及欧洲各国的政治和教育情况的介绍等，《科学之友》刊载了评论家中野好夫（1903—1985）的《科学教育和国语国字问题》等文章。许多著名科学家和学术界名人经常撰写文章，如汤浅光朝、伏见康治（1909—2008）、仁科芳雄、中谷宇吉郎（1900—1962）等，体现了受战后科学民主运动的影响，科学家和学者积极主张科学要为大众服务的思潮。

据估这一时期仅科学类杂志就多达3 000～4 000种。从各类杂志的总数量来看，1946年有2 904种，1947年达到了惊人的7 249种，其中以新创刊的科学类杂志居多。1948年总数量略降到6 778种，1950年开始数量急剧减少到1 537种，估计这个时期大部分的科学杂志停刊了。之后的杂志数量稳定在1 000到1 500种。虽然杂志的种类很多但发行量并不大，而且内容大同小异，被认为是"通俗科学杂志的泛滥"。

二、培植亲美知识分子

1949年美国陆军部（后来改为国防总部）下属的民间信息教育局制定了"打开民主之窗"的计划，目的是想通过一系列活动向日本教育界灌输美国文化，培养理解美国文化的教育精英。根据驻日美军的命令，文部省成立了教育指导研究所，对有资格的人进行为期两周的集中培训。美军选派74名美国教育专家进行授课，共计有7 804名日本教育界人士接受了培训，之后这些人回到日本各地传播美国的教育思想和理念。同时，美国教师进入日本主要大学进行为期两年的执教工作。

洛克菲勒基金、福特基金、卡内基梅隆基金等美国大型基金组织以及美国的大学积极配合美国政府对日本实施教育改造计划。这些基金组织认为，参与国际会议、对社会科学研究进行支援、扩充图书馆等措施十分重要。1945—1975年间，三家美国基金的总援助金达到了5 500万至6 000万美元，从当时日本的经济能力来看是令人吃惊的数字，日本的投入金额仅占总额的三分之一。截止到1975年，日本有超过100所大学和组织获得了研究资金，这些基金资助的研究成为日本知识分子与美国之间关系创新的催化剂。（山本正，2008）[2]

1951年1月，洛克菲勒三世受美国政府委托随美国使节团到日本考察教育问题，归国后撰写了《日美文化关系》（即洛克菲勒报告），提出采用最新的英语教学法和教材对日本进行英语教育改造。美国政府认为由民间团体来推动这项工作更为合适。洛克菲勒基金组建了日本学会（JS），在洛克菲勒基金和福特基金的资金支持下在日本建立了一些全国性英语教育组织，如英语教育协会（ELEC）、英语协力委员会（CCEJ）以及英语学教育振兴会（COLTD）等。1956年成立的英语教育协会开始对日本全国的初高中教师进行集中培训。亚洲基金则在日本全国各地开展英语连续研讨会，为教师提供交通费等。洛克菲勒在报告中提出，指明新的方向是日本赞助活动的目的，如果说日本人的知识基础的形成已处于危机状态的话，应该由美国民间机构来完成重塑（山本正，2008）[5]，要培养理解美国的学者。

日本二战后很多受马克思主义影响的左翼知识分子对共产主义国家抱有好感，这些人通常都与美国保持距离，很多人有反美倾向。亚洲基金的副理事长巴奈特·巴伦（Barnett F. Baron）认为，应该提供机会让各阶层的日本人到海外去"改宗"，到了美国一切都会改变。为了培养年轻的教育精英，该基金向在日本全国选拔考试中合格的约800名学生提供1年或者1年以上赴美留学机会，在美国实地参观学习，在实际观察的基础上更好地理解美国的民主主义。1970年日本成立了日本国际交流中心，在哥伦比亚大学的协助下进行教员交流。1973—1975年间，福特基金共提供了17.33万美元资助，洛克菲勒基金也提供了5.6万美元，推动日本的美国研究。

1947年7月由洛克菲勒基金支持斯坦福大学主办的美国研讨会在澳大利亚召开了第一次会议。由于研讨会反响良好，斯坦福大学认为学术研讨会是了解美国的生活和制度的好方式，于是致信麦克阿瑟，麦克阿瑟表示支持。斯坦福大学认为，斯坦福大学是最好的私立大学，没有政府色彩，位置在美国的西海岸，与日本的距离最近。美国最早的日本籍教授市桥倭（1878—1963）在1903—1908年间曾在斯坦福大学学习后又进入哈佛大学学习，1914年开始在斯坦福大学执教。由斯坦福大学来主办可以最大程度地淡化政治动机、减少日本人对美国的抵触，从而达成自觉行动的教育目的。

1950年夏，第一次美国研究学术研讨会在东京大学举办，斯坦福大学提供了资助并负责来日研究人员的安排。研讨会结束后的7年间，洛克菲勒基金持续提供资金支持。洛克菲勒基金向京都美国研究夏季研讨会提供的资助一直持续到1987年。1950—1975年间，洛克菲勒基金和亚洲基金资助的美国研究扩大到了同志社大学、早稻田大学、日本女子大学、琉球大学、立教大学等，最终美国研究成为日本学术研究的重要科目。

1966年1月日本的美国研究的学术组织——美国学会（JAAS）宣告成立。最初会员只有200人，目前已发展到1 300人，美国研究对日本的知识分子产生了极大的影响。东京大学教授高木八尺（1889—1984）在美国学会成立时说，日本不幸的是对美国缺乏正确的理解，为了重建日本需要进行正确的美国研究和关于美国的正确的知识普及。所谓的正确的知识就是美国文明的本质，应对以美国为代表的西洋文明的传承进行公正的分析评价。还有一些知识分子认为，以美国为对象的研究战前已经存在，但战后的美国研究不是要重写过去而是应该清楚地认识到要在新的形势下重新开始，美国是日本现代化和民主化的榜样。

三、质量管理的好老师

日本在二战前出口到美国的产品给人留下了价格低廉、粗制滥造的印象，然而美国的产品质量也非尽善尽美，出口至欧洲的产品也出现过同样的质量问题。当时企业面临的最重要问题不是质量而是生产效率，美国人弗雷德里克·泰勒（Frederick W. Taylor，1856—1915）提出的科学管理方法成了一剂灵丹妙药。泰勒主张生产管理要用科学方法来代替习惯和经验，必须制定操作程序和动作规范，明确劳动时间定额，这样才会有效率。受泰勒影响，福特汽车公司把生产现场改为由设备、工作地和传送装置构成的流水线后生产效率大幅度提高，成为现代工业大量生产方式的开始。

然而效率和质量完全是两码事，美国当时的质量管理仅限于军用产品。在经营者看来产量和质量是一对矛盾，提高产量需要牺牲质量。为了提高质量，美国的企业开始增加成品前的质量抽查，由此在战争期间出现了全面质量管理方法（TQC）。在日美军为电话通信频繁出现故障而烦恼，调查后发现是通信设备质量不好造成的。美军使用的各类器材不想从美国发运过来而是想直接从日本就地调拨，于是1947年美军民间通信局（CCS）开始对日本电器通信业界进行劝告，日本电气公司（NEC）等企业接受了包括电子管等产品在内的产品检查和指导，短期效果非常明显。

当时日本战后复兴策略尚在讨论中。专家们认为日本缺乏资源，只能从国外购买原材料进行加工后出口，然而产品质量令人忧心忡忡。1946年12月，耶鲁大学数学物理博士威廉·戴明（William E Deming，1900—1993）随统计视察团来到日本，任务是协助美军对日本做国情调查。求知若渴的日本科学技术联盟（JUSE）了解到戴明也是质量管理方面的专家后，恳请他予以指导。戴明应邀在统计数理研究所及科技联合会举办演讲，传授采用离散分析、假设检验等统计学方法，对生产过程进行实时监控，科学区分生产过程中产品质量的随机波动与异常波动，从而对生产过程的异常趋势做出预警等质量管理方法。

1950年6月，戴明再次应邀来日举办了8天的统计质量管理基础讲座，讲座内容汇编成书后被抢购一空。1951年7月到10月间，戴明又多次应邀访日，先是在箱根面向管理高层开办讲习会，之后又召开了一系列专题研讨会。戴明还用销售书籍的资金创立了质量奖。朝鲜战争的爆发让日本成为美军采购各类军用物资的基地，特需为日本战后产业复兴提供了重要机遇，后边还将详细论述。美军对日本的产品质量格外关心，质量管理的推广恰逢其时。日本企业从经营者到现场工人开始学习统计，积极参与质量管理。各企业纷纷成立了由5到6人组成的质量管理小组，相关团体创办了《标准化和品质管理》《现场与QC》等杂志。

日本人把戴明视为战后经济复兴的恩人，甚至认为如果没有戴明，日本长期的高速经济增长也无从谈起。1960年，日本天皇亲自向戴明颁发了瑞宝奖章。戴明在日本的成功经验也帮助他完成了质量管理的理论建设，最终成为全球质量管理领域里最著名、最具影响力的一代大师。戴明的理论至今仍被全球无数门徒所推崇和应用。美国福特公司首席执行官唐·彼得森（Don Peterson）曾说过，"非常荣幸能够成为戴明的门徒"，彼得森把20世纪80年代通过质量管理而让福特复苏之功归于戴明的指导。无独有偶，丰田汽车的管理者也是戴明的高徒。1956年6月的一天，30台皇冠牌汽车装船运往美国，这是丰田汽车进军美国市场的开始。丰田汽车公司通过增加生产人员让产量增加了7倍，然而由于质量问题频发一度造成出口停滞，公司上下危机四伏。于是丰田汽车公司对戴明传授的"生产四循环"思想认真领会和贯彻。所谓的四循环即目标计划、具体运行、结果检查和结果处理四个过程周而复始，一个循环只能解决一部分问题。新的问题出现了，要在下一个循环解决，依此类推。1965年丰田汽车公司获得了戴明质量奖。翌年丰田公司成立了涵盖所有集团企业的统一质量管理中心，提出了丰田所属的所有企业都要获奖的目标。

1945年10月2日，驻日美军成立民间通信局（CCS）开始落实产业军转民政策，对占领期间的通信业务实行一元化管理，确保电信运行正常。最紧迫的工作是对在战争中遭到损坏的设备和线路进行修复。民间通信局想用美国模式重新改造日本通信业，所以在工作人员中安置了很多诸如贝尔实验室等美国通信企业的人，首先是决定通信事业的主体性问题。政府成立了由日本经济团体联合会会长担任议长的电信电话复兴审议会，对电信电话的收费、长期计划、器材的生产能力、人员报酬等问题进行讨论，提出了国营方案、民营方案及部分国营的混合方案，大家一致认为实现合理运营只能在国营以外做出选择。

1950年5月27日，日本政府向民间通信局提出了草案，时逢朝鲜战争爆发而未能获得美军的批准。1954年8月方案修改为分两阶段推进，先保留国营体制，1985年4月以后转为民营。获得美军批准后，1952年8月日本电信电话公社（电电公社）宣告成立。美军的民间通信局对日本电信业影响最大的是对经营改革的指导。美军在对6家通信设备企业的经营状况进行调查后指出，最高责任者对经营研究不够，花在创造性工作上的时间很少，企业的目标、方针、标准、执行计划等不明确，没有下达到基层，对企业组织研究不够，管理者的责任和权限不明，各部门的相互合作不够，监督指导力差，没有管理者培训，质量管理、成本管理、技术管理等管理手段的研究和实践不够充分，等等。调查结果公布后，在日本国内引发了巨大的反响。

为了解决问题，日本电气通信工业联合会召集企业参加由美军民间通信局人员组织的培训和经营讲座，进行了包括贝尔实验室在内的美国电话电报公司采用的ATT模式的管理者训练，这些活动为战后日本通信工业的发展和合理化做出了巨大的贡献。（加藤敬之，2019）[59-71]

第三节　战争与和平之间

　　朝鲜战争的爆发让日本成为所谓的联合国军（主要是美军）的主要后勤补给基地，战争"特需"成为日本战后恢复重建的重要机遇。日本是世界上唯一遭受过核打击的国家，如何和平利用原子能成为二战后日本面临的一个重要课题。

一、"特需"的机遇

　　二战结束后不久，由于物资短缺日本国内迅速出现了通货膨胀，解决问题的手段只有一个，就是提高生产能力。1946年12月27日，日本政府决定将所有措施全部集中到煤炭生产上，煤炭分配要确保必要的物资特别是钢铁的供应，生产要向煤炭和钢铁，其次是化学肥料、电力等重点产业倾斜，史称"倾斜生产"或"重点生产"。

　　驻日美军开出的"药方"则是抑制国内消费，同时振兴出口的道奇方针（Dodge Line）。方针制定者约瑟夫·道奇（Joseph M. Dodge，1890—1964）是驻日美军经济顾问。道奇认为日本经济就像踩高跷（竹马）一样两脚不着地，高跷的一条腿是美国的援助，另一条腿是政府补贴，腿太高就会容易跌倒造成骨折。道奇反感日本政府的行政介入，建议废除所有政府补贴。于是政府指定的生产资料从233种减少到48种，价格受控产品从2 128种减少到531种，剩余的全部交给市场调节。

　　道奇政策立刻引发了失业和破产潮。随着货币紧缩政策的实施，大企业裁员和经营合理化如火如荼地展开了，国铁以及烟草专卖国营企业的民营化进一步引起了社会混乱，工会组织掀起了以拥有60万人的国铁工会为核心的反抗运动。其间发生了国铁总裁出勤途中失踪死亡事件、无人列车失控脱轨事件、列车脱轨造成3人死亡的所谓的三大事件，社会出现剧烈的动荡和不安。

1947年1月，日本政府成立了复兴金融金库（银行），对煤炭、钢铁、电力、化肥等产业部门提供了大量贷款。1948年，重点产业都得到了增产，工业生产指数已由战败初年的30%左右回升到60%以上，严重的经济混乱、生产滑坡局面已经过去了。

根据远东委员会1947年8月做出的削减日本战争能力的决定，美军最初的占领政策是限制生产能力，军需产业重建要限制在一定水平之下。随着占领政策从削减限制向经济复兴转变，1948年开始有条件开放民间贸易，美国陆军资金（EROAF）1948年8月开始对日支援，10月驻日美军复兴计划以及国家安全保障会议的复兴优先等一系列政策相继出台，日本的产业开始转向全面运行的状态。

1950年6月25日朝鲜战争爆发后，日本的战略地位急剧转变，日本成为美军的物资供应基地。美国宣布了国家紧急事态，国防动员本部宣告成立。1951年1月国防生产局（DPA）成立后开始战备物资调拨。驻日美军经济科学局认为，战前朝鲜需要的工业品都是由日本来填补的，工厂里现有的大部分设备也都是由日本制造的，因此日本成为调拨地是顺其自然的，也是最经济的选择。

从1950年6月到1951年6月的美军物资需求统计看，主要集中在针织纤维产品、金属制品和机械三大类上，分别占比25.4%、23.4%和24.9%。最受益的是汽车产业，可以说没有朝鲜战争特需日本汽车产业的复兴就无从谈起。1950年7月美陆军第八军向日产、丰田和铃木正式下订单，到1951年6月为止共交付车辆1.19万台，占当时车辆总产量的49%，战后日本萧条的汽车业重新振作起来了。

纺织产业占特需物资的比例也很大。美军撤销了增加设备和产量的限制后极大地刺激了纺织业的生产，新企业不断出现。1951年日本国内纺锤数量超过600万，棉织物出口世界第一。出口增加带动了内需，1950—1952年间内需占比超过了出口。纺织业的特需景气带来了厂房新建扩建需求，给大林组等建设公司的订单接不完。

钢铁业也和纺织业一样出现了特需景气。1950年6月到1951年6月，金属及金属制品占特需需求的1/4。1951年通产省制定的钢铁生产目标是400万吨。1950年秋到1951年年初钢铁业紧急扩充设备，制定了钢铁第一个五年计划，特需促进了钢铁业的合理化。

建设业虽然没有纺织业那样天翻地覆的变化，但因为美军占领期间一直需要建设，其间来自驻日美军的订单占了2/3。土建行业五到九成的工作是由驻日美军提供的。朝鲜战争爆发后，大型建设施工多了起来，1951年末冲绳美军基地建设投资高达160亿日元。

运输业呈现飞跃式发展势头，战争开始初期主要是战略物资运输用租船业务，之后是原料进口需要的国际运输船。由于驻日美军禁止同中国的贸易，长期以来一直依赖从中国进口廉价原料被迫中断了，原料进口国改为美国等其他国家，运输距离增大，不定期国际航运需求达到了朝鲜战争前的3倍。

由于朝鲜战争的需要，三菱重工、小松制作所等军工厂又重新开动起来了，制造的产品包括警察预备队用车辆、M4A3E8中型坦克、M24轻型坦克、61式坦克等。1952年，30家企业从民企转为飞机组装，180家民企转为武器制造，其中60%的企业并没有武器制造的经验。1950—1952年的3年间特需订单额累计达到了10亿美元，到了

1955年上升到了36亿美元。

　　朝鲜战争特需让日本企业获得了美军技术人员现场指导和学习美国生产技术的机会。美军对产品的要求让企业开始重视产品质量，干电池类产品就是其中的典型例子。特需成为制造技术根本性改良的契机。战前由于自行车灯的普及，加上向中国台湾和朝鲜等地出口的需要，干电池产量连年增加，1931年产量达2 400万个，到了1941年激增到1.2亿个，战后1945年减少到2 000万个以下。由于电力不足，照明灯用电池市场需求出现了，数十个家庭作坊式的工厂群落昼夜赶工，包括粗制滥造的产品在内，总算实现了8 000万个的产量。1953年交货给美军的产品常温不良率高达26.5%，日本生产的干电池无法满足美军的质量要求。美军通信用干电池从1945年开始一直采用的是JAN-B-18标准，日本生产的干电池无法达标，但为了应对战场需求美军只好降低标准下单。随后，美军派技术人员到各工厂进行现场指导，1955年开始日本的企业能用美军标准生产合格产品了，常温不良率降低到1%以下。

　　此外还有生产技术问题。当时的干电池存在储藏导致的劣化，特别是高温导致的劣化、漏液导致放电等问题。1945—1955年间对电池生产技术实施一系列改良后，电池容量增加了5倍。美军制定了严格的质量保证措施，对不合格产品予以罚款，强压各企业努力提高产量和质量。

　　随着各类提高产能的设备的增加，比如垂直搬送装置等，家庭作坊式的生产逐渐被淘汰了。1958年拥有100名以上工人的生产干电池的中型企业数量达到了10家，产量达到了1.57亿个，占总产能的99%。

　　1950—1955年的5年间，日本经济从萧条转变为令人惊异的发展，实际年总生产额实现了16%～25%的高速增长。被视为战后奇迹的1955—1973年间，日本经济持续以每年10%的速度增长。1956年日本政府发布的经济白皮书宣告日本已经走出了艰难的战后复兴，即"已经不再是战后了"。朝鲜战争带来的特需成为日本战后迅速崛起的起爆剂。

二、从核禁止到核共享

二战结束后以美军为主导的盟军进驻日本后，1945年9月2日美军发出第1号命令，解除日军武装，禁止所有军事器材使用和军事机关，包括工厂、研究所、试验所等的运行，禁止使用技术、专利、设计、图纸及发明等。作为补充，9月22日又发布第3号命令，要求日本政府提交试验所、研究所以及同类性质的科研机构的名称、位置、所有者、设施、使用人数、正在进行的研究以及1940年后的研究计划等相关信息的详细报告。但第3号命令没有明确是否包括学术层面的核物理研究。

1945年9月由军方45人组成的原子弹爆炸调查团（ABM）抵达日本，调查焦点是原子能研究。调查团完成的《日本的核能开发活动调查报告》的结论部分提到：根据3号命令，理化学研究所（仁科芳雄）、东京帝国大学、京都帝国大学（汤川秀树等）、大阪帝国大学为研究禁止对象，可以理解为包括学术层面的原子物理研究也被禁止了。

1945年9月到达日本的以麻省理工学院院长卡尔·康普顿（Karl T. Compton，1887—1954）为团长的科学情报调查团（SIS）由11名专家组成。与原子弹爆炸调查团不同，该团的调查范围扩大到了雷达等日本军方的研究活动。调查团对原日军以及科学家等众多相关人员进行询问，深入各地的大学和研究机关进行调查后完成了《日本原子弹破坏能力及原子核物理研究的限制》调查报告并提交给美军的经济科学局（ESS）。报告认为，战争期间日军的原子弹开发是基于不可能发生爆炸的错误计算进行的，未发现有试图制造原子弹的迹象，建议可以有条件地放开原子核物理的基础研究。但10月30日美国联合参谋本部（JCS）向驻日美军发出的绝密命令（WX79907）中又明确规定，要没收与原子能研究相关的所有设备，拘押相关研究人员，禁止原子能以及相关的所有研究活动，从有条件允许转向了完全禁止。

根据这份命令，美军经济科学局派陆军对日本的回旋加速器进行销毁。1945年11月24日清晨，两台推土机开进了位于东京驹泽的理化学研究所。理化学研究所2台以及大阪帝国大学和京都帝国大学的共计5台回旋加速器连同相关资料被没收、销毁，残骸分别被运到东京湾和大阪湾沉入了湾底，这意味着日本核物理研究的大门被彻底关闭了。然而，同时期科学家们的行动又形成了另外一股推动力量。

日本的科学家坚持不懈地表达重开研究的热望。1945年10月16日，仁科芳雄向驻日盟军总司令麦克阿瑟提出允许使用回旋加速器的申请，转天从美军经济科学局传出的消息是，在生物学、医学、化学、冶金学领域里的研究获得了批准。10月23日，仁科芳雄再次向美军提出申请，希望允许把海军技术研究所的用于雷达研究的磁振管发射机转移到理化学研究所进行生物学（遗传学）研究，但并未获得批准。10月27日，使用回旋加速器的申请终获批准，但使用范围被限制在医学领域，禁止在化学和冶金学研究中使用。然而11月19日美军又发布了取消许可的命令，并再次重申必须停止研究活动。同期拥有回旋加速器的大阪帝国大学菊池正士（1902—1974）也提出过使用申请，也未获批准。1946年6月京都帝国大学向文部省申请重建回旋加速器。大阪帝国大学菊池正士又致信美军经济科学局，申请未被销毁的科克罗夫特型和范德格拉夫型加速器的使用许可，但都未获许可。

5台回旋加速器被美军销毁的当天，仁科芳雄到日本政府与美军联络机构中央联络事务局提出抗议，希望说明销毁理由，美军答复是根据美国政府的命令。此时，美国科学界对日本科学家开始表示同情。加速器被销毁的消息传到美国后，美国原子物理研究人员表示了抗议和谴责。11月到12月间，《纽约时报》发表了曾参与曼哈顿计划核反应堆研究的橡树岭科学工作者协会、美国麻省理工学院院长卡尔·康普顿、参议院委员会的抗议声明，批评销毁行动是无知的野蛮行为。同期仁科芳雄直接致信麦克阿瑟表示抗议，要求重建回旋加速器以及允许从美国进口放射性物质。前面谈到的原子弹爆炸调查团将仁科芳雄的抗议信带回美国后发表在了1947年6月出版的美国的原子科学家会刊（BAS）上。

1950年4月，在美国哲学学会的帮助下，日本收到了由橡树岭国家实验室制造的同位素。翌年5月，回旋加速器发明人、诺贝尔奖获得者、物理学家欧内斯特·劳伦斯（Ernest Orlando Lawrence，1901—1958）到访日本，表示支持日本重建回旋加速器。之后，主张搁置重建加速器、经济复兴优先的美军占领政策开始向经济重建方向转变。（小沼通二 等，1992）[143]1951年9月8日，随着美国为排斥中国和苏联与日本单独媾和《旧金山对日和平条约》，以及《日美安全保障条约》的签署，日本从被占领国转变为美国的同盟国，日本的原子核研究也获全面解禁了。

1946年8月美国制定的《原子能法案》明确规定无论商用还是军用，禁止向外国提供原子能技术。《日美安全保障条约》规定了日本从属美国的法律地位，美国可以几乎毫无限制地在日本设立和扩大军事基地，但日本获得美国核技术的可能性尚不存在。随着1949年苏联以及1952年英国成功进行了核试验后，美国核技术垄断被打破，开发比原子弹威力更大的氢弹以及可以打击苏联的洲际导弹引发的美苏的核军备竞赛开始了。1953年1月艾森豪威尔就任美国总统后探讨修改原子能政策，在冷战下原子能技术的开发和利用呈现出一种竞争态势。

1953年12月，艾森豪威尔在联合国发表了《和平利用原子能》的演讲，貌似降低核军备竞赛紧张局势、推动原子能造福世界的演讲得到了全世界的高度评价。事实上，艾森豪威尔政权重视的是如何通过强化核军备来确保国家的安全，和平演讲的真实目的是向对核问题持不关心态度的美国国内敲响一个警钟。（李炫雄，2009）[176]1954年2月17日，艾森豪威尔政府向议会提出的包含"扩大与同盟国间的原子能合作、原子能信息管理手续的简化以及奖励民间企业积极参与美国国内原子能和平利用"等政策的《原子能法修正案》获得了议会通过。（李炫雄，2009）[166]苏联一再指责美国只对原子能的破坏力感兴趣，其防御战略更加依赖核武器而苏联一直为了和平。来自苏联的羞辱让美国开始转变政策，愿意与追随国和潜在的追随国共享核技术。

1953年5月，英国开始建造第一座原子能发电厂——卡尔德·霍尔（Calder Hall）电厂。1954年3月，苏联核电站也开始运行了。看到英国和苏联的核电站开始运转了，美国不得不推进原子能和平利用计划。（木本忠昭 等，1992）[342]1955年美国主导的首届和平利用原子能国际会议在日内瓦召开，有3 800人与会，盛况空前。然而，当时实际投入运转的核电站只有美国的2座和苏联的1座且都是试验性的反应堆。

和平利用原子能国际会议极力回避禁止核武器问题，极力宣传原子能发电的未来前景，美、英、苏等大国争先恐后发表了原子能发电计划，会后包括日本在内的很多国家开始积极投入原子能技术开发。由于刚刚成立的国际原子能机构（IAEA）尚未发挥作用，最终结果是美国与西方国家、苏联与社会主义国家，彼此签订双边协议。1955年11月4日，日美也签订了原子能协议，美国承诺向日本提供原子能发电需要的不超过6千克20%的浓缩铀。二战结束10年后，世界上唯一的原子弹受害国再次向美国敞开了核大门。美国积极推进原子能利用的目的是想以核技术和浓缩铀技术为武器在全球原子能市场占据主导地位。（木本忠昭 等，1992）[342]此前，事实上日美媾和条约签署后解除了日本的原子能研究但日本并没有马上采取行动，原因是1952年4月28日美军结束日本占领后，随着媒体报道限制的取消，原子弹爆炸受害情况陆续被公开，谴责、拒绝原子能的呼声越来越高。

　　日本学术会议等团体对原子能研究的是非问题进行讨论，在战争问题上持反省和拒绝态度的科学家大有人在。原子弹受害者、广岛大学的三村刚晃认为，一旦开始原子能研究就会和军事发生关联，不应染指。学术会议的科学家们认为，政府的介入有导致武器化的可能性，不宜操之过急，然而突发事件发生了。1954年3月，保守派的三个政党共同提出了2.5亿日元的原子能预算，这意味着政府要主导原子能行动了。原子能组织尚不存在，学术会议以及媒体对政府的操之过急的行动表示反对，想阻止预算通过但最终未能实现。日本科学会议紧急做出了原子能利用的"民主、自主、公开"三原则声明，向政府表明了科学家的态度。科学家制定三原则的目的是防止原子能被军事利用，接受三原则就是对原子能的"善"用，反对三原则就是"恶"用。政府顺水推舟，表示接受三原则。科学家无法拒绝政府的"善"行，于是很多科学家被拖入原子能开发上，三原则成为科学家染指原子能的护身符。（今中哲二 等，1981）[14]

1956年1月，日本政府主导的原子能委员会宣告成立，汤川秀树和坂田昌一就任委员。汤川秀树等科学家期待原子能由科学家主导、自主开发，然而政府的意向从自主研制向引进倾斜之后，科学家以为把原子能掌握在自己手上会更安全一些的希望落空了。同年6月政府成立特殊法人日本原子能研究所（JAERI），准备建设实验用核反应堆。认识到政府决心已定后，1957年3月，汤川秀树辞去了原子能委员会委员的职务。

原子能委员会首任委员长是主张积极推进原子能的《读卖新闻》的老板正力松太郎（1885—1969）。正力松太郎认为美国全球领先的原子能技术是把"共产主义从地球上剔除的唯一途径"，需要引导民意"认真理解"。

1955年，美国原子能界的大人物约翰·霍普金斯（John Hopkins）计划访日，正力松太郎认为这是宣传原子能的安全性、消除民众抵触情绪的好时机，于是立即指示手下得力记者柴田秀利（1917—1986）对"历史性的大事件"好好做准备。柴田秀利曾长期在美国工作，与美国军方人士交往甚密，他后来回忆说，当时觉得"大力宣传和平利用"可以"以毒攻毒"，别无他法。1954年1月《读卖新闻》开始连篇累牍宣传原子能"安全"，通过举办原子能和平利用博览会等活动影响民意。

首届和平利用原子能国际会议召开之后并未立即出现原子能发电站建设热。英国比美国步伐快，到1960年已经建成8座40万千瓦核电站，还有13座250万千瓦的正在建设中。主张自主研发的日本经济企划厅长官河野一郎与主张尽早引进的正力松太郎发生了激烈的争执，正力松太郎最终决定从英国引进卡尔德·霍尔核电站改进型，由英国通用电气（GE）和日本富士电机集团承建。1965年11月10日，日本首座商业核电站——东海发电站成功发电，并于1966年7月25日投入商业运行。

20世纪50年代前期，美国西屋公司（WH）在核潜艇反应堆基础上开发出发电用压水反应堆（PWR）。随着1957年美国希平港核电站（Shippingport Atomic Power Station）的建设运营，作为动力堆的可用性得到了验证。日本和法国、德国一样，最初从美国引进技术，但苏联自始至终都是自己开发。英国通用电气起步落后于美国西屋公司，因为没有核技术，于是决定采用美国的国立研究所正在开发的沸水反应堆（BWR），并把所有精力都投入到沸水反应堆的商业化上。1955年5月美国原子能委员会发表建设实验性反应堆（EBWR）计划，委托通用电气公司负责建设。尽管包括沸水反应堆在内的所有轻水反应堆都被认为是不可控的，无法实用化，但美国通过小规模实验后看到了可能的前景，迅速推进研发。

日本首座核电站开始运行后，1973年第四次中东战争爆发引发石油危机，日本政府决定加快核电站建设。在推进东海发电站建设的同时，日本电力公司认为美国开发的轻水反应堆（LWR）比英国使用的气冷反应堆更紧凑，建设成本也更低。

出于同样的考虑，1965年9月日本原子能也改用轻水反应堆。敦贺一号发电站（BWRW）由通用电气和日立集团建造并于1970年3月14日投入商业运行。同年11月28日关西电力公司在福井县美滨町建设的美滨第一电站（PWR）也投入商业运营。此外，1971年3月16日由东京电力公司在福岛县大隈町建设的福岛第一核电站1号机组（BWR）也开始运行，日本全面进入了原子能发电时代。

日本运行中的54座商业核电站，其中30座为沸水反应堆，其余24座为压水反应堆。20世纪60年代，通用电气公司的沸水反应堆采用了建造容易、尺寸较小、造价低廉的设计。80年代后期，通用电气部分内部文件被曝光，公开了这种结构的反应堆未经足够测试，存在安全设计瑕疵等问题。由于当时这种反应堆在核能发电领域接受度颇高，最终美国并没有停产，仅仅进行了有针对性的改造，增加了排气系统，以便在过热的状况下也能降压。通用电气公司的设计师未考虑极端自然灾害发生时的风险，如发生超强地震并伴随海啸。

2011年3月11日福岛核电站沸水反应堆遇地震引发核泄漏事故。第一核电站的6座反应堆中有5座是沸水反应堆，在冷却系统出现故障的情况下，反应堆经不起爆炸和氢气膨胀带来的冲击最终发生了堆芯熔毁的灾难性核事故。早在1978年，福岛第一核电站就发生过临界事故，但直到2007年才被公之于众，而且第一核电站1号机组反应堆主蒸汽管流量计测得的数据在1979—1998年间竟被篡改了28次。

当时人们认为沸水反应堆是非常安全的，像压水反应堆那样巨大坚固的安全壳是不必要的。1979年美国三里岛核事故后才发现，正是遏制层阻止了三里岛事故演变成一场灾难。直到1986年，人们才最终认识到没有安全壳的沸水反应堆是多么可怕。众所周知，福岛第一核电站事故发生后引起了日本国内及海外的广泛关注，一些原子能专家随声附和政府的主张，认为事故规模算不了什么，核反应堆不可能发生堆芯熔毁，是绝对安全的，过分低估了事故的严重性。国际原子能机构（IAEA）的调查报告指出，日本过小评估了海啸造成的灾难，欧美专家和媒体指责日本科学家是政府的御用专家。

然而从科学家角度看，科学技术本应是任何人都可以接触和利用的公共知识，但由于政府故意隐瞒正确信息，导致科学技术成为政府的私有物，影响了科学家做出正确的判断。担任日本国会事故调查委员会委员长的东京大学名誉教授、医学专家黑川清（1936—　）在撰写的英文版最终调查报告中批判了日本的"岛国根性"、"集团主义"及"屈从权威"等思想意识，认为根本原因是日本文化的劣根性。

福岛第一核电站事故之后出现了各种纷争，科学家的主张和意见未能正确地向社会传达。技术史家木本忠昭（1943—　）认为，科学家在地位上存在研究层面的评价和社会层面评价的"两重性"（木本忠昭，2014）[72]，在社会评价体制尚未完全形成的情况下，需要科学家有积极的责任感和对社会关系的深刻省察。

三、农村生活的改善

美军占领日本期间进行的各项改革中的农地改革被认为是最成功的改革，实现了农村的民主化和政治及社会安定的目标。

日本当时约有7 600万人口，其中近半数属于农业人口，而地主占有的耕地约为全部耕地的46%。1945年12月9日，美军在向日本政府发出的《关于农村土地改革的备忘录》和《农民解放指令》两份文件中列举了当时日本所面临的一些严重土地问题，同时以民主、扫除经济发展障碍、保障人的尊严、打破封建压迫等理由强迫日本进行土地改革，限定日本政府于翌年3月15日之前拿出切实可行的土地改革方案。最终日本政府制定了《农地改革法》，规定对不在村地主的全部出租土地、在村地主的出租土地等强制低价收购，禁止以物抵租，农地的转让须经农地委员会批准。1946年10月开始实施《农地改革法》，到了1952年日本的农地改革基本完成了。

在美军命令日本政府制定《农地改革法》的同时也要求日本政府制定面向农民的技术及知识的普及方案。日本政府制定了在全国设置技术指导农场的《农业技术渗透方策》，由于其中有战时体制性质的农业会的技术员参与，美军在1947年12月15日下令予以废除。美军天然资源局（NRS）提出参考美国的史密斯级法案（Smith Level Act）制定新的方案，用协助性质的农业指导事业代替指导农场，通过田间示范、出版物或其他方式推广相关知识。与此同时，政府制定并开始实施《农业改良助长法》，该法推进农业改良及农民生活的改善，对农业从业者进行技术和知识的普及指导，对农业生产和农家生活的改善进行一体化推进。

农林省组建了农业改良局，下设负责普及农业及农民生活知识的普及部，普及部的三大任务是以男性为对象的农业改良和以女性为对象的生活改善及青少年培养。由于农村生活上的诸多问题主要涉及女性，所以美军要求普及部下设的生活改善课要选任女性课长。由于当时的农林省内没有合适人选，美军推荐了有美国留学经验、在美国体验过民主家庭生活、精通英文的大森松代担任课长。生活改善课里的职员也多是毕业于高等学校的建筑、生活、保健、家政学专业的女性。

20世纪50年代后期，日本工业化的发展导致农村男性劳动力开始减少，从事农业劳动的人口比率从1955年的40%降至1961年的29%，1967年进一步降低到19%。农业劳动中女性人数则在增加，30～50岁的农业人口里80%是女性，其他年龄段也超过了60%。女性务农，男性主要从事农业以外的工作是当时农村的一般特征。女性被迫承担繁重的农业劳动，身份地位低下，战前日本的农村有"媳妇是不长角的牛"的偏见。

生活改善课创立了新的女性职业——生活改善普及员。普及员的任务是面向农村进行民主化教育启蒙，把农民从"劳动的农民"解放出来，培养具有自主性的"生活的农民""思考的农民""有梦想的农民"。普及员是地方公务员，在全国范围内通过资格考试进行选拔，参加考试人员要求是具备高等学校家政或者营养专业毕业的女性，毕业后有3个月以上的相关领域工作经验。第一次资格考试参加人数达到了9 892人，合格7 569人，录用6 500人，平均2个村子1个普及员。最初预想的普及员的工作是提高女性地位，以女性为中心改善农村生活，但具体从哪里入手完全没有可借鉴的模式。最初10年间围绕衣食住行在全国各地开展了诸如灶台改善、粮食保存、农忙期间集体伙食、公共保育所、家庭账本、绿黄色青菜、储蓄、驱蚊、供水改善、太阳能水箱等与农村日常生活紧密相关的改善活动，其中灶台改善格外引人注目。1945年后全国出现了灶台改善热潮。当时农村家庭使用土制或砖制灶台做饭十分辛苦，还有一种无烟囱的传统火炉，不仅烟雾缭绕而且极不卫生，这种老式的火炉需要跪在榻榻米上做饭，做饭成了最艰巨的劳动。

然而意外的是也有人对灶台改善持抵触态度，原因是做饭的时间少了但干农活的时间增加了。用老式灶台做饭是从农活中解放出来喘口气休息的好时机。买了洗衣机后农家妇女的负担也没有减轻，节约出的50分钟会花在农活上，结果反倒是干农活的时间增加了，在河边洗衣服的乐趣没有了。对生活的局部改善措施没有收到良好的效果，普及员由此得出的结论是需要着重改变生活者的态度，而改变态度又不能简单地采取说教的方法。生产和生活像二轮车的两个轮子一样紧密连在一起很难分割开来，必须同时加以改善才行。例如，千叶县的普及员发现农民在日常生活中油的摄入量不足，向农民教授食用油营养上的重要性并没有产生预想的效果，后来改为在向农民讲解食用油重要性的同时推荐农家种植花生，建议农民多吃花生，另外增加容易销售的圆白菜和白菜的种植，卖菜买油。

普及员用各种形式普及民主思想。在1957年举办的第三届全国青年研修会有来自全国1 000名代表参加，共分为25个课题分会进行讨论。有个关于家庭洗澡的话题备受关注。日本家庭里通常是男子先入浴，不管妻子一天多辛苦都要一直等到丈夫回来洗完后自己才能入浴，农村类似的男尊女卑旧传统十分普遍。普及员不是直接介入家庭管理而是通过普及民主思想来间接地改变旧习俗。比如举办营养料理试食会、改良后的作业服时尚展、生活改善工夫展等启蒙活动，动员全家参加。妻子发表演讲，丈夫做摄影师，孩子当助手，普及员帮助修改演讲稿和进行演讲训练，孩子们自豪地说妈妈能在众人面前讲话了，家庭成员间的关系也随之变化了。

20世纪50年代日本面向农村工作的女性专门职业只有护士、营养师、教师、美容师等几种。骑着绿色自行车或者二轮摩托车穿梭在农村各地，从美国"引进"的给农村带来新技术和新文化的"妈妈的老师"——生活改善普及员，成为当时年轻女性向往的职业。

第四节　从组装收音机起步

宇宙大爆炸理论认为宇宙起源于一个无限小的奇点，日本电子产业的形成也有个奇点，那就是人的好奇心。

一、从广播到收音机

自1901年意大利发明家古利莫·马可尼（Guglielmo Marconi，1874—1937）把火花放电产生的电磁波成功地传送到大西洋对岸后，无线电技术出现了。由于发射和接收都需要用具有检波功能的器件对信号进行调制，马可尼使用了金属粉末检波器，之后发现用矿石做的检波器效果更好。如此，线圈、天线和检波器就构成了最早的发射和接收装置，最早的收音机也是这样的构造，因为使用矿石做检波器所以叫矿石收音机。

美国发明家托马斯·爱迪生（Thomas A. Edison，1847—1931）在白炽灯泡试验中发现了真空中两个电极间的电流现象后，1904年约翰·弗莱明（John A. Fleming，1864—1945）发明了可用作整流和检波的二极电子管。1906年李·德福雷斯特（Lee de Forest，1873—1961）发明了可用作信号放大的三极电子管，但电子管最初仅用在商业通信和军用设备上。

收音机是用来接收无线电信号的，没有信号源收音机就没有意义。1920年世界上最早的广播电台在美国开播后，对无线电技术的好奇心驱使人们开始自制矿石收音机。生产电子管的企业——1878年爱迪生创立的通用电气（GE）、1886年创立的西屋（WH）、1919年成立的美国无线电公司（RCA）等开始制造电子管后，矿石检波器被性能更好的二极电子管取代，加上三极电子管可以实现放大功能，实用性很高的收音机出现了。

日本最早的收音机是从美国进口的。让人无法想象的是结构如此简单的收音机在当时完全是昂贵的奢侈品。当时日本的教师的月工资是25日元，一台矿石收音机则需要30到50日元，高级一点的电子管收音机的价格可以买一栋房子了。

广播电台开播

1924年东京广播电台的开播极大地刺激了市场需求。由于进口收音机昂贵，收音机爱好者开始自制。因为全国很多地方还收不到电波，收音机的销售和自制主要集中在东京附近。1928年随着东京、大阪等7个城市广播电台的开播，自制收音机的人开始急剧增加，出现了"全国矿石化"制作热潮。第一本面向自制收音机爱好者的专门杂志——《无线与实验》也在这时创刊了。收音机自制活动吸引了一些有商业头脑的人开始创业，早期的这些人都是有在美国生活的经历或者与美国有生意往来的人。

出生于制造饭桌家庭的早川德次（1893—1980）9岁跟工匠学习金属加工知识，1912年创办了"早川金属工业"，开始制造自己发明的自动铅笔，起名为SHARP PENCIL，铅笔在美国销售火热。随后开始模仿制造来自美国的矿石收音机，1925年完成了日本第一台矿石收音机后开始使用夏普（SHARP）的商标。

由于产品供不应求，1929年开发的可接收远距离信号的交流式电子管收音机取得成功后，早川德次决定把收音机作为主要业务。二战期间早川金属工业获得了"满洲电信电话公司"2万台收音机的订单，企业实力大增。1942年组建了短波超短波研究所，为日本海军研发更先进的航空无线通信机，同时将公司更名为"早川机电"，1970年最终改名为"夏普"。

1897年创业的"锦水堂"（Luxman）最初经销鱼缸、绘画、画框等产品。1923年店主早川宇源次（别名早川富之助）去美国时看到过收音机，十分着迷，于是买回一台研究。东京广播电台开播后收音机需求开始出现，1925年6月锦水堂成立了收音机部门开始销售进口收音机。

收音机按电路构成大致分为最简单的矿石收音机、带放大功能的直接放大式和不易产生混台现象的超外差式。早期收音机的电源使用的是电池，但和今天的电池不一样，维护非常麻烦。自东京电气（东芝）1923年引进美国通用电气（GE）的技术开始制造电子管后，市场上可以买到国产电子管了，使用电子管制作带有放大功能和超外差式收音机成为可能。新的电子管一上市就有使用这些电子管制作的收音机被做出来了。1928—1929年间不需要电池供电的交流式电子管收音机急剧增加，因为可以使用交流电驱动的电子管上市了，可以制作直接用电灯电源供电的收音机了，之前的电池式收音机充电和更换都很麻烦。

早期投入收音机制造的是有线或者无线通信产品企业。1895年成立的军用无线通信机制造企业安中电机（ANRITSU），1899年和美国西屋公司合资成立的有线通信机制造企业日本电气（NEC），1881年成立的电话交换机制造企业冲电气（OKI），以及从通用电气引进电子管技术的东京电气和芝浦制作所（TOSHIBA）等规模较大的企业，也开始制造收音机。电力公司为了促进电力使用也开始销售交流式电子管收音机。据1936年3月25日出版的《收音机公论》的调查显示，日本全国共有97家电力公司销售收音机。另据1934—1935年间的调查表明，日本全国有8 367家收音机销售商，平均每家销售商拥有收听者235人。主营销售收音机占58%，副业销售收音机占42%。（平本厚，2006）[3-27]主营企业也并非专门的收音机制造企业而是兼营电器类、留声机、唱片、钟表等日用品的企业，专门从事收音机零部件或者整机制造的企业凤毛麟角。

最初的广播电台使用的频率是中波频段，信号无法传播很远，而短波信号通过大气层折射后可以传播到世界各地。1928年12月24日荷兰开始短波广播，1934年欧洲各国也陆续开始，美国直到1937年才开始使用短波广播。1935年6月1日日本也开始用短波向北美广播，可以接收中波和短波的全波段收音机开始出现了。1935年日本一家叫"卸商报"的批发商刊登广告销售全波段收音机。1936年6月三田无线电话研究所在《伊藤卸商报》上刊登广告销售全波段电子管收音机，广告上这样写道："每天可以享受收听台湾、满洲、南洋等国外电台的乐趣"。

1925年开始，日本国内规定使用收音机需要提出申请，住所变更、名义变更、停止使用等都需要办手续，并且明令禁止接收国外的电台。中日战争爆发后，日本军方为强化广播收听的管理，于1937年11月开始禁止进口收音机，制定实施的《无线通信机取缔规则》中规定，未获许可禁止销售，收听国外电台者有间谍嫌疑，会遭逮捕。

美军下令增产收音机

收音机是美军开展宣传的重要工具。1945年8月30日美军总司令麦克阿瑟乘坐的飞机降落在日本厚木机场，转天即向日本放送协会（NHK）下达命令开始广播。日本国内的广播自日本和美英宣战后转为战时体制被置于军方管制之下。12月8日东京、大阪、名古屋的正常广播信号突然中止，翌日全国的广播电台统一频率开始军方的广播。由于各地信号频率相同，相互干扰严重，造成很多地区无法正常收听。

美军进驻日本后，二战前以及战争期间的各种收音机管制和禁令也被废除了。1945年9月1日国内的广播电台恢复战前的频率，面向驻日美军的美国陆军武装部队无线电服务（AFRS）也于1945年9月23日开播了，战后哀鸿遍野的土地上收音机里播出的女歌手并木路子的《苹果之歌》，给人们带来许多安慰。《苹果之歌》也成为战后流行歌曲第一号。

当时，收音机是获得信息的主要渠道也是唯一的娱乐工具。战后和平生活开始后，由于已有的收音机在战争中造成损坏以及老化，收音机数量严重不足。美军调查结果显示，战争结束前夕的1944年全国拥有收音机约750万台，战后1945年末减少到300万台，损坏160万台，无法使用190万台，老旧需要维修的有100万台。由于进驻日本的几十万美军生活及美军宣传的需要，战争期间被指定为军用产品的收音机战后最早实现了军转民，1945年末美军发出了增产400万台收音机的命令。

由于战后生产物资匮乏，政府采取原材料配给制。自发成立的"日本通信机械工业会"根据企业的生产能力制定收音机制造配额，再根据额度分配原材料。1946年，战前创立的收音机生产企业，如松下电器、早川电机（夏普）、户根无线、双叶电机、大阪无线、七欧无线、山中电机、八欧无线等开始按配额制造收音机。战前的通信设备和电机制造企业，如东京芝浦电气（TOSHIBA）、日立制作所（HTACHI）、川西机械制作所、日本无线（JRC）、岩崎通信机、日本电气（NEC）、东洋通信机、冲电气（OKI）等也加入了收音机的制造。到被称为"收音机景气"之年的1949年，累计产量达到了175万台，但距离美军要求的400万台的生产目标仍相去甚远。

自制收音机热

为了抑制战后出现的通货膨胀，日本政府采用的美军顾问道奇提出的财政紧缩政策导致小企业破产。1947年收音机制造企业从86家减少到18家，产量不足问题进一步恶化。1950年6月朝鲜战争爆发后作为战争动态信息来源的收音机需求进一步增大。加之韩国战后复兴也需要收音机，美军又向13家成品制造企业下订单为战后的韩国做准备，收音机生产压力进一步增大。不管质量多差只要能收到电台就好，市场上出现了一机难求的局面。

美军进驻日本后实施非军事化政策，军工企业被解体造成了大批技术人员失业，收音机需求市场的出现让这些人有了用武之地，大家开始到处搜集零件组装收音机。有的组装好销售，有的直接做成需自己焊接的套件销售。1950年，收音机套件的产量是成品收音机的3倍，套件受到欢迎的原因是价格仅相当于成品收音机的一半，且不需要高额的消费税。大街两侧开始出现大量收音机组装店铺，填补收音机供给不足的正是这些收音机套件。这些大街上的收音机店铺还要承担修理工作，战争期间损坏无法使用的收音机很多。此外，由于零部件质量低劣，成品收音机也经常需要修理。对失业技术人员来说，组装和修理收音机是不错的生活费来源。

"动手做"是日本人的传统。江户时代士、农、工、商四种职业中，"工"就是以制作各种器物为职业的"职人"。职人主要以生产活动为中心，通过徒弟制度传承技术。日本产业技术形成初期可以看到各类擅长动手做的职人创办企业。1926年成立的无线电爱好者联盟（JARL）就是电子制作领域最早的职人团体。

1950年前后，《电波科学》（1933年）、《收音机制作》（1954年）、《收音机技术》（1947年）、《收音机初步》（1948年）、《收音机制作》（1955年）、《模型与收音机》（1955年）等收音机类杂志纷纷创刊，几乎每一期都会刊登自制收音机的辅导文章。

二、零部件产业发端

自制收音机和故障收音机修理都需要大量的零部件。据1948年9月到1949年的统计，修理用主要零部件的使用量是电子管481万个、各种蓄电池329万个、电阻178万个，零部件需求量远远超过了当时的制造能力。

战后出现的零部件制造企业有三个群体：第一个群体是战前成立的企业，这些企业多数是战争期间为军工产品制造零部件成为陆军或海军指定工厂的企业，如户根源制作所、神荣电机、兴亚工业社、日本化学电容器、日本电容器制作所、帝国通信工业等，这些企业有一定的技术和制造经验。1933年指月电机制作所（SHIZUKI）从制造电容器开始，战争期间成功开发了浸油电容器，战后开始制造收音机零部件，1948年实现了穿心电容器的量产。第二个群体是战前的军工制造转行进入零部件市场的企业，如田渊电机、福音电机、三冈电机等，这些企业同样拥有一定的技术和制造经验，虽然没有制造过电子零部件，但技术上没有太大障碍。战争期间参与军方无线电开发的企业，战后绝大多数都迅速转向成品收音机或者零部件的制造。第三个群体是战争期间在军工企业从业的技术人员战后创立的个人企业，如村田制作所、松尾电机、吉河电机、三共电气等。由于收音机零部件技术含量不高、投资少、起点低，且直到战后都是劳动密集型生产，非常适合小企业。凭借军工技术开发积累的技术很容易起步，所以战后出现了很多零部件小企业。

据1968年的统计，1946—1955年间创立的电子零部件企业占总数46%。换言之，接近半数企业是在这期间创立的。从企业员工人数看，1947年5～29人的企业最多，1953年20～99人的企业居多。1949年12月从制造电容器起步的松尾电机创业时只有男性员工1名、女性员工7名，使用的设备主要是真空泵、干燥机、卷线机和简单的测试仪器，设备都是战前军工厂的剩余品。

1944年10月经营陶瓷制品起家的村田昭（1921—2006）创办了村田制作所。因家里到处都是陶瓷材料，村田昭一直想用陶瓷做电子零件。1946年京都大学工学部教授田中哲郎（1916—2001）联系村田昭，说想用陶瓷做电阻器，村田昭提议合作开发，委托田中哲郎协助研究钛酸钡的特性。当时已发现用陶瓷为原料做成的钛酸钡具有高金属导电性和氧化还原电荷存储特性，战争期间日军开发电波武器也用到了陶瓷电容器，村田制作所的钛酸钡电容就这样做出来了。

　　由于全国各地出现了零部件需求市场，而受资金等因素的制约零部件小企业无法独立建立自己的销售和流通渠道，专注零部件分销的批发商开始出现了，1940年在大阪市创业的冈本无线电机商会就是其中之一。1949年冈本无线电机商会开始零部件批发业务，之后业务范围扩大到了东京。随着日本国内物流运输行业的改善，1947年销售电气器具起家的森电气商会也开始增加收音机零部件销售。1949年8月之后，地方的批发商，如四国英弘商会、九州松藤产业和酒见无线等纷纷创立，批发商的销售范围逐渐覆盖了日本全国。零部件小企业依靠批发商是唯一的销售手段，和批发商合作的好处还有货款结算问题，由于战后不久彼此信赖关系尚不存在，双方都希望现金结账，资金周转的障碍也消除了。

　　除企业技术人员外，收音机自制也吸引了很多学生加入组装行列。位于东京神田附近的东京电机大学的学生利用课余时间组装收音机换零用钱。由于学生们经常要采购零部件，1946年前后有人在学校附近摆摊销售零部件。因需求旺盛，销售十分火爆，零售商迅速集中过来开露天商店，还成立了露天商店协会。

从自产向外购转换

　　由于市场上流通的零部件质量不好，驻日美军淘汰的无线电设备就成了业余爱好者的宝贝，对设备进行拆解、研究成为一大乐趣。拆下来的零配件除了自用外想卖掉但又没有适合的地方，露天商店成了唯一的选择。1949年由于影响交通美军下令关闭露天商店，零售商面临失去生活来源的攸关问题。露天商店协会直接向美军总司令麦克阿瑟陈情，最终美军同意选择临近的秋叶原地区轨道电车线路下面的空地作为代替露天销售的场所。露天商店协会开始在秋叶原建造木制两层临时建筑，建好后33家露天商店搬了进来，于是，"秋叶原电器街"就从这里开始起步了。

战后日本老百姓生活穷困，能卖的都拿出来卖。大阪的日本桥附近有个旧书店街，周边汇集了很多摆摊销售家庭用品、工具类等的露天杂货店，这些商家很快就知道了收音机类销售最好。由于书店街聚集了很多文化人，1940年前后最先出现了几家销售电唱机、唱片、留声机的商店，后来就出现了经销收音机和零部件的商店。20世纪50年代开始，电子零部件批发和零售商开始向东京的秋叶原和大阪的日本桥集中，形成了日本关东和关西两个电子零部件批发零售市场。

由于市场上流通的零部件质量差，做出来的收音机经常出现故障，成品收音机制造企业无法从市场上采购到质量好的零部件，都希望尽可能实现零部件自产。松下电器也不得不自己制造零部件（平本厚，2006）[9]，1933年开始制造电阻器，1935年开始建设电容工厂。从制造矿石收音机起步的早川电机在战争期间为军方制造无线通信设备过程中积累了生产经验，开始自产收音机配件，陆续实现了可变电容、拨轮、管座等自主生产，之后开始制造电容、电阻器等。1935—1937年间早川电机的纸电容和电阻器得到了日本放送协会（NHK）的认定。

据1953年至1954年的统计，零部件生产企业供货给成品制造企业和零售市场的比例是2∶8，也就是说，绝大多数的零部件还是在市场上零售，成品制造企业主要依赖自产，以零售为主的零部件市场的存在是因为有自制收音机的需要。当时的收音机是简单的直接放大再生式收音机，电台少不容易产生混台现象，使用上完全没有问题。除了进口收音机外，几乎都是直接放大再生式收音机。再生式收音机的优点是接收灵敏度高、线路简单、成本低，无论成品制造还是自制都比较容易，从二战前开始一直是最受欢迎的机型。

然而再生式收音机也存在缺点，就是再生信号会对其他收音机和无线电装置产生干扰。由于驻日美军的电台经常遭到信号干扰，美军下令禁止生产和使用再生式收音机，使用长达18年的再生式收音机就这样退出了历史舞台。1946—1952年间的统计表明，再生式收音机的产量从614 001台锐减到307台，超外差式收音机则从16 363台增加到995 367台。不容易产生干扰的超外差式收音机开始取代了再生式收音机。收音机的电路逐渐复杂起来，需要的零部件明显增多，特别是增加了很多高频电感线圈类的零部件，这样对零配件的要求也高了。

由于自制收音机价格比成品收音机便宜一半，自制收音机成为成品收音机的强大竞争对手，成品收音机面临降低成本的压力，而降低成本需要实现批量化生产。对整机制造企业来说，实现所有的零部件自产不再是现实性的选择，整机收音机生产企业开始向外部采购转变。1954年前后松下电器的收音机制造实现了日产量约1 800台的产能，大概每秒生产1台的速度。随着收音机产量的增大，松下电器从外部采购零部件急剧增多，1956年60%的零部件是外部采购。1947年三洋电机从拥有15名员工生产自行车灯的小工厂开始创业，1950年时的两大主导产品是洗衣机和收音机，到1959年时收音机零部件的外部采购比率是52.5%。1961年东芝生产收音机的柳町工厂外部采购率是55%，整机制造和零部件生产分别开始向独立企业发展。

零部件的流通方式也开始从经由批发商供货向直接供货转变。1961年80%～85%的零部件是由零部件企业直接向成品制造企业供货的。从外购零部件的依存度看，电阻器68.8%，电容器69.2%，电子管85.8%，显像管67.9%。依存率比较低的扬声器和变压器分别是12.2%

和22.9%，原因是这两个零部件很多成品企业都实现了自产。

随着零部件种类的增多，集中在秋叶原和日本桥这两个大批发市场的零配件批发商保有足够的库存为成品制造企业供货越来越困难，销售模式也开始转变。有的批发商转向成品的代理销售，有的开始减少批发业务转向零售。随着整机价格的下降，自制收音机的魅力逐渐降低，收音机套件开始迅速减少了。

提高竞争力

二战后不断扩大的市场需求拉动日本国内零部件产业呈急剧增长趋势。1947年开始船舶无线设备和渔船无线设备需求增大，1950年警用调频（FM）无线设备生产开始。1952年日本电信电话公司成立，电信电话设备开始扩充。1953年播放电视节目，全国各地开始建设电视转播台。1950—1953年，美国民用电阻器不足，紧急向日本订货。1954年日本开始向阿根廷、巴西等南美国家出口。当时日本的商工省（通产省前身）在抑制进口的同时，积极制定政策大力促进国内企业制造能力和产品质量的提高。

1950年商工省实施的《矿业工业技术实验研究扶助金》政策主要针对两个层面的开发：一个是基础研究，让企业尽快掌握产品涉及的理论知识；二是技术的产品化，也就是技术转化为产品的过程中涉及的试制、测试、量产技术和设备、检测等，助力企业尽快实现产品化。1950—1957年间政府发放补贴31.66亿日元，重点投入到了电子管、显像管的开发以及必要的半导体等核心零部件的研发和制造上。1956年实施的《机械工业振兴临时措施法》把补贴范围扩大到设备，新成立企业可以获得特别融资，电阻、电容等11种零部件被指定为支援对象。电子工业急速发展，技术进步很快，收音机和电视机的普及进一步推动了零部件产业的发展。

　　日本政府为了鼓励出口要求银行保证出口生产所需要的资金，同时实施提高所得税免税额度及降低保险费等措施。此外，海外市场开拓、宣传、参加展览会、贸易谈判活动，开设服务点、服务展示中心，改进设计等都可以申请专项补贴。1948年日本无线电局长视察了美国电子工业界后认为日本的电子零部件与美国的差距缩小到了10到15年。众所周知，电子管是晶体管出现前最重要的电子器件，无论是收音机还是电视机，包括各种通信设备都离不开它。战后日本的电子管质量差，经常造成停机。驻日美军为了确保通信网运营，开始对主要电子管制造企业——日本电气（NEC）的产品进行质量检查。1946年在驻日美军民间通信局（CSS）指导下，日本电气进行全面质检后导入美军的制造和质量管理标准，产品质量明显好转。

　　国立研究机构在提高零部件质量上积极发挥指导作用。日本放送协会对收音机和零配件开展认证，同时进行技术指导。当时的电解电容存在漏电等诸多问题，特别是省略电源变压器的简易倍压整流电路中的电解电容问题非常多。民间企业自发组成各种团体，通过共同研究和制定标准来推动零部件质量提高。二战后零部件企业出现了专业化趋势，陆续出现了专门做线圈、电容、中频变压器等零配件的企业。由于市场上的零件规格不统一，给自制和组装都带来很大的困难，也不利于零配件的销售，统一规格成了当务之急。1949年日本东部18家零件企业联合成立"日本CLD协会"，翌年日本西部成立了CVD协会，目的是确保零件的兼容性。1951年成立了收音机高频零部件规格统一委员会。1952年制定了电子零件JIS规格后，可变电容、高频线圈、拨盘等实现了规格统一，大大提高了整体质量。

　　由于小企业缺乏研发能力，大学及国立研究机构积极予以协助。京都大学化学研究所受村田制作所委托进行电容器材料电气性能研究。大阪市立大学、大阪市立工业研究所协助松尾电机进行电容器的寿命测试、特性测试等。零部件企业和整机制造企业之间也开始开展合作研发。

1947年4月日本制定实施的《禁止垄断法》第24条规定100人以下的小企业组成的行业协会不受该法律的限制，以关东和关西为中心陆续成立了电阻、扬声器、电容器等20多个零部件协会，几乎收音机需要的所有配件都有了自己的协会。协会的主要活动是集体融资和原材料采购以及为了防止企业间恶性竞争，协调各企业产品的价格。

到20世纪50年代末，电子零部件质量明显提高了。1957年美国国际协作局邀请日本零件企业赴美视察，之后在美国开设了日本电子配件展示厅，日本电子零配件开始进军美国市场。日本商工省认为，由于和国外的先进技术落差大，引进技术最快的方法是鼓励企业积极与外国企业签订技术引进协议。截至1955年，共签订引进技术协议31件，其中涉及电视38件、收音机20件、晶体管6件。技术引进不但迅速获得了制造技术而且消除了出口上外国专利的制约，多数企业从一开始就瞄准了出口市场。

1951年日本的收音机出口开始明显增加，数量从1951年的12 899台增加到1955年的675 984台，同时进口量从1951年的132 261台减少到1955年的3 233台，电视机从1952年的44 995台减少到1955年的17 271台。

三、晶体管传入日本

1947年12月16日，美国贝尔实验室的约翰·巴丁（John Bardeen，1908—1991）和沃尔特·布拉顿（Walter H Brattain，1902—1987）在实验中发现，在高纯度锗单晶近距离放置的两根针，一根针里流过的电流会从另一根针里被放大后流出，这便是点接触型晶体管原理的发现。1948年6月30日，贝尔实验室对外公布了这一消息。消息是由驻日美军经济科学局（ESS）和民间通信局（CCS）透漏给日本人的。由于1948年7月的美国《时代》周刊和《新闻周刊》刊载了相关消息，事实上已是公开的秘密了。

日本立刻组织科技人员学习研究。然而由于消息都是道听途说，搞不清楚为什么不用电子管而用一小块固体材料就可以实现放大功能，异想天开的猜测满天飞。庆幸的是战后的日本尽管研究环境恶劣，物理学研究并未中断，甚至战后出现了理论物理学研究人员大增的现象，物理学人才充足。

开发晶体管首先要做出具有半导电性能的材料，也就是先要解决材料问题。1946年4月日本物理学会独立后不久即开始对半导体材料特性、基础理论以及电子管材料亚氧化铜、氧化物阴极等进行研究。从这一时期物理学会年会上发表的论文看，一半以上是半导体材料特性的研究。战争期间成立的"电子管同好会"战后持续进行电子管材料的研究，1951—1952年间完成了电子放射等相关研究论文30篇。政府所属的通产省电气试验所与新电源工业等企业的技术人员组建了"半导体研究会"，对金属整流器等进行研发。1950—1953年，物理学会年会平均每年发表论文24篇，对金属整流器的研究达到了鼎盛期。日本的研究主要集中在半导体整流特性上，而没有注意到放大特性。

1948年10月日本东北大学、东京大学、电气试验所、日立等部门召集研究人员成立了"三极管学习会"。文部省教育局长、物理学家茅城司（1898—1988）强调晶体管的重要性，晶体管开发得到文部省科学实验研究费资金支持。开发初期要解决的问题一是材料，二是弄清放大原理。由于日本国内缺乏做晶体管的锗和硅原料，加之进口材料比黄金还贵，所以找材料所花的旅费就用掉研究经费的一半，尽管如此放大原理尚不清楚，缺少详细的技术信息。科技人员想到去美国民间情报教育局开办的CIE图书馆查找，果然他们从图书馆里找到了美国的《物理评论》、《贝尔系统技术杂志》（BSTJ）等杂志，了解到晶体管是由锗材料制成的，但具体如何做成晶体管仍不清楚。直到1950年4月物理学会分会上发表了东京大学理工学研究所山下次郎和涉谷元一撰写的论文——《结晶三极管》后才搞清原理，但对样品实际测试时总是观察不到放大现象，之后的研究才知道是因为高纯度锗注入添加物方法和材料精炼等技术不过关。

和日本不同，美国通过对军工科技的研发积累了丰富的半导体材料知识和经验。二战结束前美国的国防研究开发项目（NDRC）被分割成多个课题下达到大学和研究所，其中就包括检波器的开发。当时检波器用的都是天然矿石，之后开始研究半导体材料。硅和锗都可以用作提炼半导体，但由于锗的熔点低，比硅容易加工，所以锗自然而然地成了实验材料。事实上1940—1955年间晶体管开发都把注意力放在锗上。二战爆发前夕，贝尔实验室在寻找更好的检波材料时，发现掺有某种极微量杂质的锗晶体的性能不仅优于矿石晶体，而且在某些方面比电子管整流器还要好。在开发雷达技术的过程中美国对锗和硅的电气特性以及制取方法都有过深入研究。1950年发明晶体管后，美国陆续开发出制造半导体的诸多方法，如火法、湿法和联合流程等，采用哪种方法需要根据不同的原料进行选定。

日本的晶体管开发突破口聚焦在了材料特性研究以及提取方法上。日本半导体材料委员会成立后，1950—1951年间在文部省支持下对日本国内的锗矿资源进行调查，并对提取方法展开研究。1954年3月，项目获得科学技术厅给予的关于锗制造精炼技术以及应用研究巨额经费1 500万日元。1955年12月，半导体材料委员会报告称制造出的半导体材料"比美国的略差，趋势是越来越好"。1951年10月，日本电气通信研究所的第一个点接触晶体管测试成功了。1952年10月，采用日本的国产材料的点接触晶体管也获得了成功，证明了合金法生产半导体材料的可行性。

贝尔实验室的母公司美国西电公司（WE）负责晶体管的产品化推广，为此西电公司制定了完整的推广计划。1952年西电公司举办技术转让说明会，相关的研究报告被编成《晶体管技术》一书，该书被视为晶体管的圣经，只有和西电签约的企业才能得到一本。首次技术转让说明会上共有26家日本企业签约。《晶体管技术》中只有原理方面的说明没有制造方法。虽然贝尔实验室想尽可能地信息公开，但美国军方在对涉及军事机密技术的公开上并不积极，原计划在说明会上做报告的单晶制造技术专家蒂尔（G K Teal，1907—2003）也被临时从报告人员名单中去掉了。

索尼创业

海军技术军官出身的井深大（1908—1997）战争期间在测量仪公司从事武器研究和开发，其间与盛田昭夫（1921—1999）相识。战后由于所在的公司被美军解散，1946年1月井深大带领20多名技术人员与盛田昭夫合作，在东京日本桥地区的百货公司仓库成立了东京通信工业株式会社（简称东通工），借助战争期间开发测量仪积累的技术开始起步。

东通工的理念是用技术改变生活。井深大亲自撰写的公司创业宗旨中这样写着："各大学和研究所的研究成果中对国民最有应用价值的优秀成果迅速实现产品化"，"向日常生活渗透以及家庭电气化的促进"。东通工从一开始就在关注新技术可以做成什么样的民用产品。

除了收音机，当时录音机也在广泛使用。和今天的录音机完全不同，当时录音机使用的记录媒体不是今天的磁盘或者半导体存储器而是钢丝。1939—1941年间自美国磁记录技术之父马文·卡姆拉斯（Marvin Camras，1916—1995）发明交流偏压技术后，钢丝录音机的音质得到大幅改善，可以长时间高音质录音。

战争期间钢丝录音机成为日军不可缺少的重要设备。东通工的人对军用技术和设备并不陌生，在井深大撰写的创业宗旨里已经提到了钢丝录音机、电视机等，东京通信工业成立之后即开始了民用钢丝录音机的开发。二战后驻日美军占用了日本放送协会（NHK）的设施为美军提供广播服务，因工作关系井深大经常出入那里。有一天，在那里工作的美军民间情报教育局人员给井深大看一台磁带录音机，试听后感觉音质格外好，立刻决定把钢丝录音机改为磁带录音机。1950年8月随着磁带录音机开发取得成功，G型磁带录音机开始销售，被广泛用于广播电台、学校、家庭、法院等场所。然而东通工并没有停止在一种型号上，井深大重视家庭利用、重视小型化便携性，一年后东通工兑现了承诺，推出了家庭用H型和便携P型。电池驱动的M型推出后街头音乐开始出现了。

录音机是记录和播放声音的设备，声音质量是最重要的评价指标。记录媒体从钢丝改为磁带是为了寻求更好的音质。东通工并没有满足而是在电路上下功夫。交流偏压技术被证明是极其有效的可以改进音质的技术，然而该技术已经被日本安立电气提前申请了专利。1949年12月20日井深大和日本电气联手买下了安立电气的专利权。专利权的获得不仅消除了产品制造上的障碍，同时也阻止了美国产品进入日本市场，事实上美国的录音机产品最终也未能进入日本市场。磁带录音机在国内获得了巨大的成功后开始进军美国市场。1952年3月井深大赴美推销磁带录音机。

追求自主技术

井深大到美国出差3个月推销磁带录音机期间获悉西电公司决定有偿转让晶体管技术的消息，立刻决定拿出2.5万美元和西电签约。井深大的决定并非一时冲动。1948年晶体管发明的消息传到日本后研究人员感到震惊，井深大却不以为然，他认为晶体管前途未卜，所以也没有立刻采取行动。日本企业从美国购买了专利使用权后陆续成功研制出晶体管，但还不知道市场在哪里。

东京通信工业在磁带录音机的开发过程中将产品赋予了不同的特点，如业务用、家庭用、移动式、便携式等概念就是在这一时期形成的。井深大认识到把产品做得更小的小型化技术的重要性。晶体管可以替代电子管实现小型化，对晶体管的认识从无用变为有用，这种转变让晶体管成为东京通信工业发展的起爆剂。当时的主要家电产品除了手电筒外非收音机莫属，当然这些收音机都是用电子管做的。井深大在《创业宗旨》一文中反复提到了收音机技术的进步，既然晶体管和电子管一样有放大能力，用晶体管代替电子管做收音机的想法就自然而然地产生了，元器件小型化会带来产品的小型化，这正是井深大所期待的。然而当时电子管收音机的普及率已经达到了74%，看好晶体管收音机的人不多。

和西电公司签约之前，东京通信工业已经对晶体管有了明确的使用目的。1953年与西电签约后，东京通信工业迫切想做出晶体管，拿到《晶体管技术》手册后立刻在公司进行轮流研读。这一时期，晶体管原理以及材料、原理验证都由其他研究所完成了，制造方法也已搞清了，剩下一个最重要也是最困难的问题就是如何实现批量化生产。按照以往的做法，日本企业更希望引进成套设备，这样时间最短，然而当时尚无设备可买，研发的重点聚焦在了如何解决量产设备问题上，别无选择只能自己制造。

1954年，领导磁带录音机开发的岩间和夫（1919—1982）被派往西电公司参观晶体管生产情况。因为东京通信工业已经和西电公司签约，西电公司介绍一下生产情况也在情理之中。西电公司只提出一个要求，就是提问可以，但不允许记录、画图。岩间和夫每天到工厂参观，回到宾馆后把听到的讲解内容和看到的设备结构默写下来，写成报告寄回日本。公司根据岩间的报告，参考《晶体管技术》手册和西电公司的设备照片开始试制。"岩间报告"共发回日本48份，之后岩间又连续4次赴美累计撰写了256页的报告。制造晶体管的设备，包括氧化锗还原装置、提取装置、剪裁机、封装机等就这样做出来了。1954年4月，东京通信工业的第一个点接触锗晶体管做出来时正逢岩间和夫从美国回来，大家手里拿着一个晶体管兴冲冲地去机场接机。

由于日本有长期的电子管收音机自制、批量制造和使用经验，对收音机电路已经非常熟悉了。1954年4月晶体管做出来没多久，没有外壳的收音机就响了。1954年7月又给收音机加上了一个透明塑料外壳。但由于中频放大和频率变换用的是点接触锗晶体管，动作极不稳定，产生自激问题，需要适合中频放大的高放大倍数结合型晶体管。然而，最先量产的只有点接触锗晶体管，接着东京通信工业马不停蹄研发结合型晶体管的量产，收音机的最终完成要等结合型晶体管制造出来以后了。

1954年10月东京通信工业在东京会馆召开了晶体管发表会，开始销售锗点接触二极管1T2系列和低频放大用锗结合型晶体管2T2系列。1959年日本制造的点接触晶体管世界占比超过了美国。当时，晶体管生产是劳动密集型产业，确保廉价的劳动力是国际竞争力的重要因素之一。日本企业大量雇佣年轻女工，人工成本低，女工手指灵巧，被称为"晶体管女郎"。1955—1958年间日本晶体管制造迅速发展，1959年产量超过了发明晶体管的美国，美国年产8 229万个，日本达到了8 650万个，但日本的生产成本却只是美国的20%，日本晶体管平均价格仅为美国的五分之一。（冈田彻太郎，1997）[55-77]

美国的晶体管军用占比很大，质量要求高，因此生产成本高于日本。再者，随着军用要求的晶体管材料在军需推动下从锗向耐热性能更好的硅过渡，导致制造上的复杂程度和生产成本进一步增大。然而，美国推动电子技术军事利用的同时，日本的注意力却聚焦在了用晶体管制造民用产品上。

晶体管收音机的诞生

井深大在《创业宗旨》中这样写道："我国尚无真正意义上的收音机服务，只有技术含量低的副业，随着高级收音机的出现，这些副业都会消失。相反，面向一流成品制造企业提供专门服务的大企业会诞生。我们要充分利用测量技术开展高水平的服务活动。比如用一辆专门提供服务的汽车，考虑到高端收音机、电视接收机还有电动留声机的重量和体积，配备所有的测量和维修工具，一部电话，随叫随到，这样不仅可以提高工作效率，还可以减少技术人员的数量。"

东京通信工业的晶体管收音机因为尚未最终完成而没有对外公布时意外事情发生了，1954年12月在德州仪器（TI）的协助下，美国的工业开发工程协会（IDEA）部门率先推出了世界上第一台四管超外差式晶体管收音机RECENCY TR-1，其致命的缺点是使用的美军015N型22.5V电池寿命只有一个小时。

1955年1月，东京通信工业晶体管收音机TR-52终于做好了100台。塑料壳外形是小方格子的，有点像联合国大楼。当时正值盛夏，塑料外壳的格子受热导致变形，井深大决定放弃销售。之后接受教训改变外壳设计，终于在1955年9月TR-55正式开始销售了。

盛田昭夫1955年3月带着收音机样品赴美推销，收音机上的商标已经改成了一个新名字：SONY。名字取自拉丁文sonus（声音）和sonny（少年）的缩写，改名的原因是因为美国人听不清楚东京通信工业的日语发音。1957年索尼的晶体管收音机开始大量出口到美国。索尼的宣传广告没有使用"便携式"而使用了"口袋式"，索尼想强调其"世界最小"。

索尼晶体管收音机的成功刺激了其他企业，东芝、日立、松下电器、三洋、富士通、冲电气、神户工业、三菱、日本电气、日本无线共11家资本金3亿日元以上的大企业也纷纷加入到生产晶体管收音机的行列。据1957—1958年间的统计，大企业总产量达57.4万台，出口18.1万台。所谓的大企业，除了资本金较大之外，最主要的特征是实现了晶体管自产。

与此同时大量小企业也加入了收音机的制造。1957—1958年间的统计表明资本金3 500至1 000万日元的10家，1 000至800万日元的15家，500万日元以下的93家，总计118家小企业的收音机总产量达34.7万台，出口18.2万台。小企业的制造能力不及大企业，但出口量占有很大的比重。小企业制造的收音机和大企业不同的是，大企业产品以六晶体管超外差式高性能产品为主，而这些小企业制造的由更少的晶体管组成的玩具收音机为多。（中岛裕喜，2012）[78]此外的差别是这些小企业需要的晶体管都来自外购。

日本收音机制造和出口持续增长，生产总值从1957年的44.2亿日元增加到1969年的1 335.87亿日元，出口额从1957年的21.75亿日元增加到1969年的1 182.94亿日元。（中岛裕喜，2012）[74]出口到美国的收音机迅速增加，美国市场占比从1957年的6%增加到1959年的34%。美国的收音机制造企业也开始采用质量高、价格低廉的日本零部件。日本的收音机制造产业带动了包括晶体管在内的电子零部件产业的内需和出口市场的扩大。1958年12月，索尼股票在东京证券交易所上市了。

电子零部件产业

索尼的晶体管收音机使用的零部件90%来自外部采购。由于电子管时代的很多零部件无法在晶体管收音机上直接使用，随着使用量减少，多数零部件企业由于规模小、研发能力不足最终逐渐被淘汰了，也有一些企业开始转向晶体管用零部件的开发。

中频变压器是超外差式收音机的核心零部件之一，第一个制造中频变压器的是1955年成立的东光收音机线圈研究所（埼玉村田），也是索尼公司的零部件供应商。随着参与制造晶体管收音机的企业增多、产量增大，东光的产量也急剧增长。据1959年9月26日《电波新闻》报道称：东光1957年月产量6月20万个、9月130万个、12月达到了200万个，到了1959年月产已达到400万个。很快东光的小型中频变压器开始进入国际市场，东光也从几个人的小作坊成长为拥有一定实力的零部件制造商。

晶体管收音机里不可缺少的、用于调节频率的可变电容器是由1954年1月创立的三美电机制作所（MITSUMI）最早生产的。1955年开发完成的晶体管收音机用薄膜可变电容器（PVC）最初评价一般，自索尼等采用后开始引人注目。总计售出60万台的索尼的TR-62全部使用了三美的产品。

晶体管收音机之后出现黑白和彩色晶体管电视机，持续拉动零部件需求增长，1958年电子零部件出口额超过了进口额。与此同时，20

世纪60年代以后的零部件市场出现了新的发展趋势。

趋势之一是大型成品制造企业向零部件企业提出了按照图纸定制专用零部件的要求。部分零部件企业认为这样可以提高产品的附加值，可以和大企业建立长期的信赖关系，因此愿意积极配合。由于成品企业通常不会提出明确的订货价格而是根据成品销售情况支付，零部件企业和成品企业成为命运共同体。在晶体管收音机和晶体管电视机的量产时代，这些零部件企业都获得了很好的收益。然而，随着电子产品从晶体管向集成电路转换，大批定制零部件企业破产了，而拒绝定制、坚持走独立产品路线的企业却得以存活下来。

趋势之二是整机企业开始进入零部件市场，特别是随着集成电路等半导体器件的普及应用，需求从晶体管变到集成电路、从各种传感器变到连接器，索尼、东芝、三洋、夏普等长期以制造整机为主的企业也成立了零部件部门开始制造面向市场流通的零部件。

1985年之前，日本电子零部件产业一直保持高速增长势头。此后，由于日本国内的电子产业出现严重下滑趋势，国内的零部件需求减少，诸如京瓷、TDK、村田制作所、帝国通信工业等电子零部件企业为了降低成本，开始将制造向中国等东南亚国家转移，中国庞大的市场为零部件企业的发展提供了生存机会。

日本的电子产业和汽车产业被称为出口创汇产业的双雄。然而到了2013年，电子产业国内生产总值仅为11兆日元，与最高峰的2000年的26兆日元相比减少了一半。零部件占比却从1985年的35%增加到2013的60%，换言之，日本的电子产业正在转变为零部件产业。（西村吉雄，2014）[92-97]日本的世界市场份额从2006年的43%下降到了2016年的38%。

收音机的兴盛

1960年前后在美国收音机市场上日本制造和美国制造展开了激烈的价格竞争。日本制造的六晶体管收音机的批发价格是14美元，美国制造的平均零售价约30美元。据《日刊工业新闻》（1960年11月11日）的报道称，1962年3月摩托罗拉和通用电气（GE）的批发价格分别下降到16.85美元和14.95美元后，日本制造的价格优势没有了。

与此同时，随着零部件制造业开始向东南亚移转，香港本地生产零部件的企业开始增多，如制造晶体管的美国仙童公司，日本的电容制造企业三开社、电感线圈制造企业东光、扬声器制造企业丰达（foster）等。香港制造的更加低廉的晶体管收音机开始出口到美国，美国市场上的日本制造面临来自美国和中国香港产品的两面夹击。更为严峻的是，日本收音机在美国市场上的增多引发了美国国土安全部（OCDM）的提诉，要求限制日本产品进口。1960年5月，日本开始暂停出口，两个月后又重新开始，政府制定出口限制配额后企业的收益随之大大减少了。

到了1965年，日本玩具收音机制造完全消失了，六晶体管收音机的产量和制造企业数量也大幅度减少。政府制定奖励政策，鼓励企业开发多功能收音机，比如增加调频广播、立体声音效及与录音机整合在一起的组合式收录机等，收音机制造开始向多功能方向发展。与此同时，创业之初就关注收音机向高级化方向发展的索尼公司开始开拓新的收音机需求市场。从无线电爱好者自制开始的收音机的主要用途是接收信息，使用者对音质的要求并不高。短波频道的开播进一步扩大了信息来源。1970年调频广播开播后，日本收听音乐的人开始增加，于是提高收音机音质的需求开始出现了。

1972年索尼推出了可以收听长波、短波和中波三个波段的全波段收音机ICF-5500，该机采用了大型喇叭来改善音质，增加了音响爱好者期待的音质调节功能，开拓重视频率特性和音质的广播爱好者需求市场。受索尼影响，松下电器、东芝也陆续推出了类似产品。然而索尼在收音机上的创新并未到此结束，集成电路出现后索尼并没有跟随其他半导体企业进入半导体存储器市场，而是专注开发了许多用于收音机、电视机、磁带摄像机等产品的模拟类芯片。1980年索尼推出了最大化融合索尼技术的全频道收音机ICF-2001，采用自产的可以稳定频率的锁相环模拟芯片，带有微处理器控制液晶显示、频率调节和频道存储，成为为广播爱好者打造的真正意义上的全频段高级收音机，掀起了广播收听热潮。（井川允雄，2016）[17-27]

1985年后日本国内电子业市场开始萎缩，广播爱好者也随之急剧减少。1994年在广东东莞创立的中国的德生通用电器（TECSUN）继承了索尼的收音机志向，使用索尼20世纪70—80年代开发的模拟芯片开始制造高级收音机。1995—2006年间德生的产品行销到了全世界，受到全球广播爱好者的喜爱。2010年前后德生的高级收音机进入日本市场，索尼的高级收音机售价3万日元，同档次的德生产品售价仅为0.4万日元。

成本降低的原因有很多，制造成本只是其中之一。德生收音机没有停留在使用索尼开发的模拟芯片上而是积极融合了最新的数字信号处理（DSP）技术。数字信号处理芯片对模拟广播信号进行数字化转换，用软件进行处理和解调，极大地提高了灵敏度、选择性、信噪比和抗干扰能力。数字信号处理把包括程序在内的多个芯片才可以实现的电路简化为一个芯片，作为收音机上不可缺少的线圈、可变电容等模拟器件也被省去了。2018年3月后索尼退出了收音机市场。

四、电视竞争力形成

机械式扫描电视机很早就出现了，由于实用性不高未能被产品化。日本第一台电子式电视机由浜松高等工业学校的高柳健次郎（1899—1990）于1926年11月完成。由于当时的真空技术差，使用的是物理测定用的显像管。显像管是用来把接收的信号显示出来的器件，但仅有显示功能，要实现电视播放，还需要拍摄图像的摄像管。

1933年美国无线电公司（RCA）的兹沃里金（Vladimir Kosma Zworykin，1889—1982）发明了世界上第一个光电摄像管。高柳健次郎1934年去美国拜访兹沃里金并看到了实物，回来后试制成功。1938年日本放送协会（NHK）开发了第一台电视机样机。有了拍摄用的摄像管就可以进行电视播放了。1941年日本放送协会进行了实验性播放，之后由于战争未能继续开发下去。1941年高柳健次郎开始为陆军和海军进行雷达、电波武器以及暗视装置等的研制。

美军进驻日本后1945年8月下令禁止电视研究，高柳健次郎由于参与过军用技术开发而被美军的"扫红令"解除了公职。1946年3月随同美国文化使节团访日的麻省理工学院院长卡尔·康普顿认为，电视研究和武器无关，建议美军解除禁令。1946年6月日本的电视研究活动又重新开始了。

由于二战前日本电视技术的开发已基本完成，二战后随着美军禁令的解除，日本的递信省迅速成立了电视放送实施准备委员会，立刻着手推进电视进入实用阶段。

自制电视机

早在1944年美国就预见到战争的结束，美国全国广播公司（NBC）和哥伦比亚广播公司（CBS）等已率先开始电视播放，日本电视实用化进程落后美国10年。但美国电视机的普及速度很慢，1946年的普及几乎是零，1949年价格下降到一半的时候普及率也只有2.3%。美国小尺寸电视机普及缓慢，大尺寸和高价电视机呈缓慢增加趋势。

二战后的1946年11月高柳健次郎组织电视机自制爱好者成立了电视机同好会（JAT），开始研究电路并进行组装实验，同好会于1950年更名为日本电视学会。1950年11月开始，日本放送协会（NHK）进行每周2次、每次3小时的定期电视信号实验性播放，电视机的需求市场开始萌芽了。然而这一时期可用的零部件只有收音机用的，电视机可用的很少，即便是大企业也缺少开发电视机的技术。

最先投入电视研究的不是大企业而是自制电视爱好者成立的电视同好会。1952年由收音机零部件企业组建的电视零部件研究会（TVK）在日本放送协会（NHK）所属的技术研究所的指导下开始摸索电视机的电路构成，目标是设计出几套标准电路来供自制爱好者参考。

这种做法实际上是受德国的启发。1939年德国成功开发完成的国民型电视机就是由政府与民间企业联合完成的，具有高性能且构造简单、成本低。电视零部件研究会先后设计出5种参考电路，包括一款7英寸电视机TVK-2和12英寸的TVK-3，使用的显像管都是美国进口的圆形CRT，日本的显像管尚在研发中。电视零部件研究会还编写了《电视机自制方法》教材，讲授电视机修理知识的学校也开始出现了，1950年前后东京有13所这样的学校。

1953年2月1日日本放送协会的电视正式开播后，电视机自制活动急剧升温，当时的调查表明866名电视接收者中有482名使用的是自制的电视机。电视机上需要的一些专用零部件，如共模电感、偏转线圈等首先由自制爱好者和收音机零配件企业制造出来，制造收音机零配件的企业开始向电视机配件制造扩展。

和收音机不同，电视机需要的零件更多，自己搜集零部件组装不易成功，成品制造企业也开始销售自制电视机套件，供爱好者自行组装。1953年的统计表明7英寸成品总产量是1 609台，套件是988台。12英寸成品730台，套件是394台，套件的产量是成品的一半。（年鉴，1955）[80-81]电视机套件的出现极大地提高了人们的组装热情，全国各地开始举办电视机制作会，面向指导自制电视机的月刊《电视技术》也于1953年创刊了，1955年电视机套件制作达到了高峰。

在通商省的支援下行业协会——电波技术协会（REEA）成立了，任务是推动电视机的国产化。1953年电波技术协会获得通产省"普及型电视机的试做研究"补助金之后，首先解决普及型电视机的电路方案问题。当时日本国内电视爱好者自制的电视机和国外的电视机有很多，电波技术协会从美国、英国、法国买来样品进行分解调查，编写日本普及型产品的规格参数等，调查之后把要求交给日本电气、东芝、松下电器等五家企业委托试制，要求尽可能选择国产零部件。

1952年6月五家企业陆续完成了试制。电波技术协会对试制的样机和外国的电视机进行比较后再把测试结果反馈给企业。之后又陆续地把电视零部件研究会开发出的电路方案交给企业进行试制。早期企业进行的开发和试制使用的电路、零部件以及经验等大都来自电视自制爱好者，电波技术协会实际成为连接企业和自制爱好者的纽带。

在普及型样机的研发过程中遇到了如何选择画面的大小和价位问题。画面尺寸的选择基准是要满足收看效果的最低成本的显像管，整机价位要中产收入水平的人群可以接受。电波技术协会对电视的最佳画面尺寸进行比较后，得出的结论是普通家庭的房间里10英寸到17英寸比较适合，建议选择14英寸作为普及型。但从当时的消费水平、维修成本、制造能力以及销售情况看10英寸的实用性更高。

电视机的制造上遇到了专利问题，美国无线电公司、英国的EMI以及飞利浦的专利无法回避。在通产省的支援下，1952年日立、东芝、早川电机、松下电器、三洋电机、日本电气、三菱电机等36家电视制造企业与美国无线电公司等签订了专利使用协议。随着产量的增加专利使用费急剧增高，从1953年4 800万日元增加到了1955年的39 500万日元，政府成立了电视振兴会代表企业和外企进行一元化交涉专利使用费。

最早实现电视机量产的是早川电机（夏普）。社长早川德次认为电视机是大家期待的产品，价格过高的问题在实现大量生产后即可缓解。早川德次1952年5月到美国考察后对大量使用机械设备的量产技术印象深刻，于是决定从美国引进最新的机械设备和研究测试仪器。

早川电机按照电波技术协会推荐的14英寸电视机建设了月产500台的生产线，之后三洋电机、松下电器、东芝、日本哥伦比亚、八欧电机、三洋电机等也陆续进入了量产体制（平本厚，1994）[39-42]，14英寸电视机的总产量从1953年的1014台增加到1956年的130 628台。1954年10英寸电视机由于相对价格低一直保持持续增长态势，但和14英寸相比画面小仅适合一人使用，14英寸则可以全家一起看。随着国民收入的增加，1955年3月后7英寸和10英寸完全不再生产了。当时都预测17英寸之后会成为主流，然而事与愿违，17英寸的产量从1953年的27 637台减少到1956年的16 733台，14英寸成为人气机种，14英寸黑白电子管收音机成为日本第一款国民电视机。

官民动员普及电视

1953年时的日本的国产电视机和国外相比价格十分昂贵，14英寸售价17.5万日元，相当于当时国民平均月收入的11倍。和收音机相比，零部件数量增多，通常需要20个以上的电子管，线路复杂、制造困难是成本高的主要原因。

据1955年版NHK《年鉴》称，电视机尚未被大量制造出来之前，关于电视的宣传普及活动已先开始了。为了让更多的人了解电视，车站、繁华大街、百货商店等处被安置电视机进行展览，NHK还制作了电视车进行全国巡回展示。

由于电视机尚在起步阶段，企业希望政府能对电视机实施免税或者减税政策。电波技术协会做出了14英寸是最佳尺寸的结论后，普及的重点放在了14英寸上，政府以14英寸作为减税分界线，14英寸以下的消费税（包括14英寸）从30%降低到12%。

微波传输网的完成是促进电视普及的重要因素。东京、名古屋和大阪的中继站相继完成后，民间电视台增加到了8个，数量仅次于美国。消费水平的提高也促进了电视普及。1953年日本的人均收入超过了二战前最好水平，1959年的人均收入比二战前最好水平增加了36%。收音机和电视机的效用与收入成反比，对高收入的人来说是娱乐之一，而对低收入的人却是主要的娱乐工具。日本的人均收入比美国低但贫富差距小。

电视机的成本降低是普及的关键。最初上市时14英寸的价格是17.5万日元，到了1955年降低到10万日元以下，1958年又持续降到了6万日元。价格的快速下降唤起了市场需求，需求的扩大进一步刺激企业增产，结果是产品成本进一步降低，这种良性循环反映在了电视机的普及上。

电视机产量1955年开始呈倍增趋势，1961年达到了461万台，普及率达到了62.5%。20世纪60年代初主要企业都有了年50万～100万台的生产能力，而日本的劳动力成本仅为美国的1/7到1/8，相比之下美国的原材料成本和劳动力成本都高于日本，美国每台电视机组装时间平均需要8～10个小时。量产初期日本显像管的制造成本高于美国，但随着产量的提高，1960年进行的价格调查显示日本产的14英寸显像管价格完全可以和美国竞争。

电视机的可靠性亦是影响普及率的重要因素。当时美国的电视机平均每年要修理2～3次，而日本制造做到了二三年无需修理，日本的电视机在短短的七八年间形成了竞争力。

第五节　从精密机械到电子产品

简而言之，以机械的发明和利用为基础、以机器大工业为核心的资本主义生产方式的确立过程就是产业革命或工业革命（内藤隆夫，2009）[135]，其中蒸汽机的发明、改进和应用最为突出，因此有时将产业革命也称为机器革命，可见机械、机器在产业革命和国家现代化中的重要性。两次世界大战期间日本精密机械在军工产业的基础上逐步发展起来，为二战后电子产业的崛起打下了良好的基础。

二战结束后，日本的部分军工业开始向民品生产转变，飞机制造厂改产小型摩托车和小汽车。有些军火制造厂开始生产缝纫机。光学工业则广泛依靠在战争期间制造射击瞄准具、轰炸瞄准具和其他光学设备时学到的技术，研制各种高级照相机。以钟表、照相机、缝纫机等为代表的日本精密仪器制造业从模仿到改良，从粗制滥造到质量一流，短时间内在国际市场上形成了竞争能力。

日本江户时期（1603—1868）出现了"士农工商"四种职业，其中的"工"就是技术，他们所拥有的技术被称为传统技术或者工匠技术。日本锁国时期（1639—1854）西方科学文化知识（兰学）通过荷兰传入日本，工匠们完成了很多独自的创新。如当时日本人制作的机关人偶就非常精致，甚至可以用毛笔写字。1543年从葡萄牙引进枪支后，在1575年的长筱之战中就有人制造并使用仿制枪支了。长筱之战是世界上第一次大规模使用枪支的战役，模仿制作是这一时期工匠技术的主要特征。

进入明治时期（1868—1912）后日本开始发展工学教育。1870年成立的工部大学校主要是培养被称为"工业士官"的高级技术人才，校长是从英国聘请的工程师亨利·戴尔（Henry Dyer，1848—1918）。戴尔十分重视实习教育。工部大学校的毕业生大多成为官员或者成为后来陆续成立的工业学校的教师。1881年4月设立的东京职工学校（东京工业大学）也是培养教师的学校。明治中期以后政府制定了《实业补习学校规程》（1893年制定）和《实业教育费国库补助法》（1894年制定），促进中等实业教育的发展，实业教育中特别重视工业实业教育。之后陆续成立的工手学校（1887年成立）、职工徒弟学校（1890年成立）、工业学校（1895年成立）、工业补习学校（1899年成立）的毕业生开始走向社会，成为日本最早的工程师。日本工业学校的数量从1895年的7所急剧增加到1905年的30所，1912年达到了36所。

从传统的工匠到早期的工学教育培养出来的工程师都承袭了重视手工和实业的技术传统。所谓的技术传统理解为"技能传统"或者"和具有一定功能的物的相处之道"更为贴切。日本的工程师把自己与要创造的物同化为一体，工具成为自身与物的媒介，他们追求完美的艺术家精神。

日本的总务省统计局2016年的调查表明，日本企业中99.7%是中小企业（资本金3亿日元以下，员工人数300人以下），员工人数占全部企业的68.8%。公益社团法人中小企业研究中心的调查报告显示，有36%的小企业（50人以下）和47%的中型企业（250人以下）开展创新活动。由政府主导的科技创新仅占20%，而剩下的80%则是由民营企业完成的。小企业大部分是员工人数不足10人的企业，竞争力来自高素质的蓝领工人，他们自主创新，提高技能，掌握新的机械设备，学习新的技术知识，成为日本经济发展的重要支柱。因此可以认为工匠精神是日本科技发展的最大原动力。

一、钟表

和世界上许多国家一样，日本早期的机械钟表也是16世纪由传教士从欧洲带来的。《尾张志》一书中就有关于机械钟表的记载：1832年朝鲜人送给德川家康的钟表坏了，找到铁匠津田助左卫门帮助修理，津田助左卫门就仿制了一台。佩里来航前日本采用的是时间长度不等的昼夜各6等分的"不定时法"。1872年明治政府根据太阳历将12月3日规定为明治六年一月一日，把"不定时法"改为"定时法"，日式钟表因此失去了用武之地，美制钟表因免关税而被大量进口，日本工匠开始模仿制造钟表。

1870年全球钟表产量的70%来自瑞士，然而1926年在费城举办的

世界博览会改变了这一局面。美国沃尔瑟姆制表（Waltham Watch）
推出了首台能够制造精密螺丝的全自动机械，并展示了一条手表生产
线，这个革命性的概念使得生产精密且可更换的机芯成为可能。零
部件实现标准化加工后，廉价手表制造向垂直模式的大量生产方式
发展。美国的生产效率远高于瑞士，美国平均一名工人年产150只手
表，而瑞士制表工匠每年只能生产40只。美国从瑞士的进口额从1872
年的1 830万瑞郎下降到1877年的350万瑞郎，自1890年起美国成为全
球第二大钟表制造国。

　　由于瑞士的钟表业零部件制造与组装是分离共存状态，为了应对
价格下跌及美国和日本等国征收的高额进口关税，瑞士制造商开始大
量出口机芯等散件，在进口国现地组装并以瑞士表的名义销售，瑞士
表芯的出口量从1918年的240万个激增到1929年的560万个。从瑞士进
口到日本的表芯在1915—1925年间占全部进口表芯的42.1%，1925—
1940年间占比增加到了80.5%。表芯出口到现地组装导致了技术扩
散。二战后瑞士的企业为防止技术扩散结成了保护联盟，然而无论从
短期还是长期看，联盟都未能有效阻止技术的急速扩散，也未能通过
联盟保住市场上的优势。与需要复杂的制造工艺的技术相比，阻止
小型机械产品的技术扩散是极其困难的幻想。（ドンゼ ピエール=イ
ブ，2011）[24]

　　日本诸多产业起源于工匠的技术，钟表就是其中一例。服部金
太郎（1860—1934）14岁在钟表店学徒，21岁开办了服部钟表店，
销售进口钟表的同时开展修理业务。1892年服部金太郎成立精工舍
（Seiko）后聘用钟表技师开始制造怀表，虽然最初制造出来的产品
和进口产品相比质量和价格都没有优势，但随着质量的提高，怀表的
产量从1906年的2.5万只增加到1920年的29.1万只，1913年又开始仿制

生产手表，两个部门都获得了很好的收益。1906—1929年间精工舍的怀表和手表的产量占日本总产量的76%。第一次世界大战带来的景气让精工舍在亚洲一跃成为可以与欧美厂家进行竞争的实力企业。1924年开始精工舍选出2～3种瑞士产品进行分解后通过逆向工程实现了量产，但核心零部件依然完全依赖进口。1895—1937年间精工舍制造的25种表（怀表和手表）全部是瑞士表的仿制品。（ドンゼ ピエール＝イブ，2011）[412]20世纪30年代以后在国产爱用运动和军需生产扩大的推动下，精工舍的产量从1930年的25.7万只激增到1940年的132.6万只。

二战期间日本国内钟表供不应求，产量连年增加，企业数量也从明治后期的20多家增加到了50家，从业人员数量达到了1万人。1918年成立的尚工舍时计研究所于1924年开始用西铁城（Citizen）的牌子销售怀表，1930年研究所更名为西铁城。1899年成立的高野时计和1913年成立的高野金属品合并为高野精密工业。1901年吉田庄五郎（1903—2001）从销售进口钟表开始创业，1913年开始制造怀表，1920年吉田庄五郎创立了东洋时计后于1934年开始模仿瑞士的西马表（CYMA）制造手表，东洋时计于1936年更名为东洋兵器工业。这些钟表企业在二战期间成为军工厂，为军方制造定时器等。精工舍分离出第二精工舍专门从事军需生产，1939—1941年间为陆军和海军生产手表。

二战结束后的1948年，日本的商工省（通产省）实施的质量调查表明手表和钟表的走停故障率分别为34%和28.7%。尽管1949年的调查显示不良率降低到了21.6%和14.9%，但质量问题依然非常严重，日本的钟表可以说是粗制滥造的瑞士仿制品的代名词。钟表的零部件尺寸很小，微小的误差对性能的影响也很大，需要把精度控制在千分之一厘米。（赖惇吾，1959）[175-178]造成质量低下的原因还有二战后钟表业资金不足无法及时更新设备。

为了保护脆弱的国内产业，日本政府采取了高关税政策。到1947年3月为止钟表的关税是60%，之后虽然降低到了50%但依然很高。1949年瑞士以日本市场没有对外开放为理由把日本列入禁止出口国黑名单，1949—1953年间精工舍及西铁城等因无法获得瑞士的摆轮游丝等核心零部件，只能从德国等瑞士以外的国家寻找进口渠道。

尽快实现钟表核心零部件的国产化成为当务之急。日本的计时学专家、东京大学精密工学科青木保教授（1882—1966）早在1930年前后已经开始对钟表的理论、设计方法、结构等进行研究，1938年出版的《时计学》成为早期的经典教材。青木保教授以及周围的研究人员在欧美的理论基础上进行了创新研究，包括摆轮游丝钟表的擒纵机构的误差、摆轮游丝的步进变化、钟表齿型、钟表用发条、铁镍铬合金材料、钟表用黄铜、齿轮制造等，东京大学精密工学科培养出了大批高端技术人才。（久保田浩司，2006）[80-95]

1946年7月精工舍制定了成为世界领军企业的战略目标，提出了"赶超瑞士"的口号，开始大量录用拥有大学学历的工程师。1950—1959年间共录用了49人，这些人多数是青木保教授所在的东京大学精密工学的毕业生。青木保教授自1949年开始连续在日本计时学会杂志上发表多篇论文，强调互换性生产的重要性。只有实现零部件的互换性才能实现大量生产，并举出了英国制表企业史密斯的成功事例，建议企业采用摆轮游丝和钟表专用宝石材料，推荐使用贝希勒（Bechler）等企业的精密加工机械。东京大学工学部造兵学科出身的松本大1946年进入精工舍从事手表机芯的设计工作。松本大也认识到，实现零部件的互换性不能依赖工匠的手工而是要严格按照图纸生产。（ドンゼピエール＝イブ，2011）[104-105]

1950年通产省发表了《钟表工业合理化目标及进步情况》报告，提出了实现手动机械钟表200万个、半自动机械钟表300万个生产目标的设备升级计划。到了1954年钟表业的制造能力得到显著提升，产量超过了二战前，达到了560万只。设备的全面更新大大提高了生产效率，加工精度也明显提高了。为了进一步改善中小企业的制造技术，1956年日本成立了"钟表生产技术开发研究所"，官产学联合对调速机、齿形、轴承以及材料、工具类等进行广泛深入的研究，探索提高质量的技术方法。（久保田浩司，2006）[84-85]

二战后的精工舍决心摆脱模仿，着手独自的产品设计。为了提高精度，精工舍采用增大钟摆的转动惯量和发条动力的设计，提高走行的安定性并获得更大的驱动能力；通过加大齿轮尺寸和增加齿数，降低扭力传递的不均匀度。此外，由于摆轮游丝的摆动次数影响品质因数，把摆轮游丝的摆动次数从原来的5次增加到6～10次后，性能改进上效果明显。1956年精工舍推出的厚度仅有4.4毫米的机械手表漫威（MARVEL）在1957年通产省主办的评比中第一次超过了进口产品获得了第一名。在1957年由美国钟表学会日本分会举办的评比会上，漫威（MARVEL）评分也超越了瑞士的欧米茄（Ormiga）名列第一，获得了"惊异的手表"的赞誉。（渡邊淳，2014）[1-5]

之后精工舍继续追求精度更高的设计，通过进一步加大摆轮的尺寸后惯性效率提高了46%，首次采用了国产的渐伸线齿轮后进一步降低了扭力传递的不均匀度。由于比头发丝还细的摆轮轴震动时容易破损，精工舍改进了瑞士钟表的耐震设计，让齿轮轴与轴承之间保持一定的距离，这样的设计让润滑油保持时间大大增加，不再需要追加注油。此外，强化制造过程中的精度控制，确保零部件达到千分之一的精度。1959年精工舍完成的冠蓝狮（GRAND SEIKO）成为日本第一个获得国际认证（chronometre）B.0优秀级产品。之后精工舍制定了比B.0更高的质量标准，1964年完成的冠蓝狮VFA把摆轮游丝的摆动次数提高到了10次，对材料和零部件加工精度以及组装工艺进一步优化，1967年在瑞士国立天文台举办的评比会上精工舍的多款产品占据了首位，转年开始该评比会不再举办了。（渡邉淳，2014）[1-5]

最初的机械手表在技术上的竞争焦点是精度和可靠性。1931年瑞士的劳力士（ROLEX）推出的蚝式恒动（Oyster Perpetual）首次采用了一体式加工完成的高气密性蚝式表壳，将新的自动上弦和防水技术引入机械手表。由于劳力士申请了自动上弦的专利，给后来的企业的产品开发增加了难度。

自动上弦是通过手臂的摇动带动手表里的自动陀轮左右晃动，用晃动的力量驱动齿轮转动拧紧发条，这就出现了单向上弦和双向上弦的问题。所谓单向上弦是指自动陀轮只朝某一个方向转动才能上弦，而双向是自动陀轮左右晃动时都能上弦。

精工舍把自动表定位在大众普及市场上，然而当时的自动上弦结构是由许多齿轮构成的复杂机构，不利于降低成本，加上专利的制约，精工舍只能走独自研发路线。在比较多个方案后，1955年精工舍完成的自动表采用了独自的"魔术杆"（Magic Lever）把自动陀轮的左右晃动转换成同一方向的齿轮转动实现了双向上弦。由于结构简单、上弦性能好而受到市场的欢迎。

比精工舍晚3年，西铁城于1958年完成的自动表采用了独自的单向设计。西铁城认为多数产品采用双向上弦的原因是认为单向上弦仅仅利用了左右摇动1/2的能量，西铁城经实际测试证明了单向上旋效率更高。（青山繁 等，1974）[39-51]尽管像欧米茄（OMEGA）、泰格豪雅（TAG Heuer）、卡地亚（Cartier SA）之类的瑞士名流企业也会部分采用外购零部件，西铁城却是世界上为数不多的从零部件到组装全部由自己独自完成的企业。

二战期间制造兵器的东洋时计所属的两家工厂在二战后衍生出两家企业，一家是以上尾工厂为母体的新东洋时计，另一家是以日野工厂为母体的多摩计器。多摩计器1951年4月更名为东方时计（ORIENT）。东方时计从一开始就确立了重点打造机械手表、在国际市场上推出有别于瑞士制造的战略方向。东方时计推出的第一款产品是以创业者吉田庄五郎早期的设计为基础的机械手表东方星（Orient Star）。东洋时计推出的自动表采用了和瑞士的万国（IWC）一样的双向上弦设计。1971年独自设计完成的46型机芯的自动上弦机构，采用了原理上和精工舍的"魔术杆"相似的结构，用更加简化的设计实现了双向上弦。

到了1960年日本钟表的质量和精度已达到了瑞士产品同等水平，开始进入国际市场。（久保田浩司，2006）[84]日本钟表业的国际竞争力的形成来自多方面，首先是与瑞士完全不同的垂直整合模式。据瑞士联邦经济省时计产业部（1970年12月31日）的统计，瑞士全国拥有钟表制造企业共计2 316家，其中成品制造1 038家，零部件1 076家，其余都是大型钟表或者工具制造企业。成品制造1 038家中只有50家是完全自产，448家是外购零部件组装，其余500多家是为上述两种企业做代工的企业。零部件1 076家中制造擒纵机构、摆轮游丝等核心零部件的企业只有约50家，企业规模相对比较大，而剩下的主要是生产外壳、外壳零部件、刻度盘、宝石加工、游丝、玻璃等的企业。这些企业除极个别规模比较大之外多是仅有数名员工的小企业，仅拥有一间小办公室和一个电话进行组装的小企业非常多。由于核心零部件是由大企业制造的，采用这些零部件进行组装的小企业也可以组装出一定质量的产品并获得利益。

　　瑞士的钟表产业结构是自然而然形成的，没有中央集权式的企业存在。日本的产业构造形态和瑞士完全相反，先有精工舍、西铁城等中央集权式的大企业，然后逐渐培育出很多小企业。1892年成立的精工舍于1937年分离出第二精工舍，1983年更名为精工电子（SII）。第二精工舍的诹访工厂1959年与大和工业合并为诹访精工舍，后更名为精工-爱普生（Siko Epson），逐渐形成了拥有100家合作企业的供应链。西铁城也逐渐培育出由上百家企业组成的供应链。东方时计拥有的供应链企业也多达50家，最多时期日本国内参与钟表及零部件制造的企业数量达到了400家，这种垂直整合的模式形成了制造上的优势。

　　积极引进自动化生产技术，努力提高生产效率和产品质量也是日本钟表业形成国际竞争力的重要原因。（内藤一男，1973）[356-361]瑞士等西欧国家1955年后开始推进组装生产线上供料移动的合理化，但没有导入专用组装机械，自动化的进展缓慢。美国全力推进零部件加工的自动化，组装还是依靠廉价劳动力的人海战术。而日本的钟表业则积极推动零部件加工的全自动化、全自动机械的无人值守运转以及连续加工的系统化和省力化，针对不同量产规模构筑效率化生产技术。月产数万个的中少量生产，采用纯手工、手工与自动装置并用生产线。月产10万个以上的大量生产则采用第二精工舍开发的自动组装生产系统，从底盘进料开始所有零件全自动组装。过去月产10万个需要430人，即使熟练工也至少需要360人，采用自动化组装后减少到90人。表芯日产量从4 000个提高到6 000个。（内藤一男，1982）[449-454]

　　机械钟表是由发条释放出的动力驱动摆轮游丝构成的"动力源"产生周期性的摆动，再把摆动通过齿轮转换成时分秒指针转动的机械，因此机械钟表时代提高精度的方法主要集中在零部件加工精度和摆轮游丝等核心零部件的设计改良上。但精度的提高受到机械技术的制约，中档机械表的日差精度通常都在 ± 15 ~ 30秒，无法满足高精度的要求，提高精度需要寻找新的动力源。

1952年美国的埃尔金（Elgin）公司和法国的立普（Lip）公司将电磁线圈的极性吸引摆轮摆动作为动力源，试做出了第一个电磁摆钟表，提示了新的动力源的开发方向（川中洋，1967）[41-50]，钟表技术开始向机械与电子融合方向发展。西铁城利用此原理于1966年推出了日本第一个电磁摆手表X8，然而日差 ± 30秒的精度不尽如人意。理光于1962年12月推出了和美国汉米尔顿（Hamilton）的电磁摆手表505相同的、线圈可动方式的555E，把精度提高到了日差 ± 5秒，1968年精工舍完成的31ELC进一步把精度提高到了日差 ± 2秒。

石英晶体在交流电压的作用下可以产生周期性振动的原理很早就被发现了。1927年美国贝尔实验室做出了世界上第一台采用石英晶体的时钟，由于使用了电子管导致钟表体积庞大只能在固定场所使用。1958年精工舍也同样用电子管开发完成了石英钟，由于石英晶体需要在恒温状态下工作，配套的恒温槽占用了很大空间，石英钟同样也是个2米高的大家伙。精工舍测试后发现石英晶体的频率随着时间发生变化，人们对石英晶体的诸特性认识尚不足，实用化任重道远。之后精工舍对如何稳定石英晶体的频率进行研究后发现，通过对石英晶振施加一定的电压可以稳定频率。1960年完成的石英钟精度达到了日差 ± 0.8秒，体积也缩小到一个可以搬运的小盒子般大小。之后开发的挂钟QC-951使用了改进后的螺旋形石英晶体，将精度进一步提高到了日差 ± 0.2秒。

精工舍看好石英晶体在提高钟表精度上的潜力，因此集中力量持续开发石英钟表技术。而当时的西铁城认为把石英晶体做成手表还需要走很长一段路，于是把注意力转移到了机械音叉上。音叉在电磁线圈产生的磁力的作用下可以产生稳定的振荡，同样可以作为手表的动力源使用。1960年美国宝路华（Bulova）做出了使用音叉的电子表阿克特隆（Accutron），振动频率360赫兹，精度优于电磁摆。（石坂昭夫，2008）[751]1971年10月西铁城与宝路华建立合资企业，使用宝路华的机芯Cal.218在日本组装销售，当时的机械表精度是日差±20秒，音叉表的精度提高到了月差±1秒。

机械钟表的精度单位是日差，驱动时间单位是小时。电磁摆电子表的精度也是日差，驱动时间单位提高到了年。而音叉电子表拥有和电磁摆电子表一样的以年为单位的驱动时间，精度单位提高到了月差。（鈴木紀寿，2019）[42-44]当时正逢美国的阿波罗11号宇宙飞船发射前后，太空科技引发全球的关注，高精度的电磁摆手表被媒体誉为"宇宙时代的钟表"。

用电子管做成的石英钟体积再小也无法压缩到手表里，即便后来出现了黄豆粒大小的晶体管。为了对频率为16千赫兹的石英晶体进行分频，获得1赫兹的时钟信号，四段分频电路至少需要8个晶体管，加上晶体管电流消耗很大（石坂昭夫，2008）[752]，直到集成电路技术实用化后精工舍才总算能把电路和电池压缩到手表里了。

装到手表里的晶体要求体积小、耗电量低、耐冲击。经过对各种方案进行比较后精工舍选择了U形的石英晶体，尺寸缩小到了4.3毫米×18.5毫米，尺寸缩小后频率增加到了8 192赫兹。精工舍1969年推出的第一个石英表阿斯创（Astron）采用了U形石英晶振，驱动时分秒指针转动的齿轮被电机取代，走时误差提高到了日差±0.2秒以内。虽然采用的双极性（bipolar）晶体管混合集成电路的电力消耗相对比较大，但电池寿命还是可以达到1年。尽管当时尚未有石英晶体手表产品在市场上销售，但美国的汉米尔顿已经申请了相关专利，精工舍最后不得不向汉米尔顿支付专利使用费。石英晶体手表45万日元的售价和当时的丰田花冠汽车的价格差不多，成本成为普及的障碍。

尺寸缩小后的晶振依然在手表中占用了很大空间，需要进一步小型化。然而晶振尺寸缩小后振动频率就提高了，频率提高2倍耗电增大4倍，如何降低电力消耗成为主要课题，同时期集成电路技术的进展带来了解决方案。精工舍1970年12月推出的改良版阿斯创把精度提高到了月差±5秒，电池寿命延长到了3年。为了推进石英表的发展，精工舍放弃了技术保护主义有偿公开了相关专利。

就在日本的企业把注意力集中在石英表开发上的同时，1972年4月美国的汉米尔顿推出了世界上第一块配备LED显示屏的电子手表脉冲星（Pulsar），只要按一下按钮就会以数字形式显示时间。与指针式石英表不同的是完全电子化的LED电手表没有任何活动零部件。但LED电子表也有缺点，就是一只手戴着表需要另一只手按下按钮，而且LED显示屏会迅速消耗电池电量。尽管这样，脉冲星还是受到了市场的欢迎。

1974年美国国家半导体公司（NS）推出了一款价格只有竞争对手产品售价一半的LED电子表，美国的电子企业开始大举进军LED电子表市场。到了1975年，美国有50多家半导体企业，诸如摩托罗拉、惠普等都在生产和销售LED电子表。1975年10月的《商业周刊》发表了一篇封面报道称"数字手表：让制表业重回美国"。然而LED电子表由于耗电量大、电池消耗快、无法长时显示、明亮环境下显示不清楚以及按钮读表的困扰等问题导致需求量下滑，最后出现了价格暴跌。（小口昭，1977）[4-16]

德州仪器在1976年将LED电子表的价格降至19.95美元，又在1977年降至10美元，LED电子表热潮宣告结束了。汉米尔顿在1977年将脉冲星卖给了费城一家珠宝商，到了1980年，美国仅剩德州仪器生产LED电子表了。

当时的销售人员和零售代理商都希望精工舍也能开发LED电子表，但精工舍把注意力放在了更加省电、显示效果更好的液晶上。美国无线电公司（RCA）的大卫·沙诺夫（David Sarnoff）研究中心首先发现了液晶的显示原理并于1962年申请了专利，之后该研究中心开发出具有实用性的DS显示模式的液晶屏。但大卫·沙诺夫研究中心没有进行产品化的计划，原因是预想的应用是未来的电视机，1969年，大卫·沙诺夫研究中心仅保留少数研发人员继续开发液晶，其余的大部分人员都转移到其他研究上了。

1971—1972年期间，美国的奥普泰（Optel）公司和麦克马（Microma）公司先后完成了DS模式的液晶数字电子表的研制，但尚存在无法长时间使用、驱动电压高、响应速度慢等诸多问题。（小口昭，1977）[4-16]精工舍没有采用DS模式而是选择了FE-TN模式。FE-TN模式是没有电流流过的显示方式，因此功率损耗小，耐久性高。精工舍1973年推出了第一块带6位数字的液晶手表，此后日本诸多企业开始投入到液晶手表的开发上。西铁城使用自己开发的液晶，东方时计则从夏普采购液晶，卡西欧从瑞士的勃朗·勃威力（BBC）采购FE-TN型液晶。到了20世纪80年代前期，日本的FE-TN液晶完全可以自产了，FE-TN液晶手表也开始普及了。

后来的发展证明，精工舍同时开发指针式和数字式石英表的决定是非常有远见的。美国电子表企业忽视了指针表而瑞士公司大多忽视了数字表。到了1979年，全球销售的石英表中约有一半是指针表，一半是数字表。在数字表中80%以上是液晶电子表而不是LED电子表。《商业周刊》在1978年6月5日发表的一篇题为《精工舍：石英表制霸全行业》的封面报道中赞扬了精工舍的选择。

日本手表业崛起的同时瑞士钟表业开始衰退。瑞士的钟表年产量从1974年的9 000万只减少到1983年的4 000万只，销售额在1970—1980年间几乎保持在30亿法郎没有大的变化。相比之下日本1979年的产量达到了6 000万个，销售额3 100亿日元，两项指标都超过了同时期的瑞士（久保田浩司，1995）[84]，日本成为名副其实的钟表大国。

1976—1979年间日本的电子手表产量连年增加，1979年石英钟表占全部产量的50%以上。电子与机械技术融合创造的石英表给行业带来了诸多的变化，首先是钟表企业之外的企业开始进入钟表市场，诸如卡西欧（Casio）、三洋电机（Sanyo）等。

卡西欧1972年8月推出的迷你计算器实现了10个月累计销售100万台的纪录，一跃成为日本计算器行业的领军企业。卡西欧注意到计算器和电子手表有着极其类似的硬件结构和技术追求方向，如集成度更高的IC、大容量存储器、声音合成、液晶显示、省电技术等。（守重盛雄，1983）[467-469]因此卡西欧认为开发时钟产品在技术上不存在障碍，特别是卡西欧有长期开发计算器用大规模集成电路（LSI）的经验。1974年11月卡西欧推出了采用段码液晶显示屏的电子表QW02，时间和日历不需要按键操作就可以在一个画面上显示出来，被称为"全自动电子手表"。

然而集成电路技术的发展实在太快，1974—1981年间具有6个基本功能的手表专用IC的成本下降到了原来的1/10，制造工艺的精细度也大幅度提高了，芯片尺寸缩小，模拟和数字电路的功能都在增加，单芯片微处理器也进入实用领域，集成电路的开发成本及开发周期等完全满足了量产需要。（渡边昭 等，1982）[69-84]早期开发的石英表尺寸大，实用性尚不能让使用者满足，因此瑞士的企业都转向了自动机械手表的薄型化上，而日本的企业都认为石英表没有摆锤等可动零部件适合大量生产。从电子技术发展的角度看，日本企业认识到努力实现石英晶体的小型化、CMOS电路的低消耗、电机的薄型化等会制造出超越机械钟表的有魅力的产品，取代机械手表的石英表的全盛时代就在眼前。（小口昭，1977）[4-16]

然而仅满足于实现高精度时间计测的石英表获得竞争力越来越困难，电子技术的进步给卡西欧这样的电子企业带来了新的创造空间，手表的竞争从技术过渡到了产品的差别化设计上。

20世纪70年代之前，无论是机械表还是石英表都是无法承受剧烈冲击的精密仪器。卡西欧的工程师提出了开发从三楼扔下也不会损坏的手表，得到了公司高层的支持。卡西欧首先成立了研发团队命名为"韧性"（TOUGHNESS），专门开发耐冲击结构，选用柔性材料和硬质材料，从多个方向进行冲击实验，但无论使用什么样的材料都会对表芯造成不同程度的破坏。最终他们想到了让表芯与表壳之间留有空隙，通过可以吸收震动的橡胶材料让表芯悬浮在表壳中间的"空心结构"。1983年卡西欧推出的G-SHOCK系列石英表DW-5000C做到了结实耐用，并将音乐、运动、潮流、艺术等多元文化要素引入设计，成为深受欢迎的时尚产品。

石英表给行业带来的变革还包括钟表企业开始向钟表之外的领域扩展。（久保田浩司，1995）由于钟表制造离不开加工设备，西铁城早在1936年就开始开发加工机械，XB-16机床最初是自己生产使用，1961年开始对外销售。1970年在XB-16基础上开发的D-16可以选用发那科（FANUC）等多家企业的数控机床控制器（NC）。1992年西铁城收购了德国的伯列（Boley）之后又陆续并购了多家日本精密仪器制造企业，2013年西铁城时计制造（CWM）独立出来成为精密加工机械的专业制造商。精工舍向信息设备、相机快门、IC等领域扩展，精工电子（SII）则向科学仪器、产业设备等领域扩展。

与机械钟表相比石英表使用的零部件数量大大减少了，最具代表性的机械表芯（Cal6630）零部件数量多达49个，而石英表的表芯（Cal2035）的零件数量减少到了29个，制造难度降低的同时，使用的材料也从金属扩展到塑料，随着制造成本大幅度降低，最终导致销售价急剧下降。1970—1980年间平均价格维持在5 000日元，1985年下降到了2 385日元，1990年后直接降低到了944日元。

西铁城在当时的规模比精工舍要小得多，营收只有精工舍的四分之一。为了与精工舍竞争，西铁城积极推动机芯出口。香港自20世纪50年代开始从瑞士和日本等国进口机芯组装生产机械手表，之后组装生产的指针式石英表实现了高质量和低成本，受到国际市场的欢迎。西铁城自20世纪80年代以后在香港以及内地成立了多个生产工厂，香港成为连接内地与国际市场的通道。1980年香港已成为世界上发展最快的钟表产地，1980年产量4 600万只，1986年增加到4亿5 000万只，出口额达到了85亿港元，出口量跃居世界第一。（久保田浩司，1995）[87]

石英表带来了流通上的变化。早期的机械钟表作为昂贵的精密仪器主要在钟表店里销售，进入电子化时代后成为超市、便利店、大型商店、电器店经销的日用品。

瑞士自19世纪中期开始一直是世界最大的钟表制造国，进入20世纪后陆续推出了防水手表、自动表等新技术手表，1967年电子表中心（CEH）开发出了瑞士第一块石英表。当时瑞士的钟表业以中小规模的家族式经营为主，生产效率落后于日本和美国。1970年以后瑞士的机械式手表需求减少，劳动者人数从1970年的8.9万人减少到1985年的3.3万人，瑞士钟表业陷入危机。（佐藤荣一郎，2020）[1-8]

经营顾问公司的总裁尼古拉斯·海耶克（Nicolas G. Hayek）对当时瑞士最大的企业瑞士钟表业联合会（SSIH）以及拥有众多表芯制造企业的瑞士钟表工业（ASUAG）进行整合后于1983年成立了瑞士微电子和制表联合公司（SMH）。海耶克对SMH进行了一系列改革，包括生产体系的合理化，减少品种，确保零部件的互换性，关闭非效率工厂、生产活动向亚洲国家转移，市场和质量管理，设计上的差别化等，努力掌握全产业链的生产，消除零部件供应制约，同时在世界各地开设旗舰店（flagship store）。1990年以后瑞士的表盘、表针、表带、表芯等制造企业积极整合向垂直构造转变，企业的平均人数从65人增加到了99人。（久保田浩司，1995）[84]

20世纪80年代初SMH推动手表从精密仪器向时尚产品转变。1983年SMH推出的塑料手表斯沃琪（Swatch）系列采用了ABS塑料机壳，定位在低成本高性能手表市场上，一改传统机械手表戴着的精密仪器的面孔，从时尚消费品的视点重新设计产品的外观，并按照时尚产品的传统每年的春夏和秋冬两次发表新设计，斯沃琪在全球获得了巨大的成功。斯沃琪的销售量从1985年的1 000万只增加到1991年的1 700万只，到了1992年春累计销售达到了惊人的1亿只，瑞士制造的低价手表销量的一半以上是斯沃琪。（久保田浩司，1995）[86]1993年斯沃琪手表已将瑞士在全球市场的份额提高到了50%以上，2012年斯沃琪成为伦敦夏季奥运会官方指定计时器，2018世界品牌500强中，SMH名列第206位，斯沃琪的成功让瑞士钟表业重新获得了与日本抗衡的能力。

　　然而瑞士钟表业的竞争对手不仅日本一家。2011年出口量跃居世界第一的中国，钟表出口的平均价格仅为3美元，而瑞士是895美元。凭借"瑞士制造"的实力标签，瑞士钟表在高档表上优势不减，高档表（定价3 000法郎以上）的产量在2000—2019年间增加了242%。然而2020年2月市场调研机构Strategy Analytics公布的调查结果显示，自2015年出现了带有谷歌（Google）等操作系统、具有上网功能的智能手表之后，苹果公司（Apple）的智能手表在2019年的出货量（3 100万只）超过了瑞士手表的总出货量（2 100万只），苹果智能手表的增长率比前年增长了36%，瑞士手表的增长率只有13%，瑞士钟表正面临智能手表的挑战。

　　卡西欧的G-SHOCK系列的年出货量自1997年达到了最高纪录的600万只后开始减少，2001—2008年的年出货量维持在200万～250万只的低水准。2008年开始卡西欧积极增加新的功能，如电波钟、太阳能，各种传感器等。由于数字显示的电子手表给人价格低廉的印象，卡西欧开始大幅度增加指针式设计，廉价的石英表开始向高级表方向发展。2009年开始G-SHOCK的出货量再次开始急剧增加，2019年年出货量达到了历史最高纪录的1 000万只，同年卡西欧推出了第一款带有Wear OS by Google操作系统的智能手表G-SQUAD PRO，日本的智能手表异军突起。

二、照相机

　　法国画家路易·达盖尔（1787—1851）1837年发明了银板摄影术后，早期出现的无镜头成像器最终发展成实用的照相技术。自1848年开始，日本大量进口用来组装照相机的机壳、镜头、快门等散件。1903年由于镜头和快门一时无法仿造，销售照相器材和药材的企业

"小西六本店"（Konica）使用进口镜头和快门，用自制木箱开始制造照相机，日本照相机的国产化开始了。想制造照相机的企业不只有小西六本店一家，田嶋一雄（1899—1985）在从事照相机进出口贸易的德国人协助下，1928年成立了美能达（Minolta）公司后也开始制造照相机。美能达最初使用的镜头、快门等零部件当然也都是进口的。

最早的快门是机械机构放置在镜头后部的镜头式快门。1931—1933年间美能达、小西六本店和精工舍等成功实现了镜头式快门的国产化和量产。1937年随着《进口产品临时措施法》的实施，日本开始限制照相机进口，外国产品进口越来越困难，而战时体制下照相机企业转为军工厂，进口产品的减少为本国产品的发展提供了机会，日本国产照相机产量从1930年的3.7万台猛增到1935年的9.5万台，1940年时达到了22万台。

日本国产照相机的增产并没有改变高级照相机依赖从德国进口的局面。1933年修理电影摄像机出身的吉田五郎（1900—1993）成立了精机光学研究所，开始通过拆解研究德国徕卡Ⅱ型照相机来模仿制造高级照相机。徕卡Ⅱ型是当时水平最高的单反、焦平面快门（focal plane shutter）35毫米照相机。当时东京周边有很多小机械加工厂，冲压、切削、加工以及铸造等一应俱全，吉田五郎逐家访问请求协助制造零部件。1934年样机完成后吉田五郎在《朝日相机》杂志上刊登广告。吉田五郎是个虔诚的佛教徒，因此给公司起名为KWANON（日语观音的发音），考虑到说英语的人对KWANON发音会感觉困难，于是1935年更名为拟音拼写Canon（佳能）。

二战期间照相机企业被军方指定为监督工厂或者管理工厂。1944年1月，日本军方根据《军需会社法》指定日本光学工业、东京光学机械、小西六照相工业以及服部钟表店4家光学相关企业为军需企业。由于武器需要很高的精度，这4家企业的制造技术获得了军方的认可。由于军需企业被禁止生产民用产品，技术水平较低的企业制造的民用照相机开始增加，导致二战后照相机产品质量低下。（中井学等，2016）[24]

1917年成立的日本光学工业（Nikon，即后来的尼康）招收了8名德国技师开发光学技术，为军方研发制造了大量光学武器。产量最高的1944年共交付124台大型潜望镜、1 600台军舰和陆地用大型双目望远镜、基准线2米以上的大型测距仪420台、飞机轰炸瞄准器4 300台等，积累了光学技术和制造经验。（東洋経済新報，1950）[551-552]1931年尼康开始开发民用照相机镜头并申请了Nikkor的商标。同年小西六本店使用尼康的天塞（Tessar）镜头开始生产照相机。

二战期间由于战事紧迫，日军急需运送大量士兵到南亚，运输船恶劣的卫生环境很容易造成肺结核等不治之症发病，军方急需诊断设备。当时可以极大地提高X射线拍照效率的间接X射线摄影法可用的相机主要是德国的康泰时（Contax）、徕卡（Leica）等外国产品。由于数量严重不足，军方命令各光学企业开发高分辨率、高耐用、可以连续拍摄的X射线间接摄影相机镜头。

二战后的1946年，制造镜头的佳能和制造军用航空相机的富士写真光机（FUJINON）、理研光学工业（RICOH）等开始开发民用相机，军工企业开始向民营转变。据二战后光学工业会1950年的统计，所属整机制造企业仅有23家，外部零配件企业30家，而外购零部件组装企业多达100家。

进驻日本的美军对日本照相机很感兴趣，1946年2月美军下令增产1万台照相机并要求同年6月底交货，政府为减少贸易赤字也鼓励企业增产。照相机的产量从1947年的5.4348万台猛增到1948年的126.341

万台，1949年达到了惊人的311.970万台。朝鲜战争爆发后，特需景气引发日本国内照相机需求热。当时的照相机结构简单，小工厂就可以从外部采购镜头和快门进行组装。

二战后日本国内第一个热销的照相机是理光开发的双镜头反射式（双反式）照相机FLEX MODEL Ⅲ。双反式照相机并非理光的发明，德国禄来（Rollei）早在1929年就已产品化。照相机有上下两个镜头，下方的镜头负责传送影像至胶片，上方的镜头的影像只用于取景和对焦。当时照相机的月产量通常为数百台，最多也不过千台。采用流水线生产方式，FLEX MODEL Ⅲ月产量达到了10 000台，占日本国内照相机总产量的50%。双反式照相机结构简单、故障零件少，加上7 300日元的低廉价格而颇受欢迎。为了阻止其他企业模仿跟进，理光进一步压缩成本后将售价降低到了4 900日元，到1957年已累计生产了FLEX MODEL Ⅲ 100万台。

日本的照相机制造最先受到国外关注的不是相机整机而是镜头。朝鲜战争期间使用尼康镜头的美国著名战地记者大卫·道格拉斯·邓肯（David Douglas Duncan，1916—2018）在纽约时报上撰文称赞其优越的性能，尼康开始受到国外关注。（日本写真機工業会，1987）[15-17]照相机被日本视为最有潜力的出口创汇产品，然而出口到美国的相机却给人留下了"日本造便宜没好货"的印象，质量成为出口的最大障碍。

1946年1月由17家企业联合成立的行业协会组织——"照相机部会"和"日本规格协会"开始制定出口检查标准。1948年7月为促进产品产量提高并严格控制出口产品质量，日本政府制定了《出口产品取缔法》，但效果并不明显。1954年出口检查平均不合格率高达27%，其中带伸缩腔的相机（spring camera）不合格率为52%，镜头

快门相机为31%，双反相机为28%，不合格率高得惊人。（竹内淳一郎，2003）[171]

　　然而日本相机面临的不仅仅是质量问题，仿制等无视知识产权的行为遭到了外国企业的抗议。（竹内淳一郎，2003）[168]1956年德国快门制造企业Gautier抗议美能达的双眼反射相机中使用的西铁城快门侵害专利权。1958年德国禄来抗议雅西卡（Yashica）的4×4双眼反射相机外观颜色模仿了Rollei44。瑞典哈苏（Hasselblad）公司指责勃朗尼卡（Bronica）的6×6单眼反射相机抄袭其设计。美国电影设备主要企业贝尔－霍威尔（Bell & Howell）致信日本经团连会长指责日本8毫米电影机模仿和廉价倾销等问题。1954年日本成立了第三方检查机关（JCII）开始对出口产品进行严格检查。1957年修改了《出口检查法》，规定达不到一定水平的合格产品也要进行强制检查。1959年开始实施《出口产品设计法》，由专门成立的日本机械设计中心（JMDC）对出口相机的外观设计等进行检查。

　　1954年德国徕卡推出的单反相机M3震动了日本相机业。M3采用了诸多革新结构和功能。首先是镜头卡口从旋入式螺丝口（L口）改成了插入式的M口，换镜头更加迅速便捷。卷片由圆形旋转式改为手柄式，打开后盖就可以装填胶片。取景器增加了视差自动补偿技术，0.91倍率使取景器中的被摄体看起来更明亮，对焦精度也提高了。取景器是徕卡的核心技术，据说参与徕卡相机取景器制造的除了平时的技术人员外甚至还包括了眼科医生。取景器里装有内置光学视差测距仪（range finder），依据距离对焦。如果相机没有相应焦距景框则必须安装外部取景器以便切换景框。广角镜头适合的景框在长焦时会变得非常小，测距仪的有效基线长度也会变短，测距精度变差。受徕卡M3的触动日本相机企业纷纷投入到单反相机的开发上。

1957年日本的旭光学工业（Pentax）开发了ASAHI PENTAX，使用了由五棱镜和反射镜构成的取景器，克服了当时单反相机对焦时亮度降低等问题。1959年尼康推出的SP型相机对徕卡M3的取景器进行了改进，取景器画面覆盖率几乎达到了100%，内置适合广角和长焦的两种景框成为通用取景器，自动光圈使其更容易使用。此外，SP型相机还通过可更换镜头满足不同拍摄要求。1959年尼康推出的专业版单反相机F型被广泛用于专业摄影。

佳能的第一台单反相机Canonflex采用了可更换取景器并配有可选外置光电池曝光器，然而市场却反应冷淡。1971年佳能推出了F-1型相机，同时提供可更换带有超级颜色相位误差处理技术的镜头，受到业界好评。20世纪60年代以尼康和佳能为代表的相机企业陆续研发出通过透镜测光（TTL）、自动曝光、自动对焦等技术，随着产量增大、价格降低，业余爱好者也能轻松上手的单反相机开始普及了。

1961年5月日本政府制定了《矿业工业技术研究组合法》，规定企业可以自发组织成立非营利特殊法人性质的"技术研究组合"，完成预定研究开发后即可解散。组建的特殊法人和普通企业法人一样，可以申请政府补贴，实际上就是一种官产学联合研究组织。由照相机企业和相关研究机构组建的"光学工业技术研究组合"宣告成立并开展研究活动。（日本写真機工業会，1987）[20-21]

光学工业技术研究组合成立最早，持续时间最长，研究覆盖了光学、机械以及制造技术，从理论到制造技术，为照相机产业的发展打下了坚实的基础。例如，从光学传递函数（OTF）的研究开始建立起了镜头评测技术。光学传递函数是指以空间频率为变量，表征成像过程中调制度和横向相移的相对变化的函数。镜头评测技术保证了高质量镜头的生产制造。1956年成立的"研磨加工学会"对镜头切削加工

研磨技术开展研究。（河西敏雄，1999）[37-41]

　　光学工业技术研究组合后来更名为"光机电一体化协会"，存续至今。协会每年举办技术讲习会，搜集国外的技术信息，交流发表研究成果等，培养出一大批经验丰富的技工。随着机械化和自动化设备的引进，加工镜头时的手工作业虽然减少了，但传统技能对球面或非球面镜头加工依然十分重要。非球面镜片与普通球面镜片不同的是其表面曲率是不断变化的。1968年尼康设计出第一款使用非球面的相机镜头。通过精确的温度控制制造出大口径高品质的非球面镜片，配合高精度研磨非球面和积累的深厚的光学设计经验，尼康在一系列广角镜头上展示出极高的技术功底。

　　1959年日本在世界上率先开发完成的带望远镜头的8毫米相机开始进入国际市场，国外对日本的光学技术和精密机械技术的评价进一步提高，日本的相机最终实现了向难度最大的欧洲市场的出口，1960年相机的总产值达到了170亿日元。1961年开发完成的带有自动调节光圈和快门速度的"电眼"（electric eye）的相机创造了第二个销售热，相机产业总产值达到了500亿日元，1962年向美国市场的出口额超过了德国。（鈴川溥，1968）[3-4]

　　20世纪60年代前后是日本相机业新技术出现井喷式发展的时期。1962年推出了半幅（22.7×15.5）照相机，1964年单反相机开始带有新的镜头测光（Through The Lens，TTL）技术。镜头测光诞生前相机测光主要靠机身外的硫化镉光敏电阻CdS（Cadmium-Sulfide），这种测光方式易受环境光影响，无法精确地反映出光线经过多层镜片或滤镜造成的光量损失，容易导致曝光不足。而镜头测光（TTL）的测光组件设在机身内部，对通过镜头后的光线进行测量，准确度比外测光更加高。1965年开发出了带有电子快门的照相机。众多新技术的开发

应用最终确立了日本相机在国际上的领先地位。（鈴川溥，1968）[2]

在日本企业追求单反相机向高性能方向发展的同时，一项颠覆性革新开始推动相机向大众消费市场发展。1963年伊士曼柯达（Eastman Kodak）公司发表的插盒式装片系统（Instamatic System）和与之配套的胶片盒改变了传统相机装填胶片的方式，让非专业人士更容易使用，给日本相机业带来了巨大冲击。（鈴川溥，1968）[1-2]德国爱克发（AGFA）公司也开发了快速胶片并联合10多家企业共同对抗柯达。由于柯达的插盒式装片系统无法用在中高级相机上，日本企业以此为突破口，1965年佳能开发出了QL（Quick Load），柯尼卡开发出了FL（Easy Loading），插盒式装片系统的出现让相机变得更小巧了。

1963年柯达推出的带插盒式装片系统的简易型、被称为傻瓜相机的Instamatic，采用了固定焦点的简易镜头，快门速度和光圈调节全部被省掉了，带有闪光灯，改变了照相机是昂贵专业设备的形象。1986年受Instamatic影响，日本富士胶片推出的Quick Snap进一步省掉了插盒式装片系统，把胶片直接装入相机内部，变成了胶片不可更换的"一次性"相机。（市野修一，2001）[367-371]比傻瓜相机更低廉的一次性相机让专业性很强的摄影技术变成了简单按快门。

机械相机的电子化正是从快门开始的。1965年带有电子快门的相机出现了，1977年电子电路控制的自动对焦技术出现了，尽管构成照相机的部分要素实现了电子化，但相机依然属于精密机械产品，机械技术为主电子技术为辅。

索尼很早就注意到了光学半导体器件的应用前景，开发出了可将影像信号转变成光电信号的半导体图像传感器CCD。1981年索尼发表了采用半导体摄像头CCD制作的摄像机MAVICA，影像记录用的存储器是磁盘驱动器，但MAVICA是用来拍摄视频的。1985年东芝制作了可以拍摄静止画像的照相机C-90，记录媒体用的是录音机卡式磁带，但没有投入市场销售。

20世纪七八十年代出现了银资源危机。美国制药商协会（NAPM）积极推动废除银制1美元硬币，日本已经把100日元硬币的材料从银换成了仿银合金。机械相机使用的胶片的后期显像处理以及印相纸都用到了银，由于日本的工业排放及环境噪声等造成的公害问题日益引发了全社会的关注，因而含有大量化学材料的传统相机产业开始向电子化方向发展。从环保的视角看顺理成章，但这并非推动照相机从机械化向电子化转变的直接原因。

1966年富士相机推出了使用8毫米胶片的摄影机Single-8。当时正逢经济高速增长、个人收入增长、生活方式多样化的时代。由于简单易用改变了专业摄影设备的形象，加上女明星的宣传广告，Single-8迅速开始普及。然而由于显影和胶片成本都很高，随着1980年8毫米磁带记录媒体的磁带摄像机（VTR）的出现，使用胶片摄影机的人开始减少。磁带摄像机采用的半导体CCD画像传感器和磁性存储器实现了即时性和便利性。随着个人电脑的普及，信息化社会的到来，从媒体到商务对影像处理的即时性和便利性需求开始出现，传统机械相机已无法满足需求。化学和机械结合而成的机械相机之外，电子和机械技术融合实现的数码相机技术开始出现了。

最早的数码相机是沿着磁带摄像机的技术路线开发的，连续影像中的一帧（一个静止画面）被分割出来保存在存储器上。磁带和磁盘是可用的存储器但不适合静止图像，因为相机需要在按下快门的瞬间保存大量的图像信息，磁带和磁盘的容量密度和存取速度都无法满足要求。此外需要存储器能在断电的情况下可以长期保存并方便复制、移动，可以高速处理信息的非易失性存储器成为必需品。

舛冈富士雄（1943—　）于1971年加入东芝公司，他在1980年和1986年分别发明了非易失性NOR型和NAND型快闪存储器（俗称闪存），但东芝在闪存的产品化上积极性不高。直到1989年2月千呼万唤东芝才在国际会议ISSCC上发表了4M的NAND闪存，然而量产还遥遥无期。没有非易失性存储器，数码相机只能选择其他存储器。1988年富士胶片发布了世界上第一台数码相机DS-1P，选择和电脑一样的静态随机存取存储器做成的卡，需要保持电源供电状态才能保存图片。由于实用性不高，DS-1P只拿出来展示一下就消失了。富士随后推出的FUJIX DS-X使用的存储器是SRAM卡，也不是闪存，直到1993年的DS-200才开始用上了闪存。

数码照相机使用了机械相机的成像原理，虽说也叫照相机但结构上已完全不同了。快门实现了电子化不用说，CCD图像传感器取代了胶片，图像的处理也不再依赖化学手段。光路通过镜头投射到传感器上直接生成电子信息，用来瞄准的反射光路取景器也被省掉了，取而代之的是电子信息显示在液晶屏上。机械相机的光路被省去了，数码相机除镜头外已经从精密机械分离出来转变成了电子产品了。

从机械相机向电子相机的转变让电子行业有了用武之地，凭借长期积累的光学和精密仪器技术独占的相机市场被打破了。1995年从制造计算器起家的卡西欧公司推出的便携式数码相机QV-10开始，电子企业纷纷加入到数码相机的研发和制造。取代胶片的图像传感器是数码相机的核心器件，然而最早的数码相机使用的CCD图像传感器不是专门为相机开发的而是为摄像器材开发的。当时认为播放影像用640×480分辨率40万像素就足够了。QV-10想要在电脑显示器上显示照片，而当时显示器的显示能力远远超过了640×480分辨率，图像分割放大处理后像素明显不够，图像打印出来也不好看，数码相机需要更高像素的图像传感器。

提高像素数量有两个方法：一是缩小单位像素尺寸，二是增大图像传感器尺寸。像素缩小了，单位像素感光量减少，光电变化后的电流变小，无光时产生的暗电流会在图像上留下干涉条纹，影响照片质量。CCD传感器在构造上采用电荷传递方式传送数据，只要其中有一个像素不正常，就会导致一整排的数据不能传送。传感器整体尺寸加大后，确保质量难度提高，产品合格率降低，成本升高，就当时半导体的制造水平而言，开发专用数码相机高像素传感器并非好的选择。而之后出现的CMOS技术革新让每个像素都带有独立的信号处理电路，即使一个像素不能正常工作也可以通过软件等技术手段进行修补，且处理图像所需要的其他零部件都可以集成到传感器内的一块芯片上，低成本、高良率的高像素传感器技术出现了。

自20世纪80年代起，日本半导体企业开始产官学联合对DRAM进行攻关。到了1986年，世界十大半导体企业中日本有6家，日本的储存器DRAM的全球市场占有率超过了美国，达到了惊人的80%。DRAM的设备容易制造图像传感器，截至1990年日本CCD图像传感器占全球市场的95%，2016年CMOS图像传感器占全球市场近50%。依靠在图像传感器制造上的优势地位，1995—1999年间日本数码相机产量和销量均实现了激增。

数码相机依然保留了机械相机的要素技术——镜头，决定图像质量的不仅仅是图像传感器，还有镜头。随着对高质量图像的需求的出现，在寻求高性能图像传感器的同时，光学技术重新成为提高数码相机成像质量的技术选择。1999年尼康推出了单镜头反射式数码相机D1，它采用了和机械相机一样的单镜头和反射式取景器光路，镜头规格尺寸与机械相机能够完全互换，数码相机又回到了重视光学技术的原点，加上高性能图像传感器和功能强大的图像处理器，数码相机实现了电子技术与光学技术的完美融合。

单反数码相机再一次发挥了拥有光学技术的传统机械相机企业的实力，因此不难理解机械相机时代主导市场的企业——佳能和尼康等在单反数码相机市场上继续占据优势。如此一来，没有光学技术或者光学技术较弱的电子企业就有被挤出数码相机市场的可能。

2008年松下发布单镜头直接取景数码相机LUMIX DMC-G1。它和小型数码相机一样采用光路直接投射到图像传感器上的结构，但和尼康的D1不同的是，进一步省掉了反射光路取景器，取而代之的是液晶显示器，光路整体尺寸大大缩小，同时也实现了通过转换器更换已有镜头。松下宣称这是世界最小、最轻的单反数码相机，如此再次为电子技术起步的数码相机企业拓展了生存发展空间。然而，省掉取景器反射光路后，由单镜头和反射光路构成的传统单反相机就只剩下单镜头了，追求相机专业性的使用者不认可无反相机，认为无反相机事实上就是可以更换镜头的小型数码相机。

日本优秀的光学和电子技术未能成为产业的发展的定海神针，自2008年日本数码相机总产值达到了历史最高水平的2兆1 640亿日元后开始回落，2020年缩小到4 201亿日元，仅为2008年的五分之一。销售量从2010年的1.2亿台减少到2020年的890万台，日本的相机产业规模又缩回到数码相机诞生前的20世纪80年代水平。

三、缝纫机

1850年美国胜家（Singer）等企业纷纷开始生产缝纫机，美国国内市场很快就出现了过度竞争的状况。1855年美国缝纫机行业专利联盟结成，市场垄断开始形成。1850—1860年间德国企业从模仿美国产品起步，缝纫机开始在德国市场普及。1880年之后由于专利联盟的制约几乎没有新企业诞生。没有竞争对手的美国胜家自1900年开始寻求向包括日本和中国在内的海外拓展市场。

日本在明治时期（1868—1921）就开始进口缝纫机了。最初都是德国制造的，第一次世界大战爆发后进口就中断了。1903年起日本开始大量使用美国胜家的缝纫机，四到五年的光景，胜家在日本市场上形成了垄断态势。然而由于胜家在修理和更换配件上态度消极，导致修理和仿制胜家零配件的日本企业开始出现。随着对机器内部结构逐渐熟悉起来，模仿整机制造以及在此基础上尝试国产化的企业开始出现了。1921年小濑与作（生卒年不详）等三人成立了松（Pine）裁缝机械制作所，1929年完成了胜家第15种平缝机的仿制。1908年东京炮兵工厂热田兵器制作所的进口缝纫机修理工安井兼吉（1904—1990）创立了安井缝纫机商会（现兄弟工业株式会社），销售和修理进口缝纫机，1932年也独自完成了胜家第15种平缝机的仿制。1939年基于《国家总动员法》，日本的缝纫机制造被指定为陆军直接管理的工厂，开始生产工业用及特种缝纫机直到日本战败。1933年三菱电机模仿美国胜家产品制造出第25种A型和第35种A型缝纫机，之后日本国内缝纫机企业迅速增加，产量也随之增大。

二战期间日本取消了对敌国的专利保护，为仿制品的制造和销售大开绿灯。日本人可以通过申请免费获得专利的独占权。此外，当时无论是修理还是制造都依赖工匠的技术，由于零配件互换性差，不经调整直接拿来可用的几乎没有，成品生产没有工匠的磨合调整就无法完成，这让日本的传统工匠有了用武之地。当时日本国内月产量2 000台、产能最大的"帝国缝纫机"厂（现蛇目缝纫机公司）的厂长就是原东京炮兵工厂的手枪制造技师长。

缝纫机也是军需产品，是军用服装厂不可或缺的生产设备。1935年日本全国的缝纫机总产量达到了1.2万台，1940年增加到二战前最高纪录的16.6万台。1938年日本根据《国家总动员法》对钢铁实行配给制，对民品生产进行管制，家用缝纫机制造被军方禁止了，民间企业开始转向制造军用缝纫机。二战结束前夕，进出口完全遭禁，由于无法获得生产用原材料，缝纫机产业几近毁灭状态。由于战争期间缝纫机行业生产设备损毁程度较低，战后各厂家很快转入了正常生产。同时期由于战争导致美国国内的缝纫机等民生用品供应不足，驻日美军解除了部分军工厂的生产禁令，拥有制造技术的军工厂，如东京重机工业、日本钢铁所、日立造船、爱芝工业等企业开始进入缝纫机市场。很多制造手枪、机关枪、炮弹的小军工厂也选择了缝纫机零配件制造或者整机组装。（廣田義人，2012）[12-13]

二战后由于通产省对国内市场采取了保护政策，提高了缝纫机的进口关税，进口缝纫机逐渐减少。随着国内纤维制衣产品出口增加，制衣工厂对缝纫机的需求激增。在驻日美军的影响下，西装文化开始流行，大街上的裁缝店日渐增多。此外，日本已婚女性几乎都不外出工作，因生活贫困在家做副业的人开始增多。虽然1940年时日本曾拥有家庭缝纫机170万台，然而其中71万台在战火中烧毁或丢失，于是巨大的家用缝纫机市场出现了。

朝鲜战争爆发后，美军下达的军服生产订单开始增多，新成立的服装加工企业不断出现，工业缝纫机需求也激增。当时使用的工业缝纫机主要是进口胜家的400W型缝纫机。1938年创立的东京重机工业（JUKI）最初制造家庭用平缝机HA-1，在市场需求驱动下开始研制工业缝纫机。400W型缝纫机采用的是双轴旋转天平，缝制速度为4 500针/分。东京重机工业的目标是采用单轴旋转天平，速度要超越400W型。尽管1953年完成的DDW-2型缝纫机的缝制速度仅达到了3 000针/分，却是日本工业用缝纫机开发的起点。

由于零部件企业生产的产品都是为美国胜家修理用的，因此绝大多数成品也是美国胜家的仿制品，分类以及机种命名，甚至针的型号也都采用美国胜家的标准。到了1950年，缝纫机零配件企业和组装企业分工格局形成了，企业数量达240家，但自产零部件种类很少。1955年对6家组装企业和8家成品企业调查表明，主要零部件几乎都是外协调配。能生产缝纫机机头的企业65家，能自行生产4种以上零配件的企业没有，只生产一种配件的多达45家。更为严重的是，战前给欧美留下的粗制滥造的印象并没有很快改变。1947年国立机械试验所对17家成品企业的产品与美国胜家的产品进行比较后得出结论：零部件的精度极差，同一企业的同一产品质量参差不齐，外观喷涂和底板等重要部分也乏善可陈，总体上根本无法和进口产品相比。

随着国际贸易的恢复，日本二战前制定的重要出口产品取缔法开始实行。1947年8月开始，二战前未列入检查对象的缝纫机和照相机等也被列入检查对象，政府委托民间机构开始对出口缝纫机进行强制性质量检查。1948年开始尝试让企业自主检查评级，因效果不好随后改为把A级产品规定为最低质量级别，换言之只有达到A级质量标准才能出口。

由于日本长期模仿美国胜家的产品，美国胜家向日本提出了抗议。1946年10月美军向通产省下令禁止使用外国企业产品和零部件的名称和型号等。1946年8月战争期间组建的"日本缝纫机制造组合"重新开始活动，最初的主要工作是确保原材料及价格协调等，其下属的技术协议会在通产省所属的国立机械研究所、大阪府工业奖励馆等指导和协助下，官民合作着手制定统一标准。1949年2月对美国胜家第15种产品进行彻底调查分析后制定了家用缝纫机标准（HA-I），有效地促进了产品质量的提高。1950年对20家企业的产品进行质量检查结果显示，无论在质量上还是精度上，已经和进口产品难分伯仲，接受检查的产品全部获得了大臣表彰。

1951年时日本产缝纫机机头的不合格率达28.5%，到了1955年降低到8%，1969年进一步降低到1%以下，统一标准的制定和质量检查产生了效果。（竹内淳一郎，2003）[70]1957年日本的缝纫机以220万台的总产量跃居世界第一。（神保泰雄，1965）[61]当时美国的产量是120万台，德国是70万台，意大利仅有50万台。1969年日本的总产量达到了历史最高水平的434万台，缝纫机成为继纺织和船舶之外最重要的出口产品之一，出口量在总产量中的占比从1950年的50%猛增到1954年以后的70%。主要出口地是美国和欧洲，1963年的出口数据显示美国占50%、欧洲占15%。1969年美国CU公司发布的《消费者报告》给予日本缝纫机质量高度评价，认为日本缝纫机的产量和质量都超过了美国胜家。（竹内淳一郎，2003）[71]

与家用缝纫机不同，工业缝纫机要求更快的走线速度。20世纪60年代各企业的技术开发都集中在如何提高速度上。当平缝机最高转速达到了人工控制极限5 000～6 000转/分后，线的张力以及跳线、振动噪声、耐久性等诸多新问题亟待解决。

进入20世纪70年代后，随着计算机应用的扩大，计算机技术与缝纫机开始融合，服装加工业开始大量导入数控缝纫设备，推动服装加工业从剪裁到缝制向自动化和高效化方向发展。美国箭牌（Arrow）服装公司旗下的17家工厂自导入了250台数控缝纫机后，创造了一家企业年产1.6亿件衬衣的纪录，同时家用缝纫机也开始向计算机控制的智能化方向发展。美国胜家率先开发出计算机控制的多功能家用缝纫机，给日本缝纫机行业带来了冲击，不可思议的是日本没有注意到计算机在缝纫机上的应用。

其实缝纫机的机电一体化早些时候就已开始了。1974年日本开始研制可对材料厚度运用自如的马达驱动电子化控制技术，使用马达作为动力源的缝纫机开始进入市场。人力驱动缝纫机的速度通常在1 300～1 800针/分，马达驱动轻松达到标准上限的3 000针/分，但马达的导入只解决了转速问题。在20世纪70年代正逢服装业兴隆时期，影响效率的最大问题是剪线问题。机器运转速度提高后手工剪线严重影响生产效率，1960—1970年间各企业都致力于研究出最完美的解决方案，企业间出现了激烈竞争局面，东京重机工业率先申请了自动剪线装置专利。到了1980年前后精度更高的伺服马达、高精度自动剪线装置成为工业缝纫机的标配。

在带有计算机控制的家用缝纫机的开发上，日本比美国落后了10年。1979年开始，日本的企业陆续开发完成了可以缝制100多种花纹的微机控制技术，采用大型液晶显示器以及触摸屏等，缝纫机开始从机械设备向多功能电子家电转变。不幸的是日美纺织品摩擦给日本的纺织业带来了冲击。为振兴纺织业1974年日本政府依据《新纤维法》对行业进行垂直整合，1978年制定实施《特定不景气产业安定临时措施》开始对生产进行限制等，然而一系列调整措施和累计支出8 000亿日元补贴也未能产生效果（地引淳，1997）[376-P384]，推动工业用缝纫机向自动化发展的动力不足，直到1993年日本的兄弟工业才推出带有计算机控制的工业缝纫机DB2-DD700。

自20世纪80年代初开始，中国和越南等东南亚国家的服装生产和出口能力开始提高，日本服装加工业的优势开始衰减，企业开始寻求差异化技术和新的发展方向。1982年通产省投资100亿日元联合28家民营企业组建了"自动缝纫系统技术研究组合"（小川成夫，1986）[107-111]，目标是从计算机辅助设计到剪裁、缝合、包装、物流搬运等全过程实现小批量、多品种加工所需的自动化生产技术的开发。缝纫机开发的任务是研制各道加工工序需要的专业化缝纫机。项目制定时正逢日美纺织品协定谈判，项目结束时的1990年遇到了纺织品的流通机构改革带来的服装产业大萧条，全自动工厂最终未能实现，开发出的部分技术经过变更改良后转用在多种工业用特殊缝纫机的制造上。

　　与其他产业相比，二战后日本缝纫机产业最早实现了高速发展，拥有先进制造技术的军工企业向民品生产转变以及零部件标准化体系的确立是其发展的重要原因。（神保泰雄，1965）[61-65]

第五章
追赶与超越的代价

　　二战后朝鲜战争特需带来的"神武景气"（1955—1957），快速大量的技术集中引进及随之而来的资本投资的增加创出的"岩户景气"（1958—1961），以及政府通过发行二战后的第一次建设国债引发的"伊奘诺景气"（1966—1970），三大景气为日本带来了持续的高速经济增长。日本总务省的国情调查表明，日本总人口从1950年的8 411万人猛增到了1970年的1亿4 867万人。劳动人口数量从1953年的3 989万人增加到了1973年的5 289万人，增加了32.6%。日本无疑是劳动密集型出口导向产业获得成功的经典案例。

　　日本通过战前的积累和战后的引进获得了大量的机械和电子技术。这与后发的利用发达国家向发展中国家转移劳动密集型产业的机会快速崛起的"亚洲四小龙"不同，日本企业更注重技术改良和量产技术的开发。

　　看看二战后行销全球的日本产品，诸如收音机、电视机、录音机、显示器、传真机，摄像机、转子发动机、碳纤维等无一不是欧美的发明甚至可以说是欧美已产品化的"过时"产品。然而资源贫乏的日本对节能和节省资源的需求很高，加之日本人的"缩小主义"的传统文化审美取向，日本产品用"轻薄短小"取代了能源密集型产业的"厚重长大"，通过持续不断的局部改良追求产品中各要素技术的完美组合及高质量，同时开发的大量生产技术带来的成本降低并最终形成了产品的竞争力。

值得注意的是二战后第三次工业革命的展开。二战刺激了机械技术与电子技术的结合，二战后机电一体化发展迅速，而机械和电子技术正是日本的传统技术。第三次工业革命变革的核心是半导体和计算机，日本紧紧抓住了第三次工业革命带来的机遇。

20世纪70年代日本提出了技术立国战略，日本政府主导了诸多大型产业技术研发项目，其中以超大规模集成电路（VLSI）和第五代计算机为典型代表。产业技术的集中高密度开发为基础科学的发展提供了战场。2000年被视为日本诞生诺贝尔奖获得者井喷期之始，之后几乎每年都有获奖者。从获奖者的研究来看，2000年获得化学奖的白川英树（1936——　）和2001年的野依良治（1938——　），直至2014年因蓝色LED的研发而获奖的赤崎勇及2019年因锂离子电池的研发获奖的吉野彰（1948——　）等，无不受益于当时如火如荼展开的"产学官"合作研发。

同时期中国的半导体和计算机开发并没有落后。1956年《1956—1967年科学技术发展远景规划纲要》提出了57项重要的科学任务，其中就包括了半导体和"四项紧急措施"之一的计算机。但中国的技术开发的驱动力来自国防需求而不是民用。在"两弹一星"的牵引下，1958年上海无线电技术研究所等联合研制出我国第一台晶体管收音机，成立了第一家半导体晶体管工厂——中国科学院109厂。1958年秋在林兰英（1918—2003）研究员的带领下，中国科学院的半导体研究室成功研制出中国第一个锗单晶晶体管，投产后首批产品用在了我国第一台自行研制的晶体管大型通用数字电子计算机上。

1959年我国第一台仿制苏联的大型通用数字电子计算机104机的运行速度达到了每秒1万次，超过了同时起步的日本，与英国水平相当。1964年自行设计的大型通用数字电子管计算机119机的平均浮点运算速度提高到了每秒5万次，是104机的5倍，成为当时世界上运算速度最快的电子管计算机。1965年中国科学院计算所研制的我国第一台大型晶体管计算机109被誉为研发"两弹"的"功勋机"。

到了1965年底，我国半导体器件的产量已超过了电子管，半导体收音机的产量也超过了电子管收音机。然而再优秀的技术没有市场就无法形成产业，而市场首先需要强大的消费群体。日本的"岩户景气"期间企业盈利和个人收入激增，中产阶级人口数量急剧增加，引发了消费革命。消费热带来了流通革命，而流通的变革又成为消费的加速器。

1983年我国开发完成的亿次超级计算机"银河-1"标志着我国成为美、日之后第三个能研制超算的国家。也正是这一年，全国计算机协调工作会议提出了"照着IBM的PC做"，把生产IBM PC兼容机定为发展方向。1984年随着中美两国领导人实现互访，中美关系逐渐回温，计算机和半导体的发展模式从"创新为主引进为辅"及"重视基础研究"向引进转变，放弃了追赶。

20世纪70年代末随着苏联经济体的衰弱，欧美关注的焦点从冷战向国家竞争力转变，日本的技术革新引发了欧美的关注。欧美开始指责日本由政府主导的产业政策是"国家法人化"，利用欧美的研究成果建立的产业是"基础研究搭便车"。随着美国对日本的贸易逆差不断扩大，日本产业成为美国企业的竞争对手，日美之间的冲突从纺织行业扩大到了汽车、机床、半导体等。无论是从军事角度还是国家威望角度看，美国已经不能再袖手旁观了。

第一节　集成电路的崛起

集成电路（IC）由两个技术整合而成，一个是平面硅晶体管技术，另一个是晶体管的小型化技术。由于最早被发明出来的点接触锗晶体管的耐热及频率特性等性能欠佳，不适合军用，于是美国军方积极提供资金支持晶体管的改良。

1959年仙童半导体公司（FC）的金·赫尔尼（Jean Hoerni，1924—1997）尝试在硅表面覆盖一层绝缘膜做成平面三极管。同公司的罗伯特·诺伊斯（Robert Noyce，1927—1990）立刻有了把多个同样的平面三极管组合在一起做成集合电路的想法，并于1959年7月30日提交了平面方式元器件的专利申请。同一时期，美国德州仪器（TI）公司的杰克·基尔比（Jack Kilby，1923—2005）把5个元件集成在一个电路板上做成了一个振荡器，1959年2月6日提出了集合电路的专利申请。罗伯特·诺伊斯和杰克·基尔比因此成为IC的联合发明人。

一、从计算器开始

20世纪50—60年代，美国的IC需求主要来自军方而日本几乎没有军用需求，因此日本企业把注意力都集中在了民用产品上。索尼引进晶体管技术的目的就是做收音机，之后的开发都集中在改善晶体管的频率特性、提高收音机的性能上了。同样的思维模式，日本的IC开发也带着明确的产品目标，最早开发IC是为了制造小型台式计算机——计算器。

从今天的技术看计算器实在谈不上什么高科技。一个芯片和一个显示屏再加上几个按键就可以实现了。然而20世纪60年代初却完全不是这样，人们无法想象计算机会做得如此方便小巧。方便是和当时的大型计算机相比，无需程序只用按键就可以直接进行计算操作，小巧是说如此复杂的电路如何压缩到了一个小盒子里。

当时使用的计算工具要么是计算尺，要么是手摇机械计算机，再先进一点的就是用马达驱动的电气式机械计算机。体积大、速度慢且不用说，运转时的噪声也让人受不了。佳能公司的镜头设计大量使用这种电气式机械计算机，通常需要两人操作。1964年第一台在市场上销售的全晶体管计算器CS-10A是由早川电气（夏普）完成的，是一台由530个晶体管和2 300个二极管分立元件构成的巨大计算器，使用交流电源，耗电量15瓦，当时53.5万日元的售价几乎和一辆排气量1 300 CC汽车的价格差不多了。

为实现轻量化、低成本和省电，夏普委托日立制作所、三菱及日本电气开发逻辑IC。1966年夏普完成了搭载日立制作所等开发的逻辑IC的台式计算器CS-31A。这台计算器用了28个逻辑IC和553个分立晶体管及1 549个分立二极管，实现了部分电路的IC化。不仅重量减少到13千克，3.5万日元的售价意味着成本也大大降低了。但由于依然保留了很多分立元件，无论外形尺寸还是能耗上都没有明显变化。夏普的下一个目标是更小巧、更省电的计算器，这意味着要进一步提高IC的集成度。然而提高IC集成度需要提高制造精细度，这涉及设备投资问题。由于当时的IC制造工艺尚未成熟，良率非常低，大多数企业还看不到IC的未来发展方向，在开发高集成度IC上持慎重态度。夏普想再次委托日立制作所、日本电气和三菱三家公司协助开发，得到的答复是少量可以，批量生产做不了，夏普不得不把目标转向了美国的半导体企业。

美国半导体企业的最终用户是军方，对民用产品市场不感兴趣。夏普的人访问了仙童、德州仪器等10多家美国企业也未能得到积极的回应，原因是这些企业都在忙于军品生产。庆幸的是最终一个叫罗克韦尔（Rockwell）的小公司接受了夏普的委托，当时罗克韦尔开发的IC曾用在了阿波罗11号登月飞船上。罗克韦尔和夏普签订了总金额3 000万美元、300万个IC的开发供货协议，这在当时是一个巨额的数字，日本的半导体企业指责夏普是在浪费外汇，是国贼。

夏普获得了4种集成度更高的逻辑IC，取代了原来由大量的晶体管和二极管分立元件组成的输入、计算、储存和显示电路，开发完成的QT-8D计算器所需元件数量大幅度减少了，整机尺寸缩小到A4纸张大小，重量减轻到1.4千克，价格也降低到9.98万日元。夏普给它起了个名字叫"电子算盘"，电子算盘一鸣惊人。1971—1972年间日本共有35家企业制造计算器，1972年单芯片计算器以当时最低售价1万日元问世后，计算器产业不到一年时间里创造了100万台的销量，巨大的计算器市场出现了。

由于日本国内的IC开发尚处于小批量试制阶段，突然增大的计算器市场所需要的大量IC完全无法供货，只能依赖进口。同时期美国市场却是另一番景象。1968年美国军品需求开始减少，IBM也开始为自己的计算机自产IC，市场出现了IC供给过剩的局面，于是美国半导体企业将注意力转向日本市场。日本的IC进口量自1970年开始急剧增加，1970年和1971年的进口占比分别是93.5%和73.5%，其中80%来自美国，这些进口的IC几乎全部用在了计算器上。

夏普委托美国企业开发的计算器用IC获得成功后刺激了日本企业，各企业纷纷投入到计算器用IC的开发上。由于夏普用的IC是委托美国企业开发的，日本企业无法获得有关IC的技术信息，这样说来夏普实际上掌握了这一时期IC开发的主导权。所谓的主导权有两层意思：一是各企业开发IC旨在被夏普采用，二是企业不得不面对夏普提出的降低成本的要求。日本电气成立了研究会对夏普计算器样机进行彻底分析后设计出了自己的逻辑IC。1970年4月，日立制作所首先推出了计算器用IC系列8个品种的逻辑IC。

计算器IC严重依赖进口的状况并没有持续很长时间。1972年开始，日本的计算器企业开始转向国内采购，转向的原因有很多。首先是美国仙童和电子阵列（EA，Electronic Array）等10多家企业已在紧锣密鼓地准备进入日本市场，原来的合作对象可能要变成竞争对手了。日本企业担心技术泄露，开始和美国企业保持距离。另外一个原因是美国IC的质量问题。美国制造的IC良率很低，且有个体差异，生产出的产品每一台性能都不一样，成品检测成了繁重工作，这对重视质量的日本企业来说无法容忍。

　　IC采购转向国内最重要的原因是企业开始寻求把所有元件都集成在一起的单芯片专用IC，委托开发需要频繁联系交流，选择国内企业更方便。早期的计算器电路都是由几十个标准逻辑IC组成的，和原始的晶体管分立元件相比虽说元件数量大大减少了，但依然需要很多分立元件。自电子产业形成初期开始，小型化就是日本企业追求的方向，不论收音机还是电视机，做得更小是日本企业的永恒主题。特别是对后来进入市场缺少创新技术、依赖改良开发产品的企业来说，小型化是一个重要方向。

　　1946年创立的卡西欧从机械计算机改良成小型电动计算机开始，1965年开发出全晶体管、同时带有存储器和10位显示管的001型台式计算器。卡西欧当然不会忽视使用IC的计算器，已开始摸索自己的产品方案，然而计算器普及速度实在太快，更严峻的问题是价格在急速下降。1974年6月的销售价格在1.2万至1.4万日元之间，同年10月下降到了8 000日元左右，1975年6月持续下降到4 800日元，一年间几乎下降到原来的三分之一。

　　卡西欧首先需要设定一个具有竞争优势的价格，然后在这个价位上考虑电路方案。可以把分立元件减少到最低限度且可以大幅度降低成本的单芯片方案成为唯一选择，卡西欧最终决定委托日立制作所开发专用单芯片IC。为了防止产品信息泄露，卡西欧将对外采购的零部件分散到多家企业，可能会暴露产品参数的显示器等敏感零部件的采购采用多品种同时下单方式。1972年8月售价1.28万日元、采用单芯片的卡西欧迷你计算器上市后被抢购一空，10个月销售量高达100万台。1973—1974年间欧姆龙、三洋、松下电器、东芝等企业纷纷追随卡西欧推出了单芯片、体积更小、价格更低廉的计算器，夏普推出的EL-120最终把售价压低到9 980日元。

日本的IC开发开始向计算器专用单芯片IC集中。日本电气1974年3月完成了8位计算器专用IC标准品PD277，9月又推出了世界最小尺寸的PD940。卡西欧采用日本电气供货的PD977制造的计算器创造了500万台的空前销售纪录，日本电气的IC销量在国内市场占比也因此从1973年10月的15%提高到了1974年3月的40%，开发IC的半导体企业实现了大跃进。然而计算器制造企业却是另外一番景象，计算器出货量的增长并未给企业带来利润的增长。1985年全国计算器总产量达到了1973年的8.6倍，然而1973—1985年间的生产总值基本上保持在1 730亿至1 674亿日元之间，变化幅度很小。生产总值变化不大的原因是价格下降。1985年计算器的平均价格下降到了1973年的1/10，持续12年产量快速增长的计算器市场是一个残酷的价格战市场。

索尼1961年开始开发手持式计算器SOBAX，其一贯风格是一定要将最先进的技术融入产品里。尚无IC可用的20世纪60年代，索尼手持式计算器把分立元件压缩成小模块，采用了模块化的电路设计方案来压缩体积和提高可靠性，同时融入了当时最先进的磁性存储器和数字显示管等技术。1967年6月开始销售后，激烈的市场竞争导致产品的同质化和价格的急速下降，现实让索尼认识到继续投入更多资金来开发差异化技术已无意义，1973年5月索尼退出了计算器市场。

从历史发展看，计算器在拉动日本国内生产总值上并未产生预期效果，但不可否认的是计算器对起步阶段的IC开发起到了巨大的推动作用。日本电气的一位技术人员曾回忆说，计算器开发成了提高设计能力的活教材，一个人从头设计到最后直至产品出来，培养了判断能力，让从事计算器IC开发的工程师毫无悬念地过渡到了后来的微处理器的开发上。计算器推动IC技术发展的同时也促进了新器件的诞生及产品自身的蜕变。卡西欧迷你计算器热销后，计算器市场竞争进入了白热化，未能及时推出相应产品的企业纷纷倒闭，想继续在计算器市场上谋求发展的企业需要开发出更具竞争力的产品。

　　计算器开发的第一个方向是节电和微型化。包括卡西欧产品在内，早期的计算器使用的荧光管或者数码管，受体积限制无法把产品做得更小。加上耗电很大，真正意义上的便携还很难做到。通常计算器使用5～6节电池供电，连续工作时间仅能维持5～6小时。1971年夏普和东芝合作开发了更省电的CMOS板专用IC，和LED数码管组合，3节电池可连续工作15小时。当时的计算器上最大的耗电器件是显示器，1971年BUSICON公司开发出液晶显示计算器，由于当时液晶无法稳定供货最终未能投放市场。1970年夏普开发的液晶显示器获得成功后，于1973年6月推出了带有液晶显示器的计算器EL-805，达成了1节5号电池连续使用100小时的低能耗纪录。由美国贝尔实验室1954年发明的硅太阳能电池因节能效果被看好而被迅速应用到了计算器上。液晶和太阳能电池的使用让计算器体积大大缩小，甚至出现了名片大小的微型计算器。

　　计算器开发的另一个方向是向多功能和高性能方向发展。计算器开始融合电子辞书、日记本、游戏等功能。20世纪80年代开始和个人计算机融合，出现了带有高性能液晶显示器、可进行各种复杂计算的函数计算器、工程计算器，最终发展成为可以进行编程的口袋式计算机。如此，最初的计算功能变成了一个微不足道的小功能被保留在了产品里。

　　1990年以后事实上没有人再把带有计算功能的各种手持移动设备当作计算器了，但原始的计算器功能并没有消失，它又重新回到了最初的形态：一个显示器和操作用的几个按键。中国的"世界工厂"制造的计算器采用了密度更高的IC制造工艺，进一步缩小了专用单芯片

IC尺寸，并采用把IC直接绑定在电路板上的COB（Chip-on-Board）技术实现了按键和IC的一体化设计，同时用更容易小型化的导电橡胶取代了机械开关，计算器自此走下了神坛，实现了规模上的巨变。

二、"黑船"再次来袭

计算器用IC在日本半导体产值中的占比自1969年的53%开始减少到1971年的40%，1973年降至32%。尽管如此，计算器IC使用量依然超过了计算机和通信设备用IC，位居首位。单一产品需求市场如此之大让企业感到震惊，计算器IC成为日本半导体产业的第一个引擎。IC制造需要两个核心专利，第一个是仙童公司的在硅面板上生成氧化膜的平面方式专利，第二个是德州仪器的专利也是最核心的专利，是IC制造无法回避的。

1961年通产省工业技术院电气试验所开始试制IC，三菱电机受防卫厅委托开发通信机用IC，但未获成功。失败的原因是做少量样品问题不大，但大量生产缺少技术和设备。相比之下这个时期美国仙童的标准逻辑系列IC已经进入量产阶段。

由于日本电气获得了仙童公司专利在日本的独占权，所以很早就着手开发IC了。1960年日本电气从美国大卫·曼恩（David Mann）公司引进了线宽5微米的光刻机，1962年完成了AND、NOR等10种逻辑IC的开发，NOR的照片还发表在了美国《电子》杂志封面上。但日本电气公司内部没有认识到IC的重要性，只安排几个人开发。开发出来的IC尚无用武之地，最后用在了日本电气自产的电话交换机上。日本电气自1966年成立IC事业部后开始扩大生产，产量从1961年的50个增加到1962—1964年间的1万个，再持续增加到1965年的3万个，1968年突破了1 000万个。销售额从1965年的5 500万日元增加到1970年的112

亿日元。（奥山幸佑，2009）[13-17]

由于日本电气独占了仙童的专利，对其他日本企业来说制造IC不仅要向仙童支付专利费还要向日本电气支付费用。仙童的专利费是10%，如果再加上支付给日本电气的费用后让企业实在难以承受，于是日本各企业纷纷寻求绕开仙童专利的技术路线。1968年日立开发出替代方法LTP（低温表面处理），东芝也开发了PCT（完全结晶技术），但不是所有的企业都有能力开发自己的技术。于是通产省出面和仙童进行交涉，日本企业集体购买专利使用权希望能优惠一下，仙童接受了通产省的请求。然而仙童的专利障碍解除了，德州仪器的专利还卡在那里。

1964年1月德州仪器向通产省提出申请要在日本成立独资企业，在日本掀起轩然大波。日本的IC开发当时尚处起步阶段，拥有成熟制造技术的德州仪器一旦进来，日本IC就有可能被扼杀在摇篮中。二战后为保护国内市场而制定实施的《外资法》和《外汇兑换及贸易法》规定，外资在日本国内投资占比不能超过50%，且需要向通产省提出申请。事实上由于日本采取了严格的保护政策，直到1963年国内的外资企业仅有30家，且其中29家是不需要外汇支持的日元结算外资企业，根本没有独资企业。德州仪器积极向日本政府提出交涉，但通产省没有马上答复而是采取拖延战术。德州仪器威胁称，如果不批准就禁止日本企业使用德州仪器的专利。德州仪器除了卡脖子的核心专利，尚有10个涉及IC制造的重要专利，包括PN绝缘技术、IC扩散技术等，想绕开这些专利在技术上会遇到巨大的困难。

由于日本电气从仙童获得了日本市场独家专利使用权，因此主张坚决对抗。一旦德州仪器在日本开始生产，日本电气不得不面对强敌。受刺激的通产省紧急成立了国产IC开发项目，依据1966年制定实施的《电子振兴法》向企业提供融资，通产省的行动明示了日本半导体产业要走自立道路的方向。日本电气、日立、索尼、富士通等紧锣密鼓地投入开发，日本电气制定了IC企业化事业计划后不久成功开发出MOS半导体存储器。

1966年8月通产省向德州仪器提出了三个条件：一是和索尼组建折半出资的合资企业，三年期间限制产量，三年后索尼退出；二是允许日本企业使用德州仪器专利；三是专利使用费要便宜一些，通产省的目标是3.5%。等了四年的德州仪器最终接受了通产省的条件。1968年日本半导体企业集体和德州仪器签订了专利使用协议，索尼也"出嫁"到德州仪器，成立了由井深大担任CEO的合资企业。

如果说1853年佩里来航是第一次"黑船来袭"的话，美国的半导体企业登陆日本给日本带来的冲击堪称"黑船再次来袭"。

三、英特尔无意插柳

BUSICON是日本一家从销售手摇计算器的贸易公司"昌和商店"独立出来的企业，由昌和商店创业者的儿子小岛义雄担任社长。小岛义雄1961年10月在伦敦的一个展会上第一次看到台式电子管计算机Anita Mark 8。当时手摇机械台式计算机使用时伴有噪声，特别是带有电动马达的齿轮转动噪声让人无法忍受，而这台计算器完全没有噪声。

BUSICON在销售进口台式电子管计算机的同时着手进行改良，做出了带有磁性存储器的台式计算机。由于性能得到了提高，15万日元的售价也比同等功能的产品便宜很多，1966年上市后热销，震动了日本电子产业界。接着BUSICON着手开发可以把程序储存在机器里的内藏台式计算机。内藏式概念和技术并非新东西，已经在当时的大型计算机上实现了，但把大型计算机的技术转移到台式计算机却是第一回。

BUSICON需要开发一个可以带存储功能的计算器IC。由于公司尚无IC开发经验，所以决定委托开发。碰巧1968年到日本推广半导体储存器IC的英特尔公司的CEO到访BUSICON，于是BUSICON决定委托英特尔开发。BUSICON提出的方案由8个IC组成，英特尔压缩到4个，其中包括4位微处理器芯片4004。BUSICON1971年用英特尔开发的4个IC组合在一起开发出计算器141-PF，大获成功，产品还出口到了欧美。对BUSICON来说拿到英特尔的4个芯片后开发工作就已结束了，然而对英特尔来说却是刚刚开始。英特尔觉察到给BUSICON开发的4个芯片不仅可用于计算器还可以组成一个完整的通用计算机，但由于是受托开发英特尔没有外销权。1971年6—8月，英特尔向BUSICON提议退还一部分开发费并以更低的价格提供IC，条件是英特尔可以外销这些IC。BUSICON觉得这没什么不好，于是就同意了。1971年11月15日英特尔开始对外出货4004芯片，世界上第一个微处理器就这样登场了。不幸的是BUSICON后来因陷入资金困境于1974年破产了。

除计算器用通用逻辑IC之外，20世纪60年代的日本企业的IC开发将注意力放在了模拟类IC上。模拟IC的开发思路是把已有的分立元件电路用IC替代，目的是轻量化、提高信赖度、降低价格。换言之，日本把IC视为通过把已有的电路集成在一个芯片上来满足对小型化和降低功耗的产品开发要求，如富士通开发的助听器用IC、索尼开发的收音机用IC等。索尼在晶体管收音机上的成功让收音机成为日本企业的重要产品，索尼开发出了世界上最多的收音机IC。1970—1980年的10年间崛起的电视机、收音机、随身听、录像机等庞大的民用电子产品需求市场，让日本的IC市场占有率上升，模拟IC的品种和产量也飞速增长。

然而这一时期美日两国的IC开发走的是完全不同的技术路线。英特尔完成了通用半导体储存器（DRAM）开发后看到了另一个未来的重要技术领域——微处理器。微处理器IC和存储器IC及接口控制IC等组合起来可以组成各种系统，而计算器只是其中一个系统而已，通用性很高。然而通产省和日本企业关注的焦点都集中了在半导体存储器上而没有注意到微处理器。

1968年7月成立的英特尔公司创业之初研发的第一个产品是存储器IC。当时的半导体工艺有双极型和场效应管（MOS）两种，但并不清楚哪一种工艺更好，于是公司内部成立了两个研发小组。1969年4月双极型小组完成了64比特容量的静态随机存储器（SRAM）芯片3101，这是英特尔的第一个产品。1970年10月英特尔的研发小组不断解决生产工艺中的缺陷，推出第一个3晶体管动态随机存储器（DRAM）芯片1103。与SRAM相比，DRAM的优势在于结构简单，拥有容易实现高密度、单位面积容量高和成本低的优点。1103芯片被业界称为磁芯存储器杀手，成为全球最畅销的半导体存储器芯片。同年IBM在新推出的S370/158大型计算机上也开始使用，到了1974年英特尔DRAM的全球市场占有率达到了82.9%。

日本电气在1968年开发的144比特NMOS SDRAM是给日本电信电话公社（今NTT）的大型计算机配套使用的。精工手表1969年12月推出的手表35SQ使用了自己开发的CMOS集成电路，1971年1.5伏低电压CMOS集成电路R-38A开发成功后，38SQW手表实现了产品化。诸多案例可以看出当时日本企业的注意力聚焦在了IC的应用上。

尽管DRAM为保存信息需要反复刷新，但由于组成的元件数少，容易提高密度。日本电气也从SRAM转向DRAM，1972年推出了1K容量的DRAM，由于和英特尔的1103没有兼容性，完全卖不掉，日本电气自己的计算机事业部也没有采用，日本电气认识到了兼容的重要性。美国已经有AMS、AMI等多家企业的产品和英特尔兼容，罗伯特·诺伊斯建议采用英特尔的PMOS技术，尽管当时日本电气认识到超越英特尔很困难，但还是下决心自行研制DRAM。

日本电气的DRAM尚未做出来时，日立制作所1973年率先发布了NMOS构成的4K容量DRAM。同年英特尔也从PMOS转向了NMOS，发表了4K容量的DRAM。由于日立制作所的产品和英特尔的有兼容性，因此销售很好。然而意想不到的是德州仪器发表了4K容量DRAM，而且采用了最小储存单元——由1个晶体管和1个电容组成的更具创新意义的技术路线。德州仪器当时已成为最大的半导体企业，拥有很多半导体核心专利，20世纪80年代前期半导体销售额一直保持世界第一。德州仪器的DRAM确立了1晶体管1电容最小的构成、多重地址及16脚300MIL幅宽的标准规格。

1970年日立决定进军半导体市场，接受卡西欧单芯片计算器专用IC委托后开始模仿开发英特尔4位微处理器4004。卡西欧计算器在市场上获得了巨大的成功助力日立的半导体全球销售额于1973年超过了仙童，跃居世界第三。日立产品走的是定制IC路线，而此时美国英特尔的两大产品存储器和微处理器开始标准化、通用化，日立倍感压力。接下来日立要开发的是8位微处理器。和4位微处理器不同，8位处理器究竟选择何种架构十分重要。同一时期参与微处理器市场的企业开始增多，美国仙童公司也在开发F8系列微处理器，日立认为自研难度太大，决定走引进路线。当时英特尔8位微处理器8080在市场上呈独占态势，引进理所当然应选择英特尔，然而英特尔只卖产品不卖技术。

通信设备制造企业摩托罗拉也开始进入微处理器市场，且信心满满地要在两年后的1976年获得50%市场占有率。恰好摩托罗拉对日立生产的IC自动绑定机（CABS）很感兴趣，于是1976年与日立签订技术合作协议，授权日立制造摩托罗拉的IC。1976年8月推出的日立版6800微处理器HD46800实际上是进口摩托罗拉的半成品，日立只是进行后期加工而已，但有了产品并不意味着有了技术。

四、IBM的冲击

1970年进口到日本的IC数量激增，主要是计算器用IC且其中八成是美国制造的。通产省认为企业各自为战很难对抗美国的企业，有必要组织企业联合开发。夏普计算器专用IC取得成功后，通产省最早的想法就是开发更先进的计算器专用IC，然而计划制订过程中发生了意外。

1975年的一天，通产省收到了一封匿名信，信上说IBM正在开发的下一代计算机预计1980年完成，该计算机将采用更先进的、集成度更高的1M容量DRAM，整个通产省立刻笼罩着紧张气氛。后来查清匿名信是由在美国的富士通公司干部转送来的，该公司副总裁访问美国时从个人渠道获悉IBM正在开发中的下一代计算机的一些情况，然后紧急把消息传给日本国内企业。为唤起官方注意，就以匿名形式寄信给包括通产省在内的相关政府部门。通产省分析认为，如果想在两年内开发出可以对抗IBM计算机的产品，最核心的问题是开发集成度更高的半导体存储器，于是计算器专用IC的开发急速转向了计算机用DRAM的开发。1975年3月由通产省和邮政省以及富士通、日立、三菱电机、日本电气和东芝5家民间企业组成的VLSI（大规模集成电路）开发项目正式启动了。

由于参加开发的5家企业各有各的研发计划，相互之间也不可能透露本企业的研发情况，如何将各企业的开发力量整合在一起是遇到的第一个大问题。最后想出了"共通技术"的概念，把开发重点放在5家公司都需要的技术上，各公司不需要提供自己的秘密技术。如此项目推进重点很快就清晰起来了。无论是计算器专用IC还是DRAM，共同需要的技术是IC制造技术，而技术的核心是如何把越来越精细的电路曝光在晶圆上，也就是光刻机（lithography）要做的工作。光刻机是制造IC的核心设备，其作用就是把精细的IC图形转印到晶圆上，然后再通过化学处理把IC刻蚀出来。光刻机的构成和照相机极其相似，需要光学镜头，需要调整焦距，还需要一个可以控制镜头自由移动的XY移动机械机构。但最早的光刻机不是直接把IC图形曝光在晶圆上，而是先做一个掩模版（Photomask）。做好的掩模版直接放在带有光刻胶的晶圆上，然后用水银灯照射进行曝光，光刻胶会像照相底片一样形成IC图形。由于掩模版和晶圆是直接接触的所以也称接触式曝光。

美国地球物理公司（GCA）1961年收购了天文望远镜制造企业David Mann后获得了天文望远镜上的XY移动机械控制技术，和尼康供货的镜头组合在一起制造出分步重复照相机971PR。由于采用了10倍缩小镜头，可以预先将画好的放大10倍的IC图形再缩小至1/10后曝光在掩模版上，通过手工操作XY移动台来完成重复曝光，这样就可以在一片晶圆上做出多个IC。用微光密度计测量光线浓度变化来精确控制XY移动台。1967年GCA开发出了带有自动控制移动台的光刻机1489PR，采用的光学镜头是尼康的产品。

20世纪60年代佳能和美国光学仪器企业翟柯（ZYGO）公司保持

合作，佳能很容易获得了玻璃超平面加工、激光干涉平面计量等技术。1965年佳能为照相机开发了超高分辨率镜头，1967年推出U镜头后决定进军光刻机市场。1970年佳能首先完成了等倍接触式光刻机PPC-1，最小线宽达到了1微米，成为20世纪70年代初制造容量1K、4K、16K的DRAM的主要设备。随后佳能开发了分辨率更高的4倍缩小手动接触式光刻机FPA-141，最小线宽进一步精密到0.8微米，但当时的IC制造不需要这么精密的设备，且高分辨率镜头的使用增加了设备成本，佳能最先进的光刻机未能赢得用户的青睐。佳能意识到市场需要价格更实惠的、有助于提高生产效率的设备，于是开始重新考虑产品研发方向。

由于接触式光刻机掩模版直接和光刻胶接触会产生诸如混入灰尘、光刻胶变形等问题，严重影响产品良率。让掩模版和晶圆之间分开一定距离，也就是采用接近式会很好地解决问题。1974年美国卡斯帕（Kasper）仪器公司率先推出了接近式光刻机，但掩模版和晶圆之间的距离严重影响图形光学成像对焦，导致分辨率下降。1973年佳能推出的接近式光刻机FLA-300的分辨率大幅度降低，最小线宽只能做到4微米，光刻机发展陷入困境。返回到最初的接触式可以提高分辨率，但无法解决良率低的问题，继续走接近式路线可以提高良率，分辨率下降又无法满足制造要求。

日本政府和5家民间企业联合设立的VLSI项目研发重点最终聚焦在了光刻机开发，主要解决在保留掩模版和晶圆间距离的情况下提高分辨率的问题，其中尼康负责缩小投影型光刻机的开发，佳能负责等倍投影型光刻机的开发。与此同时美国珀金埃尔默（PerkinElmer）公司开发的Micralign100光刻机提出了解决方案，把最小线宽缩小到2～3微米。Micralign100采用继续增大掩模版和晶圆之间的距离，通过在二者之间增加反射镜组成的反射光路（MPA）把掩模版上的IC图形通过反射光路间接曝光在晶圆上。

受此启发佳能对反射光路进行改良后完成的FPA-141F，最小线宽达到了1微米，1978年推出的PLA-500FA把反射光路改为垂直透过光路（PLA）后增加了自动对准功能，虽然分辨率下降到最小线宽2微米，但由于增加了自动对准功能，大大减少了对手工操作的依赖，制造效率和良率都提高了，PLA-500FA成为最畅销的产品，5年间售出了1 000台。佳能20世纪80年代初开发完成的MPA-500FA光刻机进一步提高了分辨率，最小线宽做到了1.5微米，之后1984年推出的FPA-1500FA最终实现了1微米的最小线宽，为20世纪80年代后期即将到来的1M容量DRAM的制造提供了技术支持。尼康1978年完成了缩小至1/10的接近式样机VL-SR，提供给VLSI项目进行测试。1981年完成了缩小至1/5的光刻机NSR-1010G，最小线宽是1微米。当时缩小至1/10的光刻机曝光区域最大是10毫米×10毫米，NSR-1010G扩大到15毫米×15毫米，东芝成为第一个用户，用在了256K容量DRAM的制造上。

由于佳能和尼康光刻机的光学和机械控制精度都优于美国产品且价格低廉，佳能光刻机迅速成为半导体业界的标准制造设备。截止到2000年，尼康和佳能的光刻机的世界市场占有率保持在70%～80%，光刻机为日本的半导体企业提供了强大的技术支持。20世纪80年代日本整个半导体行业从引进起步全面超越了美国。最主要的半导体产品DRAM由于构造简单，竞争焦点集中在了通过提高集成度和良率及进一步降低成本上，而提高集成度的小型化技术发展方向与日本企业的性格非常吻合。

从美国和日本的64K容量DRAM的成本对比看，日本的晶圆是美国的1.2倍，美国的合格产品是0.96美元而日本却是0.85美元。美国的成品是1.4美元、日本是1.32美元，以上差别不大。然而晶圆检查良率的差别就明显了，美国是40%而日本是52%，累计良率美国是23%，日本高达38%。日本的高良率导致最终产品成本低于美国。追求高质量是日本半导体行业形成优势的另一个重要武器。

五、美国的反击

20世纪80年代后美国半导体在世界市场上开始衰退，而美国无法容忍这种挫败。在半导体设备市场上美国遭遇到了来自日本的阻击。1979年的设备市场上美国企业份额占76%而日本企业仅占16%，前10名企业中有9家为美国企业而日本则1家也没有。然而时光到了1990年，日本企业份额急升到48%，相反美国企业下降到45%，前10名企业中有5家为日本企业而美国企业仅剩2家，其中前2名的公司分别为日本的东京电子（Tokyo Electron）和尼康。

1987年2月美国政府发布的国防半导体报告指出，美国国防力量的核心电子技术正在落后于日本，最终可能造成不得不依赖日本的局面，国防部应该提供资金、汇集企业制定国家计划开发先进技术。同年8月美国半导体工业会（SIA）和美国半导体研究联合（SRC）成立了半导体制造技术战略联盟（SEMATECH），得到国防部高级研究计划局（ARPA）等军方机构的支持，英特尔创始人罗伯特·诺伊斯就任董事长。SEMATECH由一个中心管理机构来管理，研究人员和管理人员全部来自会员企业。由于会员企业对现状和问题了如指掌，可针对半导体制造中的关键问题制定切实可行的方案，研究经费由会员企业和美国国防部分摊。

SEMATECH的最终目标是振兴美国的半导体制造业，但具体计划还很模糊，是研究如何使用设备、积累设备使用技巧和经验，还是直接投入设备的开发，会员企业各持己见，1989年项目最终把开发重点定位在设备开发上。主张从日本采购设备，重点放在积累使用经验的美光（Micron）等企业表示反对并最终退出了联合开发。美光的主张有其道理，日本在光刻机市场占有率虽很高，但制造设备市场总体规模很小，无法与半导体制造业相比，投资开发设备不是好的选择。事实上当时的摩托罗拉、英特尔等都在使用日本的光刻机。SEMATECH制定了提高半导体精密度的三个阶段目标：1990年0.8微米，1992年0.5微米，1993年0.35微米。制造设备开发主要是对现有制造设备的改良。1989年投入到制造设备改良的预算是3 000万美元，1991年增加到1.3亿美元，占全部预算的65%，但IC制造不仅需要设备还需要材料。

半导体产品制造主要分晶圆制造和封装测试两大过程，而晶圆制造要经过扩散、光刻、刻蚀、离子注入、薄膜生长、抛光、金属化等工序才能最终完成，全部流程涉及光刻胶、特种气体、清洗液、抛光液等众多材料，而这些材料和半导体制造精度及良率紧密相关。SEMATECH将拥有数百家设备和材料会员企业的行业协会SEMI也整合到开发中，SEMATECH的会员企业达到了150多家。

20世纪90年代的半导体制造精度提高到了0.5微米。使用波长436纳米（g线）水银灯作为光源的光刻机无法进一步提高分辨率，波长更短的365纳米（i线）成为顺理成章的选择，日本长濑产业等已开发出了i线光刻胶。由于只是光源的变更，光路和其他机械部分变化不大，佳能和尼康20世纪90年代初都毫无悬念地推出了最小线宽0.5微米的光刻机，成为制造16M容量DRAM的关键设备。1996年进一步改良光路精度后，佳能把光刻机精度提高到最小线宽0.35微米，满足了64M容量DRAM的制造要求。

SEMATECH向设备制造企业提供资金支持设备改良，所有会员企业都可以有偿共享研究成果，极大地节约了企业的开发资金。由于持续改进生产设备，良率不断提高。通过对设备和材料的整合开发为制造企业提供实用化的解决方案，制定了一套不同企业的设备在各制造环节相互连接的标准，并通过自建的实验性工厂进行测试。SEMATECH的努力缩短了美国企业与日本企业的差距，1995年美国企业的制造精密度达到最小线宽0.35微米，在技术上赶上了日本（垂井康夫，2008）[50]，而制造设备改良和材料整合研究是取得成功的关键（安部悦生，2015）[1-37]。

SEMATECH成立5年后，美国在世界半导体市场的份额自1985年始首次超过了日本，英特尔公司成为世界头号半导体企业。美国应用材料公司（Applied Materials）1992年成为全球半导体设备市场上的龙头老大。1989—1993年间设备市场销售额所占的比重，美国从47%增加到51%，日本则从42%减少到41%。1989—1993年间美国国内市场上美国企业制造的设备占比从79%提高到82%。1995年项目结束后，最初面向美国国内企业的SEMATECH开始对外开放，吸收非美国企业加入，其中包括台积电（TSMC）等亚洲、欧洲的企业和组织，最多时会员企业达到了185家，成为推进半导体制造的国际化组织。

SEMATECH制定的设备相互连接标准为装备和产品制造企业之间建立起连接的纽带，与此同时让半导体设计和制造的分离成为可能。

六、从存储器到系统级芯片

20世纪70年代中国台湾从受托制造来自日本和美国的收音机、计算器、手表、个人计算机等产品开始逐渐建立了庞大的代工制造产业。随着IC市场的扩大，代工制造IC的想法也就自然而然地出现了，1987年成立的台积电正是这样的企业。

　　当时IC制造都是由一个企业从设计到制造全流程完成的，即所谓的垂直分工。但台积电没有开发自己IC产品的计划，而是专注为其他企业把设计好的IC进行加工。然而说服一贯在自家工厂生产IC的企业把生产环节交给外部企业非常困难，这不仅涉及产品保密等问题，由于制造设备变更所有的设计都要重新考虑，IC企业感觉不到魅力，台积电的策略只剩一个：降低价格。

　　就在台积电苦战的时候，1995年台湾联华电子（UMC）放弃了自家产品制造，也开始转向和台积电一样的代工模式，台积电的竞争对手出现了。两家企业把竞争领域从加工成本扩大到制造能力，竞相导入最新的制造设备。到了1999年，两家企业都拥有世界最先进水平的最小线宽0.18微米的制造能力，2000年初CMOS制造技术超过了日本。日本电气自2001年开始按照台积电的生产要求重新修改设计，委托台积电制造IC。但并不是所有的IC企业都像日本电气那样愿意修改设计。随着IC精细化程度的提高，内部连线以及元件排列等设计规则越来越复杂，变更修改会严重影响产品开发的进程。1980年之前各企业都是用自己的方法设计IC，使用的工具软件也是五花八门。1980年后开始有了专用的设计软件（EDA），但由于特定设计软件需要对应特定制造设备，台积电等企业无法说服IC企业都采用统一的EDA。

　　台积电采取的新策略是积极向IC设计者提供技术支持，具体方法包括制定适合自己生产线的设计规则和提供各种EDA用的标准电路模块（IP），IC设计者可以通过调用这些模块来组合出需要的电路。台积电的设计支援受到大型企业的关注，IBM、富士通、东芝、三星等开始将生产交给台积电，自此，IC产业设计与制造分离的水平分工模式诞生了。

　　然而日本企业不喜欢水平分工，主要6家半导体企业依然保持垂直分工的经营模式，自己产品需要的IC自行开发、自行制造。日本政府对半导体产业的衰落心急如焚，但企业的想法完全不一样：一是企业长期依赖国家支持，企业期待国家能主导联合开发；二是这些半导体企业都是综合性企业，半导体只不过是其中一个部门，半导体不行了可以分割出去。2001年全球半导体市场规模锐减35%后，日本的主要半导体企业，诸如日本电气、日立、富士通、三菱、松下电器的市场份额也开始减少，到了2005年全球前10名企业中的日本企业仅剩下第4名的东芝和第8名的日本电气。

通产省和行业专家分析后都认为，日本半导体产业衰退的原因是长期依赖半导体存储器DRAM而忽视系统级芯片SoC（System on Chip），需要从DRAM向SoC转变。

SoC是从多个芯片组合在一起的定制芯片（ASIC）发展而来，最初目的是通过减少芯片之间的连接和元件占有面积来降低成本。随着IC密度的提高，包括微处理器和存储器等更多的功能都可以整合在一个芯片上的SoC成为可能。特别是大量使用IP模块的设计手法让小企业也能完成大规模SoC的设计。这一时期美国和包括中国大陆以及台湾在内的半导体企业正从单一功能IC向SoC方向发展。2000年前后，世界上最多的半导体企业不是垂直模式的企业而是SoC开发商。

1997年5月成立的台湾的联发科公司2003年推出了首款手机芯片，由于设计无新意、价格偏高等因素未能获得成功。随后联发科直接和软件厂商合作，将手机要用到的音频、视频解码、信号处理等多种功能集成到一颗SoC芯片上，和手机开发软件平台一起提供给客户，即所谓的套件服务（Turnkey Solution），这让没有手机开发经验的客户也能轻松开发自己的产品，廉价的中国手机开始崛起了。

在随后数年时间里联发科集中力量提高SoC性能，陆续推出了

MT6575、双核MT6577、四核MT6589等多款芯片，特别是2013年底推出的MT6592，凭借着"真八核"的实力和实惠的价格，一度成为各家大厂互联网手机的首选。2014年推出的MT6595更是名声大噪，因为首发4G LTE制式并且能耗也略胜骁龙801，中国制造的手机也从廉价的代用品向高性能发展。联发科的成功成为SoC研发的典范。

日本通产省和企业开始寻找半导体产业的突破口，清醒地认识到了SoC的发展趋势。日本家电企业20世纪90年代的游戏机、数码相机、汽车导航等产品最好时的全球市场占有率达到了惊人的95%。日本企业将SoC开发的注意力放在数码家电上，制定的SoC发展计划也是围绕家电产品展开的。日本国内生产总值最高的日本电气发布了国内SoC生产总值从1999年的6 500亿日元提高到2003年1兆日元的宏伟计划。三菱电机的目标是数码相机用32位微处理器的SoC市场占有率最高，富士通聚焦在DVD播放器、数码相机、移动电话上。日立与瑞萨合并后目标是将SoC销售额占比从48%增加到60%～70%。东芝的目标是把SoC市场占有率从40%提高到55%。然而随着移动电话向智能手机转变，日本企业开发的家电用SoC失去了优势。

从生产角度看，SoC是小批量多品种的定制产品，而DRAM是大批量少品种的产品，日本半导体企业已经适应了少品种大批量制造模式。20世纪90年代后期通产省再次从幕后走到前台，制定实施了一系列开发计划引导SoC的开发。

日本1996年2月首先启动了"选择计划"（SELECT），参考美国的SEMATECH项目组织10家半导体和家电企业进行合作研究，主要针对高分辨率光刻机、掩模版、High-K/Low-K制程技术等进行验证。2001年4月的"飞鸟计划"成立了设计和制造技术两个研发团队，11家民间企业参加，最终目的是完成60纳米线宽的SoC设计和制造技术。飞鸟计划持续两期共持续了10年时间，总投资840亿日元，制造技术的开发重点放在各企业"共通"需要的技术上。为了克服单独投资能力不足的问题，日立、东芝和瑞萨联合起来筹划投资建造日本版台积电，然而由于参与企业对工厂能否达到足够的开机率持怀疑态度，2006年6月最终放弃了建设计划。

2001—2007年间日本还推出了一系列针对半导体制造的开发计划，但这些计划最终都只停留在技术验证阶段就结束了，研究成果并未能反映到企业的生产技术上，一系列的SoC开发计划最终未能奏效。

七、半导体工艺革命的顿挫

采用波长436纳米水银灯（g线）作光源的光刻机通过不断提高光学镜头精度和数值孔径（NA），在不改变光源的情况下实现了最小线宽从2微米到0.1微米的精细度的提高，然而继续通过提高光学镜头的物理性能来提高分辨率的技术路线困难加大，使用波长更短的193纳米的准分子激光ArF成为最佳选择。虽然光源变了，光路和精密机械部分仍然是尼康和佳能的强项，所以使用准分子激光ArF为光源的光刻机的开发没有障碍。然而当ArF为光源的光刻机的分辨率达到了最小线宽7纳米物理极限后，波长最短的13.5纳米极紫外光成为唯一的可用光源，但极紫外光刻机由于无法使用透射镜头而必须全部采用反射器件，佳能和尼康长期积累的光学技术优势没有了。

与此同时，与日本的光刻机研发模式不同，荷兰光刻机企业ASML与世界范围内的数百家企业建立了合作关系，调动最新的技术联合推进光刻机开发，其中包括1984年比利时政府出资成立的微电子研究所（IMEC）。IMEC与各国的企业、大学、政府展开合作，会员企业包括英特尔、AMD、三星、高通、ASML、台积电等，华为也是合作成员。合作成员需向IMEC支付加入费和研究年费，研发人员则来自全球80多个国家，至今已超过4 000人。IMEC的研发目标是3～10年后产业上需要的设计方法和技术。（垂井康夫，2008）[73]

双边研发项目是基于IMEC已有的技术，按照客户特殊需求研制，双方分担研发费用，并共同决定研发成果和知识产权的共享和使用。多边合作项目是许多企业共同参与的项目，进行不同企业都需要的共通技术的开发。英特尔CEO帕特·盖辛格在接受采访时曾表示，欧洲有两颗宝石，一个是拥有最先进光刻技术的ASML，另一个是世界上最先进的半导体研究机构IMEC。

IMEC初期的研究主要是半导体存储器和微处理器，由于从一开始就建设了制造工厂，可以进行试制。IMEC发明的HIMOS技术巧妙地结合了传统的堆栅和分离栅的优点，在没有额外增加存储单元面积的前提下大大增加了"写"操作的效率和可靠性，有效降低了由于外围高压的产生对电路面积的需求，从而整体上减小了芯片面积。

IMEC和同一时期成立的光刻机制造商ASML是常年合作伙伴，早期使用的光刻机都是ASML提供的。1997年IMEC和ASML合作开发波长193纳米ArF光源光刻机，解决最小线宽130纳米的制造技术。1998年IMEC和15家会员企业获得了ASML提供的最新的光刻机PAS5500/900ArF，IMEC也向ASML提供了大量的技术支持，为ASML光刻机发展做出了贡献。（垂井康夫，2008）[79]ASML率先开发完成的最先进的EUV光刻机优先提供给了IMEC。

日本的紫外光EUV光刻机开发计划（EUVA）于2002年启动。3家光源企业（小松制作所等）、2家光刻机制造企业（佳能和尼康）、4家半导体企业（东芝、富士通、瑞萨、日本电气）组成了最强的国家队，但最终未能完成实用化的技术开发，佳能和尼康因此放弃了EUV光刻机。EUVA计划结束后的2011—2015年间又成立了纳米工艺基础开发中心（EIDEC），继续研发EUV光刻技术，2019年开发中心无果宣布解散。

之后佳能另辟蹊径选择了纳米压印（NIL）。纳米压印是将形成三维结构的掩膜压在晶圆上被称为液体树脂的感光材料上，同时照射光线，一次性完成结构转印的方法。其间不需使用EUV光刻机，也不需要光学镜头，而且还可以将耗电量降低到EUV的10%，设备投资仅相当于EUV设备的40%。按照开发纳米压印技术的大日本印刷公司的说法，纳米压印量产技术可以做到最小线宽5纳米。2017年7月，佳能把制造完成的纳米压印制造设备样机交付给了东芝存储器四日市工厂进行测试，但何时能够实用化尚需拭目以待。2019年日本半导体世界市场份额占比从1988年的50.3%减少到了10%。

第二节　计算机革命

电子计算机的出现和大规模应用引发了第三次工业革命。美国、英国以及德国等二战前的工业强国，最早认识到电子计算机可以成为强大的武器。德国土木工程师康拉德·祖斯（Konrad Zuse，1910—1995）1936年开发出电子式计算机。1941年德国又开发出二进制可稳定运行的计算机Z3，带有存储装置，具有运行程序和浮动计算等现代电子计算机的技术特征，被认为是世界上最早的电子式计算机。二战期间Z3在飞机轰炸中被破坏，1946年IBM出资重新研究并获得了祖斯于1936年申请的两项专利权。

同期英军动员了包括艾伦·图灵（Alan M. Turing，1912—1954）在内的科学家协助军方破解德军密码，全力以赴开发具有更高处理能力的计算机。1941年数学家麦克斯韦·赫尔曼（Maxwell Herman，1897—1984）开发的巨像（Colossus）计算机使用了大量的电子管，具备纸带输入功能、布尔逻辑处理能力、可运行程序，由于是在高度保密下进行的研究直到1970年还不为世人所知。

在军方主导和资金援助下，美国的电子计算机开发带有明确的任务导向。陆军的弹道研究所为了计算射表和弹道方程参数表委托宾夕法尼亚大学开发了第一台通用型电子计算机ENIAC。为陆军试验场开发的离散变量自动电子计算机（EDVAC）改进了ENIAC运行可靠性低的问题，实现了日均8小时稳定运行。冯·诺依曼（John von Neumann，1903—1957）在为EDVAC撰写的总结报告中第一次提出了程序内藏的现代计算机概念。受EDVAC启发，剑桥大学开发了具有实用性的程序内藏型计算机（EDSAC）。第一台采用磁芯存储器的计算机Whirlwind是美国海军委托麻省理工学院（MIT）研制的，磁芯存储器大大提高了计算机运行速度，让雷达数据实时处理成为可能。美国空军期待的从发现敌机追踪目标到击毁目标的整个处理过程，最终在IBM参与下完成了半自动防空管制系统（SAGE），该系统一直使用到1980年。

20世纪50年代是电子技术以及相关产业发生重大变化的时期。美军在朝鲜战争中大力推进武器的电子化，电子计算机的开发成为弹道武器、火箭、飞机等军事技术研究的重要课题。IBM通过参与多项军用计算机开发积累了资本和技术，作为保密技术与普林斯顿大学联合为美国国家安全保障局（NSA）开发的计算机IAS战后获得商业销售许可。IBM以此为技术基础，1952年发布了商务和计算通用电子管大型计算机701。IBM最初预估有5家潜在用户，访问20家企业后拿到了18台订单。同期推出的用于科学计算的中型机650实现了批量生产，制造数量占当时世界计算机总数的一半以上，650中型机被称为计算机界的T型福特汽车。IBM凭借雄厚的资本和技术实力迅速成为电子计算机领域里的领跑者。与此同时，计算机在民用领域的重要性也日益凸显出来，美国第一台商用计算机UNIVAC-1被用在了国情调查上。

IBM于1958年发表了采用晶体管的第二代大型计算机7070和7079，配有功能强大的外设和软件。1959年发布了后来风靡世界的晶体管商用小型计算机1401。以前的计算机输入只能用穿孔卡片，1401增加了磁带输入输出设备和高速打印机。1401小型机的租金是每月2 500美元，这是一个很低的价格，可以让一个中型企业也有可能拥有一台电脑来处理工资、会计、库存和其他任务，磁芯存储器可储存16 000个字符。1401小型机累计出货10 000台，是IBM最成功的产品之一。1958年IBM日本分公司在日本开设了第一个计算机中心，轰动一时。

一、开发和应用的开始

日本早期的电子计算机开发却是另外一番风景，来自国外有关电子式计算机的报道最先启发了技术人员。1941年毕业于京都帝国大学理学部的城宪三（1904—1982）在36岁时就任大阪帝国大学精密工学科的教授，担任数学机器的讲义，实际内容就是教授机械计算和数理逻辑，日本在战前就一直开展这类研究。城宪三1946年在美国媒体上看到EDSAC的介绍后第一次知道了可以用电子管做计算，立刻决定尝试再现EDSAC的计算原理。

城宪三还搞不清楚电子管是如何实现计算的，当时除新闻报道外无任何资料可参考。左思右想，他想到了美军开办的CIE图书馆，便连夜乘火车赶到东京的CIE图书馆，看到了IRE等美国的学术期刊并查到了ENIAC首席设计师亚瑟·伯克斯（Arthur Burks，1915—2008）撰写的论文。城宪三按照ENIAC的逻辑电路图用电子管做了十进制和二进制两种电路进行技术验证，1959年验证了加减乘除运算后开发就停止了。1947年城宪三把验证开发的实践和理论思考，加上已有的机械计算讲义编写成《计算机器总论》一书出版，成为日本第一本电子计算机专著。

1948年8月的《科学朝日》刊登了IBM的选择性序列电子计算器（SSEC），富士胶片公司的工程师冈崎文次（1914—1998）受此启发向公司提出开发用于镜头设计自动化的计算机FUJIC，目标是代替人工完成1 000人至少也是100人的计算量，采用电子管和水银延迟线存储器。1956年3月安装调整后在公司里试用，实际运行速度超过人工2 000倍。但因富士胶片公司的主业不是计算机开发，所以FUJIC没有产品化的计划，验证机后来赠送给了早稻田大学。

由于电子管耗电量大，长时间运行故障率高，早期电子管计算机连续工作几小时就要准备更换几百个电子管。正在开发电子管计算机TAC的东京大学教授高桥秀俊（1915—1985）就遇到了这样的问题。日本当时还有其他困难，二战后很难找到那么多电子管。于是高桥秀俊就让研究室的学生们考虑有没有可以替代电子管的更好器件。他的博士研究生后藤英一（1931—2005）高中时代组装过收音机，对收音机里的环氧铁线圈有深刻的印象，于是考虑是否可以运用磁性元件的特性。1954年3月试验测试证明由磁环构成的参变器（Parametron）可以实现0和1的状态表示，作为无接点逻辑元件代替电子管。后藤英一用11个参变器组成加法电路，最终在试验机PC-1上验证了参变器的可行性，PC-1成为当时东京大学理学部唯一可用的计算机。1959年9月后藤英一在日本物理学会主办的电子计算机讲习会上演示了参变器的运行，引发各方关注。

递信省电气试验所1948年被分割为电气试验所（递信省）和电气通信研究所（商工省）两个部分，分割是由驻日美军主导的，战后日本的通信线路故障频繁，影响美军使用急需整修，驻日美军以美国贝尔实验室为模式分割出电气通信研究所（递信省）。1952年8月电气通信研究所转移到电电公社管辖之下，翌年开始开发电子计算机。电气通信研究所认为，用参变器开发计算机的时机已经成熟，决定停止晶体管的研制投入到参变器计算机的开发上。1957年3月完成的M-1计算机使用了5 400个参变器和519个电子管，储存器用的是磁芯存储器。M-1表现出很高的可靠性，成为当时唯一可以从周六午后到周日早上无人值守可正常运转的计算机。由于电气通信研究所是国立研究机构，其研究成果有义务向企业公开。

电气试验所1954年成立了电子部并进行电子计算机研制，该所选择的不是参变器而是晶体管。虽然参变器已经得到实验证明，但电气试验所是国家研究机构，同时承担晶体管应用开发的任务，研究所认为从电子管过渡到晶体管是必然趋势因此没有选择参变器。东通工（索尼）已经制造出点接触晶体管T-698，1956年使用点接触晶体管的计算机ETL Mark3完成了。点接触晶体管处理速度很快但稳定性不高，改用结合型晶体管的ETL Mark4稳定性提高了，速度却只相当于ETL Mark3的1/6。电气试验所邀请企业来参观，同时派遣技术人员到企业支援，接收实习人员，目的是希望企业能利用ETL Mark技术开发晶体管计算机，然而企业的积极性不高，企业更看好参变器。

后藤英一发明了参变器之后，日本电气和日立已经注意到参变器的实用性，着手开发参变器计算机。日立制作所于1957年完成的HIPAC-1、日本电气于1958年完成的NEAC1101都采用了参变器。富士通当时仍在开发继电器式计算机，认识到参变器的诸多优点后于1957年10月开始制作参变器计算机FACOM212。参变器计算机比电子管的可靠性高但耗电大，作为日本独自开发的独特的参变器计算机曾被寄予厚望，但最终还是退出了历史舞台。

日本最早的计算机用户是计算机开发人员。试验性开发出的M-1、ETL-Mark3等用在了科研人员所在的研究室。和FUJIC一样，日本电气的NEAC1101最初也是用在了企业内部。日立制作所开发的HIPAC MK-1在电线工厂被用于电线特性计算。1957年5月铁道技术研究所从美国引进了Ventyx的电子管计算机G-15D作研究用，开始摸索客货运输以及列车运行控制的可能性。自1958年三菱电机以及日本原子力研究所等陆续从美国引进计算机开始，非计算机开发人员利用计算机的场景开始增多了。

1959年以后日本引进计算机的数量急剧增加，到1963年为止引进数量每年成倍增长，使用范围不断扩大。1955年末除建设行业外都开始使用计算机了。先是大学研究所，然后是银行证券，再之后扩展到电力、石油、运输、汽车、钢铁等核心产业。除富士通的参变器计算机FACOM201/202/212是国产之外，IBM公司的650、704以及1401占绝对优势，仅1959年引进的IBM第一代计算机704和650的台数就超过了20台。

计算机普及最重要的推动力来自将各种人工进行的商务处理实

现机械化的要求。1950年后期穿孔卡系统（PCS）快速普及，到了1960年6月日本约300家企业、410个事业所导入了PCS。这些计算机多数是IBM的695、605或者是磁鼓存储器的650，IBM公司之外的有UNIVAC120、60等。面对来势迅猛的进口计算机，日本政府首先对国内市场采取严格的保护措施。1950年制定的《外资法》是为鼓励外资在日本投资而制定的，由于规定了外资占比不能超过49%，事实上成为保护国内计算机企业经营权的手段。外企在日本的生产制造受到限制，IBM可以生产的种类也受到限制。进口国外计算机需要提出本国产品无法替代的理由，对进口计算机产品征收高关税等限制措施，如此外企很难进入日本市场。

1948年递信省电气试验所成立了电子部，组建了电路、零部件和电子计量测试3个团队，研究范围从原有的电气通信扩大到晶体管和电子计算机。零部件团队对锗材料的提取，晶体管的试制设备，试制成功的晶体管特性的改善、性能的稳定性等进行研究。电路团队研究计算机的电路理论和技术。电子部部长和田弘（1914—2007）二战前在横须贺海军研究所工作，战后复员到电气试验所，1951年公派到美国MIT进修一年后回国进入商工省。

和田弘在美国时认识到电子产业的重要性，积极推进电子工业振兴临时措施法（电振法）的制定。1957年实施的"电振法"规定电子计算机和周边设备的研究、性能改善、生产合理化均可申请政府补贴和设备融资。此前商工省制定的《矿业工业技术试验补助金》根据国产技术的进展情况把补贴支持对象分成三种类型：促进试验研究为1类，促进产业化生产和提高产量为2类，促进合理化为3类。"电振法"将电子计算机指定为1类，可以申请研究补助。

通产省认为当时的国产计算机尚处于萌芽阶段，仅靠补贴等政策支持还不够，仍需要国家的引领。1955年4月电波技术协会组建的电子计算机调查委员会对企业开发状况进行了2年调查后制定了两项计划。一是成立由全体计算机企业组成的巨大的电子计算机实体（JECC），开展计算机租赁业务。搞租赁业务是因为当时计算机价格昂贵，用户买断困难。事实上IBM早期都是采用租赁方式，20世纪60年代美国的10家计算机企业也都是如此。JECC采用企业部分出资其余国家担保融资的方式，一次性付款从企业采购客户需要的计算机然后再租给用户。具体操作是用户先选好计算机，然后向JECC提申请，审查通过后JECC和厂家签订购买合同。由于是一次性付款不存在赊账问题，企业的资金周转问题解决了，企业乐此不疲。但并非所有的申请都可以通过审查，只有国产计算机才可以，JECC事实上就是变相的国产计算机的推广机构。二是由东芝、日立、日本电气、富士通、三菱电机、冲电气、北辰电机、黑泽通信机8家企业分工开发，由通产省提供补贴。该计划是政府直接介入计算机开发的开始，目标是超越IBM650计算机。然而事与愿违，1958年秋电子工业振兴协会对8家公司开发的成果进行了系统连接实验，结果表明最终未能成功。（情报处理学会历史特别委员会，1985）[43]

二、技术引进的博弈

早在1937年IBM就在日本成立了独资的分公司——日本IBM。太平洋战争爆发后，日本IBM被政府认定为敌国资产而遭冻结。1948年8月驻日美军下达解冻命令后日本IBM重新开始运营，成为日本外资法实施前100%控股的外国资本企业。

1950年5月，以经济复兴和改善国际收支为目的的《外资法》实施，明确了企业技术转让费以及股息名义的外汇转账可以长期得到保证。当时日本外汇收入非常困难，对外汇转出进行严格监管。1942年12月制定实施的《外汇兑换及外国贸易管理法》规定，1年以内的短期外汇支付可以按照外资法执行，超过1年以上的需要依照外资法提出认可申请，未获认可批准的话只能把资金留在日本国内继续投资。当时日本IBM没有生产制造，销售的产品从美国进口，货款的外汇转出得到了保证，但其他名义的外汇转出就不行了。

1955年由于市场需求扩大，日本IBM开始筹划在日本国内生产电子计算机，本地生产本地销售产生的收益如何向美国总部转账成了问题。IBM想出的办法是让总部和自己的分公司签订技术转移协议，然后依据外资法用技术转让费的名义名正言顺地转出去，这样就需要向通产省申请外资法认定。IBM多次向通产省提出的申请都被拒绝了。1957年12月9日的《日刊工业新闻》报道称，IBM决定在日本国内制造计算机，由于计算机需求以及国产化方向尚不明朗，通产省保留申请，暂未做出结论。

通产省1956年7月制定实施《电子工业振兴临时措置法》（《电振法》），急速推进包括电子计算机在内的电子工业振兴体制，预估商用计算机的市场需求最大，而IBM在这一领域已有成熟产品。IBM自1952年推出第一台电子式计算机701开始已销售出19台。1953年发布了中型电子管计算机650并实现批量制造，因价格相对较低受到市场欢迎。1954年发布了大型计算机704，而日本计算机企业尚处在验证阶段。IBM一旦开始在日本国内制造计算机，尚处萌芽阶段的国产计算机产业将遭受冲击，通产省决定直接和IBM交涉，批准申请的条件是IBM需要同时和日本企业签订技术转让协议，但IBM没有马上答复。IBM在全球的一贯政策是拒绝向其他企业转移技术。（情报处理学会歴史特别委员会，1985）[169]1958年4月19日的通产省内部文件显示，IBM提出可以和一家或者多家日本企业签订5年委托生产协议。换言之，IBM拒绝了技术转让方案，同意让日本企业参与IBM产品制造。通产省感到莫大的耻辱，再次拒绝了IBM的建议。

随后通产省向IBM做出让步并提出技术转移范围可以限定在外部设备，也就是谋求主机之外的外设的技术转移。当时日本的计算机外部设备也十分落后，能获得IBM外设制造技术也意义重大。但IBM没有再回应通产省的新提案，而是采取了拖延战术，同时开始在水面下与日本企业个别接触。1959年5月IBM和冲电气签订委托生产打印机协议。同年7月IBM和日立、日本电气、富士通签订了计算机零部件委托生产协议。日本企业对IBM的订单没抱太大期待，只是希望能借此和IBM建立关系。由于委托生产协议不牵涉到外资法，鉴于当时国内也缺少外部设备，通产省并未表示反对。

20世纪50年代后期，使用国产变参数器和晶体管的电子计算机开始进入生产阶段，但遇到了核心专利这一重大问题。IBM在1948年申请的专利"电子装置改良"覆盖了计算机最核心的部分，计算机主机的生产无法绕开这个专利。当时计算机的主要用途集中在商务处理，输入输出用的是穿孔卡片，世界发展的趋势是从穿孔卡片向磁带机过渡，通产省认为用磁带机也是提高计算机处理能力的好策略，没必要固执在计算机主机上。当时日本国产计算机开发正在稳步推进中（青木洋，1994）[87-104]，计算机主机问题不大，主要是周边设备，而周边设备涉及的专利有100多件，可能会产生问题的有10件，其中特别重要的只有2或3件。加上到1958年为止尚未发生外国专利问题，所以通产省没有认识到专利会出现卡脖子的问题。

从程序上日本特许厅（专利局）对专利申请进行审查后，先是对拟定批准的专利进行公开，2个月内无异议即正式生效。专利内容只有公开之后才能了解，公开前通常需要数年的审查时间。1958年以后在日本注册的有关计算机的外国专利开始急剧增加，1969年12月21日的《日刊工业新闻》报道称计算机相关的专利数量是83件，其中IBM的专利有34件。从申请时期看，IBM的34件专利在日本提出申请的时间集中在1954到1955年，1958年以后会陆续批准公开。特别是1959年一年批准了IBM的14件专利，通产省恍然大悟，IBM在谈判上采取的拖延战术实际是在等专利生效。通产省终于认识到绕开IBM专利的国产计算机已无法制造，和IBM交涉的重点不再是谋求IBM的技术转让而是核心专利的使用许可。IBM高层1959年6月到通产省交涉未果后宣称，如不批准申请会造成日本永远无法使用IBM专利的后果，通产省也反复表明没有再妥协的可能。

交涉开始4年后的1960年1月，通产省和IBM终于达成协议，IBM同意授予日本企业专利使用权，成品按销售额5%、零部件按1%收取专利使用费，通产省批准IBM总部与自己的分公司间签订技术转移协议，谈判结果于1960年8月30日正式发表了。1960年12月，IBM和日立、东芝、日本电气、富士通、冲电气、松下电器、三菱电机、北辰电机等签订了专利授权协议（情报处理学会历史特别委员会，1985）[187-188]，日本计算机制造上的障碍终于扫除了。

IBM的核心专利是计算机制造的通行证，但拥有专利使用权并非意味着获得了技术。和其他技术领域一样，缩小技术差距最简单的手段就是引进。当时日本计算机企业都希望能引进水平最高、市场占有率最高的IBM的技术。富士通曾向IBM提出签订技术合作协议的意向，IBM的态度是做产品销售代理可以，提供技术不行。如此日本企业只好放弃了从IBM引进技术的想法，将注意力转到其他外国企业，通产省督促企业尽快寻找可以引进技术的其他外国企业。

1961—1964年间日本计算机企业都陆续找到了可以合作的外国企业。1961年日立与美国无线电技术公司（RCA），1962年4月日本电气与霍尼韦尔（Honeywell）公司，1962年2月三菱电机与TRW，1963年9月冲电气与斯派里（Sperry），1964年东芝与通用电气（GE）等陆续签订了技术引进协议。由于松下电器1964年退出了计算机开发因而没有签订协议。富士通遭到IBM拒绝后决定走独自的技术路线，也没有签订技术引进协议。

成立于1935年6月的富士通的计算机开发是从1935年为日本海军研制密码解读装置开始的，对二进制继电器计算电路进行了试验性研究。二战后东京证券很早就引进了PCS计算机，输入输出装置是纸带非穿孔卡，速度慢可靠性低，于是向富士通了解继电器电路的可行性。富士通从继电器式电话交换机的制造过程中积累了继电器方面的经验，因此选择继电器而不是电子管来研制计算机，1954年完成了继电器计算机FACOM100，采用了自行故障检查电路，出现错误后会自动停止并重新开始运行。汤川秀树曾赞扬称人工需要2年的多重积分计算3天就可以完成了，然而当时日本尚无计算机的使用需求，最终也未能卖掉。FACOM100被放在公司内部使用，同时也向外提供计算服务。1958年完成的FACOM128同样带有自检电路，被放置在统计数理研究所。1960年廉价版FACPM128A带有镜头计算程序，光学仪器公司的佳能和奥林巴斯成为第一批用户。

除继电器外，富士通也看好日本独自开发的参变器，1958年开发完成了使用参变器的200型计算机。在PC-2的基础上开发的参变器计算机202采用了眼镜型的磁芯，速度最高达到了60 kHz，超过当时最好的ETL Mark4A。212采用了穿孔卡和印刷机，适合商务使用。晶体管代替继电器和电子管是大势所趋，当时很多日本企业都在ETL Mark

的基础上采用可以减少晶体管数量的动态逻辑电路开发晶体管计算机，但富士通却逆向而行，采用需要增加晶体管数量的静态逻辑电路开发路线，1960年10月完成了样机222后于1963年推出了商用机231。

　　富士通的计算机开发从继电器开始追求独自的技术路线，参变器以及晶体管等几乎所有可能使用的技术都用上了。通产省认为开发国产大型计算机，企业单枪匹马势单力薄无法对抗IBM。1962年7月组织富士通、日本电气和冲电气成立了FONTAC研究组合（情报处理学会歷史特别委员会，1985）[170-171]，投资3.5亿日元开发可以匹敌IBM7090/7094的大型计算机。富士通负责开发主机和子机，日本电气负责磁带、纸带机等外设，冲电气负责卡片阅读机、纸带穿孔机、打字机、行打印机。1964年开发结束时总耗资11.26亿元（其中通产省补贴3.38亿日元），实现了真正的多任务系统。负责核心部分开发的富士通在此基础上经改良推出了由7种机型构成的商业版FACOM230系列，1968年完成的集成电路计算机FACOM230-60是世界上第一台采用双处理器的计算机，成为日本当时销售最好的大型计算机。

　　技术引进也起到了立竿见影的效果，日立、日本电气、三菱电机、冲电气和东芝也都推出了自己的产品。1962年11月日立发布RCA301的仿制版HITAC3010，配备了实用化周边设备，因为是国产机而受到好评，日立在国内的市场占有率也上升到了10%。之后日本电气完成了霍尼韦尔公司H-400、1400、800三个型号的国产化，特别是1963年霍尼韦尔公司推出的H-200因在日本可以替代IBM1401而受到热捧，日本电气紧急仿制推出了NEAC-2200。

　　1958年日本电气在电气试验所开发的ETL Mark4基础上研制出全晶体管大型计算机NEAC-2201，1959年在巴黎计算机展览会上进行了运算演示，该机是展览会上唯一能够实际运行的晶体管计算机。东芝于1959年开发的日本最早的商用计算机TOSBAC-2100在神奈川县商工所投入使用。

日本的国产计算机使用量开始稳步增长，1959年13台，1960年28台，1961年62台，1962年增加到100台，到了1965年国产计算机国内占比达到了52.2%，国产和进口计算机占比实现了逆转。

三、国产机阻击IBM

20世纪60年中期至70年代日本计算机产业面临两个压力：一是来自美国企业，特别是IBM的竞争压力；二是市场自由化的压力。

1955年日本加入关税及贸易总协定（GATT）后，1960年6月政府制定了贸易外汇自由化计划大纲。特别是1963年2月关税及贸易总协定11国谈判签约，1964年4月国际货币基金组织（IMF）8国签约，加盟经济合作与发展组织（OECD）后，以国际收支不平衡为由的外汇和进口限制保护措施事实上已经不可能了。随着1967年6月多国间关税降低谈判的达成，计算机产业自由化是迟早的事，1968年日本政府修改了政府机关只能采购国产计算机的政策。

1960年后期发生的纺织品、钢铁等领域的日美贸易摩擦后，美国向日本提出缔结对美出口限制协议的要求，汽车和电子计算机已经成为下一个瞩目的焦点。美国紧急贸易委员会（ECAT）成立后向日本施压，指责日本的自由化速度太慢。日本政府认为国产计算机企业尚处萌芽阶段，反对贸易自由化。相反，随着美国计算机等研究集约型产品向日本出口的增大，日本市场是除西德外的第二大市场，美国看到了高速成长的日本市场的魅力，寻求贸易自由化。

这期间日本计算机进口从1961年的69%下降到1965年的37%，国产替代正在稳步发展。从金额看，1969年国产计算机使用量超过了进口计算机，进口替代的效果进一步显现，然而自由化市场上的日本企业的竞争力还是未知数。计算机产业发生的一系列变化对日本计算机产业政策产生了影响，通产省的政策开始转变。

1954年IBM发布了大型计算机system/360。1964年以前采用固体逻辑电路技术的第三代计算机需要针对不同主机量身定制操作系统，而System/360的问世则让单一操作系统适用于整个系列的计算机。IBM的投入规模空前，还为此招募了6万名新员工，建立了5座新工厂，当时的研发费用超过了50亿美元（相当于现在的340亿美元），在当时被视为是一场商业豪赌。System/360上市后全球各地的订单纷至沓来。此前每台计算机都有自己的指令集，所以每发展一台新的计算机就必须重写程序，System/360改变了这种做法，成为史上第一个指令集可兼容的计算机。美国大型计算机市场上IBM占比达到七成以上，形成了IBM与七个"小矮人"（UNIVAC、Honeywell、GE等7家企业）的格局。1967年日本市场上，日本IBM的市场占有率达到了43%，放弃计算机开发的企业开始出现，松下电器从大型计算机开发撤退了。

为了迎战IBM，通产省改变了以往的保护政策，从后台走到了前台，积极引领企业迎接挑战，成为计算机开发的领导力量，计算机在通产省政策中的地位显著提高。通产省首先把《电振法》延长了7年，大幅增加补贴金额。1957—1963年间发放补贴463亿日元，1964—1970年间达到1 212亿日元。通产省预估1965—1966年是System/360集中更新换代时期，之后的目标是计算机市场要确保国产计算机过半，国产计算机的2/3在国内开发，到70年代能开发出可以匹敌System/360的世界超高水平的计算机。1966年通产省制定了超高性能电子计算机开发计划，5年投入巨额经费120亿日元，组织日本电气、富士通、东芝、三菱电机和冲电气成立联合体进行攻关，目标是5年后实现国际通用的具有一定性能、规模、可靠性的商用大型计算机技术的国产化，具体内容包括集成电路、时分割系统、汉字假名输入等。可以对抗IBM操作系统的软件也由新组建的企业负责开发。

日立负责整体计划和主机研制，其他企业分别承担各类外设的开发。日立、日本电气和富士通试图借此机会实现硬件架构的统一，但考虑到和以前的开发一样通产省不会采购产品，所以最终没有达成一致，各企业按照自己的硬件体系和标准进行开发。主机以日立的HITAC8000为基础开发，输入输出界面原计划与IBM保持兼容，但由于日本电气的反对改为采用独自设计的69规格。

到了1972年8月开发结束时，当初的开发目标基本完成了，带有时分割操作系统和虚拟储存器的计算机运行速度和360/85匹敌，还申请了120件专利。日立公司在此基础上开发了HITAC8000系列计算机，其性能超过了同期的NEAC2200/700以及富士通开发的FACOM230/75。独自设计的69标准提交到国际标准化组织后，因美国的反对最终未能获批。日立公司在此基础上推出的HITAC8800/8700拟改用和IBM兼容的操作系统，但由于技术难度太高最终未能完成。

20世纪60年代末IBM大部分的营收是依赖硬件，软件和服务是包含在硬件价格里面的。其他制造商开发出的磁带机、磁盘等兼容硬件比IBM便宜很多，IBM的营收受到了影响。自阿姆达尔（Gene Amdahl，1922—2015）从IBM辞职后IBM成立了特别团队，认为今后兼容硬件早晚会兴起，IBM的捆绑战略将会失败。另一个问题是随着硬件价格的下降，软件和维护成本增加，客户预算减少也要确保收入成为生死攸关的大问题。捆绑战略很容易被人抓到法律上的把柄，1972年IBM决定放弃捆绑销售战略。

　　通产省把日本的6个计算机企业分成三个纵队：日立和富士通主攻IBM兼容机，东芝和日本电气与霍尼韦尔以及通用电气合作开发ACOS系列，冲电气和三菱电机走独自路线，目标是开发出可以对抗IBM的system/370系列的计算机。分成三个纵队是通产省的想法，因为涉及巨额补贴问题，企业也不想抵抗，但问题出现了。通产省明确要求各成员之间不允许重复开发，东芝和日本电气因为要引进技术，所以不存在重复问题，冲电气专注周边设备也没有重复问题，问题出在日立和富士通组成的纵队上。2家企业毕竟是独立的企业，在硬件架构的统一上达成了一致，开发出的产品如何销售关乎企业的竞争问题，争论许久未能达成一致意见。最终采取了利益相通的地方合作，除此之外各走各路的路线。

　　计算机自由化到来之前，日本电气和东芝纵队引进美国霍尼韦尔的技术完成了带有虚拟存储器的大型机ACOS系列，美国霍尼韦尔公司则逆向进口ACOS用自己的品牌销售。三菱和冲电气纵队完成了使用集成电路带有虚拟存储器和高性能固件，带有自检错误功能的COSMO系列小型机。富士通和日立完成了采用大规模集成电路的M系列大型计算机，实现与IBM兼容，性能达到了System/360的2至3倍，至此日本计算机完成了对IBM的追赶。

四、间谍事件

　　IBM的System/360系统构成上具备互换性，内部子系统、输出输入和周边设备的界面实现了统一。为了实现与特殊外设进行连接，IBM制定了原始设备制造商（OEM）标准，让第三方制造兼容设备成为可能。

　　1968年兼容周边设备开始出现了，TELEX的磁带装置以及

MEMOREX的磁盘装置等经测试可以代替IBM的产品使用。之后CDC、AMPEX等更多企业加入兼容周边设备制造，行式打印机甚至主存储器扩展板也开始出现，对用户来说兼容设备最大的魅力就是价格低。兼容周边设备厂家的产品销量1977年占IBM全部的6%，IBM通过不断推出新产品以及周边设备与主机捆绑销售等策略来对抗。

没过多久目标瞄准IBM兼容主机的企业出现了。阿姆达尔曾担任IBM的System/360主架构师，1970年辞职创立了阿姆达尔公司后开始开发IBM兼容机，富士通通过出资与阿姆达尔公司建立了紧密的合作关系。阿姆达尔公司承诺向用户提供性能更好的大型计算机，与富士通合作开发ECL芯片用空气冷却技术，当时IBM计算机采用的水冷方式成本很高。

阿姆达尔公司1975年完成的Amdahl470/6全面采用了大规模集成电路，最新的空冷技术降低了成本，运算速度比IBM的System/370快2至3倍，超过了IBM成为当时世界上最快的大型计算机，并获得了美国宇航局和密歇根大学的订单。IBM发表动态地址转换（DAT）之后，阿姆达尔公司把Amdahl470/6升级为可以对应动态地址转换的Amdahl470V/6。之后的15年间阿姆达尔公司与IBM在服务器领域展开了激烈的竞争，阿姆达尔的市场占有率最高达到了24%。

富士通在国内承担Amdahl470V/6的制造，Amdahl470V/6被改名为FACOM M-190在日本国内销售。由于低廉的价格和出色的性能，在之后的5年里FACOM M-190销售出500多台，1979年富士通超过了IBM成为日本市场占有率最高的大型计算机企业。

为了阻止兼容机的发展，IBM发布了31比特扩展System/370-XA架构，以此架构制造的大型机3081K把控制计算机的一部分系统软件固件化，用户无法通过简单复制获得系统软件信息。从1978年开始，

IBM产品的硬件、软件以及硬件的界面等都发生了一系列变化，仅靠IBM公开的信息无法判断，富士通和日立急切地想获得有关诸如"操作原理"（Principle of Operation）之类的详细技术信息，这类信息的公开通常会迟于产品发布的时间。

1981年10月的一天，日立收到了美国的国家先进系统公司（NAS）送来的System/370技术资料27卷中的10卷，喜出望外的日立急切地想得到剩余的17卷。美国FBI秘密介入资料交易，于1982年6月22日在加利福尼亚州逮捕了参与交易的日立和三菱电机共6名员工。这场轰轰烈烈的商业间谍案最终以庭外和解的方式结束了。日立总部和两名当事雇员在承认有罪的前提下与原告IBM达成和解，三菱电机也在同年10月以公司总部无罪、两名当事雇员有罪的条件达成了和解，与IBM缔结了向IBM支付技术使用费的协议。仅1983年度日立就向IBM支付了约100亿日元的技术使用费。由于协议规定新产品交付90天前需要通过IBM检查，事实上日立开发的电子信息处理（EDP）以及M系列大型机用操作系统VOS3已无法自主了。

被外界认为与事件无关的富士通，由于开发IBM兼容机使用IBM的操作系统等软件也无法逃脱干系。据称间谍被捕事件发生后不久，1982年10月富士通主动向IBM提出交涉并与IBM达成著作权赔偿协议。1984年8月开始IBM对富士通和日立的软件开发进行监视。同年12月IBM称发现富士通违反协定大量复制代码，要求富士通支付赔偿金，富士通予以否认，最后提交到美国国际商事仲裁协会（AAA）审理，1988年12月IBM胜诉获得了8.33亿美元赔偿金。

五、第五代计算机

1982年的产业间谍事件极大地刺激了日本人的自尊心，摆脱对

IBM的技术依赖成为官民的共同心愿。随着富士通和日立开发的IBM兼容机出口量增加，日本计算机总出口额达到了2兆日元，国际上批判日本只会模仿的声音也多起来了，通产省认为要向国际社会证明日本的先进性。

计算机发展从第一代的电子管计算机到第二代的晶体管计算机，当时正处于采用集成电路的第三代和采用大规模集成电路的第四代过渡期，通产省判断第五代计算机是人工智能，日本的计算机开发要实现跨越式发展。

1981年10月日本举办了国际会议（FGCS81），事实上是向全世界发布第五代计算机开发计划。国际会议上公开了诸多目标，比如超越人脑的人工智能，在医学诊断以及金融分析、在自动控制上发挥作用的专家系统，建立在机器翻译以及语言分析基础上的自然语言处理等。国际知名AI专家爱德华·费根鲍姆（Edward A. Feigenbaum）等也出席了，引发世界媒体的关注。受此影响，美国、英国、欧洲也出现了制定类似研究计划的动向，《朝日新闻》等媒体报道称日本人获得了从未有过的自豪感。

第五代计算机开发计划负责人渊一博（1936—2006）毕业于东京大学应用物理学科，大学期间就曾在电气试验所参与ETL Mark3的开发，毕业后顺理成章地进入电气试验所工作。1961年被公派赴美国伊利诺伊大学进修，其间参与了全面使用大规模集成电路作为逻辑元件和存储器的计算机ILLIACII的开发，归国后正逢IBM发布System/360，通产省正在紧锣密鼓地筹划对抗IBM的超高性能电子计算机开发项目。渊一博认为，电子计算机虽已具有一定的计算能力，但无法实现人脑最基本的思维活动，比如根据某一信息从记忆中取出其他有关信息的联想功能等。传统的诺依曼计算机无法实现人工智能，需要开发全新的非诺依曼计算机，能够处理知识的程序和适合人工智能处理的并行处理计算机。

渊一博的远见卓识得到通产省的肯定，他被任命为第五代计算机开发计划的总负责人。渊一博选择Prolog作为开发语言。Prolog是1972年由柯尔麦伦纳研究小组在法国马赛大学提出的逻辑型编程语言。Prolog以处理一阶谓词演算为背景，由于其简单的文法、丰富的表达力和独特的非过程语言特点，很适合表示人类的思维和推理规则，赢得了人工智能研究和应用开发者的信赖。逻辑型语言在自然语言处理等特定的领域里有用，但在人工智能领域还是个未知数，当时世界范围内的人工智能开发多以LISP为主。

函数型语言LISP是1958年由麻省理工学院的约翰·麦卡锡（John McCarthy，1927—2011）最早提出的。当时约翰·麦卡锡参与了IBM资讯研究部的符号运算及应用研究，发现已有的FOTRAN语言无法支持符号运算的递归、条件表达式、动态存储分配及隐式回收等功能，于是着手开发一个表处理软件系统来实现这些功能。1960年4月麦卡锡以《递回函数的符号表达式以及由机器运算的方式，第一部》为题在《ACM通讯》杂志上发表了LISP，麦卡锡的学生史蒂夫·拉塞尔（Steve Russell）根据该论文在麻省理工学院计算机运算中心的IBM 704上成功运行了第一版的LISP。

自20世纪60年代末至1980年间出现了由加利福尼亚大学伯克利分校、犹他大学、法国国家信息与自动化研究所以及MIT人工智能实验室等完成的改良更新版本。1984年改良自MacLisp的集各版本大成、跨平台且被视为事实标准的Common Lisp诞生了，之后美国国家标准学会（ANSI）对Common Lisp语言进行了标准化。

逻辑型语言除了欧洲的Prolog还有美国的BASIC，但第五代计算机最终选择了来自欧洲的Prolog。爱德华·费根鲍姆曾问渊一博，为什么不用积累了20多年研究经验的LISP呢？渊一博回答说，因为我们年轻有可以接受一切的灵活性。事实上通产省从一开始就希望走出一条有别于美国的技术路线。

1982年4月计划10年总投资540亿日元的第五代计算机技术开发项目启动了。最初制定的三大目标是非诺依曼型计算机、知识处理软件和并行推理语言，具体目标是用Prolog开发语言处理系统KL1和可以运行KL1的计算机，设想的计算机是共装有1 000个以上处理器，具有1秒1亿次以上的推论性能。除此之外还包括一个操作系统（PIM OS）、并行符号处理系统（KAPPA-P）、并行知识信息处理软件群、功能验证程序，技术验证软件群等。

然而1992年项目开发宣告结束时看到的开发成果只有一些停留在验证水平的程序，10年时间花在了Prolog和并行处理的研究上。无论在逻辑语言的国际会议上还是在Prolog的ISO标准化上都看不到日本的影响力，在产业应用上也没有提出具体方案。爱德华·费根鲍姆说，第五代计算机的开发由于没有面向一般市场的应用而最终失败，花钱开了一场聚会却没客人来，日本企业无法认可这样的项目。威廉·扎特曼（William Zartman）说，人工智能发展的障碍是没有足够智能化的软件而不是强大的推理计算机。当时AI的应用程序已有很多，第五代计算机开发的错误在于一直在等待强大的硬件的出现。

第五代计算机开发结束30年后的今天，有关第五代计算机的讨论一直没有停止。在普通人看来是一个巨大的浪费，看不到实际成果。然而参与开发的技术人员却认为是充实的10年，他们有机会自由自在地创新探索，他们相信这些遗产会留给后世。

20世纪60年代末美国小型商用计算机（SBC）应用领域开始扩

大，20世纪70年代后期日本市场上个人计算机开始出现了。

六、技术封锁

20世纪70年代前是大型计算机主导的时代，性能与价格成正比，价格越高性能越高；性能越高单位利用成本越低。当时的利用方式是多个终端与一台计算机连接的时间共享（TSS）方式，性能越高可以连接的用户越多，然而70年代后期情况开始发生了变化。

随着集成电路技术的发展微处理器出现了。英特尔1971年推出的4004和1974年推出的8080，加上储存器芯片以及控制周边设备的接口芯片，结构简单、容易制作的计算机开始走上了历史舞台。这类计算机最早是用套件的形式供应的，在学生中开始流行。

1981年IBM公司推出微处理器计算机IBM PC，除了键盘，软件和各种周边设备都采用了第三方产品，操作系统（OS）采用了微软的MS-DOS，实际上成为开放的硬件体系，因此为IBM PC开发的软件和硬件也开始增多。1984年8月IBM推出的采用英特尔80286的计算机PC AT，事实上成为标准计算机。继大型计算机之后，IBM在个人计算机领域也来势汹汹。

日本最早的个人计算机是日立1978年9月完成的BASIC机器。众所周知，BASIC是计算机编程语言，不能使用BASIC的计算机没有意义。转年出现的日本电气的PC-8001耳目一新，不但有了显示器而且有实用的程序和游戏。日本电气1982年10月发表的PC-9801在日本市场上占据了绝对优势。但PC-9801与IBM计算机并不兼容，硬件架构不一样，OS虽然和IBM一样采用微软的产品，但是经过修改的版本，应用程序也无法保证完全兼容，最大的不同点是文字显示问题。日本电气计算机为了显示汉字采用了2比特的代码，为实现汉字显示的高速化追加了硬件ROM字库。IBM计算机在日本销售需要提供日语环境，由于改变硬件架构不可能，唯一的办法是在英文版OS基础上开发日文版，而日文版OS的汉字显示也只能通过程序代码转换方式实现。

1989年8月IBM开发出用软件实现文字转换的DOS/V OS，由于不是硬件变换，显示速度低下，更致命的是没有可用的应用程序，相比之下PC-9801可用的程序就多了。IBM日本分公司说服母公司开发可以在没有硬件ROM的支持下实现高速汉字显示的显示器，并向日本企业公开技术。同时出资成立被称为"弱者联合"的协议会（OADG），联合日本电气之外的13家兼容机企业制定统一的软件标准，转年DOS/V计算机可用软件开始急剧增加了。如此，日本的个人计算机市场上形成了两个互不兼容的硬件体系，一个是日本电气的98系列，一个是IBM的DOS/V。由于长期以来日本电气在国内市场一直占有优势，所以日本电气认为自己的独立硬件体系是维持竞争的保证，没有必要和IBM兼容。

随着IBM兼容机的增加，价格也随之下降到日本电气产品的一半。1997年日本电气最终放弃了自主开发的PC97标准的兼容机PC98-NX，PC97规格只支持PS/2，不支持USB，然而同期采用最新规格PC97/98设计的带有USB的兼容机也出现了。更致命的是PC98-NX当初设计时只考虑使用MS-Windows而没有提供支持MS-DOS的功能，造成很多IBM兼容机软件无法正常使用，结果成了既不兼容自己的98系列也不完全兼容IBM的四不像。2011年日本电气的个人计算机事业部与中国联想集团合资，事实上成为联想运作的一个品牌。

七、美好的理想

TRON计划

第五代计算机开发项目于1984年启动后不久，通产省又制定了更为宏大的TRON（The Real-time Operating system Nucleus，实时操作系统内核）开发计划，该计划是由时任东京大学副教授的坂村健（1951—　　）提出的。

坂村健认为大规模集成电路技术实现了硬件的小型化和低成本，由此带来了两个变化：一是随着计算机功能的增强对计算机中的"物"进行智能化操作成为可能；二是一人拥有一台计算机的"个人计算机"的概念形成了。计算机的可能性在增大，然而充分利用现代技术的计算机尚未出现。中央处理器从4比特到16比特，重复增建式的功能扩张存在诸多问题，需要从根本上变革。和其他工业产品不一样，计算机的软硬件存在诸多相互依存的关系。为了和未来的硬件保有兼容性需要和过去彻底清算，活用VLSI技术开发全新的硬件。

坂村健和第五代计算机开发负责人渊一博有相同的见解，那就是对现有计算机硬件体系感到不满。坂村健提出要为计算机制定BTRON标准，从鼠标到键盘、从计算机的界面到数据传输等全部要重新制定新标准。坂村健认为除了硬件需要重新设计外，未来人类日常生活的所有部分，包括一个电灯和一面墙壁，都会植入微处理器与人类活动相关联，这些微处理器不是个别的存在而是按照一定标准联系在一起。TRON的开发目标还包括一个由多个OS构成的庞大的软件开发计划，最初目标聚焦在一个涵盖嵌入式OS ITRON和个人计算机操作系统BTRON以及服务器的操作系统CTRON上。

1986年6月项目开发推进母体TRON协议会宣告成立。富士通、日立、松下电气、三菱电机、日本电信电话、日本电气、冲电气、东芝等宣布参加，IBM、ATT、摩托罗拉、惠普（HP）等外资企业也申请加入，参加企业截至1987年8月达到了80家。然而TRON庞大的开发计划随着时间在变化。坂村健1987年撰文称TRON的开发计划是把未来无处不在的计算机通过一个标准连接起来使用，用网络化的电脑创造不同的生活环境。基于这样的思考，坂村健提出了"电脑城市"的概念。初期开发集中在个人计算机OS的BTRON，根据坂村健的建议，BTRON重视人机操作界面，制定了独立标准，用手写笔代替鼠标、采用独立标准的键盘是其最大的亮点。

1985年正逢文部省制定了计算机普及应用推进计划，政府为学校采购计算机提供资金支持。通产省和文部省设立了计算机教育开发中心（CEC），推进教育用计算机标准化，国家投资开发的BTRON理所当然成为候选对象。11家个人计算机企业表示支持使用BTRON，唯一没有明确表态的是日本电气。当时日本电气在个人计算机市场占有绝对优势地位，正从装有BASIC的8位计算机向MS-DOS操作系统的16位过渡阶段，经过半年沟通后日本电气提出了同时安装MS-DOS和BTRON双操作系统方案。1989年3月计算机教育开发中心最终做出教育用计算机采用BTRON作为操作系统的决定。然而数年后计算机教育开发中心修改了计算机采购标准，将BTRON独自标准的键盘改为通用键盘，如此变更让BTRON计算机和普通的计算机没有区别了。

BTRON教育计算机遭受挫折后，坂村健将开发重点转移到BTRON字库的开发上。1998年完成了包括韩文和中文简繁体以及甲骨文等在内15万字的超汉字字库，当时操作系统上的UNICODE只收录2万个文字左右。大量使用汉字的日本，无论是教育界还是行政机构，经常会用到日语汉字以外的汉字。超汉字受到了市场欢迎，初版超汉字字库1999年销售出7万个，之后4年累计销售出25万个。

1996年坂村健尝试在BTRON的基础上开发手持端末用操作系统μBTRON，最初安装在了精工的手持端末TiPO上。当时手持端末的硬件水平运行μBTRON这样的多任务图形界面的操作系统有些勉强，μBTRON最终未能获得支持，之后坂村健寄希望于手机平台。

2002年开始TRON开发进入了第二阶段。当时的日常生活中的许多电气产品都开始搭载嵌入式系统了，TRON庞大的操作系统的大部分都未能实现最初的构想，只剩下嵌入式操作系统ITRON在维持开发。2017年ITRON的核心部分T-Kernel的著作权变更为美国电子学会IEEE，宏大的TRON开发计划就这样落下了帷幕。

西格玛计划

作为政府的重要政策机关的通产省显然不缺乏洞察力。20世纪80年代计算机软件规模开始增大，软件开发越来越困难的同时，软件开发人员严重不足，如何确保开发人员成为紧要的问题。当时预计到1990年会缺少60万名，到2000年将缺少97万名软件工程师，通产省感受到了软件危机。与此同时欧美出现了诸如软件工程、模块化、构造化、目标指向等众多软件开发效率化理论，通产省认为需要探讨日本的对策。

软件工程师建议开发一个UNIX工作站。UNIX是20世纪70年代美国加州大学伯克利分校开发的操作系统，当时不仅在美国广泛使用，在日本也是软件工程师的首选编程系统。1983年由美国电话电报公司（AT&T）推出的System V是UNIX的另一个版本，适合企业开发多用户系统。

1982年由美国加州大学从事UNIX开发人员成立的美国服务器公司太阳微系统公司（SUN）推出了基于UNIX的小型工作站，低价工作站开始普及，UNIX加上工作站被编程工程师视为最好的选择。

　　然而和技术人员的认识不同，通产省认为要解决软件开发人员不足问题只要将现有的软件开发从个别手工开发进化成批量制造就可以解决了，具体的方法是开发一个不依赖每个编程人员的软件生产系统。简而言之就是开发一款工作站发给全国软件工程师使用，工作站全国联网，在中央服务器上安装海量可重复利用的程序零件，这些程序零件按照提供的操作手册即可以组合成需要的软件，这样一来，一个强大的软件生产系统就实现了，软件危机也就不存在了。

　　1985年通产省出资250亿日元由国家特殊法人信息处理振兴事业协会（IPA）和民间企业组成的联合开发团队，开始推进为期5年的西格玛（Sigma）工作站开发。然而选择的操作系统不是被认为更适合软件工程师使用的UNIX，而是企业多用户开发系统System/V，开发过程中又发生了意想不到的事情。

　　1978年东芝开发了世界第一台日语文字处理机。自创业以来一直以音像家电为中心的索尼意识到没有计算机产品的企业在20世纪90年代后无法生存。因此索尼也陆续推出了文字处理机和微软标准的MSX个人计算机。获悉通产省的西格玛计划后，索尼开始开发UNIX工作站NEWS。索尼的目标是推出比太阳微系统公司更廉价的高性能工作站，软件工程师完全可以一人占有一台。然而索尼的行动打乱了通产省的部署，通产省要求索尼推迟产品发布，国家的开发计划与企业的开发出现了竞争局面。

　　1986年10月索尼无视通产省的期待抢先发布了售价仅95万日元的UNIX工作站NEWS，当时同水平工作站售价高达1 000万日元以上，索尼的工作站人气大爆发，仅两个月就收回了开发成本。受索尼影响，太阳微系统公司也紧急发表了低价格UNIX工作站。西格玛计划的开发最终未能完成，于1990年4月宣告项目结束了。

通产省的工作站开发计划结束后，由日本民间50家企业自发创立的西格玛系统公司放弃了通产省主张的路线，加入UNIX标准化组织后继续研发。由于看不到事业发展的前景，最终还是解散了。

实时计算机

通产省认为传统的冯·诺依曼架构计算机是用来实现数据计算、文书处理、信息储存和检索的，也就是用程序来描述固定的算法和逻辑。然而这样的算法无法来描述现实世界，因此现在的计算机还处于"僵硬"的状态，无法处理人类感觉层面的柔性信息，需要开发可以像人一样处理现实世界里多种多样信息的实时计算机（Real-Time Computer）。

1992年通产省组建了信息处理开发机构（RWCP）实体，出资700亿日元启动实时计算机开发项目。项目负责人是第五代计算机负责人渊一博的同僚岛田润一，实时计算机明显延续了第五代计算机的想法。项目被分割成超级并行计算、光音识别、手势识别等子课题，包给了16家企业和50家研究所，其中包括一些国外的大学。之所以要把开发转包给国外的大学是因为自20世纪70年代开始国际上出现了批评日本政府过分介入民企计算机开发的声音。

项目开发持续了5年后，由于没有太大的成果于1997年改为下一代信息处理核心技术的开发，一直持续到2002年3月才告一段落。通产省组成的评委会认为项目大体上获得了成功，而计算机业界却认为这是国家拿百姓税金来天女散花。

2006年通产省注意到了日本没有国产的搜索服务。中国有百度，韩国有NAVER，日本理所当然需要自己的搜索服务。专家们认为谷歌搜索出来的信息太多，且没用的信息很多。通产省官员八寻俊英接受采访时说，信息像山一样太多，需要从里面抽选一些有用的，通过技术转变为有用的知识，把特定信息抽出来的技术日本比美国强。2007年开始通产省投资150亿日元动员共计56家国内大学和企业共同开发国产搜索引擎"信息大航海"，项目启动之后就再无下文了，有关信息也被从官网上删除了。

通产省与计算机开发

尚处发展阶段的国家是否有必要对产业进行保护，德国经济学家弗里德里希·李斯特（Friedrich List，1789—1846）基于当时处于发展阶段的德国进行研究后提出了"幼稚产业保护论"。他认为自由贸易是强者的逻辑，发展中国家的产业在竞争初期一般较弱，需要予以保护，等待成熟。当生产经验逐渐丰富后其竞争力会增强。而如果在产业发展初期就实行自由贸易，那么发展中国家的产业会在竞争中败下阵来，失去成长机会。因此，在产业建立初期通过关税等措施对本国脆弱产业予以保护应该得到国际认可。

作为典型的技术集约型产业的计算机，日本的通产省从产业形成初期就非常重视，明确计算机一定要走国产化的道路。通产省认为日本的计算机是幼稚产业，需要国家的支持和引领。

自计算机尚处研究验证阶段的20世纪50年代初始，通产省便积极地向企业和研究机关提供补助金，1957年6月制定实施的《电子工业振兴临时措置法》（《电振法》）明确提出向国产计算机开发提供资金支持，与此同时对国内市场采取了强有力的保护措施。《外资法》规定外资占比不能超过49%。《外国为替管理法》（《外为法》）对计算机进口和国外企业在日本的生产进行限制，对进口计算机征收高关税，如此，国外计算机企业很难进入日本市场，通产省成为市场和企业的保护神。

　　通产省还积极充当国产计算机的推销员。通产省呼吁政府机关采购国产计算机，1963年9月制定了采购国产计算机奖励措施，但效果不明显，进口计算机依然更有人气，当时的日本放送协会（NHK）、国税厅、银行、总理府等国家大机关也是选择IBM的计算机，国内出现了日本被外资完全占领的危机感。1959年8月，通产省汇集国内的计算机企业组建了国策计算机公司（JECC）之后，先将国产计算机买断后再用出租的方式租给用户，大大减轻了计算机企业起步阶段的资金压力，推动了国产计算机的利用。

　　当计算机进入量产之前日本遇到了IBM核心专利卡脖子的问题时，通产省制定了绵密的谈判计划与IBM周旋，最终迫使IBM改变了主张和日本企业签订了专利授权协议，为计算机的发展扫清了障碍，这一时期的通产省成为企业的代言人。

　　1950—1974年间通产省一直视IBM为大敌，开发可以对抗IBM的计算机成为政策的核心。通产省俨然是日本企业对抗IBM的旗手，1966年建立了大型技术研究开发制度，对重要技术领域进行重点投入，展示出振兴产业的决心和意志。

　　然而官僚体制和松散的评价体系让重大项目的决策增添了许多随意性，所谓的专家意见变成了官僚周围的几个人的意见，有些项目中途变来变去最后成了四不像，有些项目则悄声无息地结束了。包括第五代计算机等未能达成预定目标就结束了。1990年以后通产省不再直接介入计算机开发了。

　　通产省主导的开发项目中最成功的是1976年开始的集成电路制造工艺的开发。当时半导体存储器（DRAM）的制造工艺精细度是5～10微米，通产省把开发目标对准了20世纪80年代后1M容量DRAM需要的精细度1微米技术。当时日本的半导体销售额仅1 649亿日元，在项目上官产学合计投资1 100亿日元完全是一场豪赌。最终完成的包括光刻机在内的半导体的制造需要的制造技术让日本国内半导体设备国产化率从20%提高到了70%。1983年的国内半导体企业30家的销售额比前年度增加了41%，以9 311亿日元的总销售额跃居世界第一，1988年1M容量DRAM占据了全球市场份额的90%。

第三节 "有路必有丰田车"

现代世界是轮子上的世界，汽车已经成为现代化国家最为重要的标志之一。在整个20世纪汽车产业是世界各国竞相投入的支柱产业之一，汽车制造业水平反映了一个国家的综合科技实力。

汽车起源于法国1769年制造的蒸汽汽车。此后欧美各国开始致力于汽车制造，19世纪在欧美诞生了许多生产企业。1908年美国福特公司的T型车发布后，福特公司开始采用现代生产方式大规模生产汽车，于是汽车产业的中心从欧洲转移到了美国。（上山邦雄，2016）[36-37]

20世纪后半叶以来日本汽车产业长期领先于世界，创立于1937年的丰田汽车进入21世纪后仍是世界上产销量最大的汽车企业。

一、从军用卡车起步

第一次世界大战爆发后，日本陆军认识到汽车在实战中的重要性。政府1918年5月颁布了《军用汽车补助法》，对卡车和改造后可作卡车使用的6种车型做军标认证。取得认证的汽车成为军用保护汽车，汽车制造可以获得政府补贴。由于补贴发放对象仅限于日本企业，因而刺激了日本国产卡车的制造，日本国产汽车工业从军工制造开始起步。（丰田英二，1962）[106]

1910年成立的东京瓦斯工业株式会社（TGE）在一战爆发后成为军工企业，制造炸弹引信及航空发动机等。1919年，东京煤气工业参考美国TGA-A型生产的卡车获得认证成为军用保护车。日野汽车公司（HINO）1942年从东京瓦斯工业独立出来后开始制造97式中型坦克等军用车辆。

1919年成立的实用自动车制造株式会社（实用汽车）[①]在美国技师指导下开始生产三轮汽车，由于经常发生转弯翻车事故，后改为四轮汽车。终因销售状况不佳导致企业经营陷入困境。1911年4月桥本增治郎（1875—1944）组建了快进社自动车工场（快进社汽车），1916年生产出搭载直列4缸41型发动机的乘用车。由于进口车价格下降，销售低迷，也改为卡车制造，1924年经与陆军多次交涉后终于获得军标认证。然而这些企业的制造能力非常有限，如何提高制造能力成为陆军的紧迫课题。

在陆军的斡旋下1926年实用汽车和快进社汽车两家企业合并组建了DAT自动车制造株式会社（DAT汽车），成为受《军用汽车补助法》保护的企业，专注军用卡车的生产。由于经营状况好转，DAT汽车于1929年开始试制使用水冷4缸、排气量495CC的汽车。为DAT汽车提供铸造配套件的户田铸物株式会社社长鲇川义介（1880—1967）看好汽车产业的前景，于1931年6月买下了DAT汽车商标、制造权以及大阪工厂，1933年与石川岛自动车制造所合并成立了自动车工业株

①日语中的"自动车"译成汉语即"汽车"。

式会社（现五十铃汽车，ISUZU）。同年户田铸物株式会社的小型车部门和日本产业株式会社以共同出资形式设立了自动车制造株式会社，并于1934年将其改名为日产自动车株式会社，即现在的日产汽车（NISSAN）。

一战期间东京石川岛造船所（IHI）从军舰生产中获得了丰厚利润后开始涉足汽车制造。1918年从英国沃尔斯利（Wolseley）引进生产和销售权。1922年完成A9型汽车制造。1924年生产的CP型1.5吨卡车被陆军认定为军用保护车。东京石川岛造船所汽车部门于1929年独立出来成为石川岛自动车制造所，1933年与DAT汽车合并后进行柴油发动机的研制，1936年完成了空气冷却柴油发动机DA6和DA4型的开发。

日本政府出台《军用汽车补助法》的最大的目的是提高国产汽车的制造能力。1932年3家最大的汽车企业年总产量是2 700辆，实际造出来的仅有500辆且质量较差。同期进口组装车年产量是14 087辆（福特汽车7448辆、通用汽车5893辆、共立汽车760辆），进口组装车更受欢迎。此外，由于《军用汽车补助法》保护的车种限于大型卡车，阻碍了后来的国产乘用车的开发。（豊田英二，1962）[107]

制造来复枪起家的宫田工业株式会社（MORITA）于1902年放弃了枪支生产，更名为宫田制作所，从模仿美国克利夫兰汽车（Cleveland）起步专注汽车制造，因未能获得军标认证，最终放弃了汽车制造，改为生产摩托车和自行车。1931年日本在中国悍然发动了"九一八"事变后，军需带动了日本国内需求的增长。由于道路状况恶劣，大型卡车不适用，于是三轮汽车开始出现了，最初仅是将脚踏三轮车装上进口发动机、链条被传动轴取代的简单结构。

东洋工业株式会社（TOYO KOGYO，今马自达汽车的前身）

1928年成为海军指定工厂，制造航空发动机、螺旋桨以及军舰用精密仪器，1930年开发完成了小型三轮货车马自达DA。该车装有可控制转弯的差动齿轮系统，从而解决了转弯翻车问题。1932年推出的改良型马自达DB的国内市场占有率达到了25%，销售额迅速增加并开始出口。之后在对英国进口的奥斯汀7型、德国汽车欧宝（Opel）以及英国的MG37进行分解研究的基础上，于1940年成功试制出小型四轮汽车，因当时是指定的军工企业，最终未能投入民用汽车的生产。

1933年9月，生产缝纫机起家的丰田自动织机制作所（丰田织机）组建了汽车生产部门，利用在纺织机械上的铸造和机械加工的经验，丰田织机1934年10月试制生产出A型发动机，1935年5月试生产出第一辆（Λ1型）大型汽车。同年8月装有同样型号发动机的G1大中型卡车也制作完成了。1936年完成了AA型四轮汽车的生产，该车全面仿制同期美国车型，排气量3 400CC、五人座厢式轿车，外观仿照了克莱斯勒的Airflow，发动机则模仿通用汽车的直六缸水冷汽油发动机，截止1943年共生产了1 404辆。1937年8月汽车生产部门独立出来成立了丰田自动车工业株式会社，即丰田（TOYOTA）汽车。二战期间丰田汽车主要为日本陆军制造卡车和少量AA型汽车。

20世纪20年代美国汽车企业为谋求市场扩大开始进军日本。1924年12月和1927年4月福特汽车和通用汽车分别在日本建厂，采用进口组装方式（knock-down）进行生产，两家企业的产量在1928年达到了2.4万辆，1934年增加到了3.3万辆，日本汽车市场几乎被美国这两家企业垄断了。1937年日本国内大小汽车生产企业共计22家，年产三轮汽车1.523万辆、小型四轮卡车8 593辆，三轮汽车数量超过了四轮卡车，国产汽车产量极少，如此一来军用汽车有被外国企业主导的危险。

1931年9月18日日本驻中国东北地区的关东军以武力侵占东北后，

日本陆军更深刻地认识到卡车在战争中的价值，决心尽快形成汽车自给自足的体制。（四宫正親，1992）[5]1936年5月日本政府出台了《汽车制造事业法》，规定汽车生产须获得政府许可且限定为日本企业，获得许可的企业可以享受政府资金支持。（吉田永助，1933）[1099~1106]同时限制外资企业发展，规定外国企业的生产规模不能超过1935年的生产水平。进口关税也从原来的40%提高到70%，发动机关税从35%提高到60%，从法律上限制进口车数量。《汽车制造事业法》制定实施后，事实上美国的福特和通用无法继续组装生产了，1936年开始陆续从日本市场撤退了。

丰田、日产和五十铃获得《汽车制造事业法》认可后得到军方保护，官、产、军密切合作的汽车生产体制形成了。福特汽车撤退后出现的市场空白带来了发展空间，但日本的汽车制造技术和能力十分贫弱。1937年日产汽车的产量是490辆，而丰田汽车只有100辆。到了1943年分别减少到333辆和53辆，日本汽车产业尚处于艰难的草创阶段。

二、从卡车到三轮汽车

二战结束后以美国为首的盟军（美军主导）进驻日本，对日本实施战后占领。1945年9月25日占领军发出了禁止汽车生产的命令。但由于美军仍需要卡车，后调整为限定每月可生产1 500辆。同年10月28日美军发出军需生产向民营生产转换令后，汽车企业陆续恢复生产。1948年对日政策从抑制工业能力向恢复生产转变后，美国对日援助开始增加，重油、黏结碳、铁矿石等基础原材料开始恢复进口，汽车生产所需要的物资材料得到了保证，汽车生产条件得到了改善。

二战前日本的汽车生产以2吨以上的大中型卡车为主，随着企业生产活动的展开，货运量出现爆发式增长，战后2吨以下的货运卡车市场出现了空白。然而由于企业并没有优先投入四轮汽车制造而是继续生产三轮汽车,市场缺少2吨以下的汽车可用。同时期在战争期间从事飞机和机械设备制造的企业,也开始军转民进入三轮汽车市场。东洋工业受战争影响较小,1945年10月开始利用战争期间制造手枪等兵器的设备生产三轮汽车。战前最大的三轮汽车企业——大发(DAIHATSU)也从1945年末开始重新生产三轮车。战争期间制造过特殊四轮汽车的日本内燃机、制造飞机机体和军用航空发动机的川西飞机(明和汽车)和三菱重工业(三菱水岛)、爱知飞机(爱知机械)、机械加工企业日新工业和东洋精机等,二战后也陆续开始生产三轮车。众多企业之所以选择生产三轮车是当时获军方保护的丰田和日产的四轮卡车已经在市场上占有压倒性优势。

二战后1946年3月的统计显示日本全国拥有卡车3万辆,但由于战争期间遭到破坏或者故障导致实际可用的只有三分之二。1947年3月至12月期间运输省修改了小型车规定,排气量从750CC增大到了1 000CC,之后又增加到了1 500CC。政府希望增加四轮卡车数量,而在当时主流排气量750CC三轮车的大型化上持消极态度,然而后来并未能按照政府的意愿发展。由于当时道路状况恶劣,三轮车在山区等狭窄路段非常实用,其优势仍无法替代。1951年7月,《道路运送车辆法》取消了三轮车的排气量和车体尺寸限制后,20世纪50年代中期开始三轮车为填补2吨以下的市场空白出现向大型化发展趋势。

1951年开始生产三轮车的东洋工业开发完成了1~2吨的小型四轮卡车后,将同样的发动机安装在了载货量1吨的三轮车上,三轮车的销量明显好于小型四轮卡车。大型化的三轮车逐渐发展成为东洋工业的主力产品,1952年推出了载货量高达2吨的三轮车。其他企业纷纷效仿东洋工业,致力于三轮车的大型化,几乎所有企业都推出了比小型四轮卡车更大的大型三轮车。载货量从750千克到2吨、排气量1 000CC左右的大型三轮车占据了市场主导地位，1956年三轮车年产量最高达11万辆。

20世纪50年代初期的大型三轮车采用的是二轮摩托车结构，驾驶位置在前方发动机的上方，直接用手柄操纵前轮，有些三轮车开始在前面安装挡风板。1952年爱知机械工业株式会社推出的排气量1 200CC的Giant AA7首次装上了钢制驾驶舱和门，操纵杆改成了半圆形方向盘和完全密封的驾驶舱，但这种高级化的大型三轮车并未普及。制约普及的因素很多，如三轮车独特的设计结构限制了功率、速度等性能的改善，此外还有驾驶舱无法完全密封、助手席安全问题以及因发动机直接安置在驾驶员座位下导致噪声大等问题。但三轮车优点也很多，比如转弯半径小、方便修理等。四轮卡车市场一直被大型三轮车挤压，四轮卡车生产企业开始寻求突破口。

1947年丰田汽车推出了排气量1 000CC载重1吨的小型四轮卡车SB（TOYOPET），但与价格低廉的大型三轮车相比并无优势，销售情况不佳。1952年丰田汽车的卡车全面更换了功率更大的R型发动机。战前生产第一代S型发动机的生产线一时无用武之地，最终决定用S型发动机生产可以挑战大型三轮车的轻型卡车。1954年9月丰田汽车推出了载货量1吨的小型卡车SKB，为降低成本，驾驶舱采用了简化设计，售价为62.5万日元。然而同等载货量的三轮车售价只有45万日元，虽然丰田汽车的轻型卡车有了驾驶舱和方向盘，但作为载货运输工具，丰田汽车的竞争优势并不明显，销售依然低迷，因此丰田汽车认识到了价格是关键因素。1956年1月丰田汽车先给卡车征集了一个新名字叫TOYOACE，然后直接降价到53.8万日元。同时在三轮车占主导的农村和批发市场进行巡回展览，增加了可供选择的多种货箱。

这期间大型三轮车也在不断地进化，出现了完全密封的货箱、驾驶舱、方向盘、座椅等，三轮车的价格也在提高。发动机排气量虽然都是1 000CC，三轮车采用的是空冷V型2缸，扭矩和耐力、震动和噪声等舒适性和稳定性无法和TOYOACE相比，TOYOACE的优势一目了然。1956年8月起TOYOACE月产量实现了1 000辆，翌年平均月产达到了2 000台。1955年小型卡车市场上三轮汽车占比达到了历史最高水平80%以上，之后便开始下降了。1957年小型四轮卡车超过了大型三轮车，此后大型三轮车逐渐从市场上消失了。

1907年创立的发动机生产企业——大发工业株式会社（DAIHATSU）自1930年开始用自研的四冲程空冷单缸侧置气门发动机（SV）生产HA型三轮汽车，成为战前排气量750～1 000CC级三轮车的霸主，但大发工业没有制造排气量更小的轻便三轮车。丰田的TOYOACE推出后，大型三轮车被小型四轮卡车取代，大发工业面临两条路线选择：一是开发和TOYOACE同等水平的小型四轮卡车，二是研制像自行车和摩托车一样更便捷的轻型运输工具，其他车企也都面临同样的选择。从生产大型三轮车退出的车企把目光聚焦在了排气量660CC以下的轻型三轮车上。轻型车是1949年日本运输省制定的一种最小汽车规格，排气量660CC以下的两轮摩托车、三轮车和四轮汽车都属于轻型汽车的范围。这种汽车的驾照和普通驾照有区别，取得驾照手续简单，费用较低，不需要车检等。

20世纪50年代后期以"神武景气"[①]为标志，日本经济进入了高

---

① 神武景气特指日本的经济复苏现象。1955至1957年，日本经济完全从二战中复兴，进入积极建立独立经济的新阶段，财界和传媒把朝鲜战争特需时的景气称为"神武景气"。"神武"取自日本神话传说中第一位人间天皇的名号，以此命名意喻这是日本有史以来最大的一次经济繁荣。

速成长期。中小企业购买力提高，排气量更小、价格低廉的轻型三轮车迅速增多。三菱重工业株式会社（MHI）是战后从军工产品生产位居日本首位的三菱财阀独立出来的汽车企业，从生产三轮车起步，1950年完成的TM3J型三轮汽车采用了飞机起落架用的减震器，提高了舒适性。1959年又推出排气量310CC的LEO型轻便三轮车，车名采用了漫画家手塚治虫（1926—1989）创作的《森林大帝》主人公的名字，带有封闭驾驶舱，首次采用了三速手动同步啮合装置，74千米的时速达到了当时的最高水平。

大发工业1954年着手开发排气量249CC的Midget轻型三轮车。1957年8月开始和当时搭载同等水平发动机的两轮车一样在专营店开展销售，使用"街上的直升飞机"等新颖的宣传用语，编写专用的流行歌曲，聘请受欢迎的影视明星做电视广告等启动各种媒体宣传手段进行促销。1958年1月时月产量仅有100辆的Midget，同年10月迅速增加到了1 000辆，1959年持续增加到4 000辆，其他企业也快速效仿跟进。

由于轻型三轮车的操作性和驾驶室的舒适性都得到了很大改善，1959年产量超过了普通三轮车。当时的生产企业都认为60年代后轻便三轮车的需求会持续增加，向四轮汽车过渡至少要等10年左右的时间。然而轻便三轮车的产量自1960年达到高峰后便开始急剧减少了，之后四轮汽车开始增加，数年间轻便三轮车便迅速从市场上消失了。

三、国民车构想

二战后日本的进口汽车数量开始增加，国产车价格居高不下的状况并未改变。政府1951年5月开始对进口车实施40%的关税，但增加关税后的欧美进口车依然比日本的国产车便宜。日本银行总裁一万田尚登（1893—1984）甚至认为，如今是国际分工时代，美国汽车物美价廉，靠美国就可以了。汽车进口商也认为，国产车最好限定在卡车和柴油机巴士上，乘用汽车无法达到美国产品的水平。然而通产省却认为，研制国产汽车会带动机械、材料等诸多产业的发展，现有卡车、巴士和普通汽车产业应向综合产业方向发展。1952年3月通产省编写了《为了理解国产汽车》的宣传手册，提出从燃料和道路状况看小型轿车更适合国情，汽车工业要向综合工业方向发展的指导方针。

1955年5月，通产省受西德大众汽车（Volkswagen）和法国雷诺（Renault）在国家资金支持下成功开发出小型轿车的启发，发布了日本版国民车构想（铃木一义，2009）[13]，主要指标是：排气量350～500CC，最高时速100千米以上，乘坐4人或2人再加100千克货物，时速60千米耗油量为30千米/升，行驶10万千米不需维修，车自重400千克，月产2 000辆，销售价格在25万日元以下。通产省的意图是从现有汽车企业中选出两家企业进行重点培育，选择方式不是人为选择而是通过竞争产生，希望企业能在低价格、高性能汽车方面开展竞争。国民车既是指导方向也是给企业的命题作文。方案发布后引发各界的关注，但车企认为无法造出满足条件的汽车，因此没有企业投入到和方案一致的汽车的开发上。但国民车的构想激发了车企面向大众开发小型汽车的积极性和企业家的创造精神。（曾颖，2007）[109-124]

1945年8月原军工企业中岛飞行机株式会社更名为富士产业株式会社。同年11月6日根据占领军解散财阀的命令富士产业被分割为12家企业。数年后解散财阀的命令终止执行，这12家企业中的5家重新整合为富士重工株式会社（FHI）。1946年富士重工计划采用航空技术、用已研制完成的单体硬壳式汽车SUBARU1500进入市场，但因车体和发动机的量产投资过大，最终并未能投产。1953年富士重工旗下分公司斯巴鲁（SUBARU）成立，选择已有的摩托车用排气量356CC的两缸发动机研制迷你车，1958年推出的360型斯巴鲁汽车采用了诸多飞机的生产技术，实现了超轻结构和宽敞的驾驶空间，廉价耐用，成为第一辆真正意义上的国民车，360型斯巴鲁汽车1958—1970年间生产了39.2万辆。1960年4月斯巴鲁还推出了R360 COPE四轮汽车，1962年4月又推出了可以乘坐4人的CAROL360轿车，两种车型都受到了市场的欢迎。1960—1962年间富士重工斯巴鲁汽车的市场占有率超过了丰田和日产，销量跃居日本国内第一。

1909年从木制纺织机起家的铃木汽车（SUZUKI）战后开始生产销售两轮摩托车。在对美国通用汽车的甲壳虫和法国雷诺4CV等车型进行分析研究的基础上，铃木汽车1955年10月完成了排气量360CC的SUZULIGHT四轮汽车。三菱重工的LEO轻便三轮车获得成功后，铃木汽车开发了排气量493CC的四轮汽车，采用更大的、安全性更高的硬壳式结构，后置两轮驱动，空冷四冲程OHV并列两缸发动机，售价仅为39万日元，是同等车型中最便宜的。

早在通产省发布国民车构想之前，丰田汽车已有研制排气量500～600CC级轿车的构想。当时欧洲出现了许多排气量1 000CC以下的迷你车型，丰田开发出"皇冠"车型之后着手研制小排量汽车。通产省承诺为研制国民车提供补贴，丰田启动了排气量350～500CC的国民车研制项目。但当时日本的高速公路已经建成，技术人员认为排气量500CC的汽车跑不起来，因此1961年6月丰田汽车推出的大众车（Publica）最终改为排气量700CC的左右对称相向运动的水平对置发动机，大大降低了震动，Publica成为丰田汽车长期生产销售的最小车型。自此，小排量轻型四轮汽车开始进入寻常百姓家，国民车也从构想变成了现实。

四、从组装开始

朝鲜战争爆发后美军对卡车的需求激增，特需订单下达到了各车企，除整车制造外维修需求也很大。丰田、日产以及五十铃等战前库存因此被彻底清仓，赤字也完全消除了，高利润使这些陷入危机的企业得以被拯救。日野汽车被指定为特需订单最优先工厂，维修订单以及警察预备队的订单也不断增多。（日野自動車工業，1982）[94-95]美国很早就认识到汽车生产对促进日本资本主义发展的必要性，考虑到日本将来的汽车也会实现出口，美国就汽车产业发展问题与日本政府交换意见（商工省海外周报第9号，1949年7月27日），要求小型车选择要避免和美国发生竞争，督促日本明示国家的汽车发展战略。

二战前日本军方主导的促进卡车生产的各项政策事实上就是排斥外国制造、促进国产车的政策，战后商工省（通产省）延续了此前的政策。通产省1948年10月制定了汽车工业基本对策，确立了国内运输所需的汽车全部使用国产车，抑制进口车，通过进口组装吸收国外技术并逐步国产化，未来实现向东南亚和南美等地出口的大政方针。政府1952年6月9日颁布的《汽车外资引进基本方针》提出：禁止以销售为目的外国投资，生产投资可以考虑，外国车在日本生产需要的图纸费、技术费等可以保证外汇转账，11种指定零部件5年内国产化率必须达到90%以上。

从组装生产目标车型看，日野汽车选择了法国雷诺的4CV，日产选择了英国奥斯汀（Austin），五十铃选择了英国鲁特斯，三菱重工选择了美国四轮驱动吉普车。丰田按照通产省的意愿寻求从福特引进，但由于福特态度消极最终未能达成协议，丰田就此放弃了引进车型组装的路线。法国的雷诺1948年实现了4CV的量产，1951年雷诺成为法国排名首位的汽车企业。50年代初雷诺筹划进入日本市场，1952年4月上旬雷诺向日野提出了在日本建设组装厂的提案，日野按照通产省的要求回复雷诺：希望组装将来可以出口的汽车。由于雷诺提出的生产数量、出口条件、销售体制等非常苛刻，日野一筹莫展，同期其他日本车企也遇到类似的交涉难题。

为了让谈判对手接受《汽车外资引进基本方针》的要求，通产省明确支持日野等国内企业的谈判，公开表示若外企不让步就无法在日本建设组装厂。1952年10月3日通产省发布《汽车合作及组装协议方针》，对此前公布的政策进一步做出补充说明，明确要求发动机、变速器、前后车轴、操纵装置、车壳、冷却装置等11个核心部件5年内国产化率必须达到90%以上。车底盘因其生产设备投资过大，为减轻企业压力降低外资门槛促使谈判成功，因而没有提出要求。

为降低成本，朝鲜战争爆发后美军决定从日本采购军用吉普车。1950年12月美国威利斯汽车公司（Willys）到日本寻找合作企业。1953年7月新三菱重工和威利斯公司签订四轮驱动CJ3A型吉普车引进组装协议。威利斯公司当时在全世界9个国家的合作都是委托组装，提供制造和销售权的只有新三菱重工一家。

1956—1957年间，前述引进组装生产的4家企业陆续实现了国产化。日产和英国奥斯汀签订了2 000辆第二代A40萨玛赛特（Somerset）引进组装协议，1954年后开始制造第三代A50剑桥（Cambridge）汽车，1956年9月全部零部件实现了国产化，成为当时日本的超高级车。1957年9月五十铃组装的Hillman Minx Mk VI车型在协议结束时也完全实现了国产化。新三菱重工签约5年，1956年6月威利斯吉普车实现了完全国产化。截止到1964年，4家企业的累计总产量达到了16.563万辆。1952—1960年间，完全使用国产零部件的日本国产车占比从18.5%增长到了84.6%。

五、看板管理

通产省认为，汽车从进口组装向国产化推进过程中培育国产零部件产业是关键，政策指导首先从消灭粗制滥造、提高质量开始。20世纪20年代后期福特和通用开始在日本组装生产的同时也进口了大量的维修用配件。30年代进入世界经济恐慌后，随着日元贬值和零部件关税的提高，进口条件开始恶化，进口组装车产量开始减少。1934年重新开始增多，但日本国内配件始终以进口配件为主导。30年代初日本的进口车以及进口组装车拥有量超过了10万辆，自动机械和金属加工业具有一定基础后汽车修理用零部件产业开始形成。1924年新成立的配件企业开始增多，1924—1928年间拥有213家，1929—1933年间增加到了234家。零部件产业比整车产业更早形成是后发国家的特征之一。（植田浩史，2002）[176-188]

1938年3月政府颁布了《优良汽车配件及汽车材料认定规则》，通过企业认定打造专业化供应链，实现大量生产，通过统一标准实现成本降低和技术提升。政府要求车企尽可能采用被认定企业的零部件。据统计1941年4人以下的小工厂有2 369家，占总数57.5%，其中被认定的企业有130家。这些获得认证的企业成立了认证汽车零部件协会，随着各种零部件产业组织的建立，汽车零部件供应网络逐渐形成了。

1956年通产省开始制定实施《机械工业振兴临时措施法》（简称《机振法》），通过融资等手段引导零部件企业进行整合。第一次和第二次《机振法》的实施集中向丰田和日产的零部件企业提供融资，促进两家车企供应链尽快形成，同时指导企业对品种多的零部件实现标准统一。通产省强调零部件企业要有独立性，要求企业不仅可以给丰田和日产供货也要给丰田和日产之外的车企供货。如此，丰田和日产之外的车企也可以拿到和丰田、日产同样质量的零配件，独立的零部件企业的市场占有率开始提高了。在第三次《机振法》的实施过程中，通过融资手段引导零部件企业横向整合，强化竞争力，最终形成了以丰田和日产为核心的两大供应链体系。1971年3月政府又实施了《特定电子工业及特定机械工业振兴临时措施法》（简称《机电法》），鼓励丰田和日产通过参股来强化与供应链企业的关系，日本开发银行和中小企业金融公库（政策性金融机构）积极提供资金支持。20世纪70年代中期世界范围内罕见的专门零部件供应链最终形成了，这也是日本8家车企在激烈的国际市场竞争中能够共存的重要原因之一。

汽车技术是由生产技术和管理技术构成的。1913年福特T型车最早采用流水线组装，实现了批量化生产。批量生产需要标准统一的零部件供应链做支撑，而丰田的大量生产不是依靠引进的生产线而是从丰田独创的"一人多台"开始的。所谓的一人多台就是一个工人负责多个工种，1949年尝试一人三台或一人四台，1963年发展成为一人负责多道工序的生产方式。因为美国汽车的批量生产是少品种的大量生产，而丰田汽车是小批量多品种。丰田考虑用美国十万分之一的产能来实现多品种、高质量生产（大野耐一，1978）[37-38]，简单地模仿福特无法实现目标。在一人多台生产线上如何保证各工序所需零部件在需要的时候送来且不多不少，所谓的准时制生产（Just in Time）成为提高生产效率的关键。

1954年的一天，日本媒体报道了美国洛克希德公司飞机生产线采用超市管理方式，一年节约20万美元的消息。超市的管理方法是商品库存没有了，营业员把记载需要补货的商品名的卡片送到采购部要求进货，超市的运营事实上就是一种准时制生产方式。1954—1963年间日本全国的企业陆续导入准时制生产方式，丰田也在1963年实行准时制生产，1965年所有供应链企业都导入了准时制生产。因为传送补货信息的不是小卡片而是尺寸更大的"看板"——最常见的是装在长方形塑胶套中的一张纸卡，所以也被称为看板管理方式。

适时适量生产防止过量生产，生产及运送工作指令是看板的最基本功能。公司总部的生产管理部门根据市场预测及订货情况而制定的生产指令只下达到总装配线，各道前工序的生产都根据看板来进行。看板中记载着生产和运送的数量、时间、目的地、放置场所、搬运工具等信息，从装配工序逐次向前工序追溯。在装配线上的操作人员将需要的零部件上挂着的看板取下后去前一道工序领取，而前工序则只生产看板上要求的数量。

没有看板不能生产也不能输送。看板上的数量减少了则产量也相应减少。由于看板所标示的只是必要的量，因此运用看板能够做到防止过量生产、过量传输。然而最大限度地减少浪费也伴随着风险，如果零件因某种意外原因未能被送达生产线的某一点，则整个生产线将被迫停止。事实上阪神大地震和东日本大地震就造成丰田生产系统的一时瘫痪，但这毕竟是意外的情况。

技术创新不仅是产品的创新，也包括流程在内的创新。看板管理无疑是汽车生产技术上的一项创新，为日本汽车竞争力的形成做出了重要贡献。20世纪80年代初日本车的性价比达到了最高，小型车价格比美国车便宜三到四成。美国汽油价格上涨后市场需求从大型车急速向小型车转变，市场上日本车的竞争优势明显。1985年广场协议签署后日元开始升值，一直采取整车出口的日本车企通过直接投资等方式开始在国外建立生产基地，走国际化道路。20世纪90年代日本车企在国外的产量约300万辆，在美国建设的组装厂和零部件厂200家以上，2000年时产量达到了700万辆。1960—1980年的20年间日本的汽车生产能力大幅度提高，获得了竞争优势，创造出"有路必有丰田车"的神话。

六、打造三类集团构想

1961年5月通产省计划把汽车企业整编成三类集团：一是量产车集团2家，实现普通汽车的量产，用相同发动机月产1万辆；二是特种车集团2至3家，包括高级车、跑车、小型柴油车，月产目标2 000至3 000辆；三是迷你车集团2到3家，小排气量360CC，月产目标3 000辆。通产省同时颁布了《特定产业振兴临时措施法》，由日本开发银行向整编企业提供融资。三类集团整编方案显然要以丰田和日产为中心，其他车企可能被编入可有可无的特种车集团或迷你车集团，最坏的可能性是被合并。丰田和日产之外的汽车企业——三菱和本田等强烈反对，正准备进入汽车市场的企业被泼了一盆冷水。

创立于1946年的本田技研工业株式会社（HONDA）从改造和销售旧陆军无线通信设备发电机用空冷2冲程发动机开始，1955年两轮摩托车产量跃居日本第一。随后本田开始筹划进入四轮汽车市场。然而通产省的设想给本田带来了打击，本田决心在法案最终生效前拿出成绩，避免沦为弃儿。1962年1月本田紧急投入四轮汽车研制，采用水冷4缸DOHC发动机XA250同时开发跑车和轻型卡车。样车做好后本田在展示会上隆重展示了跑车S360、S500和卡车T360三种车型，并在报纸上刊登售价猜奖广告。结果有570万人参与猜奖，之后公布的价格也大大低于预料。同年T360和S500迅速被投放市场，本田向政府展示出要进入迷你车集团和量产车集团的决心和意志。

　　三轮车霸主大发工业同样也想进入四轮汽车市场，但通产省没有明确表示支持，大发工业有被合并的危险。1961年大发工业发布孔帕尼奥（Compagno）型汽车，采用四速同步啮合式变速机（Full Synchro），仿照意大利菲亚特1800/200中型车外观设计，但遭到市场的冷眼。于是紧急委托意大利汽车设计师修改设计，修改后的孔帕尼奥获得了好评。

　　按照集团整编方案，斯巴鲁有被编入迷你车集团甚至与其他企业合并的可能性，然而斯巴鲁的梦想是成为拥有从低端大众车到高级车的综合企业，决心用有别于其他企业的独一无二的技术进入量产车集团，斯巴鲁将目光聚焦在开发中的回转式发动机（rotary engine）上。回转式发动机与传统往复活塞式发动机不同，采用了三角转子旋转运动来控制气缸里空气的压缩和排放。1957年西德的NSU和Wankel已联合开发成功这种发动机，为了节约时间斯巴鲁希望走引进路线，1960年迅速与NSU签订了技术引进协议。但因引进的样机问题很多，仅运行40个小时就停机了，权威人士和行业协会都不看好这项缺少现实性的技术，但技术人员干劲十足，终于在1961年完成了样机的研制。

　　斯巴鲁的汽车不仅选择了独特的发动机，还在汽车结构上追求自己的个性。设计师百濑晋六（1919—1997）战前曾从事军用飞机发动机设计工作。他认为汽车的传动布局十分重要，常规的发动机前置后驱的布局非常不合理，驱动力从前置发动机经传动轴输送到差速器再传达到后车轮，驱动路径长，传动轴成了恼人的振动源。而后置后驱不但可以减少零部件还可以扩大司乘人员空间，是更为合理的驱动方式。因此百濑晋六选择了后置后驱方式，在仅3米的长度限制内（这是当时对轻型汽车所做的规定），创造了可以让4个成年人乘坐的宽敞空间。1967年5月斯巴鲁推出的使用自研回旋发动机的COSMO跑车，发动机转速虽高达7 000rpm但噪声很小，而往复式发动机转速超过4 000 rpm后都会产生巨大噪声，COSMO大受欢迎，1972—1975年间因生产跟不上曾一度出现了脱销。

新三菱重工也对通产省的集团整编方案不满。当时正逢经济高速成长时期，高级车需求增大，三菱重工开发了排气量2 000CC级的Debonair高级车，但高级车市场已经有丰田的Century和日产的President，新三菱重工的高级车销售不好，研发成本未收回就陷入了经营危机。为让品牌得以存活下去，1970年三菱紧急和美国的克莱斯勒公司（Chrysler）合资成立了三菱汽车。1971年6月日本政府批准了合资计划，克莱斯勒所占股份从1971年的15%逐渐增加到1973年的35%。合资企业通过克莱斯勒的销售网向海外出口，三菱汽车负责组装生产并期待能成为继丰田和日产之后的第三大汽车企业，因而建设了月产3到4万辆的工厂。合资企业推出的第一个产品是获得FIA赛车比赛（GTO）认可的三菱戈蓝（GALANT），该车改变了既有斜背车体驾驶舱空间狭窄的设计，配有飞机驾驶舱感觉的操纵空间，获得了跑车迷的喜爱。1978年3月因无法达到环保排放标准，生产销售被迫停止了，三菱戈蓝创造了单一车型累计销售95.72万辆的纪录。

1957年9月五十铃组装生产的英国车Hillman Minx Mk VI引进组装协议结束了。虽然有卡车设计制造技术和经验，但五十铃在普通汽车领域还是新手，开始摸索自行设计。1962年完成了可乘坐6人的大型商务用车BELLEL，由于经验不足设计和生产上出现了一系列问题，1963年制造出1 500辆，1967年累计生产3.7206万辆后就停产了。1970年11月五十铃和通用合资后将重点放在了卡车生产上。1974年和通用合作开发的第二代车JT0型汽车Gemini成为五十铃销售数量最多的家用车。

通产省最终放弃了整编三大汽车集团的构想，在政府主导的产业结构调整的历史上日本政府遭遇了一次严重的顿挫。

七、自主创新形成竞争力

20世纪60年代全球家用汽车的普及带来了严重的污染问题，美国对汽车尾气排放等进行了严格的规定。因日本十分重视美国市场，于1974年1月制定实施了比美国更严格的尾气排放标准。

1970年前后日本车企纷纷投入到低排放高效发动机的研制上。丰田和日产采用在发动机上增加三元催化器及安装汽车排放系统等措施，将汽车尾气中的有毒有害气体（如CO、HC和NOx）通过氧化和还原作用转变为无害的二氧化碳、水和氮气。当高温的汽车尾气通过净化装置时三元催化器中的净化剂将增强三种气体的活性，促使其进行一定的氧化—还原化学反应，其中CO在高温下氧化成为无色、无毒的二氧化碳，碳氢化合物在高温下氧化成水和二氧化碳，NOx则还原为氮气和氧气。

本田建立了一个仅由30名工程师组成的空气污染控制（AP）实验室，本田并不看好昂贵的催化转换器解决方案，而是发明了一种更简单、更便宜的解决方案——复合涡流控制燃烧（Compound Vortex Controlled Combustion，简称CVCC）技术。这是一种解决稀薄燃烧的方法，让发动机在空气和燃料的混合比例低于14.7∶1的条件下运行。更少的燃料进入意味着不完全燃烧产生的污染也会减少。CVCC发动机使用预燃烧室来启动燃烧，这是燃料混合物为14.7∶1的隔离区域。当预燃烧室点燃后一股火焰从预燃烧室射出继续点燃主燃烧室中的贫油混合物。因此CVCC发动机的排放物变得非常干净，足以满足美国法律的限制要求。在汽车发动机发展史上，本田的CVCC技术是一项可以载入史册的重要技术创新。

1973年3月19日在华盛顿特区举办的听证会上，只有本田和东洋工业（马自达）证明可以满足美国的环保要求。1973年12月本田第一款搭载CVCC的量产车——初代思域（Civic）诞生了，1975年之后的本田连续四年在美国环保署的燃油经济性评级中名列前茅。

然而汽车行业面临的问题不仅仅是环保问题。1965年美国律师和政治活动家拉尔夫·纳德（Ralph Nader）出版了《任何速度都是不安全的：美国汽车设计埋下的危险》一书，举报了通用汽车生产的雪佛兰（Chevrolet Corvair）造成的翻车事故，书中批判了认为交通事故是由司机违规或粗心大意造成的观点，强烈主张汽车的安全设计是防止交通事故发生的唯一途径。（林孝一 等，2014）[33]作者特别强调了二次撞击，即在汽车碰撞发生后乘员与车辆的其他部分发生的碰撞。作者的主张在美国社会引起了强烈反响，推动美国国会于1966年9月通过了《国家交通及机动车安全法》，1967年通过了《国家汽车安全基准》（FMVSS）。上述法律规定了20项必要的安全装备，如安全带、冲击吸收材料等。同时规定汽车制造商如发现汽车的缺欠必须立刻上报，并有责任进行免费修理或者召回等，拉尔夫·纳德成为汽车召回制度的始作俑者。

1969年6月的《纽约时报》报道了日本的汽车出现问题也不公开而是用自己的方法收回修理的事件，具体提到了丰田"花冠"刹车故障和日产"蓝鸟"漏油问题。报道在日本国内引起强烈反响，社会各界纷纷谴责汽车行业。日本运输省在听取了丰田和日产的事故汇报后立即向汽车业界发出全面检查的指示。同年8月日本确立了问题车召回并进行信息公开的制度。车企对销售出的全部车辆进行了检查，发现问题车（包括国产三轮和四轮汽车）24.6万辆，召回率高达96%。

国产两轮问题车6 986辆，召回率几乎为100%。尽管问题车已全部召回处理，但汽车交通事故并未减少。

1968年的统计表明日本发生的道路交通事故达63.5万件，比前一年增加了22%。交通事故致死人数达14 256人，比前一年增加了5%，情况十分严重。1970年交通事故致死16 765人，达到了历史上的最高纪录。在众多的事故原因中以人为事故居多，但刹车和撞击造成的事故也不在少数。日本交通省对《道路运输车辆安全基准》进行了修改，强化安全措施，制定了《汽车安全基准的扩展目标》，1973年和1974年又制定了新基准。然而1980—1990年间汽车销售数量增加死亡事故也随之增加，1994年4月交通省再次修改了《道路运输车辆安全基准》。

在此期间日本成立了安全基准研究所（JARI），丰田、日产和本田三家代表性企业开始对撞击产生的破坏作用进行了彻底调查和试验研究。通过研究，汽车企业认识到了全面采用能够吸收撞击力的车体结构并强化驾驶室、保护驾驶员的重要性。1953年德国推出了采用强化驾驶室设计的奔驰180系列，发动机和后备箱采用了可以吸收撞击力的结构，但由于成本大幅度增加了，最初只用在一些高档车上。20世纪70年代开始日本各车企也开始重视车体安全设计。

美国制定《国家汽车安全基准》后安全设备带成为汽车的必备品。1958年瑞典汽车企业沃尔沃（Volvo）的安全工程师尼尔斯·博林（Nils Ivar Bohlin，1920—2002）发明了现代的三点式安全带，其设计专利后来被无偿共享给了所有制造商，挽救了无数人的生命。1987年出现的紧急锁紧式卷动装置（ELR）及1990年的自动收紧安全带预紧器（pretensioner）等安全技术也陆续成为汽车设计不可或缺的基本要素。20世纪80年代日本家用车产量已达到了1 104万辆，超过美国成为世界的第一。1987年泡沫经济带来消费狂潮让日本家用车使用数量从1976年的3 000万辆猛增到1990年的6 000万辆。（铃木一義，2009）[12-15]日本汽车出口也持续增长，尤其是美国市场的扩大。美国市场增长扩大的最大原因之一是在安全设计以及环保对策上日本车企的一系列积极应对措施的实施。（山崎修嗣，2000）[167-174]

　　尽管拉尔夫·纳德在《任何速度都是不安全的：美国汽车设计埋下的危险》一书中强调了汽车安全设计的重要性，但毕竟车是由驾驶员操作的，人为造成的交通事故也是不可避免的重要现实。一旦出现危险情况，驾驶员可能采取的对策只有一个——那就是踩刹车。刹车制动技术和汽车一样历史悠久。1886年被誉为"汽车之父"的德国人卡尔·本茨（Karl Friedrich Benz，1844—1929）制作的世界上第一台汽油车把一条皮带缠绕在驱动轴上，需要停车时拉动手柄收紧皮带靠摩擦来减速直到停止。当时的汽车最高时速只有15千米，皮带刹车完全能够解决问题。车速提高后出现了中空的刹车鼓（drum brake）附在车轮上并随车轮一起转动，当驾驶员踩下刹车踏板时两侧制动器对刹车鼓内侧施压，通过摩擦降低车体速度。刹车鼓有很强的刹车效果，但摩擦会产生高温造成下坡时刹车失效，需要停车降温。随后又出现了带有铝合金散热器的刹车鼓，但效果不好。当时的驾驶员经常采用制动泵制动，通过多次踩刹车而不是一次踩到底的安全对策。

　　自意大利的C-TYPE型捷豹汽车证明了刹车盘的可靠性后，刹车盘成为汽车制动的主流技术，由于需要降低人工力量的倍力器因而大大增加了成本。刹车盘先从高档跑车开始被采用，后逐渐普及。后来还出现了能够吸收摩擦产生热量的带有冷却功能的双重结构。但这些机械结构的制动装置最终被车轮带动发动机旋转的结构所取代，利用发动机磁铁的反作用力进行刹车的反馈制动（regenerative braking）技术实现了电气化，成为最安全有效的刹车制动装置。

1990年前后从刹车防抱死系统ABS开始，在各种行驶状况下都能获得最佳的驱动引力的TRC，根据驾驶员意图、路面状况及汽车行驶状况准确地控制车辆运行的ASC，以及最高水平的安全驾驶辅助系统ASV等安全技术陆续开发完成并投入使用，有效防止了驾驶员疏忽或者经验不足造成的事故。（樋口健治，1997）[13-17]

20世纪80年代提高燃油效率、减少有毒有害排放成为焦点。理想的发动机应在平坦路面行走时小排气量以便最大化节约燃料，而在加速或者高速、上坡等需要加大输出功率时再增大排气量，但这种理想的发动机至今也没有开发出来。发动机是靠空气和汽油的混合气体在气缸内燃烧来推动活塞往复运动的，燃烧量决定输出功率，而燃烧量是由吸入的空气量决定的。所谓排气量就是空气量，把压缩好的空气吸入气缸就可以加大功率，来自航空发动机的涡轮增压器就是对空气进行压缩的技术。

刹车制动技术不仅增加了汽车的安全性，刹车装置也是把摩擦产生的热能转变为电能的装置，这启发了技术人员将电动发动机引入到汽车驱动上。为了给带有涡轮增压器的小型发动机增加刹车制动装置，日野汽车开始研究在车轮上增加电动刹车装置。开发人员很快意识到这种基于电磁原理的刹车装置实际上就是发电机。如果能够把刹车制动产生的能量加以回收利用，降低加速时发动机负荷就可以减少排气量。由于技术人员经常要使用沃德·伦纳德（Ward Leonard）动力测试仪对发动机进行测试，这种测试仪就是把发动机的转动转换为电能的仪器，受此启发就有了将电动刹车装置产生的电能作为辅助动力加以利用的设想。1973年东芝协助开发了大功率交直流逆变器后，日野完成了第一台燃油发动机和电机混合动力的BT900巴士样车。

1965年前后丰田汽车也开始摸索省油和降低排放量的技术。由于提高传统汽油发动机的燃烧效率已十分困难，丰田以研制新的发动机为切入点，飞机的燃气涡轮发动机成为候选。传统汽油发动机是活塞往复式汽油间断燃烧，而燃气涡轮发动机是压缩机把空气进行压缩后送入后燃烧室，高温高压煤气混合后再进入后部驱动涡轮旋转，从后部的驱动轴输出动力，燃气轮机是连续燃烧。在1977年东京汽车展上丰田发布了燃气涡轮发动机作动力的800型跑车样车，但由于燃气涡轮发动机运转时会产生大量热量，行驶时负载变动控制困难，加上像飞机一样的噪声等诸多问题无法解决，被迫于1980年宣告研发停止。日产和雷诺也都曾经开发过燃气涡轮发动机汽车，同样最终都未能投产。

丰田1992年成立了研发团队开始探索21世纪的汽车技术，目标是大幅度提高燃油热效率。（小木曾聪，2002）[1-2]当时汽油发动机的平均热效率最高为30%，40%左右被认为是极限，丰田的目标是把燃料效率提高两倍。（佐々木正一，2009）[117]但通过改进传统燃油发动机来实现这个目标十分困难。本田选择的路线是将电机引入汽车。日野最先完成的混合动力车将电机和燃油发动机串联在一个主轴上同时驱动汽车，特点是结构简单，传统汽车仅增加发动机和电池就可以了，但电机只能作为辅助动力而无法独立使用。2000年后日野增加了切换齿轮箱来完成动力切换，电机也可以作为独立动力源使用了，发动机和电机在结构上是并列关系。本田的雅阁锐（i-DCD）、斯巴鲁的翼豹（IMPREZA）等也采用了同样原理的齿轮箱分离结构。

丰田的混动车采用了独自的结构，发动机和电机不是简单的串联或者并联，而是通过齿轮切换箱连接到主轴上，可以根据路面情况由承担动力分割的齿轮箱进行切换的混联方式。（森田賢治，

2001）[256]1987年丰田推出了第一辆混动车普锐斯（Prius），实现每升油可以行驶28千米的惊人纪录，燃油发动机热效率从30%提高到40%花费了50年后，丰田的混动车将效率提高到了50%。本田随后推出的洞察力（Insight）实现了耗油35千米/升，打破了丰田车的纪录。丰田采用的混联方式中燃油发动机和电机都是动力源，启动或者低速时使用发动机，随着速度增加，两种动力同时使用。尽管丰田公开了混联方式的专利，但由于动力分割装置的构造极其复杂，采用同样方式的混动车很少。

欧美车企对日本的混动车反应冷淡，很多人认为内燃机和电机结合的复杂机构效率低下，不会成为主流。此外，在车辆高速行驶的欧洲，高效柴油发动机更具优势。事实上普锐斯的销量并不多，本田的洞察力情况更谈不上好。第二代普锐斯推出后风向出现了变化，有环保意识的好莱坞演员争相购买。欧美厂商开始跟进，混动车赢得了市场的欢迎。

自2000年始丰田的混动车在全球的销量持续增长，2012年销售量超过了100万辆，2017年1月末累计销售量达到了1 000万辆，日本市场上混合动力车占比已达到了50%。日产没有开发混动车，2000年陷入破产危机后发表了振兴计划，由于资金不足，没有立刻投入混动车的研制。2010年11月日产终于完成大排气量高级车风雅（FUGA HYBRID），采用了标准的并联结构，行驶时发动机动力和驱动轴可以完全分离，减少了发动机同时旋转产生的阻力，提高了发动机效率。

传统燃油发动机中的混合气体压缩后被吸入燃烧室，由于燃烧不充分因而降低了热效率。车辆行驶过程中由于发动机负荷在不断变动，通过控制混合气体稀释水平来提高热效率在技术上很难突破。日产开始寻求新的突破口。既然燃油发动机直接驱动很难提高热效率，日产开发的E-Power技术是把燃油发动机改为发电专用，产生的电能储存在电池中用来驱动电机，电机成为汽车的唯一动力源，燃油效率的提高变成了发电机热效率的提高。由于改做发电专用的燃油发动机不需要考虑动力输出变动问题，因而可以通过采用匀速转动来提高热效率，展示了新的可能性。

八、走进新能源汽车

日产的混动车实际上就是一个带有用燃油发动机进行发电的纯电动车（BEV），如果把发电功能去掉后就与BEV没有太大区别了。日产认识到BEV是未来的主流，宣布改进产品结构，扩大BEV和混合动力车的比例，到2030年向欧洲销售的80%、向中国销售的50%的汽车将是BEV和混动车。然而其他日本车企与日产的想法并不一样。

日本电动车的研制起步非常早。二战结束后不久，从二战前的立川飞机厂出来的部分技术人员于1947年成立了东京电气汽车株式会社。战后由于石油严重不足但电力供应充足，政府奖励电气汽车的制造。东京电气汽车株式会社开发的四轮电动车E4S-47采用了36伏电压120安电流的直流电机，两个40伏电压162安电流的铅酸蓄电池被安装在了汽车的底盘下，走行时速35千米，续航旅程65千米，改良后达到了200千米。（鳥海真樹，2018）[40-41]1949年日本全国拥有电动车3 299辆，占全部汽车的3%。（佐藤員暢，2011）[4]随着汽油供应状况好转，加上电池材料价格高昂，之后的电动车开发未能持续下去。

20世纪60至70年代，日本国内外尾气排放等环保标准日趋严格，1971年日本政府制定了五年大型开发计划，投入68亿日元研制电动车。然而车企认为太冒险，犹豫不决，没有参加开发。最终以国立研究所为核心，通过委托企业研制的形式开始进行技术验证。1978年验证车型顺利完成后，政府成立了"电动车技术研究组合"，设计标准车进行推广，但由于企业没有生产电动车的积极性，国家主导的电动车的开发就这样结束了。（板垣晓，2018）[57-86]

尽管如此，车企的电动车开发并没有停止。1990年后各企业再次开始了电动车的开发，一时出现了电动车开发热。1996年在大阪召开的电动汽车国际会议（EVS-13）上，丰田和日产分别发表了电动车RAV4L-EV和RNESSA-EV，本田发表了EV-PLUSS，丰田和本田使用的是镍氢（Ni-MH）电池，日产使用的是锂离子电池，续航距离在215～220千米之间。电动车的能量转换效率虽然远高于传统的燃油发动机，但当时出现的直接将燃油喷入气缸内与进气混合的缸内直喷（GDI）技术已在很大程度上提高了燃油发动机的效率，电动车的高转换率的魅力减少了。（堀洋一，2001）[2-13]

1965年美国双子星（Gemini）5号飞船采用了通用电气公司生产的固体氧化物燃料电池，带动了民用燃料电池的研制。1974年日本在美国的影响下开始实施"阳光计划"（SUNSHINE），对氢气分解以及氢能利用方法进行研究。1981年"月光计划"（MOONLIGHT）致力于碱性燃料电池、磷酸燃料电池、固体氧化物燃料电池的技术开发。1983年新阳光计划提出了把氢能推广到全球的WE-NET设想。（名久井恒司，2004）[36-45]氢能的热效率最大可达到60%，被认为是最佳的汽车燃料，世界各国竞相开发氢能汽车。（森田賢治，2001）[257]

1992年丰田成立开发部着手研究氢能汽车。本田看好氢能且有着更为远大的目标，提出包括从氢能利用（汽车）—制造—相关外部设备等三个环节进行整体推进，包括建设SHS智能加氢站。

1997年京都议定书通过后，针对温室气体减排需求政府对燃料电池汽车给予极大关注。2005年5月日本政府制定了《新能源战略》，提出到2030年将能源利用率提高到30%的目标并制定了路线图，包括提高综合能源效率、运输部门燃料多样化、促进再生能源开发和利用、化石燃料的稳定供给和有效利用清洁能源、能源创新技术开发、低碳社会的实现等等。

然而，氢能汽车商业化之路并不平坦，需要克服许多技术挑战。燃料电池是通过氢和氧发生化学反应产生电能的，是水电解的逆过程，这种被称为电池堆栈的设备仍处于开发阶段，存在效率提升和小型化等问题。当时加拿大的巴拉德（BLDP）公司处于领先地位，本田氢能汽车首次采用的正是这家公司的产品，丰田当然有自己的电池堆栈开发计划。

另一个难题是如何在车内储存氢燃料。与汽油不同，氢燃料无法放入金属或树脂制成的罐子中。氢分子非常小，即使是最微小的缝隙也会泄漏。丰田测试了包括吸附在金属上及使用甲醇重整器等方法。本田和丰田都采用了高压罐，最初的试验阶段压力达到了350个大气压，续航里程达到了330千米。2007年丰田发布的改良版高压罐把压力增加到了700个大气压，续航里程达到了830千米。

氢气的储运也存在诸多问题，比如容易泄漏，需要高压保存等，建造加氢站的成本远高于加油站。此外，氢在自然界中几乎不存在，必须以某种方式生产才能获得。通过电解水来制造是最理想的方法，但从成本角度看现阶段缺乏实用性。而从石油或煤炭中提取则相对容易，然而除非使用可再生能源，否则制造氢气的过程中同样也会产生污染。直到今日本田和丰田都未能将氢能汽车投放到市场。研制成本如此之高以至于难以设定一个售价来回收成本。丰田公司认为，能源利用需要经过生产、运输和使用三个环节，汽车处于使用环节，电动车虽然会消除二氧化碳排放，然而电池生产需要大量电力，如果该电力来自火力发电，那么电力生产过程中同样会产生大量二氧化碳。日本火力发电比例高达75%，因此仅靠汽车电气化并不能带来二氧化碳排放量的减少。

有人指责丰田公司无意在日本市场上认真普及电动车，丰田否认了媒体流传的丰田在电动车开发上态度消极的说法。丰田一边发布电动车研制计划，同时仍不放弃混动车、氢能汽车及合成燃料车的开发。丰田与斯巴鲁合作开发的第一台电动车bZ4X于2021年4月19日千呼万唤在上海汽车展上首次亮相，计划第一年在日本国内销售5 000辆，但仅限于租赁方式，租费加上政府每月补贴后约8.8万日元，另需支付一次性费用77万日元。然而bZ4X电动车刚一发布就被发现存在缺陷，引发丰田电动车开发能力不足的议论。因此有人认为丰田在电动车上的消极态度实际上是拖延战术，为自己开发电动车争取时间。丰田的确担心与电动车技术领先的特斯拉（TESLA）、比亚迪（BYD）等展开竞争将无法发挥其长期积累的技术和供应链优势。

对丰田电动车开发能力不足的议论并非空穴来风。事实上看好氢能的本田就没有进行过电动车所需电池和发动机的技术开发。（佐藤登，2020）[72]1990年9月美国加利福尼亚州制定的电动车法律（ZEV）规定到1998年销售汽车的2%为电动车，日本车企受到极大震动，本田开始研制电动车。首先要解决电池问题，由于独立开发电池十分困难，本田决定采用松下电器的混动车用镍氢电池，并于1997年9月推出了使用镍氢电池的电动车EV-PLUS。

随后本田在电动车用电池问题上一直把重心放在镍氢电池上，直到1999年才从镍氢电池转向锂电池。2003年本田高层认为锂电池无法用在汽车上，于是转向了研制超级电容。2006年超级电容开发失败后本田又重新回到锂电池开发上，三星SDI和松下电器成为锂电池供货的候选企业。然而2012年本田推出的电动车飞度（FIT）采用的却是东芝的电池，随着2016年飞度生产停止后本田与东芝的合作关系也终止了。由于松下电器向特斯拉提供的圆筒形电池不适合本田的设计，电池供货渠道只剩下韩国和中国的企业了。2020年本田向中国锂电池企业宁德时代（CATL）出资600亿日元（1%），最终解决了电池供应问题，丰田和日产也采取了同样的路线。

2021年11月丰田章男宣布继续担任日本汽车工业协会会长，进入了不同寻常的第三个任期。丰田章男表示"丰田不想限制任何可能的选择"，反对将新能源汽车开发聚焦到电动车上。氢能车前途未卜，电动车犹豫不决，不知丰田意欲何为？丰田章男曾表示，如果将汽车都改为电动车，由于日本的生产成本高只能转移到国外生产，国内汽车行业的550万个工作岗位会消失，最终将导致日本汽车业的生存危机。丰田章男的担心若是发自内心的话，那么丰田的犹豫不决就可以理解了。

东京大学的学者村沢义久持乐观态度，在所著之书《电动车：称霸世界的小企业群》中提出了自己的观点。村沢义久认为日本的汽车产业形成了三家（丰田、日产、本田）大企业和所属的众多小企业组成的金字塔式结构。由于电动车和传统的燃油发动机汽车的结构不一样，小企业也可以生产。日本出现1万家电动车企业也不是不可能，汽车产业应该"从三大向数百小"模式发展。（佐藤員暢，2011）[4-7]看似简单完美的模式，对日本企业来说变革是痛苦的。

二战后日本的汽车产业起步严重落后于欧美。日本的车企从向欧美学习汽车的设计、制造和零部件加工技术开始起步，在引进技术的基础上进行改良，通过渐进式的革新逐渐发展起来。先进设备的导入带来了生产效率和质量的提高，生产工艺的革新发挥了极大的作用。

制造上持续不断地革新，加上在环保、安全等技术上的突破，最终在竞争激烈的国际市场上获得了优势。（立石佳代，2005）[50-61]

　　然而日本企业不喜欢颠覆性变革，更喜欢循序渐进地改良。从移动电话、电视机、半导体等家电产品的兴衰史中，我们都能够深刻地感受到日本企业的这种性格。企业更倾向于选择能够保留已有技术和生产体制的技术路线。对传统燃油发动机汽车来说，电动车就是"颠覆性创新"，而混动车成为避免"颠覆性创新"的保护伞。此外，随着中国电动车产业的迅速崛起，包括电池在内的中国电动车在技术、产能、市场以及成本上开始占据主导优势，世界电动车的发展从技术到市场依赖中国的局面日趋明显。然而，在中美激烈竞争和冲突的背景下，日本车企在选择技术路线上不仅要面对颠覆性创新可能导致失去竞争力的危险，长期对美国依存的文化还让日本车企在选择中国技术和供应链问题上增加了恐惧感。

结　语

　　"日本文化在其发展过程中，无论对大陆文化的吸收、消化，还是对西方文化的受容、变容，'和魂'始终如影随形，消长与共"（内藤湖南，2018）[iv]，所谓的和魂就是日本人的固有精神。

　　二战接近尾声时受美国政府委托，美国的人类学家鲁思·本尼迪克特（Ruth Benedict，1887—1948）从文化人类学的视角对即将战败的日本进行了研究，分析了日本国民的性格。研究成果被整理成书——《菊与刀》于1946年出版，成为解析日本民族的精神、文化和性格的名作。《菊与刀》指出，"菊"是日本皇室家徽，"刀"是武士文化的象征。"菊与刀"的组合象征了日本人的矛盾性格，如爱美而又黩武，尚礼而又好斗，喜新而又顽固，服从而又不驯，等等。《菊与刀》还得出了日本的社会组织原理不是欧美的"个人主义"，而是"集体主义"的结论。（邬春立，2011）

　　日本的"集体主义"是在严酷的生活环境中打造出来的。江户时期是武士统治的时代，江户约有70%的土地为武士所用，约15%为神社和寺庙所用，其余15%由占人口一半的平民居住，令人惊讶的是总面积仅有270万坪（1坪等于3.3平方米）的土地上聚居着50万平民。

平民都居住在德川家康构想的长条形集体住宅——长屋。典型的长屋一户的居住面积仅有9.72平方米（2.7米×3.6米），包括简易的厨房在内，厕所是公用的。长屋的四面墙壁是薄板，完全没有隔音效果，江户的平民没有个人隐私。如此狭小拥挤的生活空间让日本人适应了封闭环境中的竞争与共存的"集体主义"。

加拉帕戈斯群岛（Galapagos Islands）位于太平洋沿岸，距离南美洲约900千米，一直以"封闭"的方式进化，是许多独特生物的家园，据说达尔文（Charles Robert Darwin，1809—1882）在这里发现了进化论思想。2007年12月，日本野村综合研究所的研究报告把日本当时的科技发展状况描述为加拉帕戈斯群岛——孤岛化（野村综合研究所，2015），在日本社会引发了强烈的反响。

江户时代的日本

江户时代（1603—1867）的日本除在长崎出岛与中国（明清两代）和荷兰，对马藩与李氏朝鲜进行交流之外，实行禁止对外交流的锁国政策，国内形成了自给自足的经济，形成了以京都、江户（东京）和大阪为中心的三大经济圈，出现了以艺道为特征的大众文化现象，提倡人文精神，重视古典文化，工艺和自然科学得到了发展，社会风气与西方的文艺复兴时期非常相似。日本自17世纪开始偏安于东北亚地区一隅，平安无事地度过了约265年之久。

汉学或中华学是指中国以外的学者对有关中国的方方面面进行研究的一门学问。日本自隋唐时开始学习中国典籍制度，日本与中国汉学的渊源最为深远，明治维新前日本朝野以模仿唐朝的一切为时尚。宋元文化也对日本的科学发展产生了极其深远的历史影响。《梦溪笔谈》《杨辉算法》《算学启蒙》等古代科技经典后来都成为江户时代日本科学发展的重要物质载体。江户时代的日本拥有坚实的出版文化，通过私塾和家元制度传授知识和技能，士农工商中的工匠成为职业，形成了技术传承的传统，发展出独具特色的社会。

江户时代的日本不仅武士在藩校学习，许多普通人也进入寺子屋学习、读书及识字。于是出版文化兴盛起来了，人们通过阅读各种书籍来提高文化水平。日本的和算（数学）即使从世界范围来看也是相当先进的，可以说日本的初等教育是世界上最好的。

意外的是锁国时期日本的科学技术并未被锁住。17至18世纪的荷兰是当时欧洲经济富裕和科技先进的国家之一，长崎出岛的荷兰商人是自1640年以来唯一获日本政府容许在日经商的欧洲人。

兰学指的是江户时代经荷兰人传入日本的学术、文化和技术的总称。江户幕府作为禁教政策的一部分而建立的禁书制度极其严格，所谓禁书就是指用中文书写印刷的宣传基督教教义的书籍。德川吉宗（1684—1751）解除了基督教书之外的洋书及汉译洋书的进口禁令后，许多与西方自然科学有关的洋书和汉译书籍蜂拥而至，江户幕府了解到西方医药书籍的附图非常精美，于是命令名儒医青木昆阳（1698—1769）、侍臣野吕元丈（1693—1761）等学习兰学。

日本人从荷兰人那里购买和翻译了许多有关科学的书籍，获得了许多西方珍奇品和工业制品。据记载，当时有数千部有关兰学的刊物得以出版并在日本人中传阅。此外，日本在当时已拥有全世界最多的城市人口，如江户共有100万名居民，为兰学的兴起提供了有利的条件。兰学成为把西方工业革命和科学革命知识传入日本的途径，让日本得以建立起初步的近代科学基础，也是自1854年开国后日本得以迅速现代化的原因之一。

儒家思想提倡"天人合一"，人与自然为一体，道家提倡"道法自然"，主张与自然和谐共处，因此《庄子·达生》曰："天地者，万物之父母也"，江户时代的日本同样受到了"天人合一"的熏陶。

由于锁国政策导致资源无法流入和流出，江户人的日常生活中几乎所有的材料和能源都依赖植物资源，通过各种巧妙的方式来最大限度地利用可再生植物资源。当时的房子设计有大开口，为屋内的风创造通道。人们从生活经验中获得了蒸发制冷的知识，傍晚随处可见有人在地上泼水，坐在板凳上纳凉。贯穿江户市井的泥路起到了天然空调的作用。衣物破旧后剪断做成抹布，实在无法使用了被用作炉子的燃料。燃烧后留下的灰烬也被用作农业肥料、清酒酿造的曲霉以及陶器的釉料。木头建造的房子不使用金属钉而完全铆接，避免铁钉生锈或腐蚀降低使用寿命，铆接方便拆卸和重新组装，适合扩建和翻新。因此江户时代可以说是靠太阳能支撑的时代。江户时代是不依赖化石燃料，依靠生活的智慧和经验积累的独特的循环型社会。（石川英辅，2008）

众所周知，照相机、机床等精密仪器是日本的代表性技术，机巧（自动人偶）最早的记载是《日本书纪》，起源于公元658年出现的一种安在车上总是指向南方的木结构装置（指南车），公元1090年左右成书的《傀儡子记》中描绘了操纵人偶。到了江户时代，机巧术得到了长足的发展。明历年左右，为歌舞伎制作大道具的匠人活跃在那个时代，创造了旋转舞台、返转门板、灯笼漏、乘空等舞台道具。

江户时代的机巧实现了自身的发展，机械技术成为师徒相传的"奥义"（秘诀）。1796年细川半藏赖直（不详—1796）编写的《机巧图集》搜集了9种机巧人偶，被视为精密技术的代表。东芝公司的创办人田中久重（1799—1881）小时候在家附近的五谷神社第一次看到机巧人偶后十分着迷，自行制作的"弓曳童子"可以完成对4支箭进行自动抽箭射箭，被认为是技巧人偶的最高水平。之后田中九重创办了商店"机巧堂"，人称"机巧仪右卫门"。

美国历史学家和日本问题专家苏珊·汉利（Susan B. Hanley，1939—　）写道："如果我必须在1850年选择居住地，富有的话住在英国，劳动阶级的话住在日本。日本老百姓的生活水平和老百姓文化的丰富程度都优于英国。"（スーザン·B.ハンレー，1990）

是谁打开了日本的国门？

哥白尼的《天体运行论》发表的1543年，葡萄牙人将火枪带到了日本的种子岛，日本人与西洋人的最早接触是从武器开始的。鸦片战争（1840年）中清军战败的影响波及到了日本各地。1853年魏源（1794—1857）的《海国图志》流入日本被大量印行，一度成为幕末追求海外知识志士的必读书。然而自18世纪末期开始，西方列强的军舰便频繁出现在日本附近，一波一波地冲击着日本。

1853年马修·佩里准将率领的美国海军舰队，"以蒸汽为动力，不论其外观、吨位、航速以及续航能力都迥异于当时日本人见惯的木制帆船……之所以被称为'黑船'是因为船身由铁甲构成，铁甲上涂着为了防锈的黑色柏油"（洪维扬，2018）[14]，"这可是二百多年来江户幕府未曾有过的事，说是变天也未尝不可！"（洪维扬，2018）[23]，幕府统治集团在内外交困之中不得不选择"开国"，日本的现代化似乎也顺理成章地由此展开了。

"黑船"撞开了日本的通商之门，但不是日本在政策上做出放弃中国文化，转向西方的根本原因。

1648年《威斯特伐利亚和约》签订，参与其中的最初是欧洲基督教国家，后来扩展到欧洲移民建立的基督教国家，基督教成为规范国际关系的伦理基础，成为"文明国家"的衡量标准。当时的国际法是以西方列强为中心的，非欧洲国家要想通过修改不平等条约获得完全主权地位，就必须发展与欧洲同质的文明。"文明国家"成为列强重新瓜分殖民地、争夺欧洲和世界霸权的借口。

1899年和1907年在荷兰海牙召开的两次国际和平会议（又称海牙会议），把是否有与欧洲同质的文明作为判断"文明国家"的先决条件。西方列强在19世纪末由自由资本主义向帝国主义过渡时期，"文明"和"国际法"的旗号为其瓜分世界和在殖民地或半殖民地国家享有特权提供了法理依据。

深受中国儒家文化浸润的日本思想家福泽谕吉（1835—1901）在1875年出版的《文明论概略》一书中称，野蛮、半开化、文明是人类进化的三个必经阶段，欧美属于"文明"，非洲等属于野蛮，而土耳其、中国、日本、朝鲜等亚洲国家则为"半开化"国家。值得注意的是福泽谕吉将日本也列在半开化国家的行列中。在他看来文明之势由西而来，虽有人百般"防止杜绝"，而一旦冷静观察形势，即知"万不可行"，螳臂当车，自寻灭亡。福泽谕吉断言亚洲出路只有一条：遵循世界规则，追随全球步伐，与之同进同退、苦乐相随。

福泽谕吉在1885年3月16日发表的《脱亚论》中写道："文明犹如麻疹之流行，……我辈断乎不具（治愈）其术。有害无益之流行病尚且不可阻挡其势，何况利害相伴且常以利为主之文明乎！"福泽谕吉认为西洋的文明必将征服世界，东洋各国对它绝对没有抵抗能力。

明治初期的启蒙运动对儒家思想进行了激烈的批评，极大地促进了民众向西方学习的意识，与明治政府的改革相结合，形成了强大的推动力。它创造了一种追求新生活方式的大趋势，人们开始认为过去的一切都不好，并认为欧洲的一切都是好的。日本只有在政策上做出放弃中国文化、向西方转变才能在国际社会上与其他国家竞争，才能获得与列强平等的地位并保持国家的独立。事实上，正是西方的"文明国家"的语境打开了日本的国门。

奇迹之谜

国力的增强让日本最终走上了"失之西洋，收之东洋"的对外侵略扩张道路。明治维新以后的70多年里，日本发动和参与了14次对外战争，其中10次是对中国的侵略。经过甲午战争和日俄战争，后进的日本跻身帝国主义列强行列，成为一个封建军事帝国主义国家，以武力夺取世界霸权的野心愈加膨胀。

日本在每一场战争中都增强了国家实力。第一次世界大战虽为参战国，但由于没在本土作战，获得了大量的军需订货，带动了造船、纺织、兵器等出口产业的快速发展，出现了"大正景气"（1915—1920）。1913—1918年间的出口额增加了4倍，重工业生产激增，特别是重化学工业。工业部门的生产总值达到了国内生产总值的一半，日本第一次从债务国转变为债权国。

如果说第一次世界大战前后的国力是工业和人口，那么第二次世界大战的国力就是科学技术。1931年"九一八"事变前后，日本军方认识到科学技术是国力的根基，科学技术作为战争源动力的重要性更加清晰了。日本确立了"国家总力战"的体制，动用国家各种行政力量，动员科技人员参与以战争为目的技术开发。二战期间通过包括雷达在内的武器开发积累了技术。此外，从中国台湾、东北等殖民地掠夺的大量资源，成为重化工产业发展不可或缺的原料。

值得注意的是，1917年（大正六年）日本制定实施的《工业所有权战时法》取消了敌国的商标和发明的专利权保护，日本人可以申请这些专利的"专用权"并可获得政府和军方的保护。据1941年的统计，当时的敌国发明专利数量是化学工业290件，机械工业340件，电气工业501件，总数达11 131件。日本人的专用权申请异常踊跃，1941年6月22日的申请数量统计是化学工业639件，机械工业1 523件，电气工业1 070件，申请总数达到了3 286件。（草間節次，1942）[867-870]

由于日军侵华战争开始后弹药严重不足，而国内的生产无法满足需要，日本迅速成立了临时制氮研究所，选出35件专利申请"专用权"（龟山哲也，2008）[3-17]，其中就包括了弗里茨·哈伯（Fritz Haber，1868—1934）的高温高压制氮专利和威廉·奥斯特瓦尔德（Wilhelm Ostwald，1853—1932）的合成氨专利。之后由东北帝国大学、东京帝国大学等研究机关及企业组成了产官学联合体进行攻关研究，1921年开始小规模实验性生产，1931年昭和肥料公司（1908年由野口遵和藤山常一创立，旭化成的前身）利用开发成果实现了日产120吨的量产。临时制氮研究所在"日本近代化学工业的创立中发挥了主导作用"（龟山哲也，2008）[16]。

然而，科学技术并未给日本带来持久的繁荣和战争的胜利，"最终以昭和战败葬送了明治以来曾令全世界倾慕的日本现代化的骄人成果"（赵德宇 等，2010b）[195]。

二战结束后的1955—1973年间，日本经济持续以年均10%的速度高速增长，被西方称为日本的"经济奇迹"。1962年的英国杂志《经济学人》曾刊文讨论所谓的日本的战后"经济奇迹"，称奇迹的诞生和发展在很大程度上取决于战后日本所处的特殊（甚至可以说是独一无二）的环境，这些环境可能看起来是偶然汇聚在一起的，不会有第二次。

二战结束后，日本在美国主导的占领下开始了重建和经济恢复，美国初期的对日占领政策是保证"日本不再成为美国的威胁"。然而朝鲜战争爆发后，美军的占领政策从初期的"非军事化"和"限制工业能力"向经济复兴和支援转变。

二战后，战争期间那些参与军工技术开发的企业开始向民用产业领域转移，战时积累的技术经验成为战后企业发展的重要基础。电子产业是这样，造船、航空、汽车、化工、机械——日本几乎所有的产业领域都是如此。

日本成了出兵朝鲜的基地，也是美国战斗部队的集结地、休养地。美军的军需物资的大部分是在日本筹集，武器的修理也在日本进行。作为具有生产大量军需经验的发达工业国，日本很容易地适应了美国的要求。日本贸易收支在1949年尚有1.92亿美元的赤字，但到了1950年转为3 800万美元的黑字，其他的特需收入也达到了6 200万美元。特需收入在1951年以后进一步增大，1953年达到了8.03亿美元。1952—1953年间特需收入超过了出口总额的六成。

由于日本国内的产业技术落后，政府认识到获得制造能力的手段只有技术引进。通产省制定了抑制进口、保护国内市场的政策，同时鼓励企业积极引进外国先进技术，美国为日本的技术引进大开绿灯。美国在20世纪20年代完成的技术革新和二战前后的技术革新同时被引进了日本，技术史家星野芳郎（1922—2007）称之为"技术引进的双重结构"（星野芳郎，1964）[116]，松下、三洋等小企业迅速发展壮大，劳动密集型加工产品的出口带来了"经济奇迹"。1950—1961年的11年间共引进技术1 396项，是战前的5倍，其中机械、化学、电气机械占69%，这11年间的生产总值平均年增长21%，引进技术的生产总值年增长率达到了惊人的72%。（服部敏夫，1962）[25-32]引进技术中从美国引进的占69%。

美国在给日本提供大量技术的同时还提供了市场。美苏对立之下冷战的形成，导致美国的电子产业发展重心从民用向军用倾斜。1950年民用电子生产总值为15亿美元、军用为6.5亿美元。到了1957年民用生产总值略增到了17亿美元，而军用则高达41亿美元，民用电子市场出现了巨大的空白。从自制收音机发展起来的日本的电子产品获得了进入美国市场的机会（日本電子機械工業会，1968）[19]，日本制造的晶体管收音机的90%出口到了美国。

正如《日本权力结构之谜》的作者卡瑞尔·范·沃尔夫伦（Karel van Wolferen，1941— ）所总结的那样，日本变得完全依赖美国，不光是为了国防，最终也是为了外交。事实上，美国提供了一个外交屏障，让日本可以躲在后面，并在新重商主义贸易实践的帮助下，建立起了日本二战后强大的经济机器。

和德国一样，日本从美国占领区政府救济基金（GARIOA）得到了诸多紧急援助，极大地缓解和缩短了日本人的苦难期，此外，美军占领日本期间还邀请多批由美国专家组成的使节团到日本考察指导，对日本的教育、科学、文化、产业等进行考察后提出改革意见。如质量管理专家戴明在日本进行的质量管理培训，极大地促进了产品质量的提升。

法国经济学家米歇尔·博德（Michel Beaud，1935— ）在《资本主义的历史》一书中指出，在高速成长后会出现"新的结构危机"，认为随着劳动者对增加收入和劳动内容话语权的增大，大量生产最终会导致深刻的环境问题，最早的受害者——农民、渔民、地方居民等与自然环境关系密切的人开始抗议，建立保护团体并要求实施治理对策。

二战后，日本的钢铁、矿山、化工等重化学工业在对国内生产总值增长做出重要贡献的同时，也成为危害当地居民生命和健康的污染源。足尾铜山事件、水俣病、痛痛病、四日市哮喘病、米糠油事件等无一不与工业化带来的环境问题密切相关。但20世纪70年代的两次石油危机，并未对日本产业造成严重冲击，究其原因就是很多企业的生产已转移到海外，找到了危机的避风港。

1973—1990年间日本的汽车、半导体、家电等制造业开始向东南亚国家转移，低廉的生产成本维持了日本产品的国际竞争力。生产转移到国外的目的不单是为了降低成本，也有日本国内的环境问题。

日本政府1974年开始对有害物质排放进行限制，然而钢铁、电力、石油、化学4个行业立刻表示反对，但迫于民众抗议示威的压力最终也不得不接受。导致污染的企业开始寻求把工厂转移出去。转移地点的一个选项是人口密度低的北海道、青森等濑户内海西部的海滩，另一个选项就是韩国、新加坡等发展中国家。把公害和资本打包转移到发展中国家的想法正是二战期间"大东亚共荣圈"的翻版。（鹤见俊辅，1982）[11-12]

所谓的"1940年体制"就是指日本战时对经济进行统制的体制，日本二战后的体制与战时体制的连续性已越来越成为学界的共识。"日本政治家认为，工业发展对日本来说太重要了，所以不能把它托付给市场供需法则或者自由企业。"（本尼迪克特，2012）[71-87]

1931年的滨口内阁期间，日本军方根据《重要产业统制法》设立了管理统制协议的统制委员会。这部法律首次在法律中使用了极权意义上的"统制"一词，后来在《国家总动员法》和《重要产业团体》中将此词用作"统制企业""统制团体"等。

具体而言，统制协议是指生产领域、订单分配、销售价格及其他可能会产生影响的交易条件、销售渠道、销售量、联合销售等方面的协议。政府或者军方要求占总数的一半或更多的企业制定的统制协议在发生变化时，必须在一定期限内向主管大臣提出报告，指定"重要产业"的权力属于国务大臣。

日本根据1938年制定的《全国总动员法》和1941年制定的《重要工业组织条例》成立了钢铁统制委员会、统制组合等12大统制团体。资金和进口配额优先向材料工业和重工业倾斜，促进产能的提高。

二战时形成的国家总动员体制带来了战后的经济复兴，二战时成长起来的企业快速实现了战后的高速增长。《战后日本经济史》一书的作者、经济学家野口悠纪雄（1940—   ）认为，二战期间举全国之力支撑战争的国家总动员体制，即所谓"1940年体制"正是日本经济奇迹盛衰的真正谜底。

日本科技创新的性格

日本的企业的产品和服务长期满足于在一个孤立的环境中发展，热衷于创造"独特"的形式有其传统，如古老的浮世绘，典型的例子还有漫画、动画、视频游戏和特效等，这些作品充满了连日本人都难以理解的符号，是"孤岛化"的极致之处。采用日本自己（或只有一家企业）的标准，以日本的独特需求（语言、文化、环境、法规等）为目标进行产品开发，试图在仅有1亿多人口的日本国内市场抓住消费者。通过追求高性能、多功能和高价格来阻止日本以外的产品进入日本市场。

"孤岛化"虽然取得了一定的效益但导致日本的产品很难进入全球市场。当通用性更高的低价格产品和技术从外部被引入后，最终导致日本的产品被淘汰。当日本的企业意识到海外市场已形成了"事实标准"后，"孤岛化"中的产品已被世界抛在了后面。

"孤岛化"的产品开发首先表现在对"封闭"的一种审美倾向。日本的国旗是个圆，自圣德太子（574—622）出使隋朝以来日本就有"朝阳之国"之说，红色的"日之丸"象征朝阳，把一切都收入到一个圆里是日本人美感的最高境界。

个人计算机时代到来后，日本电气率先推出了98系列个人计算机。为解决汉字显示问题，采用了和IBM不兼容的独立硬件体系，包括显卡、声卡等零部件都不兼容，近乎完全封闭。98系列计算机在日本市场上长期占据绝对优势，IBM的市场占有率和日本电气相比差距明显且增长缓慢。然而随着Windows的出现，IBM兼容机消除了汉字显示的障碍，IBM兼容机开始占据优势，98系列计算机最终从市场上消失了。

移动电话也经历了同样的过程。日本1987年开始提供移动电话服务，用户数量急速增加。日本的移动电话采用了欧洲GMS折中的W-CDMA标准，截至2000年日本的移动电话产量一直呈直线增长趋势。运营商期待通过独自的标准和锁定SIM卡来保护市场、维持高价，日本的手机市场事实上处于自我封闭的状态。

与此同时，美国高通（Qualcomm）开始向韩国和中国推广移动电话芯片，中国的中兴通讯（ZTE）、韩国的三星（Samsung）等开始大量生产采用CDMA标准的移动电话并逐渐在日本之外形成了竞争优势。在制造上，美国、中国、韩国的新兴企业接连不断诞生，手机制造业从垂直分工向水平分工转变，国际分工体系形成了。然而，日本依然顽固地坚守原有的垂直模式。随着带有统一的操作系统（OS）的智能手机的出现，手机的功能从通话和短信扩展到了互联网，上网的需求开始增大。当2008年iPhone开始在日本销售时，日本的企业认为日本人已经习惯了单手操作日本的折叠手机了，没有物理键盘的智能手机不会流行起来。

日本有追求"缩小"的美感。著名的韩国文化学者李御宁（1934—2022）指出，日本人自古以来就有"缩小主义"，欣赏小物之美，尽可能把一切都缩小，从日本的短歌、小说和生活方式中可以解读到这一特点。（李御宁，1982）

索尼是最早获得成功的日本的电子产品企业之一，索尼追求的产品志向可以用"小"来概括。二战结束后不久成立的索尼公司并未追逐当时主流的电子管开发产品，原因是电子管无法实现小型化。当半导体晶体管出现后，索尼立刻认识到晶体管可以实现产品的小型化，于是孤注一掷地开发晶体管和采用晶体管的产品。晶体管收音机、随身听等在市场上获得了巨大的成功。

日本人之所以追求"缩小主义"同样离不开环境的影响。日本人有"战斗的精神，超生死的力量，优美娴静的意态，前者是好战国民战斗生活的结晶，后者是温带岛国之美丽的山川风景的表现"（戴季陶，1994）[169]，"日本审美的程度比较在诸国民中算是高尚而普遍。缺乏的是伟大崇高。日本人标榜为美的极致不过富士（山），不足比中国的诸名山。在一个海国山地当中，溪谷冈陵，起伏变幻，山水都是优雅精致，好像刻意雕琢成功一样"（戴季陶，1994）[170]，日本的美感是小巧精致。

"封闭"和"缩小"的审美志向带来的是对产品质量的过度追求。1985年大型计算机开始向个人计算机转变，半导体存储器的用途也从大型计算机向个人计算机转变，对半导体存储器的需求从高质量、长寿命向低成本转变。大型计算机使用的半导体存储器通常要求10年以上的品质保证，但个人计算机的品质保证通常是3年。韩国制造的低成本半导体存储器满足了市场需求，而日本只看到了大型计算

机的需求市场，日本有"品质过剩病"。（汤之上隆，2009）[112-113]

"品质过剩病"的另一层含义是功能过剩。随着市场需求的扩大，参与竞争的企业急剧增多，最终形成了索尼、松下等少数大企业主导的市场。引进技术的过度集中，如何使产品差别化成为获得竞争力的主要手段。经济高速增长带动了人均消费水平的提高，多数企业在成本和功能上选择增加功能来获得竞争力。企业在如何把握成本和功能的关系上都遇到了困难，数码相机或电视等产品都存在类似的问题。工匠的文化传统培育出追求质量的习惯，为了追求产品的差异化，企业在高度竞争的压力下最终陷入功能多少的竞争，结果导致产品成本的增大。

为了追求电视机极致的画质，1964年日本开始了高清电视机的开发，目标是到1994年实用化并形成国际标准，在全球打造新的竞争力。然而，日美在选择模拟方式还是数字方式上路线不同，美国MIT媒体实验室的所长曾经这样说过，"看电视的人更看重电视节目内容，对微小的图像质量并不在意"（関本忠弘，1996）[8-12]。日本人认为追求画质更重要，因此选择了对改善画质更有利的模拟方式。2007—2010年间，松下电器、夏普等企业都在模拟高清电视机上进行了大规模投资，然而直到2011年才发现只有日本市场需要模拟高清电视。2012年开始各生产企业陷入了经营危机，此后模拟高清电视机退出了历史舞台。

日本人在行动上往往表现出"一根筋"的行为方式。福泽谕吉曾指出："日本国的人心有个弊病，动不动就凝聚在一起……极度偏其所好，对其所嫌恶则强烈地加以排斥……经常会奔着一个方向直线前进，然后忽然中断，不允许前后左右有任何可以变通的余地。"

日本企业追求从原材料采购到零部件加工，再到成品组装和检测，在自家工厂完成所有制造环节的"一贯生产体制"，这对确保产品质量和竞争力起到了重要的作用，这源于对制造能力的自信。工匠文化造就的日本工程师，在精密仪器等制造技术上精益求精，把产品交给其他企业制造最大的担心就是质量，照相机、精密机械等的生产制造都是如此。然而，随着电子产品的价值从硬件转移到软件，需要长期积累的传统制造技术的含量减少了，全球分工模式的制造业最终使日本的一贯生产体制失去了竞争优势。（大木博巳，2021）[104-133]

20世纪80年代后期，中国以及东欧一些国家开始向市场经济转变，拥有超过20亿人口的低成本制造业开始兴起，日本等发达国家不再拥有制造上的优势。进入90年代后，英特尔微处理器的普及引发了个人计算机制造业的变革，企业之间的技术差距逐渐缩小，竞争重点从技术水平向制造成本转移，中国台湾代工制造的个人计算机实现了低成本、高质量，日本一贯生产体制生产的产品的竞争优势逐渐丧失。（李承轩 等，2017）[151-169]

日本发展出了独特的官僚体系。在江户时代，士、农、工、商四个社会阶层中，"工"就是与技术相关的工匠，是日本最初的工程师，但其社会地位不高。现代社会政治体制形成后，帝国大学法律系等出身名门的文官掌握了绝对的执政权，直到工部大学校及东京大学理工科毕业生增多后情况才逐渐改变。

1879年由工部大学校首届毕业生发起创立了"工学会"，随后陆续成立了矿业、制造、电气、机械、造船以及化工等专业分会。时任工学会副会长、土木工程师古市公威（1854—1934）首次提出修改不公平的文官任用令的建议，但当时并未得到政府的积极回应。直到1920年，宫本武之辅发起组织了"技术者运动"后，工程技术人员的工作和生活待遇以及技术官僚地位明显低于文官的情况才有所改变。

技术官僚的努力在此后的官制改革中得到了回报，他们开始和法律官僚一样得到了重用，开始担任政府的高级职位，事实上负责产业政策和产业技术的通产省就是由技术官僚主导的行政机构。

明治维新具有"既革命又保守"的双重特性，在这种性质的运动中不可能形成纯粹的英美式的企业制度。但这一运动却拉开了日本政府主导日本经济方向的序幕，政商结合就此形成，"官僚依赖"问题便开始凸显了。

二战期间，通产省的技术官僚积极配合军方的科技动员，所有的日本企业坚定地支持政府的一切行动，企业将自己的命运和政府捆绑在一起，成为战争的帮凶，其重要性也得到了政府的认可。战后技术官僚主宰了产业领导机构——通产省，官僚主导技术创新成为二战后日本的一个特点。

二战后日本的通产省作为产业政策发展的"领头羊"，运用行政指导的手段，引导企业执行既定的产业政策。政府通过许可证的发放、补助金、减税等行政手段"控制"企业，而向企业提供各种优惠则是政府为了实现政治经济目的而与企业进行的交易。"官僚依赖"成了日本经济的救命稻草，战后日本的政商关系是政府、企业和政党三者的紧密合作。通产省和江户时代的町场极为相似，官僚体制与日本文化一脉相承。尽管官僚中不乏拥有专业知识的高级人才，在产业发展问题上持有真知灼见，然而制定出的大型开发计划除了半导体的开发之外都未能奏效。

索尼前首席执行官（CEO）出井伸之（1937—2022）曾一针见血地指出："日本企业已经输给了中国企业。这很大程度上是因为日本企业自己造成的，依赖官僚已经成为整个日本挥之不去的梦魇。""在日本经济泡沫破裂之后，所有的日本企业都不知道该从何下手。长期以来日本企业过于依赖政府的政策调控，当危机真正降临之时却发现不懂得自救的办法。"

制造业的发达让日本政府产生了一种错觉，那就是未来的制造业一直是日本的天下，日本忽视了新兴技术的崛起，忽视了网络时代的到来。更为可怕的是，由于企业与政府的深度绑定，几乎没有日本企业主动涉足网络领域——日本在新时代到来之初，就已经输在了起跑线上。

然而，日本在基础科学研究上取得了令人瞩目的成就。21世纪以来日本共有20人（其中包括3名美国公民）获得了诺贝尔奖，获奖总人数仅次于美国。2001年日本政府制定的科学技术基本计划中提出了"未来50年培养30名获奖者"的目标，然而仅仅过去了23年获奖者人数就达到了目标人数的三分之二。

日本经济在二战后实现了高速增长，20世纪70年代石油危机爆发后转向经济高质量的发展，研发支出占国民总收入的比重持续超过了2%，即使在"失去的30年"里，研发支出也始终保持在3%以上，成为科学技术发展的强大推动力。

此外，日本的大学和科研机关里的研究人员拥有相对自由的研究环境。对获奖者最多的东京大学、京都大学及名古屋大学三所大学的调查表明，这些大学都有"几乎没有任何限制的自由"、"院系之间的自由流动"和"彻底的精英制度"，研究人员在极其自由的环境中可以充分发挥自己的才能，这是产生可以获得诺贝尔奖水平研究成果的重要原因。比如东京大学的各个院系几乎没有专门的行政人员，每个院系的管理者就是教授和老师，甚至连学籍管理、网络维护这些杂事都是由老师亲力亲为。每个院系、每个老师都享有高度的自治权，在这一管理模式下东京大学的学术自由得到了充分发挥。

更重要的是日本的"和魂"文化培养出了一心一意执着钻研的人才，在日本一辈子执着地只做一件事，直到把这件事情做到极致的人很多。据说为了回答学生提出的创造性研究来自哪里的提问，汤川秀树曾在讲课途中在黑板上画了一个圆。圆既是日本美感的最高境界也是禅宗的"无"，日本神道有"无为自然"之说，汤川秀树教导学生创造性发明从"无"而来。（長谷川晃，2017）

诺贝尔生理学或医学奖获得者本庶佑（1942—　）说过，最重要的是"好奇心"和"不要轻易地相信"。大隅良典（1945—　）也曾多次表示，希望现在的年轻研究者要有探索、开拓的精神，不要总去问"有没有用"。大隅良典从小就在大自然中奔跑，拔野菜，采集昆虫。与自然的亲密接触和好奇心正是获奖的原点。1981年的诺贝尔化学奖获得者福井谦一在《直言教育》中写道："在我的整个初中、高中时代给我影响最大的是法布尔的著作《昆虫记》《阿维尼翁的动物》《橄榄树上的伞菌》等，于我可以称之为心灵之师，在我的人生中起到了极为重要的作用。"从这些事例可以看出，"个人的想法和研究的热情非常重要"。（東実，2016）

通常认为发表论文的数量是衡量一个国家科研能力的指标，受关注的论文越多科研能力就越高。近年来主要发达国家的发表论文数量都在增加，只有日本在减少。2017年3月英国科学杂志《自然》发表文章称日本的科技能力在恶化，震惊了日本社会。

选择的苦恼

20世纪90年代以来，日本的国际竞争力从世界首位跌至第34位，薪资水平30年几乎没有增长，成为一个持续30年经济无法增长的国家，即所谓的"失去的30年"。导致失去30年的原因不仅有政策上的失误，更重要的是日本社会文化中的痼疾。

日本二战后最大的政策失误可以说是能源政策。为了推动经济重建，二战后政府实行了将资金、材料和劳动力向煤炭和钢铁行业集中配置的"倾斜生产"政策，铁路运输和重工业不可或缺的煤炭的生产被列为重中之重。1947年制定实施《煤炭产业暂行法》，政府开始控制煤炭开采业，煤炭产量急剧增加，煤炭火力发电开始增长，半个世纪的光景，日本的火力发电首次超过了水力发电，进入了"火主水从"时期。然而，由于日本国内煤炭是一种高价资源，钢铁等企业迅速将燃料从煤炭转向重油，国内煤炭的需求直线下降，煤炭产业被推向了危机的边缘。

第一次和第二次石油危机后，1974年日本经济第一次进入负增长，高速经济成长结束了。日本政府认识到了过度依赖石油的危险性，开始积极摆脱石油，努力实现能源的多元化。然而，令人意外的是能源多元化政策带来的却是煤炭火力发电的复活。福岛核电站事故后，核电站被迫关闭，占能源供应15%的核能没有了，2019年化石能源占比达到了历史最高的84.8%。

2020年10月，日本政府宣布到2050年将温室气体排放总量降至零，实现碳中和。2014年4月的《第4次能源战略计划》提出了推动使用氢能，建设氢能社会。同年6月由产学官组成的氢能和燃料电池战略委员会编制了《氢和燃料电池战略路线图》，提出分三步走逐步实现氢能社会。

明治维新后的日本虽然走上了西化的现代化道路，但根植于社会底层的"村社会"文化一直没有改变，明治时期以来的诸多著名学者都曾指出过，如福泽谕吉、夏目漱石（1867—1916）、涩泽荣一（1840—1931）等。

　　所谓的村社会是指过去日本农村地区形成的由居住在同一地区的家族组成的有自己的组织、价值观念、习惯和传统的"小社会"。在村社会中，人与人之间的关系非常紧密，共享资源和社会规范。在一般情况下大家通常会和谐地相处，但有时仍会有破坏村社会规范者出现。不过这个造成村内和谐被破坏的人极有可能会遭到其他村社会成员的集体霸凌，而这个集体霸凌的行为被称为"村八分"。

　　传统的日本企业带有强烈的村社会文化，注重团队的和谐而创新思维会被视为"异端"，人的观念很难改变。每个人都试图通过阻止变革的发生来保护自己的既得利益，互相成为创新的障碍。村社会文化是导致"失去的30年"的真正原因。（加谷珪一，2022）

　　此外，二战后日本依靠制造业的出口实现了惊人的经济增长，1968年时GDP跃居世界第二，成为亚洲唯一可与西方发达国家相比的"一等国"后，日本国民自信心大增。1970—1980年间半导体产业的成功崛起更是让许多日本人有了已是技术超级大国的错觉而变得傲慢，失去了谦逊，开始对发展中国家尤其是中国有了一分蔑视。

　　蔑视中国还有来自美国的原因。二战后以美军为主导的对日本的占领政策，无论是解除军事武装的"非军事化"、对战争中极为嚣张的右翼分子进行逮捕或开除公职，还是对控制着日本战前经济并与天皇权力有密切关系的财阀实施解体，带给日本人的都是超过战败的恐怖感。"日本人很清楚自己的首要任务是在战败后留下一个好名声，自己所能做的就是表现友好，表现友好的最安全方式是依赖美国。"（本尼迪克特，2012）[122-145]

　　朝鲜战争爆发后，以苏联为代表的共产主义国家成为了美国的敌人，随着日美媾和条约《旧金山和约》的签署和日美同盟关系的确立，日本从美国的敌人变成了盟友。经历了冰火两重天的日本，在经受了美式文化和民主的洗礼后，民众对美国的感激之情溢于言表，福译谕吉对西方文明的崇拜变成了单纯对美国的崇拜，对美依存的文化意识在全社会形成了。日本人的文化取向从"和魂汉才"转变为"和魂洋才"之后最终变成了对美依存的"和魂美才"。美国的敌人也是日本的敌人。

进入21世纪后全球的制造业开始向中国转移，中国制造强势崛起。2006年，当时的经团联会长御手洗富士夫（1935— ）曾提出"将来要在中国实现开发、生产和制造"，日本学者也认为尽早在中国构筑产业链管理体系十分重要（近藤信一，2008）[217-227]，然而日本国内对美依存的文化影响着日本人的判断，"脱中国制造"的声音不绝于耳。对以"看板管理"为代表的日本制造的自负正在颠覆整个日本。（大西康之，2017）[10-19]

当然，仍有一部分企业家准确把握了发展的大趋势，抓住了转瞬即逝的机会。日本的电子零部件，如索尼的图像传感器、京瓷的树脂基板、TDK的电容器和高频器件等积极将制造向中国转移，享受到了世界工厂的恩惠，保持了持续的竞争力。（近藤信一，2008）[32-33]

日本社会的变革缓慢影响了企业的行为，村社会的文化让企业无法做出正确的选择。电动车就是一个非常好的例子。"让日本人感到放心的生活方式，则是万事已提前规划好。对他们来说，最大的威胁莫过于不可预知的意外。"（本尼迪克特，2012）[29-47]

纯电动车（BEV）意味着要彻底抛弃长期积累的技术，混动车（PHV）可以保留长期积累的燃油发动机技术。燃油发动机无法满足环保排放要求，纯电动无排放但性能无法达到要求，日本的车企最终选择了混动，称之为技术革命。尽管混动车受到市场的欢迎，企业获得了短期利益，实际上却是技术上的妥协路线。

　　技术革新的两个车轮是继承和变革。继承是理论、方法的移植或者已有技术要素的融合。受职人文化传统的影响，日本车企的技术开发集中在既存技术要素的改良和融合上，缺少技术体系的创新。

　　二战后美国的科技创新没有停留在科技上，为了确保自己的科技地位开始将意识形态与科技捆绑。20世纪80年代美日科技竞争日趋激烈，早在60年代和70年代美国的纺织、造船、摩托车和照相机等工业都在日本企业的进攻面前成了牺牲品。到了80年代，日本开始向美国的核心工业——汽车和信息技术发起进攻，美国的汽车工业陷入了崩溃的边缘。在美国人看来，日本正一步一步地把美国挤出制造领域。时任克林顿政府劳动部部长的哈佛大学教授罗伯特·莱克（Robert Reich，1946—　）1987年在《大西洋月刊》上发表文章提出了"技术民族主义"的概念，将日本的跃进称为技术民族主义对技术全球主义（techno-globalism）的挑战。

　　技术民族主义最初的目标在于纠正美方眼中不对等的科技情报流动，建立有利于美国的新框架、新机制。此后技术民族主义的内涵开始发生变化。非西方国家是如何依托民族主义思潮与情绪形成有别于西方的发展路径、建制形态和科技成果的，这些成果又是如何影响民族文化的，这些问题成为技术民族主义关注的焦点。

　　之后的技术民族主义的内涵持续被拓展，不再单指民族主义驱动的增长模式，而是指向国家对科技和经济发展的广泛干预。不再限于科学技术领域的竞争而是包含地缘政治、国家安全等一系列需要依赖新技术赋能的综合考量，不再指具体政策举措而是转向抽象的大国竞争。

救命稻草

2011年三洋电机被中国海尔集团收购，日本电气个人计算机事业合并到了中国联想集团；2016年东芝白色家电业务被中国美的集团收购，夏普成为中国台湾鸿海集团旗下的企业；2017年东芝电视机子公司转让给了中国海信集团。之后，日本众多产业衰落的趋势终于扩大到了最具标志性的汽车产业。

2018年以来日本新车销售量一直在下滑，2021年降至20世纪90年代的三分之二左右。相比之下，在新冠疫情依然肆虐的2021年，中国汽车的销售量仍比上年增加了3.8%，达到了2 627.5万辆，成为世界上拉动汽车产业发展的最大市场。更引人瞩目的是，中国自主研发的电动车（BEV）正在主导国际电动车市场。据《富士经济》的分析预测，2035年全球汽车销量的50%将是电动车，总量将达到5 651万辆，传统燃油车被电动车取代的时代即将到来。在民用产业衰退的压力下，日本政府开始把振兴政策的方向转移到军工产业上，同时国防研究也被提上了国立大学和研究机构的日程。

早在1967年4月日本曾制定了不向共产主义阵营国家、不向联合国禁止的国家及不向发生国际争端的当事国或者可能要发生国际争端的当事国出售武器的《武器出口三原则》，"专守防卫"是二战后日本国防政策的核心。然而，日本政府用《防卫装备移转三原则》取代了《武器出口三原则》，实际上废除了禁止武器出口的规定，同时把军工产业作为最大增长点。

东芝的白色家电部门2016年被中国企业收购后，其原子能部门因并购美国企业失败造成了1.9兆日元的损失，半导体部门事实上也处于放任自流的状态，获利的希望只剩下军工生产部门了。三菱重工、三菱电机、川崎重工、日本电气、富士通、东芝、日立制作所、大金（DAIKIN）等著名家电企业同时也是军工产业的领军企业，都陷入了不同程度的经营困境。日本二战后的军工产业经历了长期潜伏期后，成为财界和政府期待的经济复兴的引擎。（内桥克人，1999）[12-13]

二战前，拥有坚船利炮被视为头等强国的条件，日军的"大和号"等巨舰虽然没有让日本避免战败的结局，但日本追求头等国家的思想并未消失。日本政府认为原子能技术是头等强国的象征，因而十分重视原子能技术的开发。1951年美国特使约翰·杜勒斯（John F Dulles，1888—1959）访日时，时任民主党议员的中曾根康弘（1918—2019）就迫不及待地请求美国解禁原子能研究，1955年他在国会讨论《原子能基本法》时表示："日本目前的国际地位自战败以来一直极低，我相信原子能和科学能够恢复我们的国际地位并提高日本的科学技术水平。"

此后，日本政府开始加速推进原子能利用，其目的不仅仅是民用发电，事实上政府从一开始就没有否定原子能的军事利用。根据《日美原子能协定》，日本的作为核燃料的浓缩铀及使用后的处理应置于美国的监管之下，燃料处理需事前征得美国的同意。自印度利用核电站生成的钚239成功制造出原子弹后，美国感到了危机。1977年美国民主党吉米·卡特政府（1977—1981）通知日本，停止核废料浓缩加工，东海村核废料再处理工厂的运营被迫终止了。日本政府想尽一切办法和卡特政府周旋，千方百计保留再处理工厂，美国人感觉到了日本在铀浓缩加工上"异常的固执心"。然而共和党罗纳德·里根政府（1981—1989）改变了卡特执政时期的方针，1988年日美协议签署后，日本核废料的处理事实上已不再需要征得美国的同意，日本迅速恢复了浓缩铀加工厂的运营。截至2017年，日本的浓缩钚239保有量达到了48吨。一般只需8千克就可以制造一枚原子弹，日本已拥有了足够制造6 000颗原子弹的核原料。

雅虎（Yahoo）公司2022年12月17日的调查显示，89%的日本人赞成政府通过增加国防预算振兴国防产业。如此高的支持率让人再次想起了1940年的"战时动员"。

结语的结语

明治维新以来，日本仅用了50年左右的时间就完成了西方国家两三个世纪才完成的现代化。二战后的日本之所以能在短时间内从废墟中快速恢复并实现经济的高速增长，成为仅次于美国的经济大国，从明治维新到二战前的积累，包括战争中掠夺的资源及所谓的敌国专利的强制使用等非正常手段获得的技术等诸因素发挥了重要作用。

值得注意的是，二战后的日本遇到了历史上千载难逢的机遇。二战后美国在战争期间投入巨资开发的半导体、计算机、新材料等技术开始向民用转移，大量的成熟的高科技尚未实现产品化，作为美国盟友的日本毫无障碍地获得了这些技术。同时，重视军用技术开发的美国国内出现了巨大的民用市场空白，美国注重军品的质量却忽视民品的质量。日本不放弃任何可以发展自身的机会，举全国之力牢牢地抓住了第三次工业革命的机会。

日本的小型化产品路线加上工匠擅长磨合也擅长组合更重视质量的传统，让日本的电子、机械、光学产品在美国市场上获得了巨大的成功。日本无疑是二战后依靠劳动密集产业，凭借以出口为导向的追赶模式在短时间内崛起的后发国家的最成功案例。

然而，"失去的30年"证明所有的一切不过是战争带来的历史机遇，全面西化带来的不过是短暂的繁荣。"明治维新以来，日本从引

进起步，追随西洋文明，通过持续的技术改良寻求产业规模的扩大和经济的高速成长，然而技术创新带来的成长不过是幻想而已。"（水野和夫，2014）[102-103]

经济成长停滞的根本原因是日本有模仿改良磨合组合的工匠，但缺少培育技术创新的社会文化，战后的经济成长带来的自满和错觉掩盖了日本传统文化的弊病。事实上，明治维新以来的村社会文化导致了"孤岛化"。"失去的30年"开始的时期——泡沫经济崩溃的1990年，也正是互联网诞生的元年。在瑞士日内瓦的核子研究中心（CERN）工作的英国物理学家蒂姆·伯纳斯·李（Tim Berners-Lee）提出了World Wide Web，也就是如今我们非常熟悉的www互联网。日本不仅没有注意到互联网的发展，事实上很多企业有抵制情绪。因为互联网带来的技术全球化与日本的传统文化中的"孤岛化"志向产生了激烈的冲突。互联网发展的30年也是日本的经济成长停滞的30年。由此可见，技术革新需要与之相应的社会变革。

回顾历史，科学技术在西方走上了一条与中华文明完全不同的道路，科学技术首先转变成了生产力进而增强了国家的实力，同时变成了相互征服的暴力工具，科学技术革命的演进过程也是不同国家集团之间为争夺权力发生战争与冲突的过程，日本成为西方的所谓的"文明国家"语境中的最大牺牲品。

进入20世纪，国与国间的关系被西方描述为一种排他的零和博弈，科学技术竞争引发战争的危险性正在增大。2015年9月28日，习近平总书记在第七十届联合国大会一般性辩论上提出了构建以合作共赢为核心的新型国际关系，打造人类命运共同体。习近平总书记提出的世界各国共同努力，建立平等相待、互商互谅的伙伴关系，公道正义、共建共享的安全格局，开放创新、包容互惠的发展前景，和而不

同、兼收并蓄的文明交流，尊崇自然、绿色发展的生态体系，被看作是中国为世界各国迈向人类命运共同体而提出的"路线图"。

在本书杀青之际，2023年8月24日，日本政府和东京电力公司不顾周边邻国、国际社会及本国国民的强烈反对，开始强行将福岛核电站事故产生的核污水向大海中排放。日本的国家现代化将走向何方？我们对此拭目以待。

附表：日本自然科学领域的诺贝尔奖获奖情况

获奖年	获奖者	领域类别	获奖研究
1949	汤川秀树	物理学奖	基于核子力的研究预言了介子的存在
1965	朝永振一郎	物理学奖	重正化理论与中子研究
1973	江崎玲於奈	物理学奖	发现半导体及超导体内的隧道效应
1981	福井谦一	化学奖	化学反应过程的理论研究
1987	利根川进	生理学或医学奖	发现抗体多样性的遗传学原理
2000	白川英树	化学奖	导电高分子的发现和发展
2001	野依良治	化学奖	催化手性不对称合成研究
2002	小柴昌俊	物理学奖	天体物理学特别是探测和发现宇宙中微子及宇宙X射线源的研究
2002	田中耕一	化学奖	发明生物大分子的质谱分析法
2008	南部阳一郎	物理学奖	发现基本粒子物理学中自发对称性破缺机制
2008	小林诚	物理学奖	提出小林–益川模型和发现CP对称性破缺的起源
2008	益川敏英	物理学奖	提出小林–益川模型和发现CP对称性破缺的起源
2008	下村修	化学奖	绿色荧光蛋白质（GFP）的发现和对生命科学的贡献
2010	根岸英一	化学奖	发明有机合成中钯催化交叉偶联反应
2010	铃木章	化学奖	发明有机合成中钯催化交叉偶联反应
2012	山中伸弥	生理学或医学奖	诱导多能干细胞研究
2014	赤崎勇	物理学奖	发明明亮、节能且可作为白色光源的高效蓝色发光二极管
2014	天野浩	物理学奖	发明明亮、节能且可作为白色光源的高效蓝色发光二极管
2014	中村修二	物理学奖	发明明亮、节能且可作为白色光源的高效蓝色发光二极管

续　表

获奖年	获奖者	领域类别	获奖研究
2015	大村智	生理学或医学奖	发现因寄生线虫导致感染的治疗方法
2015	梶田隆章	物理学奖	发现中微子振荡现象并证明中微子具有质量
2016	大隅良典	生理学或医学奖	阐明细胞自噬作用的机制
2018	本庶佑	生理学或医学奖	发现负性免疫调节治疗癌症方法
2019	吉野彰	化学奖	锂离子电池开发
2021	真锅淑郎	物理学奖	地球复杂气候的物理模型研究

注：其中南部阳一郎、中村修二、真锅淑郎为美籍日裔物理学家。

资料来源：www.mext.go.jp/content/20220608-mxt_kouhou02-000023228_1.pdf

参考文献

中文

巴特菲尔德，2017. 现代科学的起源［M］.张卜天，译.上海：上海交通大学出版社.

坂田昌一，1965. 关于新基本粒子观的对话［J］.张质贤，译.红旗（6）：19-31.

坂野润治，2019. 日本近代史［M］.杨汀，刘华，译.香港：商务印书馆（香港）有限公司.

贝尔纳，1981. 历史上的科学［M］.伍况甫，等译.北京：科学出版社.

贝尔纳，1982. 科学的社会功能［M］.陈体芳，译.北京：商务印书馆.

本尼迪克特，2002. 菊与刀——日本文化诸模式［M］.吕万和，熊达云，王智新，译.北京：商务印书馆.

本尼迪克特，2012. 菊与刀——日本文化诸模式（增订版）［M］.吕万和，熊达云，王智新，译.北京：商务印书馆.

边明江，2020. 明六社成立情况细考［J］.日语学习与研究（2）：80-88.

布莱克，等，1983.日本和俄国的现代化［M］.周师铭，等译.北京：商务印书馆.

大隈重信，2007a.日本开国五十年史：上册［C］.上海：上海社会科学院出版社.

大隈重信，2007b.日本开国五十年史：下册［C］.上海：上海社会科学院出版社.

戴季陶，1994.日本论［M］.海口：海南出版社

岛尾永康，1998.日本1868—1945年科学的发展［J］.周建，陈晓燕，译.自然科学史研究（3）：219-239.

董光璧，1997.中国近现代科学技术史［M］，长沙：湖南教育出版社.

董光璧，2021.科学的世界化和在地化［N］.中国科学报，2021-09-30（5）.

杜斯，2020.剑桥日本史：第6卷　20世纪［M］.王翔，译.杭州：浙江大学出版社.

段士玉，等，2012.仁科芳雄对日本物理学的贡献［J］.首都师范大学学报（自然科学版）（1）：21-24.

段伟文，2020.中国自然辩证法研究的早期探索［J］.山东科技大学学报（社会科学版）（5）：1-9.

恩格斯，1972.在马克思墓前的讲话［M］//马克思恩格斯选集：第三卷.北京：人民出版社.

冯玮，1992.重新认识"锁国"政策对日本吸收西方科学文化的影响［J］.世界历史（5）：33-41.

福泽谕吉，2019. 文明论概略［M］.北京编译社，译.北京：商务印书馆.

傅高义，2016. 日本第一：对美国的启示［M］.谷英，张柯，丹柳，译.上海：上海译文出版社.

冈本拓司，2006. 科学与竞争：以日本物理学为例，1886—1949［J］.杜扬，译.科学文化评论，3（2）：38-52.

戈登，2017. 现代日本史：从德川时代到21世纪［M］.李朝津，译.北京：中信出版集团.

顾明义，等，1991. 日本侵占旅大四十年史［M］，沈阳：辽宁人民出版社.

广田襄，2021. 现代化学史［M］.丁明玉，译.北京：化学工业出版社.

韩健平，等，2006. 日伪时期的殖民地科研机构：历史与文献［M］.济南：山东教育出版社.

赫拉利，2017. 人类简史：从动物到上帝［M］.林俊宏，译.北京：中信出版集团.

洪维扬，2018. 幕末：日本近代化的黎明前·第2部［M］.新北：远足文化.

洪银兴，等，1990.发展经济学通论［M］.南京：江苏人民出版社.

侯祥麟，1984.中国页岩油工业［M］，北京：石油工业出版社.

黄继红，等，2020.中国味精工业100年综述［J］.中国调味品，45（3）：167-171.

吉田茂，1980.激荡的百年史——我们的果断措施和奇迹般的转变［M］.孔凡，张文，译.北京：世界知识出版社.

吉元国生，1991.面对西方的挑战——日本经济成功之道［M］.

黄钢，译.北京：中国城市出版社.

季羡林，1996.文化交流的必然性和复杂性——在"东方文化系列讲座"上的报告［M］//季羡林文集：第六卷　中国文化与东方文化.南昌：江西教育出版社.

菅原信克，2021.日本应制定科学技术安全政策［N］.参考消息，2021-12-10（13）.

姜春洁，2017.从"帆船"到"汽船"：幕末日本海权意识萌生的器物条件［J］.世界历史（3）：17-28.

蒋百里，等，2018.日本人　日本论　欧洲文艺复兴史［M］.南昌：江西教育出版社.

金明善，1993.日本现代化研究［M］.沈阳：辽宁大学出版社.

井上清，1956.日本现代史（一）［M］.北京：三联书店.

科恩，2017.科学中的革命［M］.鲁旭东，赵培杰，译.北京：商务印书馆.

克罗斯比，2018.哥伦布大交换：1942年以后的生物影响和文化冲击［M］.郑明萱，译.北京：中信出版社.

李公绰，1988.战后日本的经济起飞［M］.长沙：湖南人民出版社.

李红，2010.日本明治时期农业科技近代化发展研究［D］.南京：南京农业大学.

李克特，1989.科学是一种文化过程［M］.顾昕，张小天，译.北京：三联书店.

李少军，2001.近代中日比较研究综述［J］.近代史研究（4）：261-301.

李廷举，1992.科学技术立国的日本：历史和展望［M］.北京：北京大学出版社.

李突，1986. 献身祖国的人民科学家——记朝鲜维尼纶发明家李升基博士 [J]. 瞭望周刊（21）：35-36.

梁波，等，2000. 试论"殖民地科学" [J]. 自然辩证法通讯，22（6）：34-40.

梁波，等，2003. "帝国主义"概念的变种 [J]. 东北大学学报（社会科学版），5（3）：157-159.

梁波，2005. 爱因斯坦的日本之行——读金子务的《爱因斯坦冲击》 [J]. 自然科学史研究（3）：284-289.

梁波，2006. 技术与帝国主义研究——日本在中国的殖民科研机构 [M]. 济南：山东教育出版社.

梁波，等，2008. 科学技术社会史 [M]. 沈阳：辽宁科学技术出版社.

梁波，2009. 日本在中国的煤液化技术开发（1921—1945） [C] //佟君. 华南日本研究第2辑 [M]. 广州：中山大学出版社.

梁波，2010. 日本在中国的油页岩技术开发（1909—1945） [C] //佟君. 华南日本研究第3辑 [M]. 上海：华东理工大学出版社.

列宁，1964. 帝国主义是资本主义的最高阶段 [M]. 北京：人民出版社.

林鼎钦，1986. 近代日本吸取西方文化的特点 [J]. 日本研究（1）：30-36.

刘霁堂，1996. 简析战后日本钢铁工业迅速崛起的原因 [J] 史学月刊（2）：97-99.

刘金岩，等，2015. 坂田昌一与中国科学家及毛泽东的交往 [J]. 自然科学史研究，34（1）：39-60.

刘景瑜，2020. 冲突与选择——近代日本海军教育的"脱亚入欧"

［J］.世界历史评论（2）：89-100.

刘素莉，2010.仁科芳雄与世界物理学大师访日［J］.科学文化评论，7（6）：81-94.

刘天纯，1983.日本的近代化与技术革命［J］.学习与探索（4）：123-130.

罗荣渠，1986.现代化理论与历史研究［J］.历史研究（3）：19-32.

罗荣渠，1994.东亚现代化进程中的新经验［J］.太平洋学报（2）：50-65.

吕勒，2013.日本二战期间研制原子弹揭秘［N］.参考消息，2013-08-20.

马克思，1978.机器·自然力和科学的应用［M］.北京：人民出版社.

米仓诚一郎，2020.创新者们的日本史［M］.陈云，译.上海：中国出版集团东方出版中心.

宓汝成，1980.帝国主义与中国铁路：1847—1949［M］.上海：上海人民出版社.

内藤湖南，2018.日本文化史研究［M］.刘克申，译.北京：商务印书馆.

乔兆红，2011."智力之交易"：近代日本与世界博览会——以1873年维也纳世博会为中心［J］.广东社会科学（3）：151-159.

山本义隆，2020.日本科技150年：从黑船来航到福岛事故［M］.蒋奇武，译.杭州：浙江人民出版社.

山根一真，2019.理化学研究所：沧桑百年的日本科研巨头［M］.戎圭明，译.上海：上海科学技术出版社.

杉本勋，1999.日本科学史［M］.郑彭年，译.北京：商务印书馆.

申力生，1988.中国石油发展史：第二卷　近代石油工业［M］.北京：石油工业出版社.

石桥弘毅，1950.抚顺页岩油［M］.段德风，王贺然，译.樊金鹏，校订.抚顺：抚顺矿务局编译委员会.

斯托克，2020.神奈川冲浪外：从传统文化到"酷日本"［M］.张容，译.北京：社会科学文献出版社.

孙乘，1983.岩仓使团与日本近代化［J］.历史研究（6）：121-134.

孙洋，等，2010.日本殖产兴业政策的实行与铁道知识的传入［J］.长春理工大学学报（社会科学版），23（5）：17-28.

汤重南，等，2013.日本近现代史：近代卷［M］.北京：中国出版集团现代出版社.

汤重南，1985.岩仓使团出使欧美［J］.世界历史（8）：54-61.

唐永亮，等，2004.武士在日本现代化进程中的作用——兼论日本现代化的动力［J］.北方论丛（2）：116-118.

丸山真男，2018.福泽谕吉与日本的现代化［M］.区建英，译.北京：北京师范大学出版社.

汪向荣，1987.中国的近代化与日本［M］.长沙：湖南人民出版社.

汪向荣，1999.古代中日关系史话［M］.北京：中国青年出版社.

王洪鹏，等，2006.尼耳斯·玻尔1937年的中国之行［J］.物理，35（7）：606-610.

威廉斯，2004.技术史：第Ⅵ卷　20世纪　上部［M］.姜振寰，赵毓琴，主译.上海：上海科技教育出版社.

沃尔夫伦，2020.日本权力结构之谜［M］.任颂华，译.北京：中信出版集团.

沃克，2017.日本史［M］.贺平，魏灵学，译.上海：中国出版集团东方出版中心.

吴建华，1998.日本农业和交通运输的近代化［J］.西南师范大学学报（哲学社会科学版）（1）：107-112.

吴廷缪，1994.日本史［M］.天津：南开大学出版社.

邬春立，2011.《菊花与刀》：耻辱感文化　美与残酷的极致［N］.香港文汇报，2011-02-12.

武晨箫，等，2021.科学文化与后发追赶国家的科学体制化——基于日本的案例［J］.自然辩证法通讯，43（6）：105-111.

晓宇，等，1991.大陆科学院［J］.科学学研究，9（4）：96-110.

辛格，等，2004a.技术史·第四卷·工业革命［M］.辛元欧，主译.上海：上海科技教育出版社.

辛格，等，2004b.技术史·第五卷·19世纪下半叶［M］.远德玉，丁云龙，主译.上海：上海科技教育出版社.

新渡户稻造，2004.武士道［M］.张俊彦，译.北京：商务印书馆.

徐涛，等，2008.回忆毛泽东谈"物质无限可分"［J］.党的文献（1）：94-95.

雅各布，2017.科学文化与西方工业化［M］.李红林，赵立新，李军平，译.上海：上海交通大学出版社.

闫悦，2020.西博尔德在日活动问题研究［D］.长春：东北师范大学.

阎庆悦，1989.幕末日本的留学生与日本近代化［J］.日本学刊（2）：50-55.

依田憙家，1997.传统观念与近代化——以中日两国为例［J］.黄爱平，译.传统文化与现代化（1）：89-95.

詹姆斯，等，1999.世界古代发明［M］.颜可维，译.北京：世界知识出版社.

詹森，2014.剑桥日本史（第5卷）19世纪［M］.王翔，译.杭州：浙江大学出版社.

张柏春，2022.科技革命与"革命者"［J］.科学，74（2）：7-13.

张培刚，1992.新发展经济学［M］.郑州：河南人民出版社.

张雅军，2008.日本人群的种族起源和演化［J］.世界历史（5）：28-36.

张艳茹，等，2002.论日本明治初期的启蒙思想——以《明六杂志》为中心进行探讨［J］.日本问题研究（3）：53-59.

赵德宇，1996.谈"锁国"［J］.日本学刊（4）：123-135.

赵德宇，2010a.日本近世洋学与明治现代化［J］.南开学报（哲学社会科学版）（3）：11-20.

赵德宇，等，2010b.日本近现代文化史［M］.北京：世界知识出版社.

正村公宏，1991.战后日本经济政治史［M］.上海社会科学院世界经济研究所日本经济研究室，译.上海：上海人民出版社.

赵建民，2002.西博尔德的日本研究及其国际影响［J］.复旦学报（社会科学版）（4）：67-73.

中村隆英，等，1977.日本经济史大系（第5卷）［M］.北京：三联书店.

周菲菲，2019.日本传统工匠向现代工业的转型［J］.文化纵横（5）：124-131.

朱洪元，等，1965. 一定要用毛泽东思想来指导科学研究工作[J]. 自然辩证法研究通讯（2）：9-15.

祝曙光，2007. 铁路与日本近代化[J]. 江汉论坛（7）：98-102.

日文

安部悦生，2015. SEMATECHの分析-アメリカ産業政策の研究[J]. 経営論集，62（1-2）：03-31.

奥山幸佑，2009. 集積回路への発展（4）[J]. SEAJ Journal（123）：13-17.

板垣暁，2018. 自動車の新技術開発における共同研究の役割：電気自動車開発と大型工業技術研究開発制度[C]. 季刊北海学園大学経済論集，66（2）：57-86.

草間節次，1942. 敵性所有の発明特許の問題[J]. 工業化学雑誌，45（9）：867-870.

草野真樹，2002. 第二次大戦後におけるわが国石炭産業の技術導入[J]. 九州大学学術情報リポジトリ（17）：1-30.

曽穎，2007. 日本自動車産業の外資政策史—草創期から戦後復興期まで—[J]. 現代社会文化研究，7（39）：109-124.

柴静子，2002. 対日占領政策としてのCIE教育映画明るい家庭生活[C]. 日本家庭科教育学会大会・例会・セミナー研究発表要旨集.

柴一実，2003. 占領下日本における理科教育の改革（1）CIE教育映画「火の化学」と「火の用心」を中心として—[J]. 理科教育学研究，43（3）：1-12.

川中洋，1967. 電池腕時計：その現状と将来の展望[J]. 日本時計学会誌，（41）：41-50.

垂井康夫，2000.日本半導体50年史［M］.東京：工業調査会.

垂井康夫，2008.世界をリードする半導体共同研究プロジェクト—日本半導体産業復活のために［M］.東京：工業調査会.

大陸科学院，1939.満州帝国国務院大陸科学院要覧［M］.新京：満州帝国国務院大陸科学院.

大木博巳，2021.日本のエレクトロニクス産業の盛衰～デジタル敗戦を超えられるか～［J］.国際貿易と投資，33（1）：104-133.

大西康之，2017.東芝解体：電機メーカーが消える日［M］.東京：講談社.

大野耐一，1978.トヨタ生産方式——脱規模の経営をめざして［M］.東京：ダイヤモンド社.

島田剛，2018.生産性向上のアメリカ対日援助の戦略と労働組合、アジアへの展開——被援助国としての日本の経験［J］.国際開発研究，27（2）：69-84.

地引淳，1997.繊維産業 復興・発展期から調整・改革期へ［J］.繊維機械学会誌，50（7）：376-384.

堤一郎，2006.日本における初期の電気機関車製造と海外技術の導入［J］.科学史研究，45（238）：111-113.

東実，2016.日本におけるノーベル賞とイノベーション［J］.Ricoh Technical Report（41）：3-7.

東洋経済新報，1950.昭和産業史（第1巻）［M］.東京：日本図書センター.

渡辺昭，等，1982.時計用IC［J］.日本時計学会誌（100）：69-84.

渡邉淳，2014.腕時計の技術の進化：セイコーを中心として

［C］．日本機械学会年次大会（2014）：1-5．

服部聡，2008．第一次世界大戦と日本陸軍の近代化［J］．国際安全保障，36（3）：25-50．

服部敏夫，1962．外国技術導入の現状と問題点［J］．日本機械学会誌，65（527）：1669-1676．

岡田徹太郎，1997．半導体産業の発展とその特質［J］．経営史学，32（3）：55-77．

高林二郎，2015．セメント製造用たて窯の構造とその変遷［J］．技術と文明，19（1）：35-49．

古川安，2010．喜多源逸と京都学派の形成［J］．化学史研究，37（1）：1-17．

古川安，2012．繊維化学から高分子科学へ——桜田一郎と京都学派の展開［J］．化学史研究，39（1）：1-40．

古川安，2017．燃料化学から量子化学へ——福井謙一と創造性［J］．化学史研究，44（3）：1-53．

関本忠弘，1996．先達に聞く（6）ハレー彗星会長［J］．電子（11）：8-12．

関根政美，1978．近代日本における工業化の一断面——幕末・明治初期の横須賀造船所［J］．慶応義塾大学大学院社会学研究科紀要（18）：75-85．

関根政美，1980．幕末・明治前期日本の初期工業化過程に関する若干の考察（その一）：横須賀造船所建設を一事例として［J］．法學研究，53（4）：24-55．

廣田鋼蔵，1990．満鉄の終焉とその後［M］．東京：青玄社．

廣田義人，2012．日本におけるミシン部品量産技術の展開［J］．

技術と文明，17（1）：1-26.

廣重徹，1965.科学と歴史［M］.東京：みすず書房.

廣重徹，1973.科学の社会史——近代日本の科学体制［M］.東京：中央公論社.

亀山哲也，2008.日本の近代化学工業を創出した臨時窒素研究所［J］.近創史（6）：3-17.

亀山哲也，2011.日本の化学工業と試験研究機関の役割［J］.化学史研究，38（2）：87-88.

亀山哲也，2013.日本の近代化学工業創出の原点［J］.化学と工業，66（7）：547-549.

國吉喜一，1933.満洲におけるセメント工業［J］.工業化学雑誌，36（1）：80-85.

河村豊，2018.戦時下日本で，科学者はどのように軍事研究にかかわったか［J］.天文月報，111（3）：202-211.

河西敏雄，1999.研磨加工の軌跡［J］.精密工学会誌，65（1）：37-41.

鶴見俊輔，1982.戦時期日本の精神史1931—1945年［M］.東京：岩波書店.

化学史学会，2019.化学史へ招待［M］.東京：オーム社.

會田軍太夫，1943.科学評論［M］.東京：白水社.

吉川宗史郎，2002.鉱工業技術研究組合40年の推移［C］.年次大会講演要旨集，17：571-574.

吉岡斉，1991.科学文明の暴走過程［M］.東京：海鳴社.

吉田永助，1933.我國自動車工業の近況［J］.燃料協会誌，12（9）：1099-1106.

加谷珪一，2022. 国民の底意地の悪さが、日本経済低迷の元凶 ［M］. 東京：幻冬舎.

加藤敬之，2019. 電気通信省におけるA. T. T. 監督者訓練の特質 ［J］. 名古屋大学大学院教育発達科学研究科紀要（教育科学），66 （2）：59-71.

加藤正，加古祐二郎，1929. 自然弁証法（上）［M］. 東京：岩波書店.

加藤正，加古祐二郎，1932. 自然弁証法（下）［M］. 東京：岩波書店.

家永三郎，1980. 検定不合格日本史 ［M］. 東京：三一書房.

江上波夫，1995. 日本民族の源流 ［M］. 東京：講談社.

江藤淳，1989. 閉された言語空間——占領軍の検閲と戦後日本 ［J］. 文藝春秋（8）：203-207.

今中哲二，等，1981. 原子力の歴史を振り返って ［J］. 公害研究，10（3）：10-20.

金子務，2005. アインシュタイン・ショックⅡ ［M］. 東京：岩波書店.

近藤信一，2008. 日系電機メーカーの事例から見るみる中国事業の現状と新展開 ［J］. アジア経営研究（14）：217-227.

井川允雄，2016. BCLブームの盛衰–戦後日本における海外短波放送のリスナー ［J］. 応用社会学研究，58（3）：17-27.

井上洋一郎，1976. 日本近代技術史の一研究——造船技術の自立化について ［J］. 経済論叢，99（1）：82-98.

久保田浩司，1995. 時計産業の比較産業史的考察 ［J］. 日本時計学会誌，155：84-97.

久保田浩司，2006. 時計工業技術開発小史—第二次大戦後におけるウオッチの進歩発展—［J］. マイクロメカトロニクス，50（194）：80-95.

久岡賢治，2020. 占領期GHQによる検閲・宣伝工作の影響と現代日本［M］. 滋賀：滋賀大学.

具承桓，2021. 産業構造調整期における造船企業行動と成長パス［M］. 京都：京都産業大学マネジメント研究会.

堀洋一，2001. 電気屋が作った電気自動車の夢［J］. パワーエレクトロニクス研究会論文誌（27）：2-13.

頼惇吾，1959. 時計工業の最近の進歩［J］. 精密機械，25（288）：175-178.

李承軒，等，2017. 日本と台湾の電子産業の発展過程の研究［J］. 国際研究論叢，31（2）：151-169.

李炫雄，2009. 冷戦戦略としての平和のための原子力［J］. 筑波法政（46）：163-177.

李御寧，1982.「縮み」志向の日本人［M］. 東京：学生社.

豊田英二，1962. 最近の自動車工業の展望［J］. 日本機械学会誌，65（516）：106-114.

立石佳代，2005. 日本自動車産業の革新と成長［J］. 国際際情報研究，2（1）：50-61.

林孝一，等，2014. 日本の自動車デザインと政策、規制の変遷［J］. デザイン学研究，60（6）：29-38.

鈴川溥，1968. カメラ産業の現状と将来の問題［J］. 精密機械，34（397）：85-91.

鈴木紀寿，2019. 時計精度の追求–クォーツ以前の時計—音叉時計［J］.マイクロメカトロニクス，63（220）：42-44.

鈴木梅太郎，1943.研究と回顧［M］.福岡：輝文堂.

鈴木梅太郎，等，1911.糠中の一有効成分に就て［J］.東京化學會誌，32（1）：4-17.

鈴木一義，2009.自動車産業の成り立ち［J］.日本ロボット学会誌，27（1）：12-15.

馬渕浩一，1999.日本の近代技術はこうしてうまれた［M］.東京：玉川大学出版部.

馬渕浩一，2017.工学部の誕生［J］.技術と文明，21（2）：89-97.

満鉄会，1986.南満州鉄道株式会社第四次十年史［M］.東京：龍渓書舎.

満鉄会，1992.南満州鉄道株式会社中央試験所要覧・満鉄史料叢書14（復刻）［M］.東京：龍渓書舎.

満州化学工業協会，1940.満州化学工業協会会誌［M］.［出版地不詳］：社団法人満州化学工業協会.

梅渓昇，2007.お雇い外国人——明治日本の脇役たち［M］.東京：講談社.

名久井恒司，2004.燃料電池・水素技術開発政策の概観［J］.水素エネルギーシステム，29（2）：36-45.

木本忠昭，2014.原子力をめぐる科学者の二重性—科学・技術の社会的存在形態［J］.学術の動向，19（3）：69-76.

木本忠昭，等.1992b.（新版）電気の技術史［M］.東京：オーム社.

内橋克人，1999.内橋克人同時代への発言「実の技術・虚の技術」［M］.東京：岩波書店.

内藤隆夫，2009.日本の産業革命［J］.地域と経済，6（3）：135-146.

内藤一男，1973.時計工業における自動組立の歩み［J］.精密機械，39（459）：356-361.

内藤一男，1982.時計産業における自動組立機の経済性［J］.精密機械，48（4）：449-454.

鳥海真樹，2018.世界初の量産電気自動車たま［J］.日本機械学会誌，121（1193）：40-41.

平本厚，1994.日本のテレビ産業［M］.東京：ミネルヴァ書房.

平本厚，2006.ラジオ産業における大量生産・販売システムの形成［J］.経営史学，4（4）：3-27.

淺木洋祐，2016.足尾銅山，別子銅山，日立鉱山における公害対策の実施要因についての検討［J］.環境情報科学論文集（30）：1-6.

青木洋，1994.日本におけるコンピュータの産業化-研究者・技術者の活動を中心に-［J］.研究年報経済学，56（1）：87-104.

青山繁，等，1974.自動巻き機構の研究［J］.日本時計学会誌（69）：39-51.

清水拓，2014.太平洋炭礦における採炭の機械化過程［J］.JAFCOF釧路研究会リサーチ・ペーパー（3）：1-27.

情報処理学会歴史特別委員会，1985.日本のコンピュータの歴史［M］.東京：オーム社.

仁科芳雄，1946.日本再建と科学［J］.自然（5）：15-18.

日本電子機械工業会，1968.電子工業20年史［M］.東京：日本電子機械工業会.

日本科学史学会，1961.科学革命［M］.東京：森北出版.

日本写真機工業会，1987.日本カメラ工業史［M］.東京：日本写真機工業会.

日本学士院，1980.日本学士院小史［M］.東京：東京プレス.

日野自動車工業，1982.日野自動車工業40年史［M］.東京：日野自動車工業.

三宅宏司，1985.大阪砲兵工廠の創設［J］.技術と文明，1（1）：19-30.

森川武，1968.資本の自由化と大型プロジェクト［J］.化学工学，8（32）：767-770.

森田賢治，2001.ハイブリッド，燃料電池など先進動力自動車の現状と将来［J］.電気製鋼，72（4）：253-260.

森脇靖子，2010.外山亀太郎と明治期の蚕糸業における蚕の「種類改良」［J］.科学史研究，49（255）.

山本裕，2003.満鉄オイルシェール事業——1909—31年［J］.三田学会雑誌，95（4）：177-198.

山本正，2008.戦後日米関係とフィランソロピー——民間財団が果たした役割（1945—1975）［M］.東京：ミネルヴァ書房.

山崎修嗣，2000.高度成長期の自動車産業政策［J］.社会文化研究（26）：167-174.

山崎正勝，2011.日本の核開発1939—1955原爆から原子力へ［M］.東京：績文堂.

山中千尋，2021.日本学術振興会の設立に関する資料の検討［J］.化学史研究，48（2）：63-73.

杉田玄白，2000. 蘭学事始 [M]. 東京：講談社.

上山邦雄，2016. 戦前期日本自動車産業の確立と海外展開（上）[J]. 城西経済学会誌（3）：33–64.

身崎とめこ，2013. CIE民間情報教育局映画からUSIS教育映画まで–戦後女性の住空間におけるジェンダー構造 [R]. 千葉大学人文社会科学研究科研究プロジェクト報告書（259）：141–153.

神保泰雄，1965. ミシン工業の進歩 [J]. 精密機械，31（360）：61–65.

石坂昭夫，2008. 水晶腕時計小史 [J]. 日本機械学会誌，111（1078）：750–752.

石川英輔，2008. 江戸時代はエコ時代 [M]. 東京：講談社.

石崎重郎，1979. 石油日記 [M]. 東京：日本経済新聞社.

石山禎一，2005. 科学史入門：シーボルトと日本の植物 [J]. 科学史研究，44（春）：39–42.

矢島道子，2006. 資料：戦時中のウラン探鉱 [J]. 科学史研究. 45（238）：96–98.

市野修一，2001. レンズ付フイルムの技術と歴史 [J]. 日本写真学会誌，64（6）：367–371.

守重盛雄，1983. 電卓・腕時計とマイクロコンピュータ [J]. 電氣學會雑誌，103（5）：467–469.

水谷光太郎，1938. 満州に於ける液体燃料事業の回顧と展望 [M].（出版者不明）

水野和夫，2014. 資本主義の終焉と歴史の危機 [M]. 東京：集英社.

水野信太郎，2005. 近代窯業生産における西洋科学技術導入過

程の研究［J］.北海道浅井学園大学生涯学習システム学部研究紀要
（5）：9-26.

　　水沢光，2013.展望：日本の戦時科学技術体制［J］.科学史研究，52（266）：65-69.

　　四宮正親，1992.戦前の自動車産業と「満州」-戦前の自動車産業政策に占める「満州」の位置をめぐって［J］.経営史学，27（2）：1-30，i.

　　湯浅光朝，1961.科学史［M］.東京：東洋経済新報社.

　　湯之上隆，2009.日本半導体敗戦――イノベーションのジレンマ――なぜ日本の基幹産業は壊滅したのか?［M］.東京：光文社.

　　田中祐理子，2020.ベルリン・コッホ研究室の北里柴三郎［J］.化学史研究，47（1）：54-56.

　　樋口健治，1997.日本の自動車技術100年の推移［J］.日本機械学会誌，100（938）：13-17.

　　丸沢常哉，1961.新中国生活十年の思い出［M］.（非売品）.

　　丸沢常哉，1979.新中国建設と満鉄中央試験所［M］.［出版地不詳］：二月社.

　　呉秀三，1926.シーボルト先生其生涯及功業（乙篇）［M］.東京：吐鳳堂書店.

　　武谷三男，1952.日本の原子力研究の方向［J］.改造，33（17）：70-72.

　　西村吉雄，2014.電子立国は、なぜ凋落したか［M］.東京：日経BP社.

　　西澤泰彦，2000.満鉄「満州の巨人」［M］.東京：河出書房新社.

　　下谷政弘，1981.大正期ソーダ業界と日本曹達の成立-日曹コンツェルン形成史（1）［J］.經濟論叢，127（2-3）：141-171.

小川成夫，1986. 大型プロジェクト「自動縫製システムの研究開発」の現状［J］.繊維機械学会誌，39（3）：107-111.

小口昭，1977. 水晶腕時計の現状と展望［J］.日本時計学会誌（83）：4-16.

小木曽聡，2002. 環境に優しい車プリウスの開発［C］.スターリングサイクルシンポジウム講演論文集，（6）：1-2.

小田野純丸，等，2007. 日本のエネルギー産業の構造変化―石炭産業の衰退と流体革命［J］.彦根論叢，367（7）：117-136.

小沼通二，等，1992. 日本の原子核研究についての第二次世界大戦後の占領軍政策［J］.科学史研究，31（183）：138-146.

星野芳郎，1956. 現代日本技術史概説［M］.東京：大日本図書.

星野芳郎，1964. 現在における技術革新のもつ矛盾と人間［J］.キリスト教研究，33（2）：115-122.

野村綜合研究所，2017. 2015年の日本―新たな「開国」の時代へ―［M］.東京：東洋経済新報社.

有馬哲夫，2015. 日本を再敗北させたGHQ洗脳工作WGIP［J］.月刊正論（7）：182-194.

右崎正博，1974. 占領軍による言論政策と言論の自由［J］.早稲田法学会誌，24：471-502.

遠山茂樹，1971. 明治維新と現代［M］.東京：岩波書店.

越智博美，2016. 文化の占領とアメリカ文学研究［J］.アメリカ研究（50）：21-43.

沢井実，2016. 軍官産学連携の戦前・戦中・戦後［J］.技術と文明，20（2）：3-9.

長谷川晃，2017. アジアの国々で日本人ノーベル賞受賞者数が際立って多いわけ［J］. 大阪大学工業会誌（1）：45-47.

芝哲夫，2004. 池田菊苗と味の素［J］. 化学と教育，52（8）：567-569.

植田浩史，2002. 戦前期の自動車部品工業の構造と展開［J］. 季刊経済研究，4（024）：1-28.

中島裕喜，2012. トランジスタラジオ輸出の展開：産業形成期における中小零細企業の役割を中心に［J］. 経営論集（3）：73-94.

中岡哲郎，2006. 日本近代技術の形成［M］. 東京：朝日新聞社.

中岡哲郎，等，2001. 産業技術史［M］. 東京：山川出版社.

中井学，等，2016. 日本製カメラの世界進出の緒（2）［J］. 技術と文明（1）：21-40.

中山茂，1995. 通史日本の科学技術：第1巻［M］. 東京：学陽書房.

竹内淳一郎，2003. 日本ミシンの品質向上と輸出検査［J］. 産業学会研究年報，2003（18）：65-76，128.

佐々木隆，1987. 日本電子産業の海外進出［N］. 東京：法政大学出版局.

佐々木正一，2009. ハイブリッド自動車「プリウス」の開発と風土［J］. 日本機械学会誌，112（1083）：116-119.

佐藤登，2020. 電池の覇者EVの命運を決する戦い［M］. 東京：日本経済新聞社.

佐藤栄一郎，2020. スイスの時計産業の歴史と発展［R］. 財務総研スタッフ・レポート. 2020-5-11.

佐藤幸人，2017. 台湾電子産業における電子部品部門への傾斜

［J］.アジア経済，58（4）：2–29.

　佐藤秀夫，1991. 土持・ゲーリー・法一（Gary H. Tsuchimochi）著『米国教育使節団の研究』書評［M］.東京：玉川大学出版部.

　佐藤員暢，2011. 電気自動車の動向［J］.農業機械学会誌，73（1）：4–7.

　佐藤正典，1971. 一科学者の回想［M］.京都：化学同人.

　佐藤正典，1975. 研究生活余録［J］.満鉄中試会会報（1）：1–6.

　スーザン・B. ハンレー，1990. 江戸時代の遺産―庶民の生活文化［M］.指昭博，译.東京：中央公論新社.

　ドンゼ ピエール=イブ，2011. 日本腕時計産業における高精度時計の大量生産：服部時計の事例を中心に（1900―1960年）［J］.社会経済史学（3）：407–423.

后 记

　　1994年我离开了《天津日报》赴日本自费留学。1996年在从事科学史研究的师兄杨舰（现为清华大学教授）的引导下，进入东京工业大学由科学史和技术史两个研究室组成的"技术结构分析讲座"，师从著名技术史家木本忠昭（Kimoto Tadaaki，1943—　）先生。我选择了"计算机图形用户界面（GUI）"为研究方向，开始了计算机技术史的研究。1998年梁波以国家公派访问学者身份也进入我所在的研究室，并选择了木本先生作为合作导师，于是我们就有了共同的导师，这也是成就我们合写本书的缘起。赴日之前，梁波已是国内东北大学的在职博士生，在日本进修期间确定了"殖民地科学"的研究方向。因为是国家公派留学，梁波婉拒了导师希望他在日本攻读博士学位的好意。

　　导师早年赴欧洲老牌名校弗莱堡工业大学（TU Bergakademie Freiberg）留学并获了博士学位，回国后于1990年出任东京工业大学教授。或许是同样有留学经历的缘故，导师对我和梁波格外关心，遇到难解的问题总是放慢语速，不厌其烦地讲解，一字一句地帮我们修改文稿。导师分不清楚我们名字的中文发音，时常把我俩混淆。

　　众所周知，很多大学都笼统地将科学史和技术史集约在"科技史"一个专业里，然而日本的科学史和技术史却是两个不同的研究领域，尤其是作为日本技术史建制化鼻祖的东京工业大学，这一点尤为明显。导师认为技术有其独自的发展逻辑，技术史研究就是要在社会演变的大背景下考察技术自身变化的内在逻辑，在产业发展上获得成

462

功的技术未必就是最好的技术，导师特别强调技术史研究人员的社会责任。从20世纪五六十年代日本氮肥株式会社引发的水俣病事件，到80年代日本决定参加美国提出的"星球大战计划"（SDI）引发的安全危机，再到近年日本政府诱导科技人员参与军事研究等诸多问题上，导师或发表文章和演说，或组织各种形式的研讨会，积极努力地揭示技术发展与社会演变的内在机制。

导师于2019年就任日本科学史学会会长，在就职演说中导师重申，科学史学会诞生于军国主义和战争时代的日本，很多学者对当时的野蛮和反人类战争进行了批判，但在强权的压制下又不得不保持沉默。导师强调，学会的两项核心工作：一是重新确认无论是在社会语境还是在整个科学界的语境中科技史研究的重要性，二是阐明科技史研究人员面临的挑战并寻找解决问题的方法。

2000年归国后的梁波很快完成了博士论文并陆续发表了多篇有关殖民地科学和帝国主义的研究论文，还出版了专著。令人意想不到的是，2003年梁波出任中国驻日本大使馆外交官再次来到日本。但成为外交官的梁波并没有中断对科技史的研究，经常到东京工业大学参加学术研讨会，我们交流的机会也更多了。梁波卸任外交官后又回到中国科学院系统继续从事科技管理工作，我在2005年获得博士学位后到清华大学人文与社会科学研究所做博士后，出站后一直旅居日本。从梁波来日至今25年的时间过去了，虽然我和梁波的工作内容和发展路径不同，但探讨日本的科技发展却成为我们共同的志趣。

2020年本套丛书主编张柏春先生诚邀梁波和我共同撰写此书并悉心指教，责任编辑任军芳女士反复校阅全书，让作者深受感动和鼓舞。

遵合作者之嘱，是为记。

姜 波

2024年3月18日于东京秋叶原